2018—2019 世界商务发展动态

上海市商务委员会
上海科学技术情报研究所　编著

上海科学技术文献出版社
Shanghai Scientific and Technological Literature Press

图书在版编目（CIP）数据

2018—2019世界商务发展动态／上海市商务委员会，上海科学技术情报研究所编著．—上海：上海科学技术文献出版社，2019
　ISBN 978-7-5439-8032-7

Ⅰ．①2… Ⅱ．①上…②上… Ⅲ．①贸易发展—研究—世界—2018-2019 Ⅳ．① F731

中国版本图书馆 CIP 数据核字 (2019) 第 263874 号

责任编辑：祝静怡

2018—2019世界商务发展动态
2018—2019 SHIJIE SHANGWU FAZHAN DONGTAI
上海市商务委员会　上海科学技术情报研究所　编著
出版发行：上海科学技术文献出版社
地　　址：上海市长乐路 746 号
邮政编码：200040
经　　销：全国新华书店
印　　刷：常熟市人民印刷有限公司
开　　本：787×1092　1/16
印　　张：19.25
字　　数：354 000
版　　次：2019 年 12 月第 1 版　2019 年 12 月第 1 次印刷
书　　号：ISBN 978-7-5439-8032-7
定　　价：180.00 元
http://www.sstlp.com

编审委员会

顾　　问：许昆林

主　　编：华　源

副 主 编：施金根　申卫华　刘　敏　诸　旖　杨　朝
　　　　　孔福安　张国华　赖晓宜　李　泓

执行主编：张国华

组织编写：盛弘彦　杨震华　陈　晖　党倩娜

研究编写成员：（按姓氏笔画排列）
　　　　　　　冯海玮　朱苏远　汪逸丰　张　耘　张敬茂
　　　　　　　陆　颖　姚恒美　党倩娜　倪炜瑜　黄　吉
　　　　　　　崔晓文　温一村

研究单位：上海科学技术情报研究所

前　言

目前，全球经济在经过前两年的短暂复苏后，面临增长乏力的局面，尤其是制造业和全球贸易在全球范围内大幅放缓。究其原因，主要是贸易壁垒的增加、地缘政治紧张局势导致的不确定性、发达经济体生产率增长缓慢等。面对如此复杂的外部形势，我国实施改革开放再出发的战略，通过办好第二届中国国际进口博览会向世界昭示我们致力建设开放型经济的决心。为此，2018—2019年度的"世界商务发展动态"继续结合上海商务发展的战略布局，对世界商务发展总体态势、重点商务领域动态，以及近期商务领域的热点问题进行跟踪研究。

本书分为三大部分，共十二章。第一部分为总论，即第一章，阐述了世界商务总体发展态势，对商务领域的重点行业的发展动态作了综述，并介绍了近两年来的国际投资与贸易政策动向。

第二部分涉及重点商务领域的动态及相关的热点，包括货物贸易、服务贸易、零售业、电子商务、大宗商品贸易、现代物流、外国直接投资等领域。各领域的热点研究主要聚焦全球贸易规则的改革动向、中美双边服务贸易、零售业的一些新业态、电子商务监管与政策发展、区块链物流、大宗商品贸易领域的跨境监管等问题。

第三部分包括四大专题研究。其一，分析了在当前贸易摩擦日益成为常态的背景下，全球贸易治理机制出现的一些新动向、面临的新挑战，并简要分析了全球贸易规则重构所涉的重点领域；其二，对应我国区域一体化建设，特别是"长三角一体化"，对标研究了美国纽约都市圈、日本首都都市圈和德国首都地区等世界级的都市圈，分析其可资借鉴的一些举措与经验；其三，针对近年来日渐兴起的数字贸易，分析其基本内涵及其演变,介绍了主要经济体推动数字贸易发展的相关措施,以及国际数字贸易规则制定中的博弈;其四,针对在我国推动"消费城市"发展的方略,梳理了国际消费城市的相关理论研究,并以伦敦、东京和纽约为例,分析了这些国际消费城市的发展现状及其成为消费中心城市的一些经验。

  在本书的撰写过程中,研究人员尽可能地收集并参考了国内外的最新文献,希望能客观全面地反映世界商务发展的新动向和新特点,但囿于作者的研究能力和学术水平,报告中一定存在疏漏和讹谬之处,欢迎各方专家、学者提出宝贵意见,以助于我们在后续的研究中能够得以改善和提高。

编　者
2019 年 8 月

Preface

After a brief recovery in the past two years, the global economy is encountering a sluggish growth with geographically broad-based slowdown in manufacturing and global trade. This subdued growth is a consequence of rising trade barriers, elevated uncertainty caused by geopolitical tensions, a slowdown in advanced economies, and so on. Facing such a complex external situation, China implements the strategy of reform and opening up, and the success of the second China International Import Expo will demonstrate to the world our determination to build an open economy. Therefore, according to the development strategy of Shanghai business, "2018—2019 Report on World Commercial Development" continues to analyze new features and trends across all business sectors, and to offer a global vision for government decision-making and industrial development.

The book is divided into three parts which consists of 12 chapters. The first part is the general discussion, namely the first chapter, describing the general status quo of world commerce, and the dynamic status of some commercial industries are also summarized. This chapter analyzes the trends of international investment and trade policies in the past two years.

The second part involvesthe general status quo of key commerce industries and related hotspots of issues, which including trade in goods, trade in services, retail trade, e-commerce, trade in bulk commodities, modern logistics and foreign direct investment. As for the hotspots of issues relating to the key commerce industries, the research focuses on the trends in global trade rules reform, Sino-US bilateral trade in services, some new modes of retailing, e-commerce regulation, blockchain logistics, cross-border regulation of commodity trade, and so on.

The third part consists of four topics. First, we analyze the new challenges faced by some new trends of global trade governance mechanism under the background of trade frictions becoming a new normal, and briefly analyze the key areas involved in the reconstruction of global trade rules. Secondly, corresponding to China's regional integration construction, especially the integration of the Yangtze river delta, we study the world-class metropolitan areas such as the New York metropolitan area of the United States, the Japanese capital metropolitan area and the German capital area, and analyze some measures and experiences that can be used for reference. Thirdly, in view of the emerging digital trade in recent years, we analyze its basic connotation and evolution, introducing the relevant measures of major economies to promote the development of digital trade, and the competition in international digital trade rulemaking. Fourthly, in accordance with the strategy of promoting the development of consumption cities in China, we summarize the relevant theoretical research on international consumption cities, and take London, Tokyo and New York as examples to analyze the development status quo of these international consumption cities and their experiences of building consumption centers.

In the process of study, we have made the best of collecting the latest reference resources in the hope of establishing the full, objective landscape of commerce development throughout the world. However, constrained by our research capabilities and academic ranks, this publication is bound to have some oversights, errors and omissions. Hence, the authors look forward to sharing and discussing our work and our findings, and sincerely welcome your comments and suggestions.

Editors
August 2019

目 录

第一章 世界商务总体发展动态 ……………………………… 1
  一、世界商务发展动态综述 ………………………………… 1
  二、重点行业发展动态 ……………………………………… 15
  三、数字时代创新政策及各国数字经济战略 …………… 20

第二章 世界货物贸易发展动态 ……………………………… 34
  一、世界货物贸易总体发展态势 ………………………… 34
  二、主要国家和地区的贸易发展动态 …………………… 38
  三、主要商品贸易发展动态 ……………………………… 42
  四、全球贸易规则重构下的新动态与趋势 ……………… 47

第三章 世界服务贸易发展动态 ……………………………… 51
  一、世界服务贸易总体发展态势 ………………………… 51
  二、世界服务贸易重点行业发展动态 …………………… 56
  三、主要国家和地区服务贸易发展态势 ………………… 67
  四、中美双边服务贸易发展态势 ………………………… 77

第四章 世界零售业发展动态 ………………………………… 84
  一、世界零售业总体发展态势 …………………………… 84
  二、世界主要国家和地区零售业发展动态 ……………… 90
  三、零售业热点领域发展动态 …………………………… 101
  四、典型企业发展动态 …………………………………… 106

第五章 世界电子商务发展动态 ……………………………… 112
  一、世界电子商务发展总体态势 ………………………… 112
  二、主要国家和地区电子商务发展态势 ………………… 117
  三、电子商务新模式发展动态 …………………………… 128
  四、全球电子商务监管与政策发展动态 ………………… 131

第六章 世界大宗商品交易市场发展动态 ……… 137
一、全球大宗商品交易市场发展态势 ……………… 137
二、主要大宗商品交易品种情况 …………………… 141
三、主要国家和地区大宗商品交易市场现状 ……… 149
四、跨境监管问题的探讨 …………………………… 153

第七章 世界现代物流业发展动态 ……………… 160
一、世界现代物流业总体发展态势 ………………… 160
二、主要第三方物流企业发展动态 ………………… 167
三、区块链物流 ……………………………………… 181

第八章 世界外商直接投资发展动态 …………… 193
一、世界外商直接投资总体发展态势 ……………… 193
二、主要国家和地区外商直接投资发展动态 ……… 200
三、外商直接投资政策发展趋势 …………………… 210

第九章 贸易摩擦背景下全球贸易治理机制的变革与
影响分析 ……………………………………… 214
一、现有全球贸易治理机制的一些表征 …………… 214
二、全球多边贸易体制的变化与影响 ……………… 219
三、区域贸易合作的变化及其影响 ………………… 224
四、全球贸易规则重构的重点领域 ………………… 229

第十章 世界级都市圈市场一体化发展研究 …… 234
一、都市圈与城市群的概念 ………………………… 234
二、世界级都市圈市场一体化的重要举措 ………… 236
三、世界级都市圈市场一体化对长三角一体化的启示 … 249

第十一章　全球数字贸易：现状及规则应对 …………… 254
　一、数字贸易的兴起 …………………………………… 254
　二、数字技术全面进入全球价值链 …………………… 258
　三、各国政府积极应对数字贸易 ……………………… 260
　四、数字贸易国际规则的发展情况 …………………… 263

第十二章　国际消费城市的发展现状与趋势研究 ……… 268
　一、国际消费中心城市的基本特征 …………………… 268
　二、伦敦消费中心城市的发展现状与趋势 …………… 271
　三、东京消费中心城市的发展现状与趋势 …………… 278
　四、纽约市消费中心城市的发展现状与趋势 ………… 284

Contents

Chapter I Dynamic Status of Global Business Development 1
   I. Overview of global business development 1
   II. Status quo of major global business industries 15
   III. Innovation policies and national digital economy strategies in
      the digital age 20

Chapter II Dynamic Status of Merchandise Trade Development 34
   I. Overall dynamic status of international merchandise trade 34
   II. Status quo of merchandise trade in major economies 38
   III. Status quo of trade of main commodities and their markets 42
   IV. New developments and trends under the reconstruction of
      global trade rules 47

Chapter III Dynamic Status of Commercial Services Trade Development
      51
   I. Overall dynamic status of international commercial services trade 51
   II. Dynamic status of trades in main commercial services 56
   III. Status quo of commercial services trade in major economies 67
   IV. Bilateral trade in services between China and the United States 77

Chapter IV Dynamic Status of Retailing Trade 84
   I. Overall dynamic status of global retailing trade 84
   II. Status quo of retailing trade in major economies 90
   III. Status quo of some commercial forms 101
   IV. Status quo of typical commercial enterprises 106

Chapter V　Dynamic Status of Global e-Commerce ……………………… 112
　I. Overall dynamic status of global e-Commerce …………………… 112
　II. Status quo of e-Commerce in major economies ………………… 117
　III. Development of main neo-modes of e-Commerce ……………… 128
　IV. Development trends of global e-commerce regulation ………… 131

Chapter VI　Dynamic Status of Bulk Commodities Market ………………… 137
　I. Overall dynamic status of global bulk commodities market ………… 137
　II. Categories of global bulk commodities trading ………………… 141
　III. Bulk commodities market in major countries and regions ………… 149
　IV. Cross-border regulations in global bulk commodities trading ……… 153

Chapter VII　Dynamic Status of Global Modern Logistics ………………… 160
　I. Overall dynamic status of global modern logistics ……………… 160
　II. Dynamic status of the key third-party logistics companies ………… 167
　III. Blockchain logistics ……………………………………………… 181

Chapter VIII　Dynamic Status of Global FDI ……………………………… 193
　I. Overall dynamic status of global FDI ……………………………… 193
　II. Status quo of FDI in major countries and regions ……………… 200
　III. Policy trends in global FDI ……………………………………… 210

Chapter IX　Reform of Global Trade Governance under the
　　　　　　Background of Trade Friction …………………………… 214
　I. New characteristics of global trade governance ………………… 214
　II. Changes of the global multilateral trading system ……………… 219
　III. Changes of regional trade cooperation ………………………… 224
　IV. Key areas for reconstructing global trade rules ………………… 229

Chapter X　Study of the Integrated Development of World-class Urban Circle ··· 234
 I. "Urban Circle" and "Urban Agglomeration" ······························ 234
 II. Measures for market integration in world-class urban circle: cases study ·· 236
 III. The enlightenments to the integration of Yangtze river delta ········· 249

Chapter XI　Global Digital Trade: Its Status quo and Regulatory Responses ··· 254
 I. Emergence and prosperity of digital trade ····························· 254
 II. Digital technologies being integrated into global value chains ········ 258
 III. Governments have actively promoted the development of digital trade ··· 260
 IV. Progress of international rules on digital trade ···················· 263

Chapter XII　Study of the Development and Trends of International Consumer Cities ·· 268
 I. Characteristics of international consumer city ··························· 268
 II. Status quo and trends of development of consumer city: London ··· 271
 III. Status quo and trends of development of consumer city: Tokyo ······ 278
 IV. Status quo and trends of development of consumer city: New York ·· 284

第一章　世界商务总体发展动态

一、世界商务发展动态综述

2018年前,全球大部分地区的经济活动在加速,2017年世界经济增长接近4%的峰值。但2018年以来世界经济面临多方面风险:中美贸易紧张局势升级、阿根廷和土耳其的宏观经济承受压力、德国汽车生产因引入新排放标准而中断、中国信贷政策收紧、大型发达经济体货币政策趋于正常化促使金融条件收紧,这些因素叠加导致经济扩张显著减弱。鉴于疲弱态势延续至2019年上半年,国际货币基金组织(IMF)2019年4月发布的《世界经济展望》报告下调经济增长预期,2018年降至3.6%,2019年进一步降至3.3%,且2019年全球70%的经济体增速将下降。

联合国、世界银行、经济合作与发展组织(OECD)等国际机构均下调世界经济增长预期。联合国2019年5月发布的《2019世界经济形势与展望》年中报告认为,贸易紧张悬而未决、国际政策高度不确定、企业信心削弱导致世界经济全面放缓,全球生产总值在经历2018年3%的增长后,2019年的增幅预计降至2.7%,2020年则为2.9%。OECD2019年3月发布的中期前景报告预测,各国政策的不确定性、持续的贸易紧张局势以及商业和消费者信心的进一步下降都导致经济增长放缓,2019年和2020年世界经济将分别增长3.3%和3.4%。世界银行2019年6月期《全球经济展望》报告表示,2019年全球经济面临重大风险,增速将放慢至2.6%,并认为新兴和发展中经济体增长易受贸易及金融动荡影响,2019年增速为4%。

但风险与机会同生共存。在美联储带动下,多国中央银行采取更为耐心的货币正常化步伐,中国等国增加经济刺激措施,这些都将使世界经济活动受益;世界经济正在寻找新的增长动力,以人工智能、大数据为代表的新一轮科技革命和产业变革正在积聚力量，数字经济成为推动全球经济和社会持续转型的重要力量；现有国际治理体系和全球秩序的深刻转型和重塑，对新兴市场而言意味着实现跨越式发展的机遇。

（一）世界贸易增速放缓至近3年来最低

2017年世界贸易增长率为4.6%，创下2011年以来的最快增速。但由于经济不确定性增加及贸易紧张局势加剧，2018年世界贸易总额为39.342万亿美元，增速为3.0%，远低于预期的3.9%。世界贸易组织（WTO）2019年4月发布的报告将2019年世界贸易增长率预期由此前的3.7%大幅下调至2.6%，这是近3年来的最低水平，2020年贸易增长率可能反弹至3.0%，但在很大程度上取决于贸易紧张局势可否缓解。

2018年世界贸易增长受若干因素拖累，其中除局势的影响，也包括来自世界经济增长疲软、金融市场波动以及发达国家收紧货币政策等因素的影响。预计世界GDP增长率将从2018年的2.9%放缓至2019年和2020年的2.6%。2018年的贸易增长速率（3.0%）仅比GDP增长速率（2.9%）略高，而这种疲软状态至少延伸至2019年，预计2019年世界贸易增速和GDP增速的比率仅为1∶1。部分原因是因为欧盟经济增长放缓，其在世界贸易中的份额要大于在世界GDP中的份额。在WTO成立几十年后，世界贸易增速通常是世界GDP增速的1.5倍，不过2009年的金融危机令世界贸易增速受创，之后多年低于世界GDP增速，这一情况直到2017年有所缓解。

2018年发展中经济体贸易增长强于发达国家，出口和进口分别增长3.5%和4.1%，发达经济体分别为2.1%和2.5%。2019年发展中经济体贸易有望保持强劲增长，出口和进口预计分别增长3.4%和3.6%，而发达经济体出口和进口增速预计为2.1%和1.9%（表1.1）。

表1.1　2015—2020年各地区货物贸易年度增长及预测

项　目	年增长率/%					
	2015	2016	2017	2018	2019[a]	2020[a]
货物贸易[b]	2.3	1.6	4.6	3.0	2.6	3.0
出口						
发达经济体	2.4	1.0	3.6	2.1	2.1	2.5
发展中经济体[c]	1.7	2.3	5.6	3.5	3.4	3.7
进口						
发达经济体	4.2	2.0	3.3	2.5	1.9	1.9
发展中经济体	0.6	1.3	6.8	4.1	3.6	3.9

注：a为预测值；b为进出口平均水平；c包括独联体国家

资料来源：WTO. Global trade growth loses momentum as trade tensions persist. 2019.4

从区域看,与亚洲贸易增速有所放缓、欧洲出口停滞不前以及进口逐渐下降等形成对比的是,2018年北美经济较强的增长带动其进口强劲增长,增幅达5%,非洲、中东和独联体等其他地区的出口增长加速至2.7%,中南美洲贸易流动继续逐步恢复。

从国家看,2018年,中国货物贸易进出口总额为4.62万亿美元,同比增长12.6%,占世界贸易总额的11.75%,是世界第一货物贸易国;美国货物贸易总额为4.278万亿美元,同比增长8.2%,占世界贸易总额的10.87%,排名第二;德国货物贸易总额为2.847万亿美元,占比7.2%,居第三;日本货物贸易总额为1.487万亿美元,占比3.8%,居第四;荷兰货物贸易总额为1.369万亿美元,占比3.48%,列第5名。

服务贸易继续成为亮点。2018年世界服务贸易进出口总额为5.80万亿美元,增长8%,连续第二年强劲增长。其中与产品有关的服务业扩张幅度最大,增幅为10.6%;增长最弱的是交通运输领域,增长7.1%(图1.1)。主要拉动因素来自亚洲的服务贸易进口,其中特别是中国2018年服务贸易进口增长12%,是全球第二大服务贸易进口国。印度服务贸易进出口总值增长也十分迅猛,2018年实现两位数的增长:出口11%,进口14%。

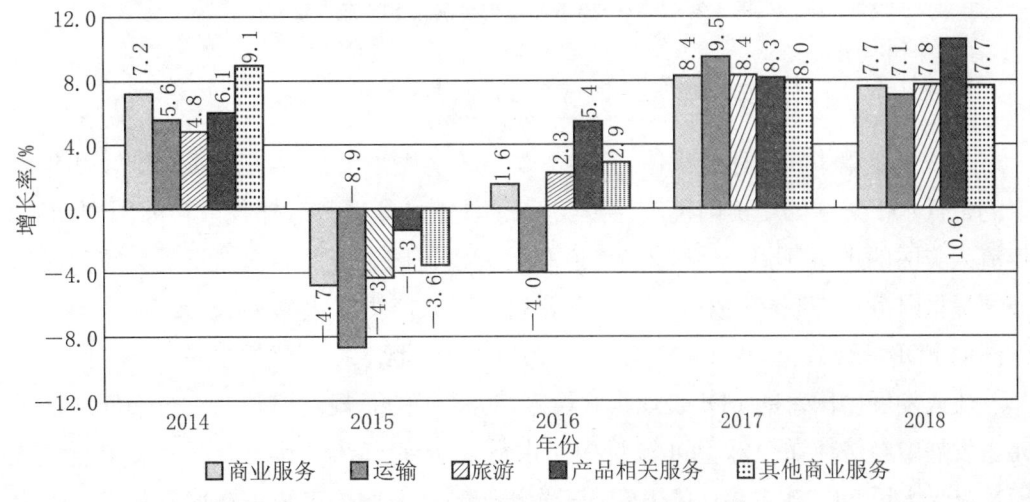

图1.1　2014—2018年世界商业服务按类别出口增长情况

资料来源:WTO. Global trade growth loses momentum as trade tensions persist. 2019.4

随着贸易紧张局势日益加剧,贸易无法在推动增长方面发挥全部作用。各方越来越迫切需要破解紧张局势,集中精力为世界贸易探索积极的前进道路,以应对当今世界经济的真正挑战。WTO提出,贸易要在创造就业、促进发展等方面发挥积极的作用,需要以规则为基础的贸易体系,在贸易便利化和提供稳定的全球经济环境中发挥作用。

（二）全球外国直接投资大幅下降

世界经济的复杂形势、多变的贸易投资政策都对全球外国直接投资前景产生影响。据联合国贸发会议（UNCTAD）2019年1月发布的报告，2018年全球外国直接投资（FDI）总规模预计下跌19%，为1.2万亿美元左右，2017年的规模为1.47万亿美元，这是全球FDI连续第3年下滑，跌至金融危机后的最低点（图1.2）。

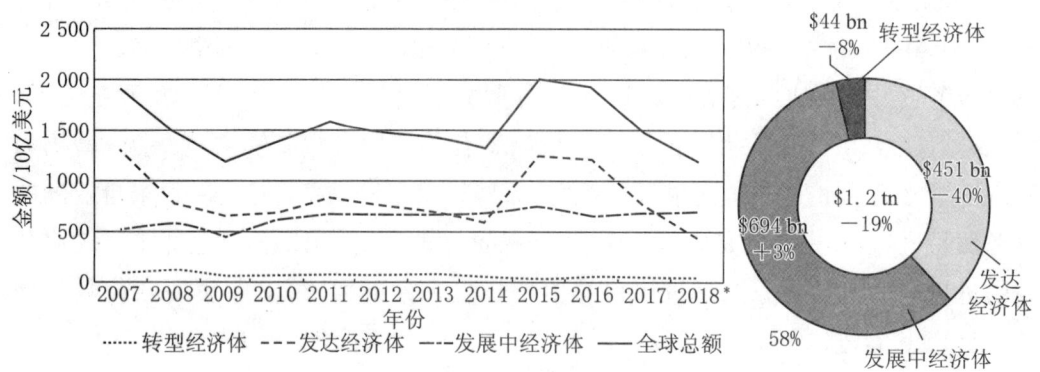

图1.2　2007—2018年主要经济体FDI流入量

注：2018年为预测值
资料来源：UNCTAD, Investment Trends Monitor. 2019.1

下跌主要集中在发达经济体，整体下跌40%，规模为4 510亿美元，为2004年以来的最低水平。主因是美国税改导致美国跨国公司将累积海外收入转移回国，2018年流入美国的FDI下跌18%，为2 260亿美元。美国企业的利润遣返对为美国跨国公司提供财务中心职能的爱尔兰、瑞士等欧洲国家产生重大影响，导致2018年流入欧洲的FDI暴跌73%，仅1 000亿美元，相当于20世纪90年代的水平。

流入发展中国家的FDI表现相对稳定，2018年的总规模增长3%，至6 940亿美元。发展中经济体在全球FDI流量中所占份额达到58%。其中亚洲发展中经济体FDI流入增长5%，达5 020亿美元；非洲增长6%，但增长仅集中在埃及和南非等少数国家；拉美和加勒比地区则下降4%。东亚和东南亚是吸收外资最多的地区，占2018年全球FDI的1/3。其中东南亚增长11%，达到创纪录的1 450亿美元，主要是新加坡在2018年吸引大规模的并购投资。

转型经济体的FDI连续两年下降，2018年下降8%，至约440亿美元，这是自2006年以来的第二低。其中流入东南欧的外资增长14%，达63亿美元，该地区大多数经济体的FDI都有所增长。而流入独联体和格鲁吉亚的外资则下降11%，为

373亿美元。但该地区已宣布的绿地投资增长54%，达550亿美元。俄罗斯的FDI连续第二年下滑，减少14%。东南欧绿地投资合同金额增加了一倍以上，达到100亿美元。独联体和格鲁吉亚也上升近一半，达450亿美元。这表明2019年以后新的FDI项目可能会增加。

从FDI流入国和地区看，美国仍然是全球吸引FDI最多的市场，外资流入约为2 260亿美元。中国和英国紧随其后，分别为1 420亿美元和1 220亿美元。中国香港位居第4，吸引外资1 120亿美元。位居5至10名的依次为新加坡、西班牙、荷兰、澳大利亚、巴西、印度。

2018年，全球跨境并购(M&A)规模增长19%至8 220亿美元(表1.2)。并购的激增主要由交易规模驱动，2018年平均并购交易额为1.28亿美元，比2017年提高近30%。发达经济体是跨境并购的主要目标，全球并购交易总额的近1/3是由美国跨国公司完成的。受英国、德国和荷兰购境并购以及几笔大额并购交易及公司重组的推动，欧洲跨境并购净额增长66%，达3 710亿美元。2018年，发展中经济体的跨境并购金额增长9%，从1 120亿美元增加到1 220亿美元。发展中经济体绿地投资合同金额大幅上升47%，约为5 390亿美元，这是由于亚洲发展中经济体的绿地投资金额几乎翻了一番。这表明发展中国家的FDI主要是由绿地投资及扩大再投资驱动。

表1.2　2017—2018年各地区FDI流入量、跨境并购及已宣布绿地投资金额

地区	FDI流入量/10亿美元			跨境并购/10亿美元			已宣布绿地投资金额/10亿美元		
	2017年	2018年	增长率/%	2017年	2018年	增长率/%	2017年	2018年	增长率/%
全球	1 470	1 188	−19	694	822	19	701	906	29
发达经济体	749	451	−40	569	698	23	299	313	5
欧洲	372	100	−73	223	371	66	171	190	11
北美	302	263	−13	299	240	−20	98	93	−5
发展中经济体	673	694	3	112	122	9	367	539	47
非洲	38	40	6	4	2	−49	85	69	−19
拉美及加勒比	155	149	−4	30	39	32	70	80	15
发展中亚洲	478	502	5	79	82	3	212	390	84
转型经济体	48	44	−8	13	2	−86	35	55	55

注：2018年为预测值

资料来源：UNCTAD, Investment Trends Monitor. 2019.1

UNCTAD 预计,2019 年全球 FDI 有望回升,但升势微弱。鉴于美国税改影响退散,流入发达经济体的 FDI 可能恢复到正常水平,2018 年第三季度,流入美国的资金已开始回升。2018 年已宣布的绿地项目增长近三成,也预示着 2019 年新建投资可能呈现积极的势头,整体来看全球 FDI 水平将复苏。然而,一些风险因素会部分抵消上升因素,从而降低全球 FDI 的增长预期。根据最近的预测,全球经济前景正变得黯淡,经济增长预期被下调。全球融资条件正在收紧,主要经济体的工业生产出现放缓,一些新兴经济体受到金融市场压力的影响。此外,贸易投资政策复杂多变和保护主义抬头,数字经济导致国际生产投资更多地转向无形资产,以及过去 5 年 FDI 回报率的大幅下降,都是全球 FDI 中期前景面临的挑战。

(三) 全球营商改革再创纪录,影响继续扩大

2018 年 10 月,世界银行发布旗舰报告《2019 年营商环境报告:强化培训,促进改革》,旨在衡量影响商业经营的监管改革。《2019 年营商环境报告》记录自 2017 年 6 月 2 日至 2018 年 5 月 1 日之间发生的监管改革。比较 190 个经济体在便利营商方面的整体表现,结果显示,有 128 个经济体实行了 314 项营商改革,全球营商环境改革再创纪录,年度排名影响力越来越大,各大地区营商监管改革步伐加快(图 1.3)。例如,2006 年,全球范围注册一个企业平均需要 47 天,注册成本占人均收入的 76%,如今平均仅需 20 天,成本也只占人均收入的 23%;2006 年,开办企业最低实缴资本需要人均收入的 145%,如今仅需 6%。

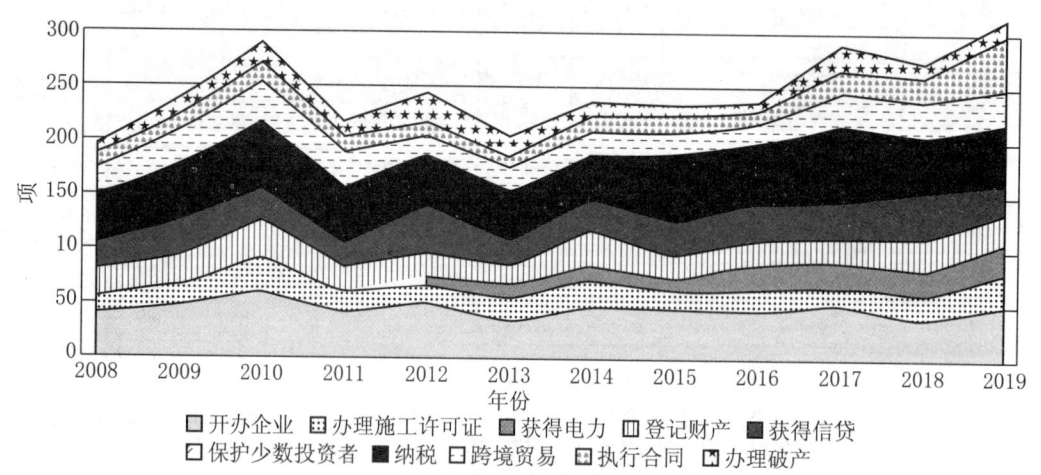

图 1.3 《营商环境报告》年度改革记录

资料来源:World Bank. Doing Business 2019

营商环境便利度排名前10的经济体依次为新西兰、新加坡、丹麦、中国香港、韩国、格鲁吉亚、挪威、美国、英国、马其顿，这10个经济体在监管效率和质量上都具备相同的特征，包括施工期间强制性检查、电力供应使用自动化工具恢复电力、清算程序中债权人享有强有力的保护以及专设的自动化的商事法院。排名前20经济体中有12个来自经合组织高收入国家，前50经济体中有近60%来自经合组织高收入国家，这些经济体一直拥有或通过全面改革后拥有良好的商业监管环境。排名全球改革数量最多的10个经济体分别是阿富汗、吉布提、中国、阿塞拜疆、印度、多哥、肯尼亚、科特迪瓦、土耳其和卢旺达，十大改善最多的经济体共实施62项提高营商便利度的监管改革，在开办企业、获得信贷和纳税方面实施的监管改革最多。

巴西、俄罗斯、印度和中国这4个金砖经济体共进行21项改革，其中最普遍的改进领域是获得电力和跨境贸易。俄罗斯仍是金砖经济体中营商便利度最高的国家，从上一年度的第35位升至第31位；其次是中国，排在第46位；南非排在第82位，与上一年度持平；印度成为南亚地区排名第一的经济体，在全球排名中上升23位至第77位。巴西排名仍垫底，但在拉美加勒比地区得分提升最大，在4个领域进行改革。

中国是营商环境改善排名前10的经济体之一，在全球排名中上升30多位，升至第46位，其2017—2018年的改革工作旨在提高业务流程的效率。在10个主要指标中，中国"执行合同"指标排名最靠前，在全球排第6位；在"开办企业""获得电力""保护少数投资者"等方面改善最为显著（图1.4）。"开办企业"方面，推出网上注册系统和简化社会保障登记流程，使"开办企业"更为便捷，该指标排名由上一年度的93位

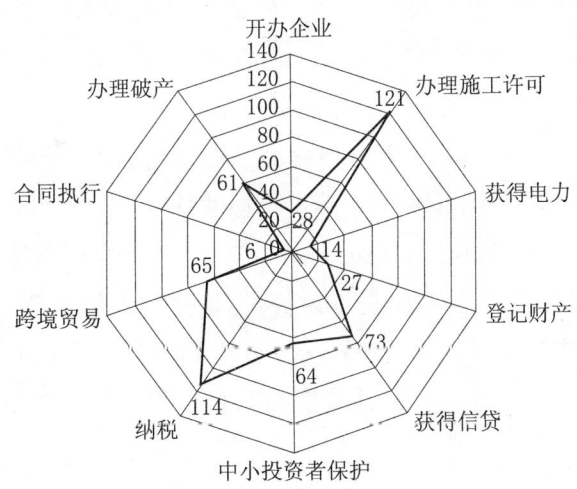

图1.4　中国营商环境分项指标排名

资料来源：World Bank. Doing Business 2019

上升至28位,大幅提升65位。开办企业所需要的平均时间从上年度的23天缩短为9天,与经合组织多数高收入国家的平均水平持平。"获得电力"方面,通过网络扩容和提供全免费的接电服务,以及推出面向客户的手机APP,使接电时间从143天缩短为34天,该指标排名从上一年度的98位跃至第14位,大幅上升84位。"保护少数投资者"方面,通过加强股东在公司重大决策中的权利和作用,明晰所有权和控制结构,以及要求对股东产生的法律费用给予报销,使"保护少数投资者"得到加强,中国"保护少数投资者"指标上升55位至64位。中国在"跨境贸易"的很多方面也取得显著进展,在这一领域的全球排名上升30多位至第65位。为促进跨境贸易,中国实施国家贸易单一窗口,将海关和税务局、港口、商务部以及其他参与进出口过程的机构联系在一起。

尽管中国的营商环境在过去一年里取得显著进步,但中国在"办理施工许可证"(排名第121位)、"纳税"(排名第114位)两个领域依然还有很大提升空间。在中国,企业修建一座仓库办理所有许可证和授权需要完成20项程序,而东亚太平洋地区平均为15项。此外,世界银行对中国的评价是选取上海和北京作为样本城市,中国大部分城市的营商环境还远远达不到这两座城市的水平。

(四)全球经济开放性有待加强

《ICC开放市场指数》是由国际商会(ICC)发布的报告,从贸易开放度、贸易政策制度、促进贸易的基础设施和外国直接投资(FDI)开放度四大类指标评判一个经济体的开放市场指数(OMI),从而衡量全球主要经济体①的市场开放情况。该报告每两年发布一次,自2011年发布首版报告以来,2017年的报告已是第四版。

根据OMI值所处的范围(从1~6),各经济体被分为五大类:最开放(得分5~6);高于平均水平开放(得分4~4.99);平均开放(得分3~3.99);低于平均水平开放(得分2~2.99);很弱(得分1~1.99)。从2017年OMI总得分及排名看,"最开放"经济体有3个,分别是新加坡、中国香港和卢森堡,这3个经济体的总分都在5.0以上(表1.3)。

"高于平均水平开放"的经济体有18个,包括15个欧洲国家以及阿联酋、新西兰、加拿大。其中得分高的是较小的欧洲经济体(荷兰、爱尔兰、瑞士、马耳他)和阿联酋。欧洲较小经济体主要得益于其在贸易政策和FDI开放度两个指标得分较高。阿联酋分值较高归因于其良好的贸易开放度和有利于贸易的基础设施,这两者都与区域贸易枢纽直接相关。

---

① 国际商会(ICC)选择的75个经济体,基本上涵盖发达国家和发展中经济体,包括所有G20国家和欧盟成员国,同时也包括贫穷、富裕和中等收入的经济体,它们共同代表全球贸易额和投资额的90%以上。

表 1.3　75 个经济体的 OMI 总得分及排名

类　别	国家/地区	排　名	分　值	类　别	国家/地区	排　名	分　值
最开放	新加坡	1	5.6	平均开放	澳大利亚	30	3.8
	中国香港	2	5.5		马来西亚	31	3.8
	卢森堡	3	5.0		波　兰	32	3.8
高于平均水平开放	荷　兰	4	4.8		越　南	33	3.8
	爱尔兰	5	4.8		秘　鲁	34	3.7
	瑞　士	6	4.7		法　国	35	3.7
	马耳他	7	4.7		葡萄牙	36	3.7
	阿联酋	8	4.7		日　本	37	3.7
	比利时	9	4.6		保加利亚	38	3.7
	冰　岛	10	4.3		韩　国	39	3.7
	挪　威	11	4.2		美　国	40	3.6
	斯洛伐克	12	4.2		沙特阿拉伯	41	3.6
	匈牙利	13	4.1		西班牙	42	3.6
	捷　克	14	4.1		罗马尼亚	43	3.6
	爱沙尼亚	15	4.1		塞浦路斯	44	3.6
	立陶宛	16	4.1		意大利	45	3.5
	加拿大	17	4.1		墨西哥	46	3.5
	瑞　典	18	4.1		约　旦	47	3.4
	奥地利	19	4.1		泰　国	48	3.4
	丹　麦	20	4.0		南　非	49	3.3
	新西兰	21	4.0		希　腊	50	3.3
平均开放	德　国	22	3.9		哥伦比亚	51	3.3
	中国台北	23	3.9		乌拉圭	52	3.3
	智　利	24	3.9		土耳其	53	3.3
	拉脱维亚	25	3.9		摩洛哥	54	3.2
	斯洛文尼亚	26	3.9		哈萨克斯坦	55	3.2
	以色列	27	3.9		中　国	56	3.2
	英　国	28	3.9		乌克兰	57	3.2
	芬　兰	29	3.9		俄罗斯	58	3.1

续表

类别	国家/地区	排名	分值	类别	国家/地区	排名	分值
平均开放	斯里兰卡	59	3.1	低于平均水平开放	阿根廷	68	2.6
	埃及	60	3.0		巴西	69	2.4
	突尼斯	61	3.0		孟加拉国	70	2.3
	菲律宾	62	3.0		尼日利亚	71	2.3
	印度尼西亚	63	3.0		巴基斯坦	72	2.1
低于平均水平开放	印度	64	2.9		埃塞俄比亚	73	2.1
	乌干达	65	2.8		苏丹	74	2.1
	肯尼亚	66	2.7		委内瑞拉	75	2.0
	阿尔及利亚	67	2.6		—	—	—

资料来源：ICC. ICC Open Markets Index 4rd edition 2017

"平均开放"的经济体有42个。大部分G20经济体属于这一类，除了加拿大（开放水平高于平均水平）和印度、阿根廷、巴西（开放水平低于平均水平）。这一类经济体中有中国、美国、日本和德国等世界主要国家，以及欧盟其他主要经济体（人口超过4 000万）的法国、西班牙和意大利。

"低于平均开放水平"的经济体有12个，包括G20的3个新兴经济体（印度、阿根廷和巴西），以及非洲、亚洲和拉丁美洲的一些发展中经济体。值得注意的是，委内瑞拉、苏丹和埃塞俄比亚的得分虽然较低，但是，这些国家显示出一些指标上的优势，包括外国直接投资（FDI）流入量和使用互联网人数的比例。

在2017年的报告中没有"很弱"的经济体。

综合来看，2017年75个经济体平均得分为3.6，总体表现属于"平均开放"水平。虽然各经济体市场开放有进展，但全球经济开放性仍有待加强。2017年许多大的经济体整体开放程度只有平均水平，例如，美国OMI值为3.6，德国3.9，日本3.7，中国3.2，法国3.7。

G20的经济占世界经济的85%以上，接近80%的全球贸易份额，G20应该在保持市场开放和拒绝贸易限制措施方面发挥巨大的潜力。但G20平均得分为3.4，而2017年75个经济体的平均得分是3.6，意味着G20经济体在2017年OMI开放方面有所落后。20国集团中只有加拿大跻身前20名，且是唯一一个"高于平均水平开放"的经济体。G20国家领导人一直强调开放市场对推动全球经济增长和创造就业的重要性，然而，G20显然没有表现出它努力提供的全球领导权。此外，G20中的金砖国家(巴西、俄罗斯、印度、中国和南非)2017年OMI得分均较低。

中国在75个经济体中排在第56位,属于"平均开放"的经济体,开放市场指数(OMI)得分为3.2,低于各经济体的平均得分3.6,与"最开放"的经济体新加坡(5.6)、中国香港(5.5)、卢森堡(5.0)差距更大。从四大指标得分看,中国较好的指标是贸易政策(3.8)和促进贸易的基础设施(3.8),而贸易开放度(2.6)、外国直接投资开放度(2.5)则较为落后。

(五)不同区域商业运营风险差异显著

2018年12月,世界经济论坛(WEF)发布《2018年商业运营区域风险》报告,以私营企业的角度透视区域风险。该报告覆盖范围与世界经济论坛的旗舰报告《全球风险报告》不同。《全球风险报告》对全球风险进行全方位评估,从国家、企业和个人等多个方面考虑风险。相比之下,《2018年商业运营区域风险》的分析基于约1.2万名企业高管的调研数据,评估未来十年各区域商业主体可能面临的全球风险,侧重点更细致。例如,虽然"环境风险"在《全球风险报告》中日益占据主导地位,但在企业高管意见调查结果中,其并未入榜全球十大风险(表1.4)。这并不意味着"环境风险"总体上重要性下降,而只是企业认为环境问题并非其未来十年内的主要运营风险。

表1.4 全球十大风险及十大商业运营风险

序号	全球十大商业运营风险	全球十大风险
1	失业/就业不充分	极端天气事件(例如洪水、风暴等)
2	国家治理失败	减缓气候变化失败
3	能源价格震荡	重大自然灾害(如地震、海啸、火山爆发、地磁暴等)
4	财政危机	数据欺诈/盗窃的大规模事件
5	网络攻击	大规模的网络攻击
6	社会动乱	人为的环境破坏和灾害(例如油气泄漏、放射性污染等)
7	金融机制/机构失灵	大规模的非自愿移民
8	重点信息基础设施故障	生物多样性减少和生态系统崩溃(陆地或海洋)
9	区域或全球治理不当	水资源危机
10	恐怖袭击	主要经济体资产泡沫

资料来源:WEF. 2018年商业运营区域风险,2019年全球风险报告

《2018年商业运营区域风险》主要有以下几大发现。

一是网络攻击风险加剧。2018年"网络攻击"风险的排名大幅提升,从2017年的第8位跃居至第5位。这无疑与近年全球出现的多起大规模网络攻击事件有关。2017年

5月,全球约150个国家/地区超过30万台机器遭到"WannaCry"勒索软件攻击,不仅造成大批民用电脑感染病毒,还严重扰乱上千家企业及公共组织的正常运营,英国国家卫生服务机构、德国铁路系统等均遭到攻击。与此同时,"数据欺诈或盗窃"作为伴随网络时代而生的另一项威胁也在发达地区风险榜单上名列前茅。2017年,美国征信巨头之一的Equifax爆发数据泄露事件,造成1.43亿美国消费者的敏感个人信息外泄,损失高达6亿美元,还有数量不明的加拿大和英国用户受到波及。2018年3月,Cambridge Analytica公司丑闻爆发,超过5 000万脸书用户的信息数据被泄露。无论是"网络攻击"还是"数据泄露",未来商业活动所依赖的数字网络系统正面临前所未有的威胁。

二是各区域商业运营风险差异显著。各国/地区由于在行事准则和价值观等方面存在巨大差异,因此塑造出机遇与风险迥异的营商环境。"网络攻击"是东亚和太平洋、北美、欧洲三个地区的头号营商风险(表1.5)。"网络攻击"往往被视为全球较发达经济体的关注对象,在将"网络攻击"标记为首要风险的19个国家中,有14个来自欧洲和北美,其他国家为印度、印度尼西亚、日本、新加坡和阿联酋。"失业/就业不充分"在撒哈拉以南非洲排名第1,该地区受访的34个国家中,"失业/就业不充分"是其中22国企业最关注的问题。但是除北美以外,这一风险在其他区域的风险排名中均高居前五,这种区域一致性也使其位列全球风险清单榜首。南亚、拉丁美洲与加勒比受访者均将"国家治理失败"列为营商首要风险,"社会动乱"次之,凸显出两大区域紧张的社会局势。在欧亚、中东和北非地区,"能源价格震荡"风险居于首位。2017年油价上涨,一些石油生产国从中受益。然而价格波动的脆弱性并未消失,这在政府支出扩张的国家表现尤为明显,沙特阿拉伯便是如此。

表1.5 区域商业运营最受关注风险

区域	最受关注风险		
	第一风险	第二风险	第三风险
欧洲	网络攻击	资产泡沫	国家治理失败
欧亚地区	能源价格震荡	国与国的冲突	财政危机
中东和北非	能源价格震荡	失业/就业不充分	恐怖袭击
撒哈拉以南非洲	失业/就业不充分	国家治理失败	能源价格震荡
南亚	国家治理失败	通货膨胀失控	失业/就业不充分
东亚和太平洋	网络攻击	失业/就业不充分	资产泡沫
北美	网络攻击	数据欺诈或盗窃	极端天气事件
拉丁美洲与加勒比	国家治理失败	社会动乱	失业/就业不充分

资料来源:WEF.2018年商业运营区域风险

三是提高治理水平和区域协作至关重要。国家和地区的治理水平,是衡量营商环境的重要依据之一。而"国家治理失败"在2018年风险中排名第2位,显示当下政治经济体系根基中的薄弱环节。由此,提高国家治理水平将是未来多个国家和地区改善营商环境的关键举措,不仅是许多发展中国家和地区要尽力解决的问题,也是大部分国家已迈入发达国家阵营的欧洲地区面临的挑战。除了英国脱欧、移民问题等区域性因素外,波黑、克罗地亚、希腊、立陶宛、葡萄牙等国均可能出现政治混乱、政局不稳的局面,从而挫伤企业对当地营商环境的信心。欧洲国家要想留住营商者,必须大刀阔斧地调整长期根植于其政治理念中的政府治理模式。另外,地缘政治正在发生变化,区域发展更有可能影响到扩张的国际体系。仅凭个别国家的行动将难以应对全球挑战,更遑论解决。期望未来区域力量能够在全球范围发挥更为积极的作用。

(六) 新兴经济体仍将是世界经济增长引擎

博鳌亚洲论坛2019年3月发布的《新兴经济体发展2019年度报告》显示,2018年,新兴经济体11国(E11,阿根廷、巴西、中国、印度、印尼、韩国、墨西哥、俄罗斯、沙特、南非和土耳其)的国内生产总值(GDP)增长率约为5.1%,虽比2017年下降0.1个百分点,但就业形势好转,收入水平出现改善势头,贸易增长动力显著增强,外商直接投资逆势增长,总体经济运行保持良好态势。预计2019年新兴经济体整体仍将保持中高速增长的势头,是推动世界经济增长不容忽视的重要力量。国际货币基金组织公布的预测也认为,尽管受油价上涨、地缘政治冲突等外部环境因素的影响,新兴经济体和发展中国家仍将继续保持增长,尤其是中国对世界经济增长仍然起到非常重要的促进作用。

无独有偶,国际咨询机构麦肯锡2018年11月发布的《领跑全球:高增长新兴经济体及推动其发展的企业》报告认为,从长远看,新兴经济体仍将是世界经济增长引擎。麦肯锡研究的71个新兴经济体中,有18个超过全球基准和同类经济体,其人均GDP在过去50年平均每年增长5%,或者过去20年平均每年增长5%。其中既有中国和马来西亚等长期领跑者,也有印度和越南等最近实现高增长的经济体,还有埃塞俄比亚和乌兹别克斯坦等不太引人关注的领跑者。

麦肯锡分析经历强劲而持续增长的经济体,重点关注其经济政策以及大企业的贡献,发现有两大因素使得这些新兴经济体表现优异:在生产力、收入和需求等方面采取促进增长的政策;大企业发挥十分突出的作用(图1.5)。

促增长的政策计划
支持资本积累并确保稳定的措施
帮助其创造了促增长计划
生产率
- 促进竞争
- 提高全要素生产率

收入
- 年度工资增长加快3至5个百分点
- 新兴经济体的消费阶层扩大约60%

需求
- 2016年约30%的全球商品贸易
- 年度消费增长加快3个百分点
- 全球连接性排名靠前

极具竞争力的大公司领跑者的大公司：

数量更多
2x 大企业数量 达到某一经济规模的公司数量是其他新兴经济体的2倍

竞争更激烈
55% 的公司在10年内被挤出这一行列，而发达经济体的这一比例只有38%

超过高收入经济体的竞争对手

更高的回报	更大胆的创新者	速度更快的决策者	激进的增长者
40%	8%	32%	27%
给股东的总回报高出	通过新产品获得的销售额多出	投资决策速度快出	把进军海外新市场作为重点的比例高出

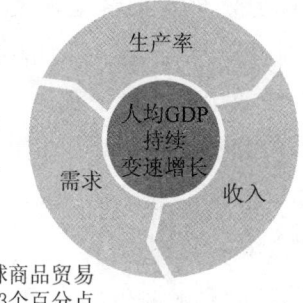

图 1.5　推动领跑者发展的两项因素

资料来源：麦肯锡.领跑全球：高增长新兴经济体及推动其发展的企业

　　领跑者在公有和私有领域都制定旨在提高生产率、收入和需求的促增长计划。表现优异的经济体中，超过 2/3 的 GDP 增长归因于工业化。工业化有力推动生产力，生产力增长带来收入大幅增加的同时也刺激消费，从而创造更多工作岗位。很多领跑全球的经济体注重培育适宜投资和竞争的环境，采取的竞争政策为提高生产率、增加投资和培养有竞争力的企业创造动力。例如，中国允许在不同城市和不同省份之间展开竞争，允许国有企业与私有企业相互竞争，外商直接投资也纳入其中。此外，这些经济体有能力通过调整政策以适应本国国情和不断变化的外部条件，即使在外部环境动荡时也能实现宏观经济稳定。例如，2013 年，当各国央行解除量化宽松的预期，从而导致新兴经济体的金融市场出现所谓的"缩减恐慌"时，包括印度和印度尼西亚在内的几个经济体实施货币、财政和汇率稳定措施来缓冲市场压力。这些经济体与全球经济的联系也很深入，政府往往通过投资构建竞争力，而且对监管实验保持灵活而开放的态度，也愿意对全球各地的宏观经济措施进行调整，使之适应当地环境。中国的经济特区就是一种著名措施，可以在广泛推广各种政策之前首先进行试点。新加坡金融管理局采用的监管沙盒也有助于政策试点，包容失败所产生的后果。

　　大企业的优秀表现是推动经济增长的重要动力。麦肯锡调查 7 个新兴经济体 10 个行业的 2 000 多家企业，发现有三个突出特点。一是顶尖企业更关注创新，有 56% 的营收来自新产品和新服务，比发达经济体的同类企业高出 8 个百分点。很多顶尖企业引领其所在行业开展技术和数字颠覆，令一些城市（尤其是中国、印度和韩国的城市）成为创新集群，班加罗尔、北京和上海每年授予专利的增长速度都达到全球头号创新集群硅谷的两倍。二是投资战略更加激进,分配资源更加敏捷。按资本支出与折旧额之比衡量,其投资几乎是发达经济体企业的两倍。例如,2016年9月成立的印度移动网络运营商 Reliance Jio 已经投资 300 亿美元建设 4G VoLTE 移动网络,超越那些仍在从旧技术逐渐升级的老牌运营商。这些领先的公司分配资源的速度也更快,平均而言,它们做出重要投资决策的速度比发达经济体同行要快 6 到 8 周,可以获得更高的回报率。三是新兴经济体里最成功的大企业比高收入经济体的同类企业优先考虑海外增长的比例高出 27 个百分点,并且已经通过这种方式成为强大的全球竞争者。例如,泰国正大集团是 1981 年首批进入深圳经济特区的外国投资者,如今,中国业务在其 400 亿至 500 亿美元的年销售额中占据很大比例。

二、重点行业发展动态

(一) 零售业:复苏势头明显,线上零售成为亮点

全球零售业持续稳健回暖。德勤发布的《2019 全球零售力量》报告显示,2017 财年全球前 250 大零售商零售收入增长近 83.2%,经汇率调整后的综合增长率为 5.7%,高于 2016 年度的 4.1%。在披露财报的公司中,92% 处于盈利状态。2017 财年全球前十大零售商营业收入总计为 1.43 万亿美元,在 250 强零售总收入中所占份额为 31.6%,同比增长 0.9%。其中沃尔玛仍然稳居第一,而亚马逊上升两位排名第四,该年度其零售收入增幅为 25.3%,为前十大零售商之最。中国名次最高的是京东,上升至第 20 位。

全球零售业分布较为集中,主要分布于欧美、亚太。在 250 家顶级零售商中,欧洲拥有的数量最多,共有 87 家公司,占比 34.8%,高于 2016 财年的 82 家,总零售收入占比前 250 家零售商零售总收入的 33.8%;北美地区零售商规模最大,2017 财年,北美地区零售商数量占全球 250 强零售商的 1/3,总零售收入占全球 250 强企业总收入的 48%,平均规模为 256 亿美元;亚太地区零售商分布较为集中,73% 零售商集中在中国和日本,在 250 强零售商中,近 1/4 的公司来自亚太地区;非洲、中东和拉美有望成为新增长点,从非洲/中东和拉美地区的零售收入增长状况来看,2017 财年中东/非洲和拉美地区零售增长率分别为 9.8% 和 10.5%,远高于全球平均水平。

不同消费品类零售收入和盈利能力差别明显。服装和配饰是盈利水平最高的子行业,复合净利润率和复合资产回报率分别为 6.0% 和 7.8%;全球 250 强中,快速消费品(快消品)企业具有举足轻重的地位,138 家快消品企业的零售收入占全球 250 强

总收入的66.2%,前十大零售商中,快消品子行业占8家;耐用及休闲用品子行业的零售收入增长率仍然高居首位,达到10.1%,零售收入复合年均增长率也表现强劲,达到6.8%;多元化经营子行业经历持续低增长,收入复合年均增长率为-0.3%,较2016财年的-1.3%有所改善。

线上零售快速发展,市场份额占比不断提升。据零售平台Internet Retailer数据显示,2018年电商占全球零售总额的15.2%,意味着全球电商渗透率仅在两年内就提高34.5%。全球零售总额在2018年的增长较为平缓,而电商规模则从18.25万亿美元增至18.84万亿美元,增长3.3%。在线零售额的增长占2018年零售增长总额的近3/4,高于2017年的69.3%。不考虑在线零售,2018年实体零售增长仅为1.0%。另据《2019年全球Top在线零售商报告》,2018年在线销售排名前10位的零售商占全球所有电商份额的15.1%。而2017年,Top 10零售商占据全球零售市场14.5%的份额,侧面证实以亚马逊为首的大公司一直在推动增长,占有更多电商市场话语权,同时也对市场格局造成巨大影响。

(二)电子商务:保持高速增长,新模式、新业态发展迅猛

2018年,尽管多种因素为世界经济蒙上了阴影,但电子商务发展环境持续改善,市场规模保持高速增长。2018年联合国全球电子商务发展指数为55,比上年增长1.9个百分点,转型经济体、东亚与东南亚、非洲地区,均比上年有不小进步,发展环境进一步完善。2018年全球电子商务市场销售额达到2.84万亿美元,比上年增长23%,在全球零售业中的比重也持续上升到11.9%。其中中国已经成为全球第一大电商市场,2022年中国占全球电商市场的比重将有望超过63%,而美国将下降到全球市场的15%。

电商市场出现以下趋势:消费分层和渠道下沉引发新模式,推动普惠式电子商务、拼购模式、农村电商、亲情模式等发展;消费领域的跨渠道趋势进一步发展为全渠道融合,以应用场景化为主要途径,以各种工具与平台的无缝链接为手段,以减少消费体验摩擦为核心,形成多维协同的发展方式;贸易摩擦将对电商市场产生一定影响,电子商务标准和数字贸易被列入贸易纠纷和谈判内容之一,跨境电商受到影响。

在区域发展上,美国、欧盟地区全球领先,非洲地区近年发展环境持续改善。2018年美国电子商务市场强劲增长,电商零售销售额为5 136亿美元,比上年增长14.2%,占全部零售额的9.7%,假日零售获得新突破,零售额首次突破1万亿美元,同比增长5.8%,但美国电商市场的增长在第二季度以后逐季放缓,存有隐忧。欧盟地区则受经济形势影响,电商市场总体上有所放缓。2018年欧盟28国电子商务营收占企业收益的比重为17%,比上年下降一个百分点,其中仅有8个国家有所上升。但基

于数字单一市场的建设,欧盟跨境电商稳步发展,跨境购物者的比重有较大提升,达到36%,同时,英国和德国电商市场高速增长,增长率分别达到14.9%和11.4%。而非洲地区电商发展环境改善显著,互联网用户逐步攀升,互联网基础设施建设取得进展,尤其是撒哈拉以南地区,用户和服务器数量增速远远超过世界平均水平。未来,非洲地区电商市场发展前景巨大,若非洲地区电商用户的渗透率从30%增加到50%,B2C市场规模将增加一倍以上。

在新业态上,内容付费平台发展迅速,区块链电商也开始崭露头角。近年来,随着互联网平台的发展、宽带建设加快、消费不断升级、知识产权保护的日益重视、新一代消费者意识增强等因素,在线内容付费模式逐渐兴起,尤其是数字音频市场发展迅速,其盈利模式多样,包括广告、会员制、打赏型、项目订阅付费、点对点咨询付费等。区块链电商有望解决电商行业多个痛点,如隐私泄露、虚假评论、刷单等问题,目前脸书公司提出整体将基于区块链进行整体战略转型,亚马逊等纷纷推出区块链应用的行业云平台、区块链实验室,同时在物流、融资、交易等各个环节改造现有电商业务。

基于电商的迅速发展,世界主要国家和地区在加强监管,或对市场的直接规范,或加强税收管理,如欧盟生效《通用数据保护条例》等。数字贸易、电子商务标准也成为各大贸易协定中的主要关注内容。电商领域国际合作机制进一步构建,新的多边或双边合作机制的形成。同时,国际组织推动电商全球普惠发展,如联合国推出普惠电子贸易系列计划及其服务平台,加强对创业者的培育与扶持,举办论坛,推动对话交流等。

(三)大宗商品交易:交易量再创新高,中国表现抢眼

据美国期货行业协会(FIA)对全球衍生品交易所成交量的统计,2018年全球期货及期权合约成交量302.8亿手,较上年增长20.2%。其中,期货合约成交量171.5亿手,同比增长15.6%;期权合约成交量131.3亿手,同比增长26.8%。2018年全球期货及期权成交量增速达到2010年以来的最高水平。亚太和北美地区仍然是全球场内衍生品最重要的两大市场,两者成交量占总成交量的71.8%,拉美地区为场内衍生品成交量增长最快的地区。

大宗商品作为全球经济重要的组成部分,现阶段已形成纽约、芝加哥和伦敦等重要的交易中心。同时,经过十多年的并购重组,已形成以芝加哥商品交易所集团等为代表的具有全球影响力的商品交易定价集团,构成全球大宗商品和资本的交易格局,左右着价格及其走势。从交易量排名看,2018年芝加哥商品交易所集团和印度国家证券交易所依然处在全球衍生品交易所成交量排名的前两位,成交量分别为48.4亿手和37.9亿手,同比分别增长18.5%和53.7%;巴西交易所成交量大增42.3%,至

25.7亿手,超越洲际交易所,排在第3位;洲际交易所成交量为24.7亿手,同比增长16.41%,居第4位。2018年,我国内地3家商品期货交易所和中国香港交易所的成交量均排在前15位。其中,上海期货交易所和大连商品交易所分别排在第10和第12位;郑州商品交易所排在第13位;香港交易所排在第14位。中国台湾地区期货交易所排在第17位。

2018年,大宗商品交易市场除了工业金属大类的交易量下降12.5%,农产品、贵金属、能源和其他大类的交易量均呈现正增长,涨幅分别为13.9%、3.1%和1.9%。从交易品种看,2018年,在全球农产品期货及期权合约成交量前10名中,大连商品交易所的豆粕期货居于首位,玉米、豆油期货分列第5、10位;郑州商品交易所的菜粕、苹果期货分列第2和第3位,白糖、棉花期货分列第6、9位;上海期货交易所的天然橡胶期货居第7位。金属合约方面,中国内地期货交易所的产品包揽全球金属期货及期权合约成交量排名前5位。上海期货交易所的螺纹钢期货依然排在首位,镍、锌、热轧卷板期货分列第3、4、5位;大连商品交易所的铁矿石期货位居第2位。能源产品方面,大连商品交易所的焦炭期货列第8位;郑州商品交易所的动力煤期货居第11位。其他期货及期权合约方面,郑州商品交易所的精对苯二甲酸和甲醇期货分别排在第1位和第2位,玻璃期货排在第6位。

区块链和物联网等新兴技术的发展,为解决资产信用管理问题提供技术上的借鉴,有望为大宗商品交易提供新模式。区块链在分布式记账、时间戳、加密数据等方面的技术优势,可以为大宗商品的确权、多重支付问题提供解决方案,而物联网技术则通过智能标签、传感器和嵌入式系统解决有形资产的数字化问题。两种技术的结合,能够为大宗商品的数字化、证券化提供技术借鉴,形成新的大宗商品信用凭证管理体系。

(四)物流业:增速下降,技术更迭和创新不断

2018年至今,全球经济格局的急剧变化导致世界物流业增速下降。航空货运、海运、铁路和第三方物流的年增长率皆不同程度下滑。欧洲国家的物流发展水平总体较高,体量则仍以中国和美国最多,2017年中国和美国物流成本分别占全球总成本的20.24%和18.17%,第三方物流收入分别占全球的21.09%和21.18%。物流企业的兼并活动数量继续减少,但交易总额却反超以往,企业客户更加倾向于长期稳定的合同关系。

全球第三方物流企业发展平稳,前50强企业多数为发达国家,且稳定客户数量远超其他国家企业,尤其一些综合性物流公司在各领域都占据重要地位。其中,德铁信可公司是德国铁路旗下主要负责铁路货运的全资子公司,在汽车、高科技产品、消

费品、会展货代、特殊运输以及特殊活动物流服务方面具备优势,发展举措主要是建立企业实验室等加快研发创新和努力扩张业务区域、发展合作伙伴;美国罗宾逊全球货运公司涉及机动车合同物流、铁路和航空货运、海运等多个领域,2018年年总收入增长11.8%至166亿美元,其坚持一贯的"轻资产"模式,并正在通过并购和发展跨境电子商务等手段保持竞争力;得夫得斯公司是一家丹麦上市的国际化货运及物流集团公司,在汽车、消费品、零部件、医疗保健、工业、高技术产品领域处于领先地位,正在通过收购迅速扩张,并力图通过发展全球IT战略和加强海外物流来发展壮大。

从技术角度来看,物流行业的技术更迭和创新一直不断,区块链、人工智能、物联网等都被长期看好,并有部分尝试和应用。近几年,区块链技术的发展已从理论概念转向实际应用,具有可开发、去中心、交易透明、可追溯等优点,在物流领域有很大的潜在应用空间,理论上能够保证货物安全、优化货物运输路线和解决物流中小企业的融资难问题。未来,区块链技术在物流行业的应用还需得到广泛的业内认可和监管机构的认同,并需要进一步突破技术上的瓶颈和形成行业内标准。

有不少企业已经开展在物流领域的区块链试点。马士基与IBM合作研发TradeLens平台以提高整个行业的运输效率、实现精益物流,平台在推广期遭受诸多船公司的不信任,但目前已逐渐走上正轨,获得上百家机构的参与支持。沃尔玛在区块链技术追踪产品来源方面付出许多努力,早前在中国猪肉和墨西哥芒果等领域试点产品追踪取得成功,并进一步参与Food Trust区块链平台,开展农产品追溯,此外,还加入MediLedger区块链联盟以进行药物产品的追踪。ShipChain等公司则在致力于区块链技术在智能合同方面的应用,虽然该公司一度遭到美国南卡罗来纳州证券监管机构的业务终止禁令,但最终禁令得到解除,ShipChain也逐渐争取到不少客户的支持。

(五)会展业:稳步增长,集团化、品牌化成为趋势

国际展览业协会(UFI)统计,2017年全球会展市场规模为327.6亿美元,增速7%。欧洲会展规模为149.6亿美元,增速5.6%;北美市场规模为90.2亿美元,增速6.2%;亚太会展规模为65.2亿美元,增速10.3%。2017年全球室内展览馆共计1 217个,展览面积达到3 480万平方米。与2011年的1 195个展览馆和3 230万平方米相比,展览馆数量增加1.8%,展览面积增加7.6%。欧洲共有499个室内展馆,总面积约1 570万平方米,占世界展馆总面积的45.3%。

欧美会展业整体实力领先,行业发展重心逐渐向亚洲等新兴市场迁移。欧美展览业起步早、竞争激烈、服务水平高,在国际上整体实力最强、规模最大,德国、法国、英国、美国均是世界级会展大国。大多数行业顶级和世界大型展会在欧美举办,无论

是展出规模、参展商数量、国际参展商比例、观众人数、贸易效果及相关服务质量均位居世界领先地位。其中德国作为全球会展第一强国,凭借其独特的模式,专业化优势明显,在全球范围形成强大的品牌效应。近些年,伴随亚非拉等新兴市场的发展,国际会展业出现重心由发达国家向发展中国家转移的趋势。2017年,中国面积在5 000平方米以上的室内展览馆总面积达575万平方米,位居全球第二。

行业呈现品牌化、集团化,并加速国际化及信息化的扩张趋势。国际上诸多著名展会都依托当地优势产业发展,如巴黎时装文化展览会、汉诺威工业博览会、杜塞尔多夫国际印刷包装展等。专业展览会使得举办城市在国际会展上积累较强影响力,打造当地城市的会展品牌。展会大型化、集团化、品牌化已成为国际展览业的发展趋势,发达国家的领先会展企业通过跨题材、跨区域兼并收购或强强联合等方式不断扩大各自展会规模,提高市场份额,并形成多个展览集团,如英国励展博览集团、德国汉诺威展览公司、意大利米兰国际展览公司等。随着信息技术的不断发展,会展公司开始引入现代信息管理系统。德国汉诺威展览公司通过全球网上业务信息系统,建立以客户关系管理为基础的网络数据互动平台,并通过互动平台共享会展信息,实现"点对点、多对多"对话,帮助参展商将客户资源、销售管理、市场服务、营销决策整合以提高效率;利于专业观众把握行业动态,建立伙伴关系,实现线上与线下结合,深化营销沟通;向相关媒体发布会展信息,实时动态传播,助力品牌营销。

经过多年发展,欧美发达国家会展业在组织管理、市场拓展、品牌扩张等方面都积累了丰富的经验,并在行业内倡导形成国际展览局(BIE)这一政府间国际组织。国际展览业协会(UFI)、国际展览与项目协会(IAEE)、独立组展商协会(SISO)等国际性行业协会组织,对展览公司及展会项目进行认证,推进行业规范和自律发展。

三、数字时代创新政策及各国数字经济战略

数字经济迅速发展,已成为推动全球经济和社会持续转型的重要力量。经济合作和发展组织(OECD)、二十国集团(G20)等国际组织对数字经济高度关注,推动主要国家和地区持续丰富和更新数字经济战略。

(一)经合组织数字时代创新政策相关报告

OECD对数字经济尤其关注,已设立数字经济部长级会议和数字化项目,并于2016年在墨西哥坎昆召开首次会议。坎昆会议将数字经济界定为"一个由数字技术驱动的、在经济社会领域发生持续数字化转型的生态体系",该生态系统内至少包括

物联网、大数据分析、人工智能和区块链四大组成部分。OECD数字化项目给予政策制定者所需工具,帮助他们实现在数字化增长和数据驱动世界中经济和社会的繁荣。

OECD近年发布数份有关数字经济的研究报告,涵盖数字技术对经济和社会的影响,以及数字时代创新政策的调整。2017年《数字经济展望》(OECD Digital Economy Outlook)全面呈现数字经济的发展趋势、政策发展以及供给侧和需求侧数据,阐述数字化转型对经济和社会发展的影响。《2018年科学、技术与创新展望》(OECD Science, Technology and Innovation Outlook 2018)指出,数字化正在改变创新和科学实践,政府需要变得更灵活,反应更灵敏,更欢迎利益攸关方参与。2018年发布《数字时代的创新政策》(Innovation policies in the digital age),分析数字化如何改变创新,以及相应的需要进行的创新政策调整。2019年的《衡量数字变革:未来的路线图》(Measuring the Digital Transformation: A Roadmap for the Future)为数字变革的现状提供新的洞见,描绘具有前瞻性的度量路线图。

1. 创新政策需要适应数字时代新特征

OECD每两年出版一期《科学、技术和创新展望》,旨在向政策制定者和分析人士介绍全球科学、技术与创新(STI)领域的变化,以及这些变化对国家和国际科技创新政策的潜在影响。《2018年科学、技术与创新展望》是OECD第12次出版该系列报告。

由于科学、技术和创新(STI)活动面临推动颠覆性变革的多个因素,需要制定更具适应性的政策,以便更好应对科学、技术和社会发展。《2018年科学、技术与创新展望》报告利用14个章节讨论一系列主题,尤其是数字化对研究和创新的影响、可持续发展目标如何重新制定科技创新政策议程等。

(1) 数字时代创新的新特点

降低创新产品的生产成本(流动性):数字技术大大降低生产无形产品和扩大其规模所需要的边际成本(流动性),随着有形产品越来越多地包含无形成分,并将其转化为智能和互联的产品(物联网),其影响扩展到整个经济领域。

数据成为核心投入:各种来源的数据(如消费者行为、业务流程、研究)是创新的关键投入,充分利用它们能够开发新的、高度定制化的产品并优化过程。人工智能和机器学习工具严重依赖大数据。

服务化:数字技术为创新服务提供机会,因其可消除制造和服务之间的界限,制造商发展服务以完善其产品,而服务商也可参与制造。

创新周期加快:数字技术加速创新周期,虚拟仿真和3D打印加快设计、原型制作和测试的速度,降低成本、缩短上市时间。在容易访问的在线市场直接发布升级产品变得更加频繁。

协同创新：由于创新要求混合各方技能、专长和技术，因此创新更趋合作，开放式创新（如产业平台）促进合作。

（2）数字化正在改变创新和科学实践

数字化正在改变创新过程，降低生产成本，推动合作而开放的创新。数据成为创新活动的主要投入之一，很多创新体现在软件或数据中。这会影响支持商业创新的政策，因为这些政策需要保证数据广泛共享。数字化也提供新的机遇，使利益攸关方能参与创新过程的不同阶段，出现多种共同创造、并具备社会责任的开放实践。大部分国家现在的重点是专门的场所，如创客空间、体验实验室和微观装配实验室等，用于支持潜在"非传统"创新者的活动。现有公司也能参与包容性创新。以价值为基础的设计和标准化等实践开始出现，它们可以成为强大的工具，将核心社会价值观、保障与目标转换并整合到科技发展。

所有研究领域的数据密集度都日益提高。取得更多数据可获得更多益处：新的科学突破，研究成果重复较少、再现性强，对科学产生更多信任，更多创新等。政府的作用是通过多种途径应对开放科学的挑战：保证研究界与社会之间的透明度和相互信任，允许跨国界跨学科分享数据。

人工智能和机器学习有潜力提高科学生产力。然而，诸多挑战阻碍人工智能在科学中的广泛应用，如，需要变换人工智能方法，使其能在富有挑战而多变的情况下工作；基于机器学习的决策透明度有限；针对人工智能的教育和培训课程有限；人工智能前沿研究所需计算资源的费用等。

（3）STI 政策和治理日益"以任务为导向"

根据可持续发展目标，政府正寻求将技术变革从现有的方向转向有更多经济、社会和环境效益的技术，并按照这样的原则鼓励私人科学、技术和创新投资。这种转变推动"以任务为导向"的 STI 政策新时代。然而，目前公共研发支出的趋势可能与"任务为导向"的政策勾画的相应抱负与挑战并不相符。2010 年起，OECD 和几乎所有七国集团国家的政府研发支出都停滞不前，甚至下滑，其绝对量、相对于国内生产总值、在政府总开支中占比都是如此。2009—2016 年，OECD 地区政府支出在研发资金总额中占比下降 4 个百分点（从 31% 下降至 27%）。尽管很多国家研发税收抵免上升，政府仍很难将研究和创新活动导向期望的战略方向。同样，科学和创新领域的性别不平衡现象仍然严重，而当今亟须多样化的劳动力实现可持续发展目标。

在设计、执行并监控 STI 政策时，政府能从数字技术中受益。大数据，协同工作标准和自然语言处理等工具能为政府提供更大规模且及时的数据，为制定政策提供支持。然而，监控 STI 对全球和多维可持续发展目标做出的贡献仍然颇具挑战，在统计数据和参数上也需要取得新的进展。

（4）数字时代创新政策遵循的原则

《2018年科学、技术与创新展望》报告建议，数字时代创新政策应遵循如下8个原则。

第一，数据是创新的重要投入，必须强调数据的获取。访问数据以及对数据搜集和解释的工具将影响数字创新的参与者及参与方式。因此，创新政策应确保最广泛地获得能够促进竞争、推动再利用和提高透明度的数据和知识。数据访问政策需考虑数据的多样性，访问问题因不同的数据类别、经济约束和非经济约束而有所不同。政府应创造适当条件，推动数据市场的出现。

第二，数字创新加速创新周期，应辅以足够的政策实验支持创新。包括：在"启动模式"中进行政策实验，对实验进行部署、评估和修改，扩大或缩小实验规模，或快速放弃；使用数字工具设计创新政策和监控政策目标，如"基于代理的模型"（人工智能的一种形式）预测政策变化对不同类型企业的影响；将重点从针对特定接受群体或技术转移到更加灵活的工具，包括税收减免、法规、知识产权，以及简化的创新支持计划；提供必要的自主权和灵活性，选择适当的技术途径实现既定政策目标。

第三，重新审视传统的研究和创新支持工具，确保其有效。随着服务创新的发展，部门间界限日益模糊；数字化在传统技术领域的新应用，使技术变革向意想不到的方向发展，在技术轨迹上发生惊人和突然的变化。决策者还应关注知识产权制度的变化。如人工智能可以创造出能够申请专利的发明，那么谁应该拥有这种专利？是人工智能程序员，人工智能软件用户，还是应用人工智能数据的所有者？

第四，支持核心通用（或多用途）数字技术，以促进下游创新和应对社会挑战。政府应继续投资核心技术，为未来创新浪潮做准备，并确保多用途数字技术开发，这不仅是为商业利益，还出于社会和环境目的。开展公共研究是最好的选择，如英国为推动创新型公司尽早采用先进的数字技术而建立数字弹射中心等机构。政策还应关注技术扩散和采用。政府应将数字技术应用于其本身的活动，包括公共研究（如数据搜集、分析、共享、模拟等），用以提高数据访问，提供专业培训和能力建设，开发研究工具和基础设施，参与合作。

第五，支持产业界、学术界以及企业之间的合作和开放创新。政策需考虑创新合作形式，特别是建立在线平台，通过提供机会确定适当的利基市场，支持小规模创业。许多政府建立了公共平台，研究机构和高校可以宣传其发明、知识和能力，企业可以发布需求，由此推动双方合作。其他措施包括新型集群政策，如加拿大的超级创新集群计划。

第六，支持竞争和创业，数字时代要在静态效率（规模效益）和动态效率（驱动创新)之间找到平衡。数字创新要求企业扩大规模,以实现规模经济;削弱主导企业(如通过积极的反垄断)可能会削弱创新。数据集中也可能影响竞争动态。大公司的某些行为(如产品捆绑或预防性收购)可能阻碍竞争和创新。承认规模经济政策,同时确保市场和资源的平等准入,将有助于支持企业(尤其是中小企业)和地区(包括创新能力有限的农村地区)的发展。

第七,为数字化转型做好人才储备至关重要。创新机构应与负责教育和劳动力市场政策机构合作,确保数字创新所需技能被更多人掌握。随着企业越来越多参与数字创新,技术变革迅速而广泛地出现,创新部门在向政府通报新技能需求方面发挥着重要作用。组合运用创新技能,促进跨学科发展的趋势更加明显,如汽车行业越来越需要强大的软件工程和人工智能能力。

第八,数据的流动性要求针对全球市场制定国家政策。数字化促进知识流动,包括跨国界流动,降低政府掌控数据,为本国带来利好的能力。虽然数据共享在全球层面明显带来效益,但各国之间的数据分布并不平等。各国政府必须为跨境数据访问提供便利,同时确保道德和经济标准得到尊重。

2. 数字时代创新政策的调整

OECD于2018年11月发布的报告《数字时代的创新政策》分析数字化如何改变创新,以及创新政策的调整。

(1) 数字化转型对创新的影响

数字技术降低搜索、共享和分析数据的成本,增加信息和知识的流动。这些变化通过以下方式影响创新过程和成果。①数据作为创新的核心投入。处理数据的新可能性使其成为所有经济部门创新的核心投入,数据用于创新的方式包括利用消费者行为信息、启用全新服务等,如Uber依赖即时需求提供交通服务。②更多合作和多元化创新。由于合作成本的降低和更多跨学科研究需求,创新的协作性得到提升。③更多差异化产品和实验。利用互联网和相关平台以较低成本推出新产品和流程的机会,促进为客户提供差异化产品和实验的可能性,创新更加频繁。④制造业和服务业创新边界日益模糊。数字化转型为服务创新创造机会,因为数字技术降低成本,扩大与消费者互动并跟踪其行为,制造业将转向同时提供商品和服务的混合模式。⑤数字技术和人工智能作为通用技术。数字技术是相对年轻的通用技术,为创新提供新的机会,人工智能更是如此,有望改变经济和社会活动,与此同时,与这些通用技术相关的风险更高。

创新过程和产出的转变会影响商业动态系统、市场结构和营销,从而影响企业、个人和地区之间的绩效和回报配置。

（2）数字时代创新政策问题及政策调整方向

数字化影响所有创新驱动机制，创新的新特征要求对创新政策的目标、机制、工具和政策组合进行改变（表1.6）。

表1.6　数字时代需要改进的政策问题和工具

目标	政策问题	政策工具
创新过程和产出	数据是创新的主要来源	数据访问政策
		数据和知识市场
	生态系统（创新更加趋向协同和多样化）	支持合作，同时避免结盟
		公共研究政策，知识转移和共同创造政策
	数字技术，尤其是AI加速创新	提高工具、政策实验的适应性、反应力和多功能性
		重新审视公共采购和"选择"技术
		支持技术传播的工具，包括对中小企业
		支持数字技术发展政策
	服务化	支持服务创新，调整工具，涵盖更多培训等
市场结构和动力	公司进入和创业	创业政策
		数据访问政策
		竞争
	全球范围内的竞争	数据访问政策
		竞争
		面向全球市场的国家创新政策
	在技能领域进行绩效和奖励分配	教育和培训
		财政政策
		社会政策
	创新的地理集中	集群和其他基于位置的政策
	技能互补和短缺	个人和公司的技能和培训政策，包括组织/管理支持

资料来源：OECD. INNOVATION POLICIES IN THE DIGITAL AGE

政策转型的程度取决于政策运作领域受数字化影响的程度。一些创新政策领域将使其目标或内容适应数字创新，同时基本保留其流程，如支持创业、中小企业和通用技术的政策；一些领域将经历深刻变革，如科学政策向开放科学迈进，支持大学与产业联系的政策向共同创造转变；还有一些适用于所有部门的政策领域，包括需要公众参与，根据全球市场制定国家政策，使政府能够获得技能和数据来管理过程等。

数字创新的发展需要政府采取政策组合,包括以下优先内容:拥有一个强大的公共研究系统(科学政策);拥有大型和具有竞争力的公司和灵活的创业政策(创业和竞争政策);对创新提供充分的支持和刺激(创新政策,知识产权);拥有高技能劳动力(教育和培训政策);拥有充足的、可访问的数据(数据访问政策)。需要做出调整的政策领域如表1.7。

表1.7 数字时代创新政策调整的方向

政策领域	需要的调整(方向和要点)
所有领域	在政策的设计、实施和监督中,利用数字工具调动更多信息和参与者
	有效鼓励公众参与
	基于全球市场制定国家政策
数据访问	考虑到数据的多样性,确保创新者访问数据
	区分数据类型,制订开放适当的数据访问方案
	探索数据市场的发展
创新与创业支持	确保政策的响应性和灵活性
	支持更多服务创新
	适应知识产权系统
	在保障权利和激励的同时促进数据访问
	支持多用途数字技术的开发
公共研究	促进开放科学(包括数据、出版物的获取)
	支持跨学科发展
	促进与产业界的共同创造
	支持科学领域的数字化技能培训
	投资科学领域的数字基础设施
竞争与合作	从平台时代和更易获取的创新视角,审视竞争政策的概念框架(如关于接管、标准的新规则)
	调整知识产权制度(数据保护,人工智能挑战)
	支持中小企业的转型和各地区的机会
	促进协同创新
教育与培训政策	设立创新机构支持数字化转型所需技能评估的改进,确保人们正确掌握这些技能以及终身学习的技能
	支持公司数字创新的适当管理和组织结构
	通过参与和培训,支持更广泛的群体参与创新

资料来源:OECD. INNOVATION POLICIES IN THE DIGITAL AGE

3. 数字变革未来的行动

2019年《衡量数字变革:未来的路线图》在经合组织数字化项目测量工作的基础上,提出9个系列行动。

旨在形成有能力应对数字变革挑战的下一代数据和参数的首批4项全局性行动:让数字变革体现于经济统计数据中;了解数字变革的经济影响;在数字时代衡量福祉;设计数据收集的新方法。

进一步针对需关注具体领域的5项行动:监控变革性技术(尤其是物联网、人工智能和区块链);理解数据和数据流动;定义并衡量数字时代所需的技能;衡量对在线环境的信任程度;评估政府的数字优势。

如果优先执行这些行动,将极大提高各国监控数字变革及其影响的能力。通过进一步建设实证基础,各国可以为更强有力的政策奠定基础,在数字时代促进增长和福祉。

(二)2018年全球主要国家和地区数字经济战略及政策

2018年是全球数字经济全面普及和深入推广的一年,主要国家和地区强化数字经济战略部署,积极建立具有全球或区域影响力的数字经济共同体。

1. 制定数字经济标准和计划

(1)美国

2018年3月,美国商务部经济分析局(BEA)发布工作文件《数字经济的定义和衡量》,首次界定并测度数字经济,将数字经济定义为:计算机网络存在和运行所需的数字使能基础设施;通过该设施发生的数字交易(电子商务);数字经济用户创造和访问的内容(数字媒体)。该文件首次发布有关美国数字经济规模和增长率的初步统计数据和相关报告,为美国未来数字经济的发展制定新的内涵和衡量标准,对新时代人们认识和衡量数字经济起到重要的促进作用。

2018年6月,美国国立卫生研究院(NIH)发布《数据科学战略计划》,旨在借助机器学习、虚拟现实等新技术,对生物医药研究产生的海量数据进行存储和管理,为生物医药数据科学管理现代化制定路线图。其核心目标包括解决数据存储的高效性和安全性问题;使尽可能多的人能够使用数据;确保由NIH资助的全部数据科学活动和相应产品能够符合FAIR原则,即数据可检索(findable)、可访问(accessible)、可交互使用(interoperable)和可重复使用(reusable)等。

2018年7月,美国国防部发布《数字工程战略》,旨在推进数字工程转型,将国防部以往线性、以文档为中心的采办流程转变为动态、以数字模型为中心的数字工程生态系统,完成以模型和数据为核心谋事做事的范式转移。《数字工程战略》列出国防部数字工程倡议的五大战略目标:建立开发、集成和使用模型的正式流程,以为各团体和项目的决策提供信息输入;提供持久、权威的事实来源;注入能够提升工程实践的技术创新;建立保障基础设施和环境,能使不同部门开展活动、协作和沟通;改造文化和人员,以适应和支持全寿期的数字工程。

(2)英国

2018年1月,英国数字、文化、媒体和体育部发布《数字宪章》,制定网络空间的规范和准则,旨在使英国成为全球最安全的网络国家和成立数字企业的最佳之地,在促进创新、鼓励高科技产业发展规章制度上领先世界,提振公众对新技术的信心,为数字经济的发展壮大创造最佳条件。英国政府将与技术部门、企业、民间团体等一起实施《数字宪章》,同时加强国际合作共同应对相关挑战。《数字宪章》本身会根据数字经济发展态势进行动态调整,如2019年4月就对《数字宪章》进行了更新。

2. 高度关注数字经济法制化

2018年,各国对数据主权的关注从理论和实践层面上升到法律层面。欧盟《通用数据保护条例》(GDPR)、美国《2018加州消费者隐私法案》(CCPA)、印度《2018年个人数据保护法案(草案)》等共同呈现出增强公民对个人数据控制这一全球不可逆转的大趋势。

(1)欧盟

欧盟通过构建全方位数据法律规则,推动数字化单一市场的建立,充分发挥数据资源禀赋优势,保障数字经济规范发展。

《通用数据保护条例》(GDPR)于2018年5月实施,此条例整合隐私保护指令、电子通信隐私保护指令以及欧盟公民权利指令,将全球个人数据保护法的门槛提升至新的层级,对现行或未来将跨越国界的商业经营模式及企业组织造成冲击。GDPR被称为欧盟"史上最严"数据保护条例,业已产生巨大影响:Google、Facebook在GDPR生效日分别收到欧盟39亿欧元、37亿欧元罚款的诉讼,苹果、亚马逊、LinkedIn等公司也面临隐私监管机构提起的诉讼;GDPR生效后,芝加哥时报、洛杉矶时报等多家美国媒体网站在欧洲的服务器关停;微信海外版、新浪微博国际版等多家互联网企业向欧洲区用户更新隐私政策,请求重新授权,QQ停止部分国际版服务,并将推出新版本,提示用户升级,国航、东航均对其APP及官方网站隐私条款进行更新;海尔、华为已雇请专门团队应对新规。

2018年10月,欧洲议会投票通过《非个人数据在欧盟境内自由流动框架条例》,旨在促进欧盟境内非个人数据自由流动,消除欧盟成员国数据本地化的限制。条例以数据安全为基本前提,不仅能在一定程度上减轻提供数据存储、处理服务的企业的负担,而且有利于实现单一数字市场。该条例与已经实施生效的GDPR形成数据治理的统一框架,以此平衡个人数据保护、数据安全和欧盟数字经济发展。

2018年12月,欧盟委员会发布由人工智能高级专家组(AI HLEG)编制的《人工智能道德准则》(AI Ethics Guidelines)草案,指出AI的发展方向应该是"可信赖AI",即确保这一技术的目的合乎道德,技术足够稳健可靠,从而发挥其最大的优势并将风险降到最低。该准则给出"可信赖AI"的框架,旨在为AI系统的具体实施和操作提供指导。准则最终版于2019年4月发布。

(2)美国

美国在隐私与数据保护方面的立法长期保持碎片化特征,即各行业、各领域,以及各州分别针对特定场景下的消费者隐私保护各自出台法案。

2018年2月,美国4位参议员提交立法草案《澄清域外合法使用数据法》(即CLOUD法案),总统特朗普于2018年3月23日正式签署意见通过。该法案明确美国执法机构从网络运营商调取数据的权力具有域外效力,并附于相应的国际礼让原则,同时设置外国政府从美国调取数据的机制。

近20年里,虽然美国联邦层级的隐私立法并未有实质性推进,但在Facebook数据泄露事件后,建立美国联邦层面的统一隐私立法似乎已经成为新的共识。2018年4月,美国海内外数十场听证会深度拷问科技公司数据治理能力,联邦统一隐私保护立法再度列入国会议程。但同时,考虑到美国各州差异巨大,能在联邦层面达成共识的隐私立法不会过于翔实,具体的执法细则应根据各州的具体情况进行规定。

在欧盟《通用数据保护条例》(GDPR)正式实施一个月之后,2018年6月,加州出台《2018年加州消费者隐私法案》(CCPA),该法案强化数据主体对个人信息的控制,也规范企业收集处理数据的方式,在概念、权利制度的内容受到GDPR的影响。CCPA被认为是美国国内最严格的隐私立法,将于2020年1月1日生效。规定的趋于严格,或将被美国其他州所借鉴。例如,佛蒙特州的新数据隐私法除了扩大违规通知规则外,还要求组织在处理、记录和存储个人数据方面做出重大改变。

加州还将目光转向新兴业务领域的数据安全问题。2018年9月,加州通过《信息隐私:连接设备法案》(SB-327 Information privacy: connected devices)。该法案旨在管理物联网设备,是美国首部关于"物联网"隐私的州立法。该法案规定,任何与互联网相连的"智能"设备的制造商都必须确保该设备具有"合理"的安全功能,"保护设备和其中包含的任何信息不受未经授权的访问、破坏、使用、修改或披露"。

（3）新兴市场

新兴市场表现出对个人数据保护立法的极大热情。自2018年5月欧盟《通用数据保护条例》（GDPR）正式实施后，印度、巴西等国紧跟其步伐制定数据保护法，进一步完善本国数据保护制度，强化数据保护。

2018年7月，印度高级别委员会正式发布《2018年个人数据保护法案（草案）》（The 2018 Personal Data Protection Bill），这是印度首部全面的个人数据保护法，政府引入更为广泛的数据本地化要求，对金融、支付、互联网行业带来全面冲击。2018年8月，印度电子和信息技术部提交有关该草案的反馈意见。草案还处于内部审核阶段，立法机构希望在正式提交议会审议前确保法案条例尽可能满足各方利益。

2018年8月，巴西批准《通用数据保护法》（LGPD），该法将在2020年初正式生效。LGPD是巴西首部综合性数据保护法律，对个人数据的收集、使用、处理和存储规则做了详细规定，覆盖巴西所有的经营行业，影响全部私营和公共实体。随着LGPD的出台，巴西的个人数据保护要求显著增加，管辖范围内的企业将需要投入大量的合规成本以免受处罚。

印度、巴西的数据保护立法均跟随欧盟GDPR，采用统一立法模式。在立法目的方面，均以保护数据主体基本权利为核心。在立法内容方面，与欧盟GDPR相比，印度、巴西两部个人数据保护法在域外管辖、数据保护原则、数据主体权利以及行政处罚额度等方面与之相似，但在数据跨境、数据权属等方面又结合本国情况进行规定。

3. 聚焦前沿技术重点领域

美国、日本、韩国等国家聚焦前沿技术重点领域，把握制造业产业链高附加值环节，利用数字技术推动制造业革命、激发传统工业的新活力。《美国先进制造业领导力战略》、《日本制造业白皮书》、韩国《创新增长引擎》中都明确提到促进数字经济发展的相关内容。

（1）美国

2018年10月，美国国家科学技术委员会（NSTC）下属的先进制造技术委员会发布《美国先进制造业领导战略》（以下简称《战略》）。《战略》展示新阶段美国引领全球先进制造的愿景，明确未来4年的三大目标及具体行动，以确保美国国家安全和经济繁荣。其中，在"捕获智能制造系统的未来"战略任务下，提出4个重点。①技术智能和数字制造。将大数据分析和先进的传感和控制技术应用于制造活动，促进制造业数字化转型。优先支持用于机器生产、流程和系统的实时建模、仿真技术；挖掘历史设计、生产和性能数据。开发实现智能制造组件和平台无缝集成的标准。②先进工业机器人。推动新技术和标准的开发，在先进制造环境中更广泛地采用机器人技术，促进安全和高效的人机交互。③人工智能基础设施。开发AI新标准,确立在行业内和跨行业提供一致可用的、可访问的和实用的制造数据的最佳方案。优先考虑为美国制造商开发数据访问、保密、加密和风险评估的新方法。④制造业的网络安全。开发标准、工具和测试平台,并推广在智能制造系统,实施网络安全指导方针。集中努力让美国制造商的网络更加安全。

(2)日本

自2002年开始,日本政府每年发布年度《日本制造业白皮书》。2018年6月发布的白皮书旨在分析和解决日本制造业所面临的持续的低收益率问题,指出要将发展互联工业作为日本制造业发展的战略目标。与数字经济相关事项中,一是提出利用数字化工具强化和提升制造"现场力"。通过利用机器人、物联网以及人工智能等技术实现自动化,提高生产率并应对人手不足。二是明确互联工业是未来产业趋势,即通过灵活运用物联网、大数据、人工智能等数字化工具连接人、设备、系统、技术,实现自动化与数字化融合的解决方案,创造新的附加价值。三是提出培养自动驾驶、机器人等战略性领域产业。完善战略性领域的基础建设,同时强调加强网络安全。

(3)韩国

为了从战略上培育基于研发的新产业,2018年4月,韩国未来创造科学部发布《创新增长引擎》计划,分析智能基础设施、智能移动物体、会聚服务及产业基础4个领域的主要技术方向,提出这些技术方向在2022年的愿景。①在智能基础设施领域,将大数据、下一代通信、人工智能作为技术方向,提出:提高大数据预测分析的准确性,建立高质量的大数据数据库;利用5G商业化和物联网超链接服务开启并推广会聚服务;通过发展和推广AI核心技术克服技术差距;通过确保下一代AI技术的专利权提升技术竞争力。②在智能移动物体领域,将自动(驱动)汽车、无人驾驶飞行器作为技术方向,实现:真正的可达到3级水平的自动驾驶汽车及建设自动交通系统;民众和企业的无人机技术的发展及商业化。③在会聚服务领域,将智能城市、虚拟(VR)和增强现实(AR)、定制化的医疗保健、智能机器人作为技术方向。④在产业基础领域,将智能半导体等作为技术方向,2022年前获得AI半导体的核心技术,包括超低能耗纳米器件及神经形态芯片。

4. 人工智能等领域竞争白热化

以人工智能为代表的数字技术是数字经济领域的技术基石。2018年,多国或地区将人工智能作为未来数字经济领域竞争的核心领域,纷纷发布人工智能战略。

(1)欧盟

2018年4月,欧盟委员会发布政策文件《欧盟人工智能》,提出欧盟人工智能战略包括三大支柱：提高技术和产业能力并使人工智能广泛渗透到各行各业；迎接社会经济变革，需要让教育和培训体系跟上时代发展；建立适当的伦理和法律框架，包括阐明产品责任规则的适用，仔细研究人工智能技术带来的新挑战和新问题，通过欧洲AI联盟促进利益相关方交流合作从而制定出人工智能伦理指南。

为落实《欧盟人工智能》战略，2018年12月，欧盟及其成员国发布《人工智能协调计划》，以促进欧洲人工智能的研发和应用。该计划主题为"人工智能欧洲造"。预计到2020年，欧盟及其成员国公共部门和私人部门将在人工智能方面投资200亿欧元。其中欧委会通过欧洲战略投资基金、地平线2020计划和欧洲投资基金对人工智能领域定向投资，计划2020年先期投资1亿欧元。成员国通过国家政策性银行资助和项目形式开展投资。欧洲创新理事会通过加强其旗舰计划支持人工智能领域颠覆式创新活动，计划在2019—2020年资助1亿欧元。此外，鼓励成员国利用创新券、小额资助和贷款形式助力中小企业数字转型，包括整合人工智能在产品、生产流程和商业模式中的应用。按照计划，"人工智能欧洲造"有两大关键原则：一是"设计伦理"，即人工智能在设计进程之初就必须在《通用数据保护条例》基础上，遵守伦理和道德法律原则、竞争法等；二是"设计安全"，即人工智能在设计之初必须考虑保护网络安全和有利于相关执法活动的便利化。

（2）德国

2018年7月，德国通过由联邦政府经济与能源部、教研部、劳动与社会部等联合提出的《联邦政府人工智能战略要点》纲领性文件，旨在将德国人工智能的研发和应用提升到全球领先水平。文件确立德国政府发展人工智能的目标以及在研究、转化、人才培养、数据使用、法律保障、标准、合作等优先行动领域的措施。该文件作为2018年11月发布的德国人工智能战略的制定基础和参照。

2018年11月，德国联邦政府正式发布人工智能战略——《人工智能德国制造》（AI Made in Germany）。该战略全面思考人工智能对社会各领域的影响，定量分析人工智能给制造业带来的经济效益，重视AI在中小企业中的应用，并计划在2025年前投资30亿欧元推动人工智能发展。主要举措包括：建设人工智能中心、研发更贴近中小企业的新技术、扶持初创企业、规划建设欧洲人工智能创新集群等。德国政府将建立由12个AI研究中心组成的全国创新网络，并在相关领域增加至少100个教授职位，在大学中推广AI。德国还将和法国一起打造人工智能创新集群，每年至少给1 000家公司提供培训。在增加政府预算的同时，也会广泛吸引社会资本的参与。

（3）法国

2018年3月公布《法国人工智能发展战略》，重点结合医疗、汽车、能源、金融、航天等法国较有优势的行业研发人工智能技术,到2020年将投资15亿欧元用于开发人工智能研究,为法国人工智能技术研发创造更好的综合环境。

(4) 韩国

2018年5月,韩国制定《人工智能发展战略》,分为人才、技术和基础设施三个方面,2022年之前将投资约20亿美元用于人工智能研究。具体计划内容是在2020年前新设6所人工智能研究生院,为韩国培养出1 370名人工智能高级人才。同时,韩国政府还制定培养350名高级研究人员的计划。

参考文献

[1] ICC. ICC Open Markets Index[R]. 2017.7.

[2] IMF. World Economic Outlook[R]. 2019.4.

[3] OECD. The OECD Science, Technology and Innovation Outlook 2018[R]. 2018.11.

[4] OECD. INNOVATION POLICIES IN THE DIGITAL AGE[R]. 2018.11.

[5] UNCTAD. Investment Trends Monitor[R]. 2019.1.

[6] WEF. Regional Risks for Doing Business 2018[R]. 2018.12.

[7] WEF. The Global Risks Report 2019[R]. 2019.1.

[8] World Bank. Doing Business 2019:Training for Reform[R]. 2018.10.

[9] WTO. Global trade growth loses momentum as trade tensions persist[R]. 2019.4.

[10] 博鳌亚洲论坛.新兴经济体发展2019年度报告[R]. 2019.3.

[11] 麦肯锡.领跑全球:高增长新兴经济体及推动其发展的企业[R]. 2018.11.

[12] 中投研究院.借鉴海外经验,推动我国会展业发展[R]. 2018.11.

本章撰写:崔晓文

第二章 世界货物贸易发展动态

一、世界货物贸易总体发展态势

2017年,全球贸易量和贸易值均创下了6年以来的最高增速。以进出口平均水平衡量的货物贸易量增长了4.7%,这一年度增长自2011年以来首次超过3.0%。货物出口的美元值增长了11%,达到17.73万亿美元。

2017年货物贸易增速较2016年大幅上升,2016年贸易量仅增长1.8%。2017年贸易量的强劲增长主要是受到周期性因素的推动,以市场汇率计算的全球GDP增速从上一年的2.3%升至3.0%。然而,根据最新的世贸组织统计数据显示,受贸易摩擦升级和经济不确定性加剧等因素影响,2018年全球贸易增长仅为3.0%,远低于预期,而且2018年和2019年全球贸易增长仍将面临巨大压力。世贸组织经济学家预计,2019年商品贸易量增长将从2018年的3.0%降至2.6%。到2020年,贸易增长可能反弹至3.0%;然而,这取决于贸易紧张局势是否缓解(图2.1)。

(一)发展中国家进出口增长迅猛,发达经济体市场需求有所回升

发展中国家和新兴经济体的进口增幅最大,2017年贸易增速从2016年的1.9%飙升至7.2%。发达经济体的进口需求也有所回升,尽管幅度较小。2017年,发达经济体的商品出口增长3.5%,发展中经济体和新兴经济体增长5.7%,高于2016年的1.1%和2.3%。2018年货物贸易量增长放缓是多方面的,包括贸易伙伴之间的经贸纷争以及全球经济增长放缓、金融市场波动及发达国家货币政策趋紧等。此外,发达国家和发展中国家去年进口需求疲软,也是造成2018年全球商品贸易增速放缓的原因之一。2018年,发达国家全年进口增长缓慢,发展中经济体四季度进口亦大幅下

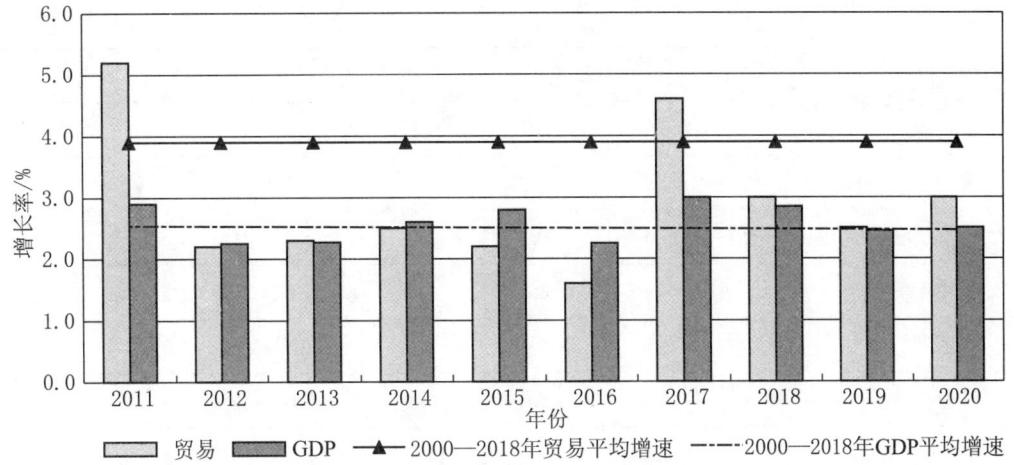

图 2.1　2011—2020 年世界货物贸易增速和 GDP 实际增速

说明：2019 和 2020 年为预测值

资料来源：WTO. Global trade growth loses momentum as trade tensions persist. 2019.4

降，出现了 2.1％的负增长。WTO 预计 2019 年全球商品贸易量将增长 2.6％，发展中经济体（出口 3.4％，进口 3.6％）的增长将强于发达经济体（出口 2.1％，进口 1.9％）。2020 年，世界贸易会增长到 3.0％，发展中经济体的增长（出口 3.7％，进口为 3.9％）仍将超过发达国家（出口 2.5％，进口为 1.9％）（表 2.1）。

表 2.1　2015—2020 年各地区 GDP 和货物贸易年度增长及预测

区域/货物贸易	增长率/％					
	2015	2016	2017	2018	2019[a]	2020[a]
货物贸易[b]	2.3	1.6	4.6	3.0	2.6	3.0
出口						
发达经济体	2.4	1.0	3.6	2.1	2.1	2.5
发展中经济体[c]	1.7	2.3	5.6	3.5	3.4	3.7
北美洲	1.1	0.3	4.2	4.3	2.7	3.7
中南美洲[d]	−0.4	0.7	3.0	0.6	0.7	1.0
欧洲	2.9	1.2	3.7	1.6	1.8	2.0
亚洲	1.4	2.3	6.8	3.8	3.7	4.1
其他地区[e]	3.2	2.9	1.6	2.7	3.4	3.1
进口						
发达经济体	4.2	2.0	3.3	2.5	1.9	1.9

续表

区域/货物贸易	增长率/%					
	2015	2016	2017	2018	2019a	2020a
发展中经济体	0.6	1.3	6.8	4.1	3.6	3.9
北美洲	5.4	0.1	4.0	5.0	3.6	2.5
中南美洲	−8.4	−8.8	4.6	5.2	2.6	5.8
欧洲	3.5	3.1	2.9	1.1	1.0	2.1
亚洲	3.9	3.6	8.3	5.0	4.6	3.7
其他地区	−4.3	−1.9	2.5	0.5	0.5	1.9
按市场汇率的实际GDP	2.8	2.4	3.0	2.9	2.6	2.6
发达经济体	2.3	1.7	2.3	2.2	1.8	1.7
发展中经济体	3.7	3.7	4.3	4.1	4.0	4.3
北美洲	2.8	1.6	2.3	2.8	2.5	2.2
中南美洲	−0.8	−2.1	0.8	0.6	1.8	2.7
欧洲	2.4	2.0	2.7	2.0	1.1	1.5
亚洲	4.3	4.1	4.5	4.3	4.2	4.0
其他地区	1.2	2.2	1.9	2.2	2.4	2.6

注：a为预测值；b为进出口平均水平；c包括独联体国家；d包括中南美洲和加勒比；e包括非洲、独联体国家和中东

资料来源：WTO. Global trade growth loses momentum as trade tensions persist. 2019.4

（二）中国对外贸易发展总体平稳，贸易顺差连续多年持续收窄

2017年，中国货物贸易进出口总额27.80万亿元人民币，比2016年增长14.2%。其中，出口15.33万亿元，增长10.8%；进口12.47万亿元，增长18.7%；贸易顺差2.86万亿元，收窄14.5%。中国货物贸易扭转了连续两年负增长的局面，增速创6年来新高。2018年，在全球约200个国家和地区中，中国依然是全球最大的货物贸易国，全年贸易进出口总额高达4.62万亿美元（约合30.51万亿元人民币），同比增长12.6%，占全球贸易总额的11.75%，继续保持了全球第一的货物贸易国地位。其中，中国出口商品总额是全球最高的，达到了2.487万亿美元，美元名义下增长10%。进口商品总额约为2.136万亿美元（增长16%），仅次于美国

的商品进口总额,全球排第二名。中国成为全球最大的商品出口国,第二大商品进口国。

(三)大宗商品总体巩固上行态势,市场价格呈现较高水平运行

2017年,世界经济和国际贸易明显回暖,贸易投资活动恢复活力。在此背景下,国际大宗商品市场需求转旺,供需平衡改善,商品价格虽反复震荡,但在以原油为代表的能源价格持续上涨带动下,总体上行态势进一步巩固。2018年以来,世界经济总体延续向好态势,商品供需回暖,价格水平总体稳定,一些品种持续上涨。一季度,世界银行能源类和非能源类商品价格指数比上年末分别上涨4.0%和4.3%。自二季度开始,新兴市场货币大幅贬值、全球贸易摩擦愈演愈烈,大宗商品市场波动加大。进入三季度,负面因素影响加深,大宗商品价格总体回落(图2.2)。

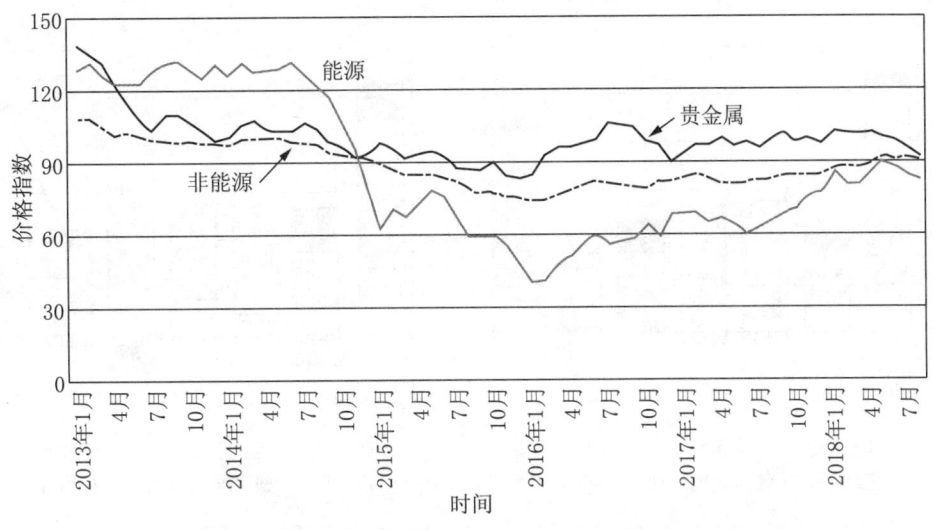

图2.2　2013年1月—2018年7月国际市场大宗商品价格指数

(四)国际贸易竞争日趋激烈,全球经贸规则出现重构趋势

20世纪90年代前后,发达经济体的GDP占全球的比重为80%左右,到2015年这一比重降到60.5%,而新兴市场和发展中经济体比重在2015年上升至39.5%。与此同时,全球贸易和投资的重心也不断向发展中经济体转移。为了保持国际经济竞争优势,继续居于全球价值链顶端,国际金融危机之后,发达国家加快了重构国际经贸规则的步伐。与此同时,全球经贸规则也出现一系列重构趋势:全球投资、服务贸易、货物贸易、针对关境内的规则谈判与针对关境上的规则谈判等都受到了同等的重

视,双边和区域性自贸区谈判与多边贸易谈判一样成了全球投资规则重构的主要平台。尤其是近几年来,美欧等主要发达经济体通过积极推进 TPP、TTIP 等谈判进程,不断推广新的国际贸易投资规则。

二、 主要国家和地区的贸易发展动态

2017年,在经历了两年的温和增长之后,亚洲货物贸易量的出口和进口增幅达到了最高,分别为 6.7% 和 9.6%。2017年,北美进出口强劲反弹,增幅分别为 4.2% 和 4.0%,而 2016 年的增幅非常低。2017 年,南美、中美洲和加勒比地区的进口增长在经历了 3 年的大幅下降后,再次转为正值,增长 4.0%。与此同时,欧洲贸易流动继续温和扩张,2017 年出口增长 3.5%,进口增长 2.5%(图 2.3)。

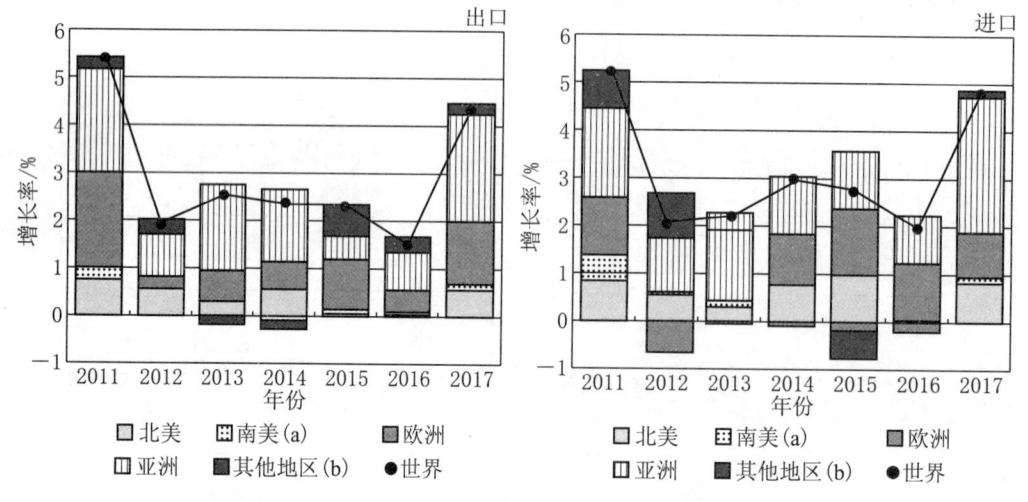

图 2.3　2011—2017 年世界各地对全球贸易量的贡献值

注:a 指的是中南美洲和加勒比地区
　　b 指的是其他地区包括非洲、中东和独联体国家(CIS)
资料来源:WTO 和 UNCTAD 的估算,WTO 秘书处的计算

2018 年贸易减速主要是由欧洲和亚洲推动的,因为它们在世界进口中所占的份额很大(分别为 37% 和 35%)。继 2017 年实现强劲增长后,2018 年亚洲贸易增速有所放缓。与此同时,欧洲全年出口停滞不前,进口逐渐下降。北美地区则不同,得益于强劲的美国经济,2018 年北美进口出现了 5.0% 的增长。包括非洲、中东和独联体国家在内的"其他地区"的出口增长加速至 2.7%。南美洲的贸易流动继续逐步恢复,但受到外部需求减弱和国内经济的冲击影响(图 2.4)。

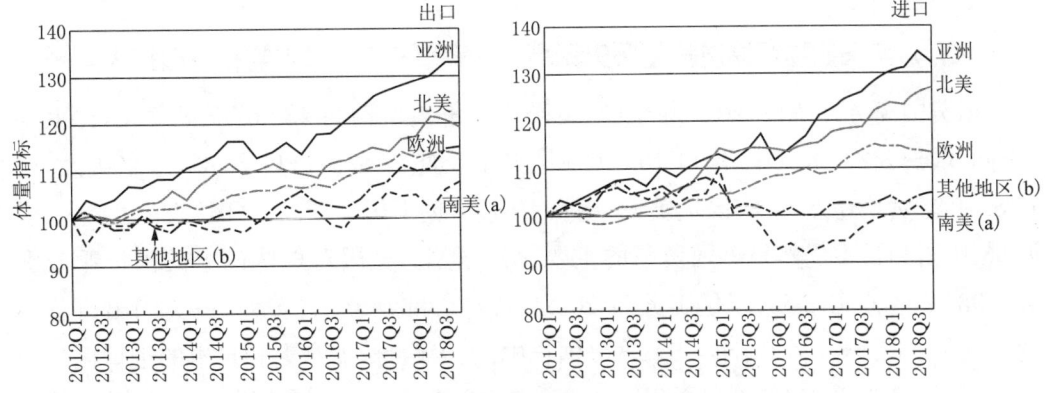

图 2.4　2012Q1—2018Q4 各地区货物进出口情况(体量指标,2012Q1=100)

注:a 指的是中南美洲和加勒比地区
　　b 指的是其他地区包括非洲,中东和独联体国家(CIS)
资料来源:WTO 和 UNCTAD

(一)中美成为欧盟最主要贸易伙伴,进出口以机械化工类制成品为主

欧盟统计局 2019 年 4 月 2 日公布的 2018 年贸易数据显示,中国和美国是欧盟去年最主要的贸易伙伴,分别为欧盟最大的进、出口市场。不过,中美也是欧盟最主要的贸易竞争对手。数据表明,2018 年欧盟国家向美国出口额高达 4 728.2 亿美元,其次是中国(2 451.2 亿美元)和瑞士(1 835.5 亿美元),分别增长 13.0%、10.8% 和 9.0%,占欧盟 27 国出口总额的 20.3%、10.5% 和 7.9%;进口方面,中国则是欧盟最大的进口国,2018 年欧盟从中国进口总额达 4 635.0 亿美元,其次是美国(3 136.2 亿美元)、俄罗斯(1 792.0 亿美元)和瑞士(1 273.6 亿美元)。分别增长 9.5%、9.0%、21.3% 和 2.1%,占欧盟 27 国进口总额的 19.8%、13.4%、7.7% 和 5.4%。

2018 年欧盟 27 国的贸易逆差主要来源地是中国、俄罗斯、越南和挪威,逆差额分别为 2 183.8 亿美元、794.4 亿美元、320.7 亿美元和 225.6 亿美元。欧盟 27 国的贸易顺差主要来自美国和瑞士,2018 年顺差额分别为 1 592.1 亿美元和 562.0 亿美元。具体到商品类别,机电产品、化工产品和运输设备是欧盟 27 国的主要出口商品,2018 年这三类商品出口额为 5 936.7 亿美元、3 768.2 亿美元和 3 626.3 亿美元。其中,机电产品主要出口至美国,占欧盟机电产品出口总额的 20.2%。机电产品、矿产品和化工产品是欧盟 27 国前三大类进口商品,2018 年进口额分别为 5 689.5 亿美元、5 193.2 亿美元和 1 963.3 亿美元,增长 10.6%、27.8% 和 9.1%。其中,机电产品主要自中国进口,占欧盟 27 国机电产品进口总额的 41.2%。

(二)美国货物贸易逆差创历史新高,政策和开支刺激内需和进口扩大

据美国商务部统计,2018年全年,美国货物进出口额为42 067.9亿美元,比上年(下同)增长8.2%。其中,出口16 640.6亿美元,增长7.6%;进口25 427.3亿美元,增长8.6%。贸易逆差8 786.8亿美元,增长10.4%,创下历史新高。2018年,加拿大、墨西哥、中国和日本仍然是美国贸易的主要伙伴国家。美国对这些国家的出口额分别为2 987.2亿美元、2 650.1亿美元、1 203.4亿美元和749.7亿美元,占美国出口总额的18.0%、15.9%、7.2%和4.5%。美国自中国、墨西哥、加拿大和日本的进口额分别为5 395.0亿美元、3 465.3亿美元、3 184.8亿美元和1 426.0亿美元,占美国进口总额的21.2%、13.6%、12.5%和5.6%。

尽管受到特朗普政府贸易保护政策的种种限制影响,中国仍然是当前美国最大的贸易逆差来源地,2018年逆差额为4 191.6亿美元。有分析称,贸易逆差数据的增长,凸显了美国总统特朗普推行的"贸易保护主义"政策适得其反。全球需求增长放缓和美元的持续强势,也削弱了美国商品在国际市场的竞争力,拖累了美国的出口。金融机构IG首席市场分析师克里斯·比彻姆(Chris Beauchamp)分析称,特朗普的减税政策和更大的政府财政开支,刺激了美国国内消费和进口,从而让贸易逆差扩大。美国的贸易顺差则主要来自中国香港和荷兰,2018年顺差额分别为311.5亿美元和247.9亿美元。分商品看,机电产品、运输设备、矿产品是美国的主要进出口商品,2018年出口额分别为3 891.8亿美元、2 755.8亿美元、1 996.8亿美元,占美国出口总额的23.4%、16.6%、12.0%。2018年进口额分别为7 391.1亿美元、3 366.0亿美元和2 396.9亿美元,占美国进口总额的29.1%、13.2%和9.4%。

(三)日本对外贸易总体趋于平衡,化工产品跻身主要进出口商品行列

据日本海关统计,2018年日本货物进出口额为14 865.7亿美元,比上年(下同)增长8.5%。其中,出口7 382.0亿美元,增长5.7%;进口7 483.7亿美元,增长11.3%。贸易逆差101.7亿美元,下降138.8%。中国、美国和韩国是日本前三大出口贸易伙伴,出口额分别为1 439.9亿美元、1 400.6亿美元和525.1亿美元,其中对中国和美国出口增长8.4%和3.9%,对韩国出口下降1.5%,占日本出口总额的19.5%、19.0%和7.1%。日本进口排名靠前的国家依次是中国、美国和澳大利亚,2018年日本自三国进口1 735.4亿美元、815.5亿美元和456.9亿美元,分别增长5.5%、13.0%和17.4%,占日本进口总额的23.2%、10.9%和6.1%。

2018年日本贸易逆差主要来源地是中东产油国、澳大利亚和中国。美国、中国香

港和韩国是日本前三大贸易顺差来源地,2018年顺差额为585.1亿美元、325.7亿美元和203.7亿美元。从贸易商品来看,机电产品、运输设备和化工产品是日本的主要出口商品,2018年出口额为2 574.0亿美元、1 726.8亿美元和611.1亿美元,增长5.5%、5.2%和13.4%,占日本出口总额的34.9%、23.4%和8.3%。矿产品、机电产品和化工产品是日本的前三大类进口商品,2018年进口额为1 985.6亿美元、1 739.1亿美元和667.8亿美元,增长21.4%、6.7%和14.2%,占日本进口总额的26.5%、23.2%和8.9%。

(四)中南美地区贸易流动逐步恢复,中东非洲等地区资源出口稳定增长

2017年,南美、中美洲和加勒比地区的进口增长在经历了3年的大幅下降后,再次转为正值,增长4.0%。"其他区域"(包括非洲、中东和独立国家联合体,包括准成员国和前成员国)的货物出口量稳定增长,为2.3%。这是由于对石油和其他自然资源的需求在数量上趋于稳定。与此同时,这些地区的进口也略有增长,为0.9%,部分原因是初级商品价格上涨,提高了资源出口国的出口收入,并允许购买更多的进口商品。

拉美经济受多方面因素影响,形势普遍恶化。世界银行报告预计,2018年拉美地区经济增长将低于预期,即使排除委内瑞拉大幅萎缩18.5%的拖累效应,其他拉美国家合计经济增速也只能达到1.2%。其中,阿根廷经济将萎缩2.5%,巴西增速仅为1.2%左右。2018年,南美洲的贸易流动则继续逐步恢复,但受到了外部需求减弱和国内经济冲击的震荡影响。包括非洲、中东和独立国家联合体在内的"其他地区"的出口增长则加速至2.7%。

(五)中国经济运行平稳拉动进口需求增长,企业着力开拓国内外市场

据海关统计,2018年,中国外贸进出口总值30.51万亿元人民币,比2017年增长9.7%。其中,出口16.42万亿元,增长7.1%;进口14.09万亿元,增长12.9%;贸易顺差2.33万亿元,收窄18.3%。2018年,中国对前三大贸易伙伴欧盟、美国和东盟进出口分别增长7.9%、5.7%和11.2%,三者合计占中国进出口总值的41.2%。同期,我国对"一带一路"沿线国家合计进出口8.37万亿元,增长13.3%,高出全国整体增速3.6个百分点,中国与"一带一路"沿线国家的贸易合作潜力正在持续释放,成为拉动中国外贸发展的新动力。其中,对俄罗斯、沙特阿拉伯和希腊进出口分别增长24%、23.2%和33%。

全年一般贸易出口占比提高至56.3%,机电产品出口占比上升至58.7%。西部、中部地区外贸增速分别为16.1%、11.4%,分别超过全国增速6.4、1.7个百分点。民营企业出口占比提升至48%,继续保持出口第一大经营主体地位。一大批企业积极开拓国内外市场,为外贸发展注入了新的活力。2018年前三季度,中国对外贸易保

持稳中向好态势,增速总体平稳,结构持续优化,动力加快转换,发展的质量和效益稳步提升。2018年以来,中国政府在扩大进口、降低进口关税、优化口岸营商环境促进跨境贸易便利化、完善出口退税政策等方面,出台了一系列大力度的政策措施。商务部会同各地区、各部门狠抓政策落实,营造良好的发展环境,切实降低进出口企业成本,提振了企业进出口信心。中国有进口记录的企业数量为19.4万家,较2017年同期增加了6 380家。供给侧结构性改革持续推进,进出口企业主动适应市场需求新变化,加大研发和营销投入力度,加快转型升级,国际竞争力进一步提高。

三、主要商品贸易发展动态

2017年,世界经济和国际贸易明显回暖,贸易投资活动恢复活力。在此背景下,国际大宗商品市场需求转旺,供需平衡改善,商品价格虽反复震荡,但在以原油为代表的能源价格持续上涨带动下,总体上行态势进一步巩固。世界银行初级产品价格指数显示,2017年12月,能源类和非能源类商品价格指数分别比2016年同期上涨13.8%和2.0%。CRB指数全年上涨0.27%,能源产品占比高达80%的标普高盛商品指数(GSCI)则上涨4.44%。2018年以来,世界经济总体延续向好态势,商品供需回暖,价格水平总体稳定,一些品种持续上涨。但同时,新兴经济体和发展中国家货币危机、主要经济体间贸易摩擦等新的风险因素凸显,对全球经济运行和国际市场信心产生不利影响,大宗商品价格面临一定的下行压力(表2.2)。

表2.2 国际大宗商品价格变动

大宗商品	增长率/%						
	2013	2014	2015	2016	2017	2018	2019
制成品	−3.0	−0.5	−2.3	−5.2	1.7	2.5	1.6
石油	−0.9	−7.5	−47.2	−15.7	23.3	31.4	−0.9
非燃料初级产品	−1.5	−3.9	−17.6	−1.5	6.8	2.7	−0.7
食品	0.4	−4.1	−17.4	2.7	2.2	2.3	1.7
饮料	−11.9	20.7	−3.1	−5.0	−9.3	−5.7	−2.7
工业用农产品	1.6	2.0	−13.5	−5.7	2.3	1.5	−1.5
金属	−4.3	−10.1	−23.0	−5.4	22.2	5.3	−3.6

注:1. 制成品,占发达国家货物出口83%的制成品的出口单位价值;石油,英国布伦特原油、迪拜原油及西德克萨斯原油的平均价格;非燃料初级产品,以2002—2004年在世界初级产品出口贸易中的比重为权数

2. 2018年和2019年数据为预测值

资料来源:国际货币基金组织,世界经济展望,2018年10月

（一）农产品不同品种价格差异较大，谷物消费增长有望实现去库存

农产品市场受天气影响，供需出现波动，价格有涨有跌。粮食价格普遍上涨，肉类价格较为平稳，其他商品价格下降。小麦价格受减产刺激，2018年前三季度芝加哥交易所期货价格上涨达20%。油籽油料价格受增产预期和贸易收缩影响，出现了不同程度下跌，其中马来西亚市场棕榈油价格和芝加哥交易所豆油期货价格分别下跌21.6%和11.2%。2018年8月，联合国粮农组织编制的食品价格综合指数同比下跌5.4%，其中，谷物价格指数同比上涨10%，肉、奶、油、糖价格指数分别下跌4.6%、10.7%、16%和22.8%（图2.5）。

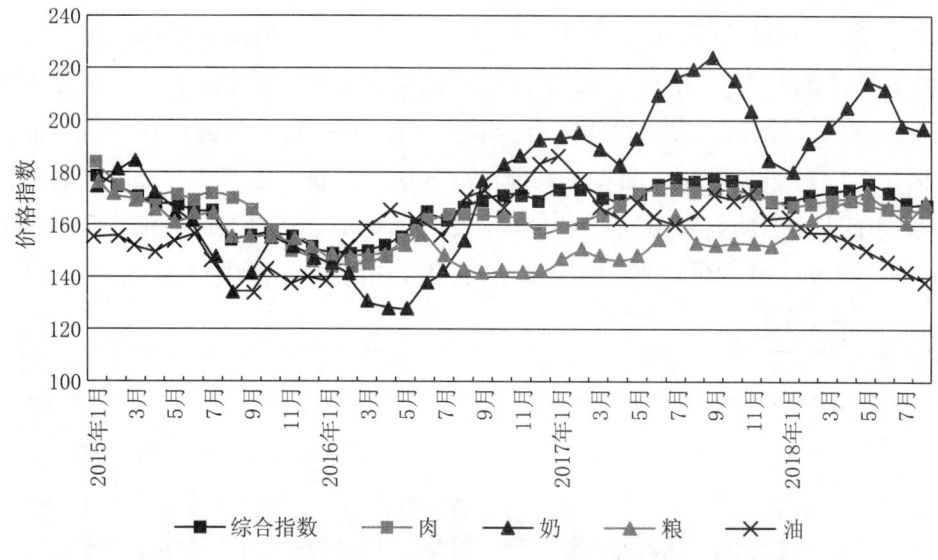

图 2.5　国际市场食品价格普遍下行（价格指数，2002—2004＝100）

谷物价格年内有望保持坚挺。受不利天气影响，国际机构近期下调今年世界粮食产量预估。9月，联合国粮农组织报告预计，2018年谷物产量25.87亿吨，为3年来最低点。小麦减产最为明显，预计产量7.22亿吨，为5年来最低水平。大米产量虽创新高，达到5.12亿吨，但也难以弥补其他谷物产量的下降。同时，受饲料需求带动，谷物消费继续保持增长。全球库存6年来将首次下降，库存消费比也随之降至27.3%，比上年度下降3.2个百分点。供需不平衡将推升谷物价格，同时向饲料和其他种植养殖业传导，肉、奶、油等食品价格均有上涨空间，形成新的通货膨胀压力。大豆市场则深受中美经贸摩擦影响。美国大豆单产提高，产量及库存大幅增加，而下游需求不确定性上升，供需预期失衡。自2018年5月以来，纽约大豆价格呈明显下跌

走势。受经贸摩擦影响,下一年度不同作物间种植面积可能发生较大调整,引发新一轮价格波动和市场格局重构。与此同时,全球棉花市场供需状况大为改善。美国农业部预计,2018年全球棉花供应较2017年小幅下调,消费较2017年增长4%,库存消费比连续4年下降,至60.4%,为8年来最低点,将支撑国际棉花价格继续上行。

(二)国际原油市场供需再次趋紧,有色金属价格总体将呈上行态势

经济复苏带动石油需求迅猛增加,而中东地缘政治风险加剧、减产协议超额履行、后期增产不及预期,在这些因素综合影响下,国际原油市场供需再次趋向紧平衡,2018年前三季度,国际油价出现较大幅度上涨。2018年9月下旬,布伦特油价盘中触及2014年11月以来的高点。展望后期,国际油价涨势可能趋于温和。需求方面,因担心全球经济面临下行风险,相关机构已下调对2019年的需求预测。国际能源署9月供需报告预测,2018年和2019年世界石油需求继续上升,日增量分别为140万桶和150万桶,但同时也表示对明年市场形势存在担忧,这一预测存在下调可能。供给方面存在三大变数,一是欧佩克及其他产油国增产前景不乐观。二是美国退出伊核协议,对伊朗制裁升级,将大幅削减伊朗的原油出口能力。三是美国石油产量增长势头将趋于平缓。综合考虑供需两方面因素,油价可能在目前较高水平上波动(图2.6)。

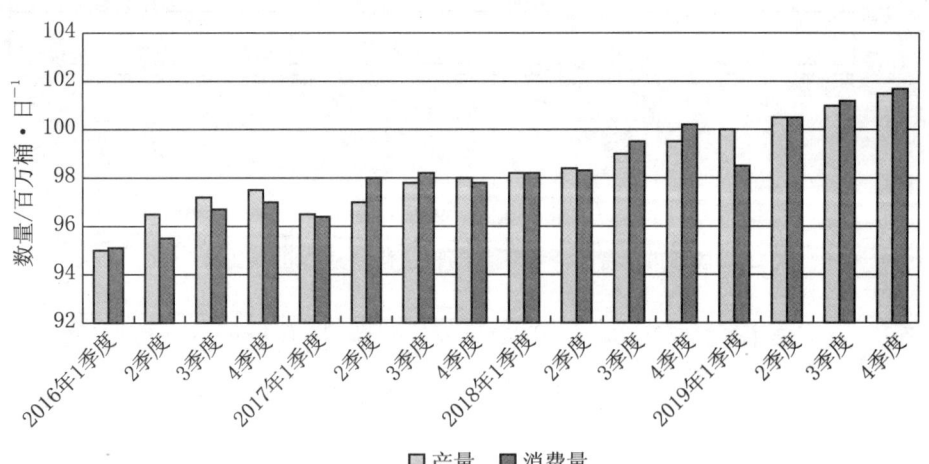

图2.6 2016Q1—2019Q4世界石油产量和消费量情况(价格指数,2002—2004=100)
注:2018年部分数值和2019年数值为预测值

过去几年,金属价格持续低迷打击了矿业领域投资热情,不少投资计划被取消或延后,导致供应量难以迅速提高以满足需求增加,预计未来3~5年有色金属市场整体将趋于短缺状态。加上资源国矿业和环保政策普遍收紧,生产成本增加,以及极端

天气频发影响矿业生产等,有色金属价格总体将呈上行态势。但有色金属市场对宏观经济和政策走向敏感,重要经济体贸易政策、产业政策都可能导致市场出现较大波动。国际铜业研究集团(ICSG)预计 2018 年世界铜矿产量增长 3%,2019 年将保持不变。全球铜消费持续增长,预计中国 2018 年和 2019 年分别增长 3.5%和 2.5%,其他地区需求增速分别为 2.5%和 1.9%。在此形势下,铜价将震荡上行。电解铝产能依然过剩,但汽车轻量化发展等因素提振了铝需求,铝价有望回稳上行。铅在工业领域应用广泛,如铅酸蓄电池占据全球电池市场 75%的份额,需求稳定,价格下跌空间有限。

(三)钢铁行业产能过剩得以有效改善,机械与新能源设备销量强势复苏

近两年来,全球钢铁行业产能过剩形势得到有效改善。2018 年 7 月,全球 64 个主产国的粗钢产能利用率达到 77.5%,比 2017 年同期提高 3.8 个百分点。其中,中国去产能行动取得显著成效,为世界钢铁业复苏做出了重大贡献。2016—2017 年,中国累计化解钢铁过剩产能约 1.2 亿吨,2018 年将继续削减 3 000 万吨粗钢产能。此外,伴随世界经济复苏,国际需求转暖,全球钢铁市场明显改善,国际钢材价格在 2017 年上涨的基础上进一步上行。2018 年 9 月下旬,英国商品研究局(CRU)钢材价格综合指数达到 2011 年来的高点,同比上涨 11%,而北美、欧洲和亚洲则分别上涨 13.1%、1.7%和 9.4%(图 2.7)。

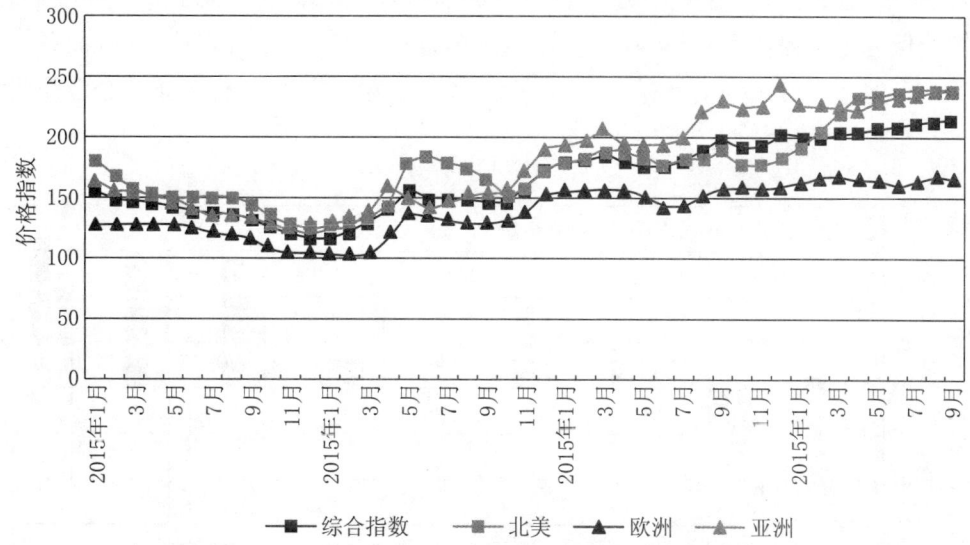

图 2.7 2015 年 1 月—2018 年 9 月国际钢材价格走势情况(价格指数,2002—2004=100)

主要经济体基础建设投资扩张,制造业普遍增长,带动机械设备市场强势复苏。英国工程机械咨询公司估计,2017 年全球工程机械市场增长 27%,销量 89 万台,其

中中国、印度等亚洲新兴市场发展最为强劲。据该公司预测,2018年全球工程机械销量将增长6%,且今后几年有望保持温和增长,2022年销售量将超过百万台。自动化生产在全球范围内不断加速,汽车、电气电子领域对工业机器人的需求不断增长。目前,全球制造行业的工业机器人使用密度已达到74台/万人。国际机器人联合会(IFR)预计,2018—2020年,工业机器人需求量年均增长5%。其中,协作机器人发展更快,将引领机器人市场的增长。日本工业机器人产量占全球的52%,其中出口占75%,美国、中国、韩国及欧洲国家是主要出口目的地。能源行业市场调研机构GTM Research预计,2017年至2022年间,全球太阳能发电装机容量将达到606吉瓦。2018年,埃及、巴西、墨西哥新增规模都有望比上年增长一倍以上。欧洲新能源市场适应政府补贴退出的形势,逐步实现了向市场供求主导的转型,进入可持续增长阶段。印度政府提出大力发展可再生能源,计划到2022年新增175吉瓦可再生能源装机容量,以改变电力供应偏紧的局面,市场前景可观。

(四)汽车市场发展总体向好,新一代信息技术激发全新活力

2018年,全球汽车市场总体向好,尤其是金砖国家增长迅猛。1—8月,印度、巴西、俄罗斯汽车销量增速都达到两位数。预计2018年和2019年,全球汽车行业前景仍将保持稳定,但贸易摩擦、利率上升、油价上涨等对汽车市场的影响不容忽视。同时,汽车市场结构将发生重大变化,英国商品研究局(CRU)预计,到2035年左右,全球汽车保有量将保持上升趋势,其中燃油汽车将在2025年左右到达顶峰,而各类新能源汽车的市场份额将不断提高(图2.8)。由于市场前景看好,行业龙头企业纷纷扩大电动车投资,以图抢占先机。

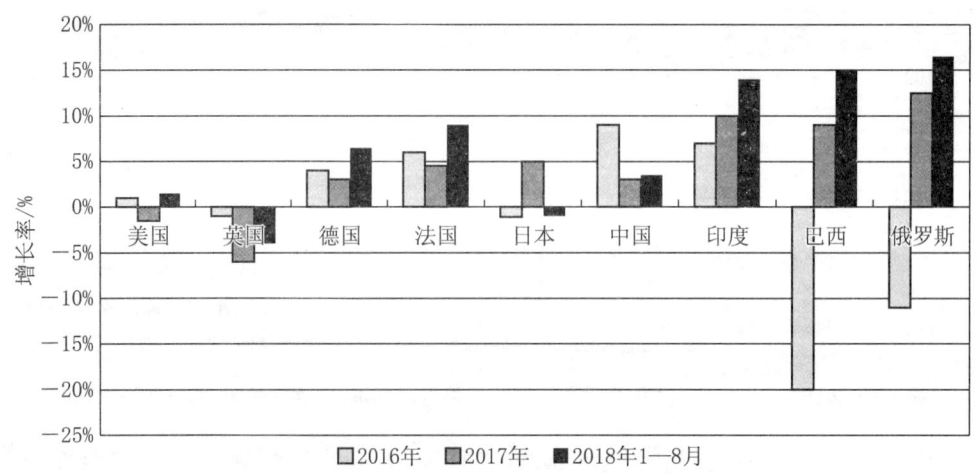

图2.8　2016—2018年1—8月主要国家汽车市场情况

市场研究公司 IDC 数据显示,2018 年第二季度全球 PC(包括台式机、笔记本和工作站主机)出货量总计约为 6 227 万台,同比上涨 2.7%。IDC 还预计,2018 年智能手机出货量为 14.55 亿部,比 2017 年略降 0.7%,全年走势先抑后扬,下半年以后开始恢复增长,特别是 5.5 英寸(1 英寸=2.54 厘米)及以上大屏智能手机增长态势良好,2018 年占全部出货量的近 65%,到 2022 年将提升至 85%。国际半导体产业协会(SEMI)预测,2018 年半导体制造设备的全球销售额将达到 627.3 亿美元,创历史新高,同比增长 10.8%。其中,中国将以 43.5% 的增长率遥遥领先。

四、全球贸易规则重构下的新动态与趋势

随着国际贸易环境的变化,信息化和电子商务得到广泛应用,贸易的操作形式发生了变化,贸易规则的谈判产生了许多新的交叉议题,如监管一致、国有企业、电子商务、中小企业等。这些交叉议题呈现出新的规则走势,即从边境贸易壁垒议题深入一国边境内部,试图构建边界后的规则体系。目前,一些国际贸易规则试图在多边贸易协定成员国国内的经济制度建设方面发展新制度,包括竞争中立、贸易便利、数据自由流动、非歧视政策、知识产权保护、信息技术发展、政府透明度等。TPP、TTIP 中均出现了涉及国有企业的竞争中立原则,对一国政府的商业行为进行限制,减少国有企业相比其他企业享受的特权,允许其他成员国的企业进入该国政府采购市场。

(一)全球贸易规则制定权重归欧美等发达国家掌控

20 世纪 90 年代前后,发达经济体的 GDP 占全球比重的 80% 左右,到 2015 年这一比重降到 60.5%,而新兴市场和发展中经济体比重在 2015 年上升至 39.5%。新兴市场国家经济实力进一步提升,在世界经贸活动中所占的比重不断提高。与此同时,全球贸易和投资的重心也不断向发展中经济体转移。在 20 世纪 80 年代中期,发达经济体占全球出口总额和进口总额的比重分别为 73.3% 和 74%,而到 2016 年发达国家在全球出口总额和进口总额中的比重分别达到 53.6% 和 56.8%。普华永道发布的《2050 年全球经济前景报告》预测,到 2050 年全球最大 10 个经济体依次为中国、印度、美国、印尼、巴西、俄罗斯、墨西哥、日本、德国和英国,这其中有一半以上是当前的新兴市场国家。

为了保持国际经济竞争优势,继续居于全球价值链顶端,国际金融危机之后,发达国家加快了重构国际经贸规则的步伐。在当前的国际贸易规则重构中,尽管各种利益群体展开了激烈复杂的博弈,但仍维持着发达国家主导的格局,特朗普上台之

后,为了维护美国利益,陆续退出既定的多边协议转而与各国开展双边协议的磋商谈判。与此同时,由于全球多边自由贸易协定发展中的问题逐渐暴露,加上一些区域性自由贸易区计划未能如期实现,越来越多的国家将目光转向双边自由贸易协定(FTA)这种多边贸易体制之外的安排。新一代的双边FTA以其涉及范围广、灵活性强、操作简单方便时间短、见效快和约束力强等比较优势,也得到了越来越多国家的青睐。另一方面,欧盟、日本等发达国家也不甘示弱,以TPP为例,TPP原本为12国协议,美国退出后,日本开始领导其余11国着手修改协定的工作(日本、澳大利亚、文莱、加拿大、智利、马来西亚、墨西哥、新西兰、秘鲁、新加坡和越南),并将其改称CPT-PP,在6个及以上成员国核准60天后便能生效。这些都反映了发达经济体试图在全球范围内重整贸易关系、重塑游戏规则、重新配置经济利益的战略目标。对于新兴经济体和发展中国家而言,新贸易规则对这些国家的制度规范和经济改革提供了外在的压力。发展中国家在经济发展程度、市场经济完善程度等方面均与发达国家存在较大差异,高标准贸易规则将超越发展中国家的发展水平。基于对美国主导的国际贸易规则重构给世界政治和经贸格局影响的判断,发展中国家将被迫调整自己的贸易策略。

(二)基于全球价值链的新规则将超越现有政策范围

全球贸易新规则将更加强调高标准、高水平,并将规则调整的范围从传统的边境措施(border measures)向边境后措施(behind-the-border measures)延伸。传统的贸易谈判重点是边境措施,如关税、非关税壁垒、市场准入等。而正在进行的TPP、TTIP、TISA等谈判将贸易新规则所规范的领域从边境延伸到边境后,试图在竞争中立、贸易便利化、知识产权、劳工标准、政府采购、环境产品等议题上形成新规则,力求实质性地提高全球市场的相互开放程度。这些议题成为当前规则博弈的重点,呈现出全球贸易规则改革的未来走向。鉴于美欧经济的发达程度以及市场规模在全球的主导地位,美欧主导的这些谈判的结果很可能成为引领下一代全球贸易规范的基准。

新贸易规则范围扩大、标准提高,反映了美国等发达国家在全球价值链生产上的新模式,也表明其目的在于确立其在新形势下的竞争优势。随着全球分工从最终产品转向以产业链为基础的生产要素分工,发达国家在全球化中的政策更多地从关注货物贸易转向关注服务贸易、从最终产品转向价值链、从获取资源转向要素整合,通过推行新的国际经贸规则和标准,维护在就业、增长及其投资者在其他国家的利益和诉求,占据新时期世界经济发展和国际竞争的制高点。从总的趋势看,新规则的核心是推进市场更进一步开放,打开国家间的"边境内限制",这将涉及经济体制、规制与政策。在新规则和新标准中,发达国家将强化体制及竞争力方面的优势,而发展中国家原有的竞争比较优势(如低劳动成本、宽松环境标准、对本土企业的优惠政策支持等)则将被削弱。

(三) 诸边协议的谈判签订成为贸易策略调整的显著趋势

所谓的"诸边协议"在 WTO 框架中已经存在,只是为数不多。诸边协议是一种合法的、有效地在 WTO 框架内加深成员间承诺的手段。1995 年 WTO 成立时有 4 个诸边协议,当前诸边协定仅包括 4 个专门的贸易协定,即《民用航空器贸易协定》《奶制品贸易协定》《牛肉贸易协定》《政府采购协定》。此类诸边贸易协定既独立于《关税与贸易总协定》,亦独立于《服务贸易总协定》,世界贸易组织的成员可自由决定参加与否。在目前国际贸易规则重构中,诸边协议的发展势头明显,成为贸易规则重构的主要途径之一。这一谈判方式受到了美欧的日益青睐。通过自贸协定、诸边协议谈判来推进其贸易议程,表明了美国贸易策略的重大调整,即暂时放弃多边主义框架,而注重通过吸引志趣相投的国家组成的团体来达成优先的贸易与投资规则。因为在这样的贸易安排中,可以先绕开存在明显分歧的谈判对手,集合部分贸易伙伴,先行达成一致,抢夺规则制定的先机,能够更容易地维护其利益。这反映了美国关于全球治理的新思路。从以往的实践看,诸边协议可以通过达到临界数量等触发方式而转化为多边规则。

美国目前对多边谈判是"有利则推、无利则退",希望通过诸边谈判实现市场准入。欧盟认为,在多边就市场准入取得成果已不可行的情况下,未来应通过诸边或双边方式予以推进,多边只能讨论一些规则议题。与发达成员对诸边的一贯支持相比,巴西、阿根廷等部分成员一反前态,公开表示支持最惠国基础上的诸边谈判,印度、南非等多数发展中成员仍不为所动,坚持多边问题要通过多边进程解决。

(四) "超大区域"自贸协定的形成或将架空多边谈判机制

战后以来,以 WTO 为代表的多边贸易体制是国际贸易规则的主要制定者,并以开展多边贸易谈判作为推动规则制定和完善的主要方式。但 WTO 在 2001 年启动的多哈回合多边贸易谈判迄今已十余年,一直无法达成一致。在多边贸易谈判进展艰难的情况下,全球区域经济合作如火如荼,加速发展,在目前的区域性贸易协定中,呈现出发达国家主导而形成超大区域自贸协定的趋势,导致发达国家能够利用谈判优势强化自身贸易优势地位,形成事实上的贸易不公平。

以 TPP、TTIP 为代表的自贸协定谈判在国际贸易规则重构中展现出另辟蹊径的雄心,试图在WTO之外为国际经贸关系出现的新问题制定规则。与诸边协议谈判方式一起,双边和区域自贸协定谈判正在成为消除国际贸易与投资壁垒的可行之路。这样的方式目前被一些发达国家所青睐,TPP等新一轮的自贸协定谈判正表明了其意图。随着一些"超大区域"自贸协定的发展,将推动现有自贸协定的重新整合,增强各自贸区的实力与影响力,同时也给WTO造成一系列挑战。一方面,各国热衷通过双边和区域贸易安排实现贸易与投资的深度一体化,WTO成为仅维持保障最低共同标准的一揽子承诺。近年的实践也表明,如今的许多双边或区域贸易协定不再单单是造成了贸易转移,它正在与WTO一样拥有复杂的机制,在区域层级上建立一套规则和实践体系,并有可能对多边贸易体制形成影响。另一方面,美欧这两大WTO核心成员选择优先推动自贸协定谈判和诸边协议谈判,实际上就是带头将全球贸易谈判的主战场从多边转向双边或区域,多边合作有名存实亡之虞。这会在一定程度上损害WTO框架下的贸易谈判,削弱WTO的影响力和凝聚力,使多边贸易体制面临被边缘化的风险。

参考文献

[1] 雷蒙.诸边谈判:推动贸易自由化的良方[J].WTO经济导刊,2018(07).

[2] 陆燕.国际贸易新规则:重构的关键期[J].国际经济合作,2014(08):4—8.

[3] 有之炘.全球贸易摩擦的新特点新趋势[N].半月谈网,2018-04-25.

[4] 中华人民共和国商务部综合司.中国对外贸易形势报告(2018年春季)[R].2018-05-07.

[5] 中华人民共和国商务部综合司.中国对外贸易形势报告(2018年秋季)[R].2018-11-12.

[6] World Trade Organization. Global trade growth loses momentum as trade tensions persist[N]. WTO, 2019-04-02.

[7] World Trade Organization. World Trade Report 2018[R]. WTO, 2018.

[8] World Trade Organization. World Trade Statistical Review 2018[R]. WTO, 2018.

本章撰写:倪炜瑜

第三章 世界服务贸易发展动态

一、世界服务贸易总体发展态势

2017年全球服务贸易总额创下6年来的最高增长率。2018年7月,世界贸易组织(WTO)发布的《2018世界贸易报告》显示,2017年全球服务贸易出口额达到5.2万亿美元,同比增长8%;全球服务贸易进口额为5.07万亿美元,同比增长6%。

(一)世界服务贸易发展态势

1. 全球服务贸易呈全面复苏态势

2017年,全球服务贸易整体回暖,服务贸易出口增长8%,进口增长6%。全球各地区的服务贸易额都有所增长。独立国家联合体、非洲地区强势反弹,服务出口分别增长14%、13%(表3.1),俄罗斯在连续三年下降后出现了正增长,而非洲旅游收入大幅增加。欧洲的服务出口增长了9%,受益于各个部门的推动,如运输、旅游、金融服务、计算机服务和知识产权相关服务。中东是2015、2016年表现良好的唯一区域,2017年服务贸易继续稳步增长,增幅为8%,其最具活力的出口部门是运输,增长12%,旅游等出口比世界平均水平高3个百分点。亚洲的服务贸易出口增幅为7%,主要贡献者是知识产权使用费、旅游和运输服务的出口。在南美洲和中美洲及加勒比地区,服务出口增长不均衡。南美洲增幅为7%,是加勒比地区的两倍多,加勒比地区的一些岛屿受到飓风季节的严重打击,旅游收入下降。北美地区服务贸易出口表现最差,增幅为4%,主要原因是美国旅游收入有所萎缩。

表 3.1 2017 年全球服务贸易出口各地区变化情况

时间	增长率/%							
	全球	北美	中南美	欧洲	独联体	非洲	中东	亚洲
服务贸易								
2005-10	8	8	9	6	12	9	—	13
2016	1	1	0	0	−2	−6	5	1
2017	8	4	5	9	14	13	8	7
与货物贸易相关的服务贸易								
2005-10	8	12	−10	5	11	16	19	14
2016	4	9	−3	0	14	6	1	9
2017	7	1	−3	10	13	4	10	5
交通运输服务贸易								
2005-10	7	6	9	6	12	10	9	9
2016	−5	−3	−4	−4	−2	−9	3	−9
2017	9	4	5	11	12	8	12	6
旅游服务贸易								
2005-10	7	5	6	4	9	8	15	12
2016	2	2	5	0	−1	−7	6	5
2017	8	1	6	11	16	25	8	7
其他服务贸易								
2005-10	9	10	16	7	15	11	—	15
2016	2	0	−2	2	−5	−1	5	3
2017	8	6	5	8	14	4	5	—

资料来源：World Trade Statistical Review 2018

2. 服务贸易区域发展不平衡仍较为突出

全球服务贸易主要集中在欧洲、亚洲、北美三大地区。这三大板块的服务出口和进口分别占全球总额比重的 89% 和 85%。发达经济体继续占主导地位，保持服务贸易顺差趋势。全球前十大服务贸易出口国与上年保持不变，大多集中在发达国家，合计占出口额比重超过 50%，爱尔兰、印度、荷兰均实现了两位数的增长。前 40 位服务贸易进出口国占全球进出口总额均接近九成(表 3.2)。最不发达国家的服务贸易在 2017 年恢复经过两年的负增长，出口恢复增长 7%，达到 342 亿美元，接近 2014 年的历史最高水平。但是，最不发达国家 2017 年对世界服务出口的贡献为 0.6%，仍然远低于 1%。自 2005 年以来仅增加了 0.3 个百分点。总体而言，最不发达国家是净服务进口国，2017 年服务贸易逆差为 334 亿美元。

最不发达国家对服务出口的参与度低是由于国内供应基础薄弱。根据 WTO 秘书处的估计，在最不发达国家的国内生产总值平均值中，商业服务占 GDP 的份额为 41% 左右，这远远低于高收入经济体（通常高于 70%）和中等收入经济体（超过 50%）。虽然最不发达国家的服务价值在过去 10 年中迅速上升，但总数仍然比法国或德国低 5~6 倍。最不发达国家的经济主要由第一、二产业主导，农业、牧业、林业和渔业占 21.4%，采矿和采石业占 10.2%，制造业占最不发达国家国内生产总值的 11.2%，在亚洲最不发达国家中占最高比例 16.4%，是非洲最不发达国家的两倍。

表 3.2　2017 年全球服务贸易进出口额国家/地区前 40 位排名

排名	国家/地区合计/总计	出口额/10 亿美元	占比/%	增长率/%	排名	国家/地区合计/总计	进口额/10 亿美元	占比/%	增长率/%
1	美国	762	14.4	4	1	美国	516	10.2	7
2	英国	347	6.6	6	2	中国	464	9.1	3
3	德国	300	5.7	8	3	德国	322	6.3	6
4	法国	248	4.7	6	4	法国	240	4.7	2
5	中国	226	4.3	9	5	荷兰	211	4.2	14
6	荷兰	216	4.1	16	6	英国	210	4.1	4
7	爱尔兰	186	3.5	20	7	爱尔兰	199	3.9	−3
8	印度	183	3.5	14	8	日本	189	3.7	4
9	日本	180	3.4	7	9	新加坡	171	3.4	5
10	新加坡	164	3.1	4	10	印度	153	3.0	15
11	西班牙	139	2.6	10	11	韩国	120	2.4	8
12	瑞士	119	2.3	2	12	比利时	117	2.3	8
13	比利时	117	2.2	5	13	意大利	113	2.2	11
14	意大利	110	2.1	10	14	加拿大	105	2.1	6
15	中国香港	104	2.0	5	15	瑞士	101	2.0	2
16	卢森堡	102	1.9	7	16	俄罗斯	87	1.7	20
17	韩国	86	1.6	−8	17	阿拉伯联合酋长国	84	1.7	2
18	加拿大	86	1.6	6	18	中国香港	77	1.5	4

续表

排名	国家/地区/合计/总计	出口额/10亿美元	占比/%	增长率/%	排名	国家/地区/合计/总计	进口额/10亿美元	占比/%	增长率/%
19	泰国	75	1.4	12	19	卢森堡	76	1.5	6
20	瑞典	73	1.4	2	20	西班牙	76	1.5	9
21	阿拉伯联合酋长国	70	1.3	8	21	瑞典	68	1.3	11
22	奥地利	66	1.2	9	22	澳大利亚	67	1.3	9
23	丹麦	65	1.2	8	23	巴西	66	1.3	5
24	澳大利亚	64	1.2	12	24	丹麦	62	1.2	6
25	波兰	59	1.1	19	25	奥地利	55	1.1	12
26	俄罗斯	57	1.1	15	26	沙特阿拉伯王国	54	1.1	7
27	中国台北	45	0.8	9	27	中国台北	53	1.0	3
28	以色列	44	0.8	11	28	挪威	49	1.0	2
29	土耳其	43	0.8	17	29	泰国	46	0.9	6
30	中国澳门	38	0.7	16	30	马来西亚	42	0.8	5
31	挪威	37	0.7	−1	31	波兰	38	0.7	12
32	马来西亚	37	0.7	4	32	墨西哥	37	0.7	10
33	菲律宾	36	0.7	14	33	印度尼西亚	32	0.6	7
34	葡萄牙	34	0.6	17	34	芬兰	31	0.6	5
35	巴西	34	0.6	3	35	卡塔尔	30	0.6	0
36	希腊	32	0.5	17	36	以色列	29	0.6	12
37	芬兰	29	0.5	10	37	科威特州	28	0.5	8
38	墨西哥	27	0.5	10	38	菲律宾	26	0.5	8
39	捷克共和国	27	0.5	12	39	阿根廷	24	0.5	14
40	匈牙利	26	0.5	9	40	土耳其	23	0.4	9
前40位合计		4 692	88.9		前40位合计		4 488	88.4	
总计		5 279	100.0	8	总计		5 074	100.0	6

资料来源：World Trade Statistical Review 2018

3. 新兴服务贸易和技术服务贸易快速发展

近年来，由建筑、保险与养老、金融、知识产权、信息技术服务、文化娱乐和商务服务等构成的其他商业服务贸易已经占主导地位且份额连年扩大,服务贸易的价值链不断向高端延伸。2017年,其他商务服务出口规模占总量的22.4%,电信、计算机与信息服务出口额占总量的9.9%,金融服务出口额占总量的8.8%,知识产权使用费出口额占总量的7.2%,2017年这四类服务出口均呈现出良好的增长态势,涨幅均超过5%,增长较快的知识产权使用费增幅为10%。自2010年以来,运输、旅游等传统服务贸易的份额有所下降,而其他商业服务贸易份额逐渐扩大,2010年其在全球服务贸易中所占份额为50%,到2015年增长至53.5%,2016年继续增长至54.1%,2017年继续保持该份额(表3.3)。这充分表明服务贸易价值链向高端知识密集型、技术密集型服务贸易延伸的特征越来越明显,知识和技术密集型服务贸易逐渐占据主导地位,成为推动全球服务贸易增长的主要动力。

表3.3 2015—2017年全球服务贸易出口分类明细情况

项　　目	2015年			2016年			2017年		
	出口额/ 10亿美元	占比/ %	增速/ %	出口额/ 10亿美元	占比/ %	增速/ %	出口额/ 10亿美元	占比/ %	增速/ %
与货物贸易相关的服务贸易	161	3.4	−4.6	166	3.5	2.9	184	3.5	7
运输	890	18.5	−9	852	17.5	−5	1 931	17.6	9
旅游	1 184	24.6	−5	1 205	24.9	2	1 310	24.8	8
其他服务贸易	2 553	53.5	−4	2 583	54.1	2	2 855	54.1	8
(一)建筑	96	2.0	−11.9	89	1.8	−8	101	1.91	16
(二)保险与养老服务	119	2.4	−12.9	125	2.5	3	126	2.39	1
(三)金融服务	437	9.1	−3.9	439	8.7	0	464	8.8	6
(四)知识产权使用费	310	6.4	−0.4	346	2	1.1	381	7.2	10
(五)电信、计算机与信息服务	471	9.8	−4.3	491	10.2	3	527	9.9	7
(六)其他商务服务	1 065	22.2	−4.3	1 100	22.7	3	1 187	22.4	8
(七)个人、文化、娱乐服务	44	0.9	−13.6	49	0.9	0	51	0.97	4

资料来源:World Trade Statistical Review 2018

4. 数字化时代服务贸易创新不断加快

随着信息技术快速发展,全球产业结构、组织生产方式和产品内容等都发生了深刻变化,在这种趋势推动下,逐渐产生了一种新的贸易形式,即数字贸易。数字贸易为世界贸易发展注入了新动能,开辟了新空间,不仅显著降低了贸易成本,还将提升全球贸易尤其是服务贸易增长,帮助发展中国家获取更大的全球贸易份额。

当前金融保险行业,以及交通运输、旅游和建筑行业等纷纷加大信息技术投入,与互联网技术、大数据处理分析技术以及人工智能技术等进行快速融合,促使跨境交易服务中数字化的服务交易已经占到了一半以上。据2017年美国公布的《数字贸易与美国的贸易政策》显示,2014年全球数据流量较2005年增长了45倍;2016年全球跟互联网相关的服务经济规模达到了4.2万亿美元。由于数字化降低了服务贸易交易成本,扩大了交易领域,为全球区域范围内服务贸易的快速增长提供了巨大空间。从服务贸易模式发展趋势来看,第三方支付、移动支付、云端交付等新兴交付方式占据越来越大的比重。基于SaaS(软件即服务)、PaaS(平台即服务)、IaaS(基础架构即服务)的云平台服务能够有效降低交易成本和服务成本,减少中间环节和信息不对称风险等。

二、世界服务贸易重点行业发展动态

(一)运输服务贸易

1. 运输服务业贸易全面恢复

随着商品贸易流量和客运量的增加,世界运输出口反弹。2017年运输贸易出口额达到9 315亿美元,增长9%。大多数地区出现复苏,独立国家联合体运输贸易出口增幅达到峰值,增长12%。得益于航空运输部门的运力增长,2017年中东地区继续蓬勃发展,增长率约为12%。在2017年占全球运输出口近一半的欧洲,运输收入增长了11%。由于强大的飓风袭击美国和加勒比海地区造成重大损失,北美、南美洲、中美洲和加勒比地区的增长率仍低于世界平均水平。

2017年是航空业创纪录的一年。国际航空货运量在全球范围内增长了10%。由于需求增加,亚洲和非洲之间的直航线路增加,非洲的表现最佳,增幅为25%,是世界平均水平的两倍多。国际航空客运量激增,增长7.9%,亚洲地区增幅达9%。随着国际空运和乘客载客率(每次航班的座位数百分比)增加,客运和货运收益率有所回升,世界航空运输出口增长了10%。随着全球需求的改善和商品流量的扩大,货运费率继续上升,2017年世界海运出口增长了约5%,铁路和公路等其他运输方式的运输服务增长了12%(图3.1)。

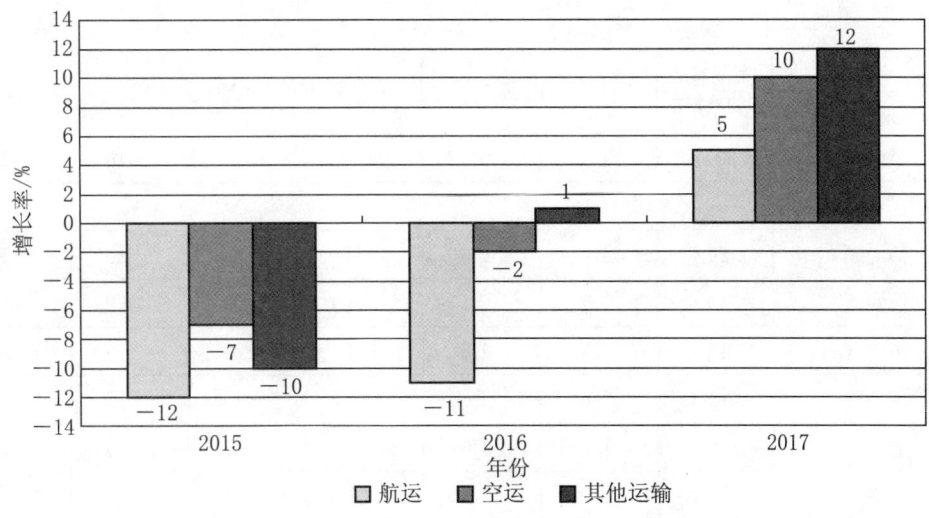

图 3.1　2015—2017 年全球运输服务出口分类统计情况

资料来源：World Trade Statistical Review 2018

2. 主要运输服务贸易商表现不俗

主要运输服务出口国家/地区有强劲的贸易表现。2017 年全球运输服务出口前 15 位国家/地区的出口总额为 7 864 亿美元，占全球出口额的 84.4%（表 3.4）。其中，欧盟、美国、新加坡、中国、日本是全球运输服务出口排名前 5 位国家/地区；欧盟、中国、阿拉伯联合酋长国、俄罗斯、印度、土耳其、卡塔尔的出口增长率均达到两位数。前 15 位出口国家/地区中，仅有韩国运输服务贸易额继续下滑，该国最大的集装箱运输公司破产导致海运出口下降了 18%。

表 3.4　2017 年全球十五大运输服务贸易额国家/地区

国家/地区/合计	贸易额/10 亿美元	占比/%		增长率/%			
	2017	2010	2017	2010-17	2015	2016	2017
出口							
欧盟（28）	397.6	43.4	42.7	1	−11	−3	12
美国	86.5	8.7	9.3	3	−3	−4	3
新加坡	45.8	4.7	4.9	2	−9	−8	6
中国	37.1	4.1	4	1	1	−12	10
日本	34	5.1	3.7	−3	−11	−11	8
中国香港	30.2	3.6	3.2	0	−7	−5	7
阿拉伯联合酋长国	27.9	—	3	—	−1	9	10

续表

国家/地区/合计	贸易额/10亿美元 2017	占比/% 2010	占比/% 2017	增长率/% 2010-17	增长率/% 2015	增长率/% 2016	增长率/% 2017
出口							
韩　国	24.6	4.7	2.6	−6	−10	−20	−10
俄罗斯	19.8	1.8	2.1	4	−19	2	16
印　度	17	1.6	1.8	4	−23	6	12
挪　威	15.1	2.2	1.6	−3	−20	−17	1
土耳其	15.1	1.1	1.6	7	−7	−10	15
加拿大	13.1	1.5	1.4	1	−11	0	8
瑞　士	12.3	1.3	1.3	2	−21	4	7
卡塔尔	10.2	0.2	1.1	29	15	3	35
15强合计	786.4	—	84.4	—	—	—	—
进口							
欧盟(28)	347.6	33.1	31.5	1	−11	−2	9
美　国	101.2	7.6	9.2	4	3	0	5
中　国	92.9	6.4	8.4	6	−11	−6	15
印　度	57.1	4.8	5.2	3	−11	−8	19
新加坡	47.3	3	4.3	7	3	−8	7
日　本	40	4.7	3.6	−2	−11	−8	5
韩　国	29.9	3.1	2.7	0	−8	−2	3
加拿大	21.8	2.2	2	0	−9	−3	9
中国香港	17.4	1.6	1.6	1	−6	−2	3
泰　国	16.7	1.9	1.5	−2	−18	−4	11
沙特阿拉伯王国	15.4	1.3	1.4	3	1	−19	−6
墨西哥	14.9	1.1	1.3	5	−13	3	13
阿拉伯联合酋长国	14.4	—	1.3	—	−16	3	2
俄罗斯	14.2	1.2	1.3	3	−24	−1	22
澳大利亚	12.6	1.4	1.1	−1	−10	−9	3
15强合计	843.3	—	76.5	—	—	—	—

资料来源：World Trade Statistical Review 2018

全球十五大运输服务出口国家/地区进口总额8 433亿美元,占全球进口额的76.5%。欧盟、美国、中国、印度、新加坡位列全球运输服务进口前5位国家/地区。除沙特阿拉伯进口额下降6%外,其他国家/地区均呈增长态势。其中,中国、印度、泰国、墨西哥、俄罗斯的进口增长率均达到两位数。尤其是俄罗斯和印度增幅明显,分别增长22%、19%。

(二)旅游服务贸易

1. 旅游服务贸易显著增长

世界旅游服务贸易出口获得较大增长,包括旅行者在国外逗留期间的商品和服务支出,增长8%,2017年达到13 095亿美元,同比增长8%,是2013年以来最强劲的年增长率。欧洲、亚洲、北美是旅游服务出口的主要地区,分别占全球出口额的36%、19.6%、18.8%。其中,2017年全球十五大旅游出口国/地区的出口额为10 123亿美元,占全球旅游出口的77.3%(表3.5)。欧盟、美国、泰国是全球三大旅游服务出口国/地区,分别占全球份额的31.9%、15.6%和4.4%。旅游服务贸易出口额增长最快是印度,增幅为22%,其次为土耳其和泰国,分别增长20%和18%。中国的旅游出口已经连续两年下滑,2017年同比下降13%,美国旅游出口额和去年同期相比略有减少。

2017年世界旅游服务贸易进口额12 880亿美元,增长6%。亚洲、欧洲、北美是旅游服务进口的主要地区,分别占全球份额的37.6%、32.1%、13.8%。其中,2017年全球十五大旅游进口国/地区的进口额为10 466亿美元,占全球旅游进口的81.3%。欧盟、中国、美国是全球三大旅游服务进口国/地区,分别占全球份额的28.8%、19.8%和10.5%。巴西、俄罗斯旅游进口止住前两年的下跌态势,强劲反弹,增幅分别高达31%、30%;印度、韩国、澳大利亚、加拿大进口也达到了两位数的增幅。中国和日本的旅游进口有所减少。

表3.5 2017年全球十五大旅游进出口国/地区

国家/地区/合计	贸易额/10亿美元	占比/%		增长率/%			
	2017	2010	2017	2010-17	2015	2016	2017
出口							
欧盟(28)	417.1	36.2	31.9	3	−13	1	10
美国	203.7	14.3	15.6	6	7	0	−1
泰国	57.5	2.1	4.4	16	17	9	18

续表

国家/地区/合计	贸易额/10亿美元	占比/%		增长率/%			
	2017	2010	2017	2010-17	2015	2016	2017
出口							
澳大利亚	41.7	3.4	3.2	4	−5	8	13
中　国	38.8	—	3	—	2	−1	−13
中国澳门	35.7	2.3	2.7	7	−28	−2	17
日　本	33.9	1.4	2.6	14	33	23	11
中国香港	33.2	2.3	2.5	6	−6	−9	1
印　度	27.4	1.5	2.1	10	7	7	22
土耳其	22.5	2.4	1.7	0	−10	−30	20
墨西哥	21.3	1.2	1.6	9	9	11	9
阿拉伯联合酋长国	21	—	1.6	—	15	12	8
加拿大	20.3	1.6	1.6	4	−7	9	13
新加坡	19.7	1.5	1.5	5	−13	14	4
马来西亚	18.4	1.9	1.4	0	−22	2	1
15 强合计	1 012.3	—	77.3	—	—	—	—
进口							
欧盟(28)	370.3	38.2	28.8	2	−13	2	6
中　国	254.8	—	19.8	—	10	5	−2
美　国	135.2	10	10.5	7	9	8	9
澳大利亚	34.2	3.1	2.7	4	−12	5	11
加拿大	31.9	3.5	2.5	1	−12	−5	11
俄罗斯	31.1	3.1	2.4	2	−31	−31	30
韩　国	30.6	2.2	2.4	7	9	8	12
中国香港	25.4	2	2	6	5	5	5
新加坡	24.5	2.2	1.9	4	−7	1	3
巴　西	19	1.8	1.5	3	−32	−16	31
印　度	18.4	1.2	1.4	8	2	10	13
日本瑞士	18.2	3.2	1.4	−6	−17	16	−2
中国台北	17.9	1.1	1.4	10	11	7	8
阿拉伯联合酋长国	17.6	—	1.4	—	5	3	3
沙特阿拉伯王国	17.3	2.4	1.3	−3	−20	−14	4
15 强合计	1 046.6	—	81.3	—	—	—	—

资料来源：World Trade Statistical Review 2018

2. 非洲旅游服务贸易出口增速为近五年来最高

国际旅游收入获创纪录增长主要是因为全球游客人数增加了6.8%,旅游人数的增加以及旅行支出的增加使所有地区,特别是非洲地区受益。2017年,非洲旅游服务出口额为440亿美元,同比增长25%,增幅为5年来最高,遥遥领先于全球其他地区(图3.2)。非洲对全球旅游出口的贡献率达到3.4%,是非洲在服务贸易中表现最好的部分。埃及的旅游在恐怖袭击事件后遭受损失后,旅游出口增长了194%。同样,突尼斯旅游业恢复,来自欧洲的游客增多,该地区成为仅次于南非和埃及的第三大出口国,旅游收入增长了14%。创纪录的增长不仅限于北非的国家。南非、尼日利亚、莫桑比克、肯尼亚等撒哈拉以南非洲国家的旅游出口增长了11%,远高于世界平均水平。

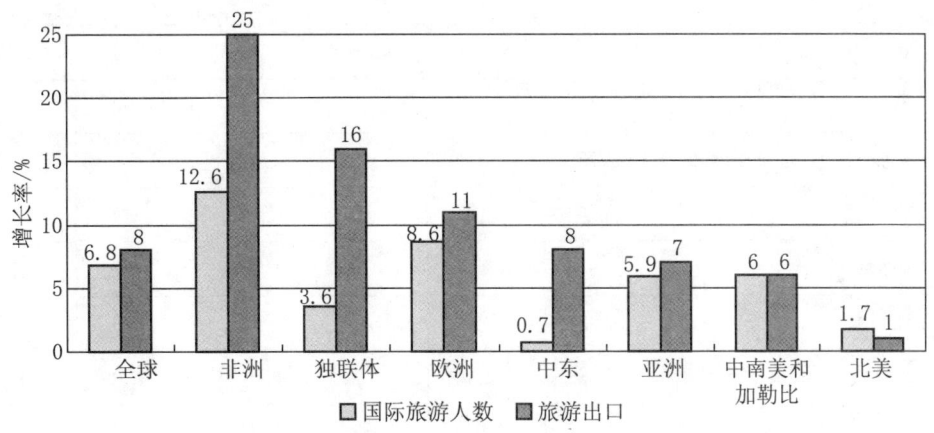

图3.2　2017年国际旅游人数和旅游出口按区域划分情况

资料来源:World Trade Statistical Review 2018

(三)金融服务贸易

1. 金融服务贸易出口稳步回升

2017年全球金融服务贸易出口总额为4 640亿美元,同比增长6%。欧洲、亚洲、北美是全球金融服务贸易出口的主要地区,出口额分别为2 610亿美元、1 150亿美元、740亿美元,三个地区合计占全球出口额的比重为96.9%。自2010年以来,亚洲金融服务出口比重不断加大,由2010年12.4%上升至2017年16%;北美比重也有所增长,由2010年23%增加至2017年24.7%;欧洲比重逐渐下降,由2010年61.3%减少到2017年56.2%。

全球十大金融服务出口国/地区贸易额为4 355亿美元,比上年增长5.3%,改变了上年的停滞状态,前十位出口国/地区合计占总出口额的 93.8%(表 3.6)。欧盟、美国、瑞士是全球三大金融服务出口国/地区。在十大金融服务出口国/地区中,欧盟占比超过一半(54%),位于榜首;其次是美国(24%),止住两年下降的趋势,同比增长 8%;新加坡连续两年超过瑞士,位于第三位(5.4%)。澳大利亚金融服务贸易出口增速位于十大金融服务出口国的首位,2017 年同比增长 21%。日本金融服务贸易出口经过前三年的高速增长后,出口额大幅下降,2017 年同比减少 11%。

表 3.6 2017 年全球十大金融服务出口国/地区

国家/地区/合计	贸易额/100 万美元		占比/%	增长率/%			
	2016	2017	2016	2010-16	2015	2016	2017
欧 盟	225 127	236 760	54.4	4	−3	1	5
美 国	98 180	106 423	23.7	5	−4	−4	8
新加坡	21 828	22 783	5.3	10	0	4	4
瑞 士	19 850	20 294	4.8	−2	−6	−4	2
中国香港	17 846	19 846	4.3	5	9	−7	11
日 本	11 636	10 356	2.8	22	41	13	−11
加拿大	8 158	7 682	2	7	0	0	−6
印 度	5 074	4 485	1.2	−2	−5	−5	−12
中 国	3 212	3 694	0.8	16	−48	38	15
澳大利亚	2 704	3 268	0.7	11	−5	−12	21
10 强合计	413 616	435 591	100.0	—	—	—	—

资料来源:World Trade Statistical Review 2018

2. 印度引领新兴经济体金融服务进口增长

2017 年全球十大金融服务进口国/地区进口额为 1 953 亿美元,同比增长 7.3%(表 3.7)。全球三大金融服务进口国/地区分别为欧盟、美国和加拿大。在十大金融服务进口国/地区中,欧盟占比最高,高达 65.9%,其次是美国(14.1%)、加拿大(4.5%)。2017 年金融服务进口增速最快的是印度,连续两年保持大幅增长,2017 年增幅为 16%;紧随其后的是俄罗斯,增幅为 10%。自 2015 年以来,中国金融服务贸易进口额连续三年呈现大幅下跌的态势,2017 年降幅为 20%。

表 3.7　2017 年全球十大金融服务进口国/地区

国家/地区/合计	贸易额/100 万美元		占比/%	增长率/%			
	2016	2017	2016	2010—2016	2015	2016	2017
欧　盟	119 856	128 665	65.9	4	−10	−1	7
美　国	25 629	27 986	14.1	9	3	0	9
加拿大	8 258	8 854	4.5	7	10	21	7
日　本	6 192	6 660	3.4	12	14	3	8
印　度	5 017	5 797	2.8	−5	−24	61	16
中国香港	4 714	5 091	2.6	5	8	−2	8
新加坡	4 446	4 473	2.4	10	2	1	1
瑞　士	3 819	3 925	2.1	−4	−3	3	3
俄罗斯	2 037	2 244	1.1	−4	−17	2	10
中　国	2 033	1 617	1.1	7	−46	−23	−20
10 强合计	182 001	195 312	100	—	—	—	—

资料来源：World Trade Statistical Review 2018

（四）信息技术服务贸易

1. 信息和计算机服务贸易出口回暖

2017 年全球信息和计算机服务贸易出口总额为 5 270 亿美元，同比增长 7%。欧洲、亚洲、北美是全球信息和计算机服务贸易出口的主要地区，出口额分别为 3 070 亿美元、1 250 亿美元、470 亿美元，三个地区合计占全球出口额的比重为 90.9%。其中欧洲出口额占据全球出口的近六成份额。自 2010 年以来，欧洲和北美出口额占全球比重分别由 2010 年的 61%、10.2% 降至 2017 年的 58.2%、8.9%，亚洲的比重由 2010 年的 21.2% 上升至 2017 年的 23.8%。

全球十大计算机和信息服务出口国/地区出口额为 4 669 亿美元，增长 7%，占全球出口额比重的 88.6%（表 3.8）。全球三大出口国家（地区）分别是欧盟、印度和美国，在全球占比分别为 40.5%、10.4%、5.5%。2017 年计算机和信息服务出口增速最快的是爱尔兰，增幅为 13%，爱尔兰由于计算机服务出口的大幅增加，在主要贸易商中的出口表现第 10 位上升到第 7 位，超过了印度、日本和新加坡。计算机服务出口占据爱尔兰服务出口的近一半份额。接下来依次为欧盟和美国，分别增长 9%、7%。十大计算机和信息服务出口国/地区中，瑞士和新加坡出口有所下降，分别同比下降 5%、3%。

表 3.8 2017年全球十大通信和计算机服务贸易出口国家/地区

国家/地区/合计	贸易额/100万美元		占比/%	增长率/%			
	2016	2017	2016	2010—2016	2015	2016	2017
欧 盟	264 188	289 185	60.6	6	−5	2	9
印 度	54 161	54 863	12.4	5	1	−2	1
美 国	36 455	38 936	8.4	6	3	2	7
中 国	26 531	27 767	6.1	17	28	3	5
瑞 士	13 866	13 193	3.2	9	−2	0	−5
新加坡	11 635	11 309	2.7	22	15	26	−3
以色列	10 342	11 655	2.4	15	9	9	13
加拿大	7 385	7 805	1.7	−2	−12	1	6
阿拉伯联合酋长国	6 099	6 453	1.4	—	2	7	6
菲律宾	5 493	5 762	1.3	16	0	59	5
10 强合计	436 157	466 929	100	—	—	—	—

资料来源:World Trade Statistical Review 2018

2. 亚洲新兴经济体进口增速最快

2017年全球十大计算机和信息服务进口国/地区进口额为2 752亿美元,同比增长8.4%(表3.9)。全球三大进口国/地区分别是欧盟、美国、瑞士,在10国/地区进口总额中的占比分别为56.0%、14.7%和6.3%。全球十大计算机和信息服务进口国/地区进口额总体增长,仅日本和俄罗斯的进口额略有下降;进口额涨幅最大的是中国和印度,分别增长52%、28%。

表 3.9 2017年全球十大通信和计算机服务贸易进口国家/地区

国家/地区/合计	贸易额/100万美元		占比/%	增长率/%			
	2016	2017	2016	2010—2016	2015	2016	2017
欧 盟	140 932	152 559	56	1	2	−10	8
美 国	36 851	40 221	14.7	4	−1	2	9
瑞 士	15 820	16 745	6.3	8	0	11	6
日 本	14 027	13 676	5.6	20	16	5	−2
新加坡	12 586	12 643	5	25	−31	16	0

续表

国家/地区/合计	贸易额/100万美元		占比/%	增长率/%			
	2016	2017	2016	2010—2016	2015	2016	2017
中 国	12 579	19 176	5	21	4	12	52
俄罗斯	5 395	5 315	2.1	5	−19	−2	−1
加拿大	4 894	5 006	1.9	1	−11	−6	2
印 度	4 752	6 068	1.9	5	−12	25	28
挪 威	3 620	3 847	1.4	7	−8	14	6
10 强合计	251 456	275 256	100	—	—	—	—

资料来源：World Trade Statistical Review 2018

（五）知识产权服务贸易

1. 知识产权服务贸易带动其他商业服务快速增长

知识产权（IP）相关服务引领其他商业服务出口增长。2017年全球知识产权（IP）相关服务贸易出口总额为3 810亿美元，同比增长10%，在其他商业服务细分领域中增速最快。此类服务包括使用专利权的费用，例如专利、商标、版权、工业流程和设计、商业秘密和特许经营权、研究和开发以及营销产生的权利。它还包括复制、分发生产的原件或原型中包含的知识产权许可的费用，例如书籍和手稿的版权，计算机软件、电影作品和录音，以及相关权利，例如录制现场表演以及电视，有线或卫星广播。欧洲、北美、亚洲是知识产权相关服务贸易出口的主要地区，2017年出口额分别为1 740亿美元、1 320亿美元、670亿美元，三个地区合计占全球出口额的97.9%（表3.10）。全球十大知识产权服务出口国/地区出口额为3 693亿美元，增长8.7%，前十大出口国/地区占全球出口额的96.9%，位于前5位的国家/地区分别为欧盟、美国、日本、新加坡和韩国。

表3.10　2017年全球各地区知识产权服务贸易出口情况/地区

地 区	贸易额/100万美元		占比/%	增长率/%			
	2016	2017	2016	2010—2016	2015	2016	2017
全 球	346	381	100	100	7	2	10
北 美	129	132	47.1	34.8	3	0	3

续表

地 区	贸易额/100 万美元		占比/%	增长率/%			
	2016	2017	2016	2010—2016	2015	2016	2017
中南美和加勒比	1	1	0.2	0.3	13	7	10
欧 洲	152	174	37.7	45.6	10	3	14
欧盟(28)	130	151	31.8	39.8	11	0	16
独联体	1	1	0.2	0.3	8	−21	30
非 洲	0	0	0.1	0.1	5	−13	17
中 东	5	5	—	1.4	—	7	3
亚 洲	58	67	14.6	17.5	10	3	15

资料来源：World Trade Statistical Review 2018

知识产权相关服务贸易主要在发达国家之间进行。2017年欧盟是使用知识产权使用费的最大交易商，出口额为1 513亿美元，占全球出口额的比重为39.7%。欧盟出口的最大贸易伙伴是荷兰，占欧盟出口额的1/3以上，其次是德国和英国。欧盟知识产权使用费进口的最大贸易伙伴是爱尔兰和荷兰，它们两国合计占据欧盟进口额的2/3。总体来看，欧盟知识产权相关服务贸易为逆差，金额为605亿美元，比上年略有下降。2017年，美国的知识产权相关费用出口额为1 279亿美元，进口额为484亿美元，贸易顺差达795亿美元。自2005年以来，美国知识产权相关服务贸易顺差一直呈增长态势。2016年，美国知识产权收入主要来源于专利(38.3%)、计算机软件(29.4%)、视听产品(14.4%)、商标(11.7%)、特许经营(4.2%)和其他产品(2.0%)。欧盟和美国占全球知识产权相关贸易的73.4%，美欧双边出口流量中，知识产权贸易非常集中。2016年，欧盟近一半知识产权收入来自欧盟内部的贸易，对美国的出口同比增加19.7%。就美国而言，大约40%的收入来自对欧盟成员国特别是爱尔兰、英国的出口，以及对瑞士和加拿大的出口。跨国公司内部贸易是美国知识产权服务贸易的一个突出特点。2016年，超过62%的出口发生在美国母公司及其海外附属公司之间，主要是在欧洲和亚洲，外国公司的附属公司与其他国家的母公司之间的出口比例超过53%。相比之下，欧盟和美国对非洲的出口份额不超过1%。这表明非洲公司尚未从发达国家的知识和技术转让中受益。

2. 新兴经济体知识产权使用费出口显著增长

发展中经济体的高水平创新迅速转变为其出口的显著增长。2010年至2017年期间,新兴经济体主要出口商知识产权使用的平均每年增加20%至30%。新加坡的知识产权使用费出口额位于全球第五位,2017年的出口总额达83亿美元,比上年增长12%。2010年至2017年期间,新加坡的知识产权使用费出口年均增长36%。(图3.3)2017年,新加坡发布了860项专利,涉及计算机技术、半导体、制药、医疗和生物技术等领域。2017年,韩国知识产权使用费出口额列全球第六位,出口额为71亿美元,其中近三分之二来自专利和实用新型版权收入,出口主要来自电子制造业的大型公司,主要贸易伙伴是中国、欧盟和美国。其他地区的一些发展中经济体也在知识产权使用费出口方面表现强劲。例如,以色列是全球知名的研究和创新中心,尤其是信息技术、医疗技术和药品等领域。2010—2017年以色列知识产权使用费出口年平均增长率为22%。但是,大多数发展中经济体,特别是最不发达的经济体,在创新方面落后,其知识产权活动水平低,知识产权相关的使用费出口价值低。

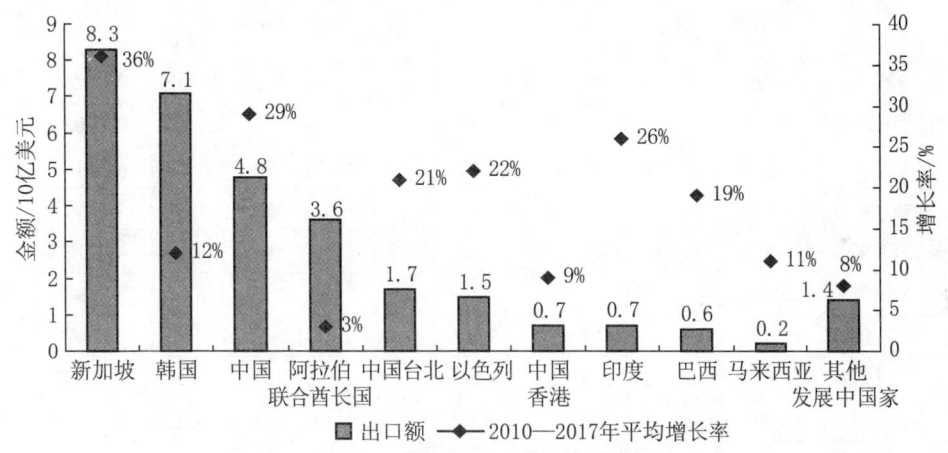

图3.3 2010—2017年新兴经济体知识产权出口增速较快的国家/地区

资料来源:World Trade Statistical Review 2018

三、主要国家和地区服务贸易发展态势

(一)美国

1. 美国服务贸易遥遥领先其他国家

美国是全球服务市场中最具竞争力的经济体,领先全球第二大单一跨境服务出口国英国服务出口份额的两倍多。据美国国际贸易委员会数据,2017年,美国服务贸易总额为13 401.61亿美元,服务贸易出口额为7 976.90亿美元,同比增长5.1%。

服务出口的最大贸易伙伴是英国,出口额占比8.7%,其次为加拿大和中国,占比分别为7.3%、7.2%,接来下依次为日本、德国、墨西哥、巴西、韩国、印度和法国。美国服务贸易出口的前十大国家/地区合计占出口额的比重为48.9%。美国服务出口贸易的最大细项为旅游服务,为2 107.47亿美元,占26.4%(表3.11);列第二位的是其他商业服务1 543.13亿美元,占19.3%;知识产权服务1 283.64亿美元,占16.1%;金融服务1 096.42亿美元,占13.7%;运输服务885.98亿美元,占11.1%。这五类细项占服务贸易出口额的86.6%。2017年,金融服务出口在经历连续两年的下跌之后快速反弹,增幅为10.3%;电信和计算机服务、其他商务服务出口也获得稳定增长,增幅分别为9.5%、7.3%。

表3.11 1999—2017年美国服务贸易出口情况

单位:百万美元

年份	合计	维护和维修服务	运输服务	旅行服务	保险服务	金融服务	知识产权服务	通信、计算机、信息服务	其他	政府服务
1999	271 343	4 089	43 218	92 338	3 052	19 433	47 731	12 287	40 976	8 218
2000	290 381	5 011	45 758	100 187	3 631	22 117	51 808	12 215	40 497	9 156
2001	274 323	5 897	41 716	86 733	3 424	21 899	49 489	12 829	44 146	8 191
2002	280 670	6 019	41 912	81 869	4 415	24 496	53 859	12 451	47 996	7 653
2003	289 972	5 699	41 446	80 332	5 974	27 840	56 813	14 061	48 775	9 033
2004	337 966	5 714	47 723	92 387	7 314	36 389	67 094	14 962	54 398	11 985
2005	373 006	7 624	52 622	101 470	7 566	39 878	74 448	15 515	58 302	15 582
2006	416 738	8 235	57 462	105 140	9 445	47 882	83 549	17 184	68 619	19 222
2007	488 396	10 020	65 824	119 037	10 841	61 376	97 803	20 192	82 382	20 921
2008	532 817	10 586	74 973	133 761	13 403	63 027	102 125	23 119	92 738	19 084
2009	512 722	12 863	62 189	119 902	14 586	64 437	98 406	23 816	95 984	20 538
2010	562 759	14 549	71 656	137 010	14 397	72 348	107 521	25 038	101 029	19 210
2011	627 061	16 436	79 830	150 867	15 114	78 271	123 333	29 171	112 568	21 470
2012	655 724	17 186	83 944	161 632	16 790	76 692	124 440	32 510	120 382	22 148
2013	700 491	18 568	86 776	177 484	16 696	95 131	128 034	34 419	121 530	21 852
2014	741 094	21 149	90 729	191 918	17 333	106 949	129 716	34 691	128 915	19 693
2015	755 310	23 384	87 725	206 936	16 248	102 435	124 769	36 578	137 148	20 087
2016	758 888	25 004	84 679	206 902	17 067	99 384	124 734	38 548	143 768	18 801
2017	797 690	26 430	88 598	210 747	18 047	109 642	128 364	42 219	154 313	19 329

资料来源:美国BEA,2018

2017年,美国服务贸易进口5 424.71亿美元,同比增长6.4%;服务进口的最大贸易伙伴为英国,进口额占比10.5%,第二大服务进口国为德国,进口额占比6.5%,日本、加拿大和印度紧随其后,进口额占比分别为6.1%、6.1%、5.2%,接来下依次为墨西哥、法国、中国、意大利、韩国。美国服务贸易进口的前十大国家/地区合计占出口额的比重为49.8%。服务贸易进口的最大细项为旅行服务,进口额为1 350.24亿美元,占比24.9%;其次为其他商业服务,进口额为1 043.85亿美元,占比19.24%;运输服务列第三位,进口额为1 017.44亿美元,占比18.8%;知识产权服务进口512.84亿美元,占9.5%;保险服务进口506.65亿美元,占9.3%;这五大细项合计占美国服务贸易进口额的81.7%(表3.12)。2017年,服务贸易进口各细项整体有所增长,仅维修服务进口额下降了4.5%,增速最快的是金融服务进口,增长了12.3%,其次为知识产权使用、旅游服务,进口额分别增长了10.1%、9.3%。

表3.12 1999—2017年美国服务贸易进口情况

单位:百万美元

年份	合计	维护和维修服务	运输服务	旅行服务	保险服务	金融服务	知识产权服务	通信、计算机、信息服务	其他	政府服务
1999	192 893	1 278	49 620	59 592	9 389	8 280	13 302	13 332	23 887	14 212
2000	216 115	2 569	57 606	65 787	11 284	10 936	16 606	12 397	24 414	14 516
2001	213 465	1 999	53 840	60 730	16 706	10 157	16 661	12 421	25 629	15 322
2002	224 379	2 217	51 491	59 942	21 927	8 963	19 493	11 721	29 274	19 353
2003	242 219	2 246	57 863	61 884	25 233	8 948	19 259	13 063	30 103	23 619
2004	283 083	2 395	69 158	74 024	29 089	11 156	23 691	14 210	33 065	26 296
2005	304 448	3 015	75 643	79 988	28 710	12 126	25 577	15 975	35 960	27 454
2006	341 165	4 583	77 962	84 206	39 382	14 733	25 038	19 776	48 130	27 353
2007	372 575	5 209	79 326	89 235	47 517	19 197	26 479	22 384	54 968	28 260
2008	409 052	5 742	83 988	92 545	58 913	17 218	29 623	24 655	67 488	28 880
2009	386 801	5 938	64 133	81 421	63 801	14 415	31 297	25 784	68 553	31 460
2010	409 313	6 909	74 628	86 623	61 478	15 502	32 551	29 015	70 646	31 960
2011	435 761	8 236	81 377	89 700	55 654	17 368	36 087	32 756	83 289	31 293
2012	452 013	8 015	84 985	100 338	55 513	16 703	38 661	32 779	87 157	27 861
2013	461 087	7 420	90 634	98 120	53 420	21 545	38 860	35 034	90 714	25 341
2014	480 761	7 520	94 188	105 668	51 011	24 883	41 983	36 502	94 771	24 236
2015	491 966	9 013	97 006	114 548	47 420	25 769	40 608	36 704	99 368	21 531
2016	509 838	8 731	96 939	123 569	49 900	25 752	46 577	37 391	99 476	21 503
2017	542 471	8 337	101 744	135 024	50 665	28 931	51 284	40 054	104 385	22 047

资料来源:美国BEA,2018

2. 电子服务在美国服务贸易中占据重要地位

近年来,美国的电子服务贸易获得迅速增长。电子服务是使用计算机技术通过电信网络进行开发、加工、打包与交付数据和视听内容,包含视听服务、计算机服务和电信服务。根据美国国际贸易委员会2018年6月发布的服务贸易发展趋势年度报告,2016年,电子服务销售额在美国跨境服务进出口总额的比重分别为11.2%(543亿美元)和12.7%(934亿美元),两者顺差额达391亿美元。美国跨境电子服务(视听服务)的主要出口市场是英国、加拿大和德国;其跨境电子服务(计算机服务)的主要出口市场是英国、加拿大和印度;其跨境电子服务(通信服务)的主要出口市场是巴西、阿根廷和英国。美国跨境电子服务(视听服务)主要进口国是英国、巴西和墨西哥;其跨境电子服务(计算机服务)的主要进口市场是印度、加拿大和爱尔兰;而通信服务的主要出口市场为英国、墨西哥和印度。2016年,私营部门国内生产总值(GDP)因美国电子服务增长了9 890亿美元,涨幅6.0%。美国电子服务占美国国内生产总值的6.9%。

数字技术的进步让消费者访问各种设备的内容和主流媒体服务的次数增加,使美国视听服务收入的份额不断增加。美国是全球最大电影市场,拥有最大的票房收入市场,2016年票房收入为103亿美元,美国前7名的电影制片厂影片收入占全球票房收入的59%。中国电影的快速发展和剧院不断增长的上座率已经引起了美国电影制片人的关注。尽管中国实施的外国电影配额和国家审查制度等市场准入限制,仍是美国公司关注的重点。

全球计算机和数据处理服务行业在过去10年中迅速增长,多数行业领先公司的总部都位于美国。2016年,信息技术服务在全球销售额达585.3亿美元,其中云服务的市场份额和全球软件市场的份额分别达89.3亿美元和335.2亿美元。新兴市场越来越多地使用手机软件服务,商品制造商也在将越来越多的计算机辅助服务应用于其生产流程中。

美国电信运营商正大力投资网络基础设施,将越来越多的设备连接到互联网,并进军内容和广告服务市场,并更加注重为企业提供广域网服务。2016年,美国跨境电信服务出口总额达122亿美元,进口总额达55亿美元,两者贸易顺差达67亿美元。美国电信服务出口额在2011—2015年基本无增长,在2016年还下降3%;而跨境电信服务进口额在2011年到2015年下降11%,在2016年下降13%。美国运营商主要通过美国在外国当地的子公司为外国客户提供电信服务。2015年,这些子公司在有线和无线运营商方面的销售额分别为265亿美元和55亿美元(分别比2014年下降约5%)。从外国电信服务公司的美国分支机构购买的电信服务总额为756亿美元,比2014年增长13%。美国向海外销售的很大一部分是向跨国公司出售的企业服务。

(二)欧盟

1. 服务贸易顺差企稳回升

欧盟统计局数据显示,欧盟服务对外出口额从2016年的8 705亿欧元增至2017年的9 124亿欧元,同比增长5%。同时,服务进口从7 323亿欧元降至7 207亿欧元,同比下滑2%。欧盟服务贸易顺差继2013年至2016年间持续下降后,在2017年大幅回升至1 918亿欧元(图3.4)。美国仍然是欧盟最大的服务进口来源国和出口目的地。

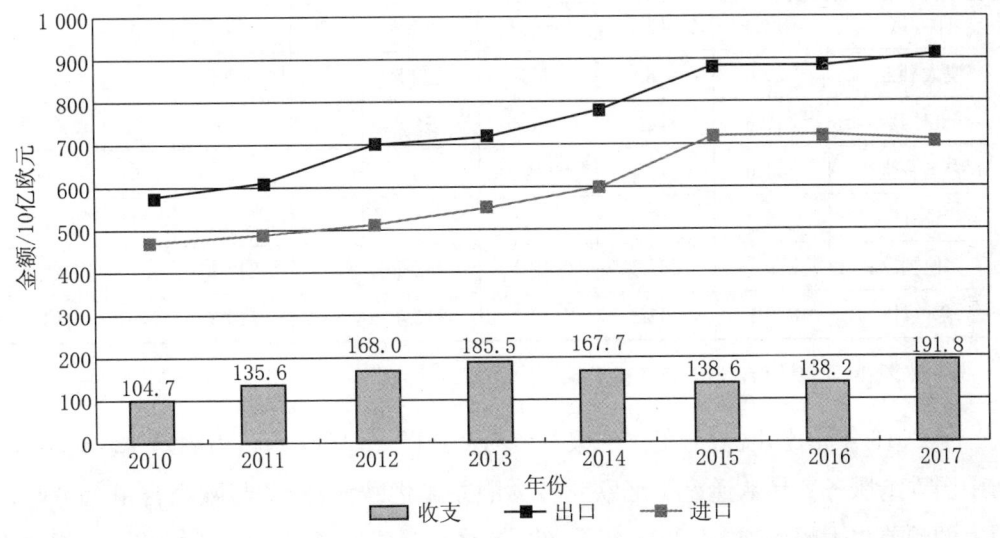

图3.4　2010—2017年欧盟服务贸易进出口情况

资料来源:欧盟统计局

2017年,欧盟服务出口最大目的地是美国,贸易出口额为2 362亿欧元,占出口总额的26%;欧洲自由贸易联盟国家的出口额为1 504亿欧元,占比16%;前两位贸易伙伴的出口额远高于第三位的中国,出口额为467亿欧元,占比仅为5%;居于第四位的日本,出口额为347亿欧元,占比为4%。欧盟服务进口最大来源地同样是美国,贸易进口额为2 237亿欧元,占进口总额的31%,其次是欧洲自由贸易联盟国家,贸易进口额为900亿欧元,占比12%;接下来依次为中国、新加坡、日本,贸易进口额分别为306亿欧元、223亿欧元、183亿欧元,合计占比10%(表3.13)。

表 3.13 2017 年欧盟服务贸易进出口国家/地区明细

国家/地区/合计	2016 年			2017 年				
	出口额/10亿欧元	进口额/10亿欧元	收支/10亿欧元	出口/10亿欧元	占比/%	进口/10亿欧元	占比/%	收支/10亿欧元
美 国	226.3	229.1	−2.8	236.2	26	223.7	31	12.4
欧洲自由贸易国家	147.4	111.2	36.3	150.4	16	90.0	12	60.4
中 国	42.8	32.2	10.6	46.7	5	30.6	4	16.0
日 本	31.6	18.5	13.1	34.7	4	18.3	3	16.3
新加坡	24.3	22.8	1.4	28.8	3	22.3	3	6.5
俄罗斯	25.0	11.3	13.7	29.1	3	12.6	2	16.5
加拿大	20.2	12.1	8.2	21.7	2	13.2	2	8.5
印 度	14.4	15.7	−1.3	16.6	2	17.1	2	−0.5
澳大利亚	20.6	8.9	11.7	23.5	3	9.5	1	14.0
土耳其	12.6	14.0	−1.4	12.6	1	14.1	2	−1.6
中国香港	11.6	11.7	−0.1	13.4	1	13.2	2	0.2
巴 西	14.4	7.8	6.7	16.1	2	8.1	1	8.0
其他国家	279.2	237.1	42.1	282.7	31	247.9	34	34.8
合 计	870.5	732.3	138.2	912.4	—	720.7	—	191.8

资料来源：欧盟统计局，2018

与 2016 年相比，欧盟与美国的服务贸易从逆差 28 亿欧元转为顺差 124 亿欧元，与中国香港服务贸易从逆差 1 亿欧元转为顺差 2 亿欧元，同时与欧洲自由贸易联盟国家的顺差也大幅增加，从 2016 年的 363 亿欧元增至 2017 年的 604 亿欧元。相比之下，欧盟与其他国家的顺差有所下降。

2. 信息通信技术服务是欧盟服务贸易顺差最大贡献来源

欧盟服务贸易出口额最大的细项为"其他商业服务"，主要包含研发服务、专业咨询服务、技术贸易服务、建筑、工程和科学服务、废物处理、农业和采矿业服务、传输服务、空调供应、安全和调查服务、翻译、摄影服务、楼宇保洁、房地产等其他服务，2017年其他商业服务的出口额为 2 372 亿欧元，基本与上年持平，超过欧盟出口总额的 1/4。其次为传统服务贸易项目运输服务、旅游服务，2017 年出口额分别为 1 656 亿欧元、1 370 亿欧元，与去年同期相比分别增长 8.3%、9.8%，占欧盟出口总额分别为 18%、15%。接下来依次为信息通信技术(ICT)服务、金融服务和知识产权使用费，分别占欧盟出口总额的14%、9%、8%,其中知识产权使用费增幅最大,比上年增长14.1%;信息通信技术(ICT)服务增幅为11.3%,金融服务与上年持平(表3.14)。

表3.14 2017年欧盟服务贸易进出口分类明细

	2016年			2017年				
	出口额/10亿欧元	进口额/10亿欧元	收支/10亿欧元	出口/10亿欧元	占比/%	进口/10亿欧元	占比/%	收支/10亿欧元
合计	**870.5**	**732.3**	**138.2**	**912.4**	—	**720.7**	—	**191.8**
制造服务	20.5	11.1	9.4	19.4	2	12.0	2	7.4
维修服务	12.7	11.1	1.6	14.3	2	12.2	2	2.1
运输服务	152.9	120.9	31.9	165.6	18	126.5	18	39.1
旅游服务	124.8	102.0	22.7	137.0	15	106.3	15	30.6
建筑服务	12.5	5.5	7.0	13.2	1	5.7	1	7.4
保险服务	30.9	12.9	18.0	23.2	3	13.8	2	9.4
金融服务	86.4	46.8	39.6	86.7	9	48.5	7	38.2
知识产权服务	65.4	114.3	−48.9	74.6	8	112.1	16	−37.5
电信、计算机和信息服务	111.3	46.0	65.3	123.9	14	49.8	7	74.1
其他商务服务	235.2	244.2	−9.1	237.2	26	216.8	30	20.4
研发服务	40.2	87.1	−46.9	43.6	—	53.5	—	−9.9
专业和管理咨询服务	64.7	56.0	8.6	68.0	—	60.3	—	7.8
技术、贸易相关及其他商务服务	130.3	101.1	29.2	125.5	—	103.1	—	22.5
个人、文化与创意服务	9.7	10.8	−1.1	10.5	1	10.5	1	0.0
政府采购服务	7.5	6.3	1.1	7.3	1	6.2	1	1.0
其他	0.8	0.2	0.6	−0.3	0	0.2	0	−0.4

资料来源:欧盟统计局,2018

欧盟服务进口的最大来源依旧是"其他商业服务",2017年进口额为2 168亿欧元,比上年下降7.2%;接下来依次为运输服务、知识产权使用费、旅游服务,2017年进口额分别为1 265亿欧元、1 121亿欧元、1 063亿欧元,3个类别与比上年同期相比均上下浮动不大。以上4个细项是欧盟服务进口的主要组成部分,占服务进口额的近八成。

2017年,信息通信技术服务顺差741亿欧元,是欧盟服务贸易顺差的最大贡献者,占贸易顺差总额的 38.6%;其次是运输服务,贸易顺差为 391 亿欧元;列第三位的是金融服务贸易顺差为 382 亿欧元;旅游位于第四,贸易顺差为 306 亿欧元。这 4 个细项占欧盟服务贸易顺差总额的 94.8%。知识产权使用费是欧盟服务贸易逆差的主要来源,2017 年知识产权使用费逆差为 375 亿欧元,占欧盟服务贸易逆差项目的 78%,比上年同期逆差减少 23%。

(三)新加坡

1. 服务贸易总额呈两位数增长

新加坡的整体服务贸易额从 2016 年的 4 378 亿美元增长到 2017 年的 4 889 亿美元,增长了 11.7%,扭转了 2016 年整体服务贸易下降 0.2% 的趋势,服务贸易出口额和进口额在 2017 年均有所扩大。其中,服务进口额从 2016 年的 2 209 亿美元增加到 2017 年的 2 506 亿美元,增长了 13.4%。服务出口从 2016 年的 2 169 亿美元增长到 2017 年的 2 383 亿美元,增长了 9.9%(图 3.5)。由于服务进口增幅超过服务出口增幅,服务贸易逆差从 2016 年 40 亿美元扩大到 122 亿美元。按地区划分,亚洲是新加坡服务出口和进口的首选地,占新加坡服务出口和进口的百分比分别为 41.1%、30.7%;其次是欧洲和北美,2017 年服务出口额分别占 25.0% 和 13.0%,进口额分别占据 25.1% 和 22.3%。

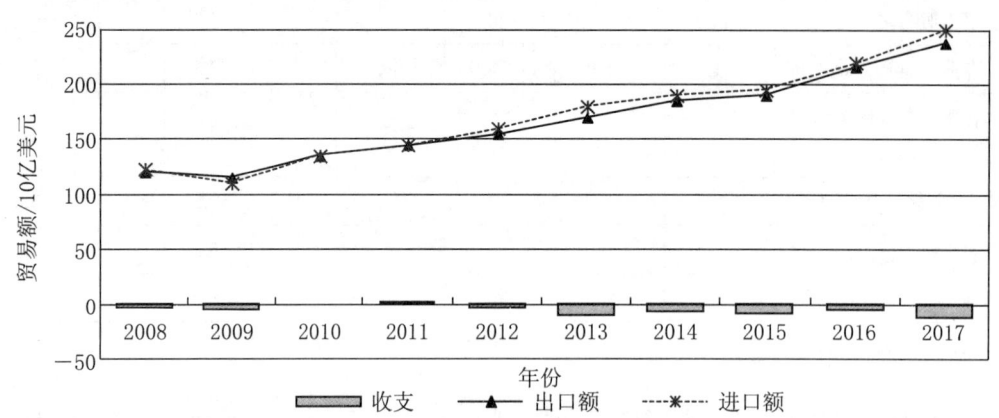

图 3.5 2008—2017 年新加坡服务贸易进出口贸易额变化趋势

资料来源:新加坡服务贸易报告 2017,2018

欧盟、美国和东盟在 2017 年保持其作为前三大贸易伙伴的地位,分别占服务出口和进口的 42.1% 和 47.7%。2017 年新加坡服务贸易的主要贸易伙伴是欧盟(EU)、美国(US)、东南亚国家联盟(ASEAN)。2017 年,与这些贸易伙伴的服务贸易总额为

1 834亿美元,比2016年增长8.1%。2017年,欧盟仍是新加坡最大的服务出口目的地,比上一年增长6.0%,达到395亿美元。在其他主要市场中,对中国的服务出口增长率最高,为2017年的43.8%;其次是日本,2017年增长了20.3%。对美国和东盟的服务出口也分别增长了3.3%和4.6%。美国仍是新加坡服务进口的主要来源地,2017年增长11.4%至450亿美元,而对中国的服务进口增长23.7%。东盟、欧盟和日本的进口分别增长15.9%、9.3%和6.7%。

2. 广告与市场研究、金融、知识产权使用费等新兴贸易出口获得强劲增长

2017年新加坡服务贸易出口的主要来源依次为交通运输、金融与保险、旅游、商务管理、广告与市场管理、电信与计算机6类服务,合计占出口额比重为82.9%(图3.6)。其中广告与市场研究服务的出口增长最快,从2016年的140亿美元增加到188亿美元,增幅达到34.4%。金融服务出口也获快速增长,增幅为14.2%。运输服务出口额由2016年581亿美元增长至663亿美元,增幅为14.0%。知识产权使用费的出口额增长10.1%至111亿美元,主要原因是复制和分发计算机软件,视听及相关产品和其他知识产权费用费收入增加。相比之下,建筑服务、工程技术服务和个人、文化与娱乐服务的出口分别下降22.3%、19.9%和12.9%。

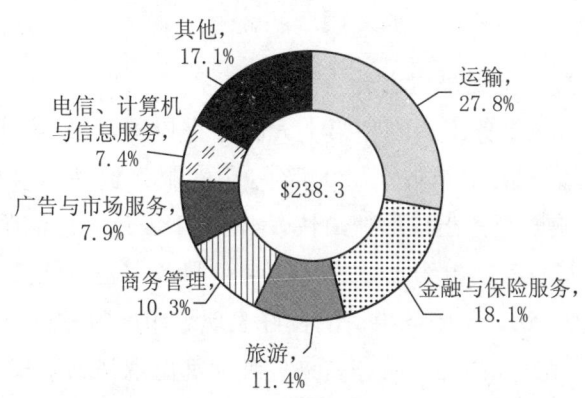

图3.6　2017年新加坡服务贸易出口分类占比

资料来源:新加坡服务贸易报告2017,2018

新加坡服务贸易进口主要来自运输、旅游、研究和发展、商务管理、知识产权使用费、电信与计算机等六类服务,合计占进口额比重为76.7%(图3.7)。会计服务的进口额增速最快,进口额几乎翻一番增长至8亿美元,增幅高达93%;其次为研究和发展服务,进口额增至251亿美元,增速为63.1%。另一方面,建筑服务的进口额下跌了48.8%,接下来依次为个人、文化与娱乐服务、保险服务进口额分别下跌了23%、18.2%。

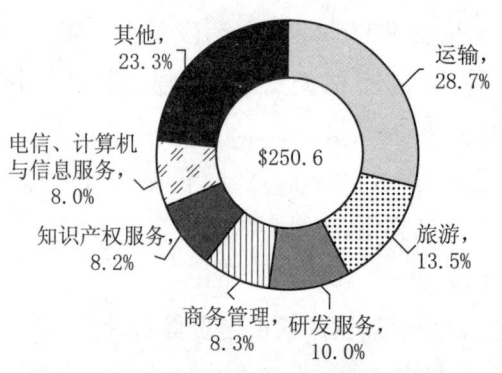

图 3.7　2017 年新加坡服务贸易进口分类占比

资料来源：新加坡服务贸易报告 2017，2018

新加坡服务贸易顺差得益于金融和保险服务、商务管理服务，贸易顺差分别为 273 亿美元、37 亿美元。服务贸易逆差主要来源于知识产权使用费、运输服务、旅游服务等，逆差分别为 95 亿美元、55 亿美元、25 亿美元。由于海运运费的增长，2017 年运输服务进出口都大幅增长，出口增幅为 14.0%；进口增幅为 20.1%，运输服务的贸易逆差进一步拉大。

（四）印度

1. 服务贸易额总体呈现快速上升趋势

印度是全球第八大服务出口国和第十大服务进口国，2017 年是亚洲主要服务贸易商中出口和进口增长最高的国家。2017 年，印度服务贸易出口总额为 1 830 亿美元，同比增长 14%，旅游服务出口增速最快，增幅为 18.25%；运输服务出口表现不俗，增速为 10.59%，占其服务出口约 1/3 的其他商业服务也呈现快速增长，增幅为 8%，这些共同推动了该国 2017 年服务出口的良好表现。印度服务进口总额为 1 530 亿美元，同比增长 15%。在进口方面，服务贸易各细项都出现强劲增长，特别是海外旅游、运输和其他商业服务的进口。2017 年印度服务贸易实现顺差 300 亿美元，比上年同期增长 5.6%（图 3.8）。

2. 计算机和信息服务出口增速放缓

印度服务产品出口以计算机和信息服务、旅游、运输以及其他商业服务为主，出口集中度较高。其中，计算机和信息服务比重基本保持在 30% 左右，2015 年占比达到峰值 37.1%，但是由于服务外包业国际竞争日趋激烈，近两年来增速明显放缓，2017 年比重首次降至 30% 以下。其他商业服务，近年来出口额稳步增长，2016 年所占比重首次超过计算机和信息服务，2017 年所占比重为 32%。传统服务业中，旅游

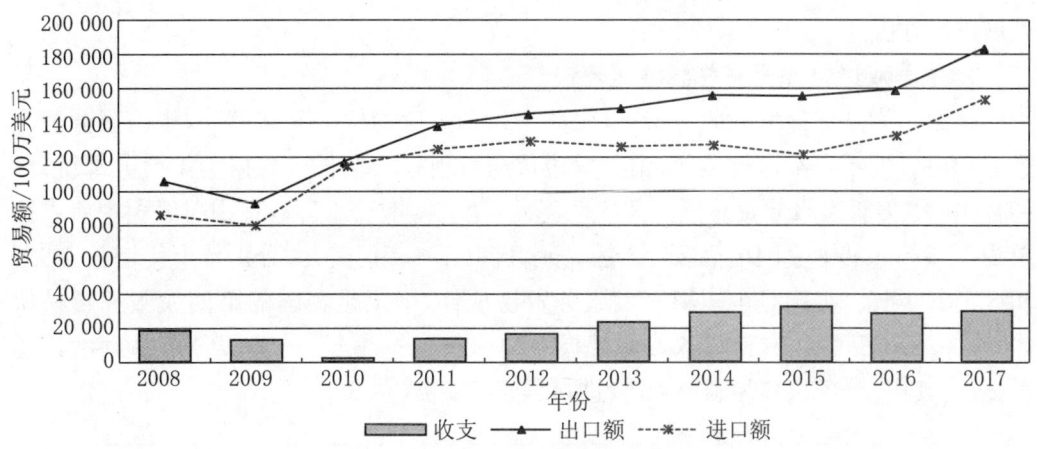

图 3.8 2008—2017 年印度服务贸易的情况

资料来源:WTO Statistics database 2018

服务出口增速较快,2017 年同比增幅为 22%,旅游服务出口占比由 2012 年 12% 增长到 15%;运输服务出口保持稳定增长,近三年来比重保持在 9% 左右(表 3.15)。

表 3.15 印度服务贸易出口商品结构

服务产品	占比/%									
	2008	2009	2010	2011	2012	2013	2014	2015	2016	2017
运输	10.8	12.2	10.7	12.7	12.1	11.4	12.0	9.2	9.4	9.2
旅游	11.1	12.1	11.5	12.8	12.6	12.4	12.7	13.5	13.8	14.9
通信	2.3	1.8	1.3	1.2	1.2	1.5	1.4	1.3	1.4	1.1
金融	4.0	3.9	4.7	4.5	3.9	4.3	3.6	5.3	3.1	2.4
计算机和信息服务	33.6	35.1	32.6	31.8	33.6	35.7	35.8	37.1	31.9	28.4
其他商业服务	35.1	29.6	28.3	28.8	32.0	31.3	30.4	31.3	33.6	32.1

资料来源:WTO Statistics database

四、中美双边服务贸易发展态势

(一)中美双边服务贸易的发展现状

日前,中美贸易摩擦不断升级,双方贸易发展的进展得到全球的广泛关注。由于中国自 2015 年起使用《国际收支手册》(第六版)BPM6 标准统计服务贸易数据,与历史数据不具有可比性,因此本文采用美国商务部经济分析局(BEA)的数据对中美服务贸易发展进行分析。

1. 中美双边服务贸易总额增速较快

美国作为全球最大的服务市场,服务出口和进口均位居全球第一,中国服务贸易进口和出口近年来都增长显著,中美双边贸易呈现稳步增长。根据美国商务部统计,2017年,中美双边服务贸易额为736亿美元,较上年增长4.5%,在中美经贸中所占比重为10.5%。其中美国出口576.2亿美元,进口174.2亿美元,分别较上年增长4.9%和8.6%。当前,美国是中国第二大服务贸易伙伴,中国是美国的第四大服务贸易伙伴。2007—2017年,中美服务贸易规模总体保持高速增长,中美服务贸易额增长超过2倍,其中,美国出口增长4.4倍,进口增长1.5倍(图3.9)。

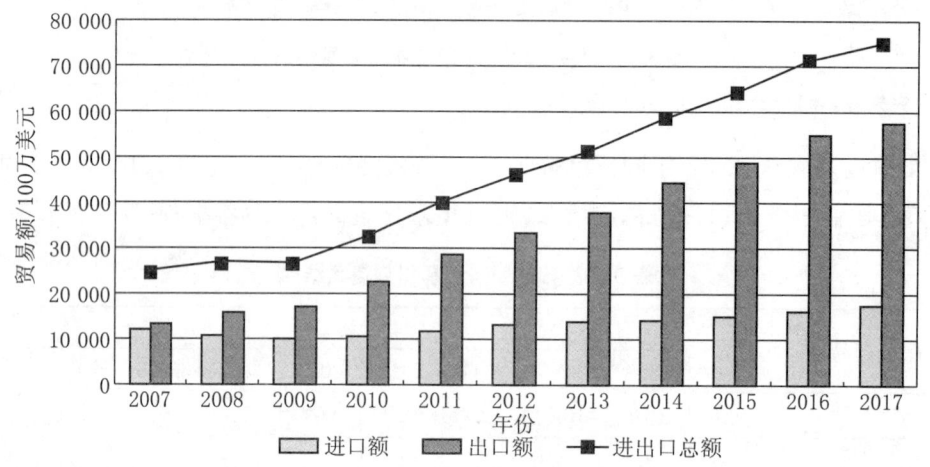

图3.9 2007—2017年中美双边服务贸易进出口情况

资料来源:BEA数据库

中国服务贸易增速高于美国,但其对贸易总额的贡献率不及美国。从两国的服务贸易规模来看,2007—2017年,美国的服务贸易额从6 774.5亿美元增长到1.3万亿美元,增长了1.55倍。中国的服务贸易额由2 509.1亿美元增长到6 900亿美元,增长了2.75倍,增速超过美国,但贸易额却只有美国的一半。在对贸易总额的贡献率上,2007—2017年美国服务贸易占美国对外贸易的比例一直维持在20%以上,中国服务贸易占对外贸易的比例从11.3%增长到14.4%,对贸易总额贡献率不断增大,但与美国还有一定的差距。

2. 旅游、运输、知识产权、金融占中美双边服务贸易超八成

旅游、运输、知识产权是中美双边服务贸易的主要来源。从中美双边服务贸易总额来看,2017年旅游、运输、知识产权的贸易额分别为373亿美元、98.8亿美元、96.8亿美元和46.8亿美元,合计占比为82%(图3.10)。维修服务在2015年超过信息通信服务,成为排名第五的服务贸易项目。

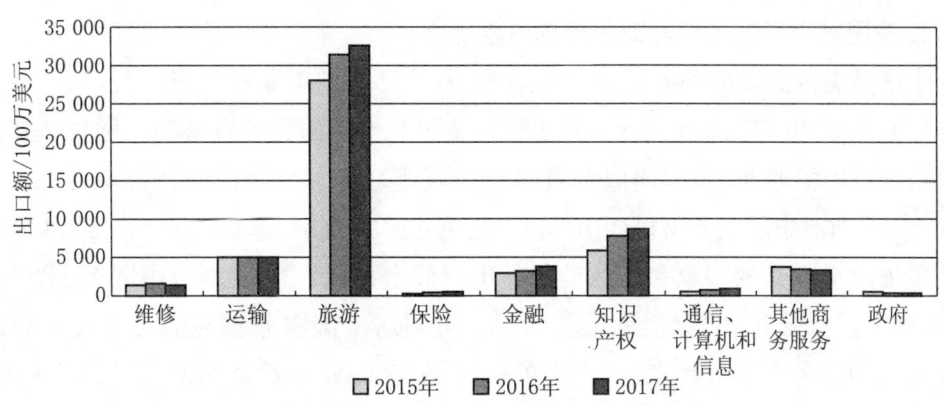

图 3.10　2015—2017 年美国对中国服务出口明细分类

资料来源：BEA 数据库

2017 年美国对中国服务出口的前五大行业分别为旅游(327 亿美元)、知识产权使用费(87 亿美元)、运输(51 亿美元)、金融(39 亿美元)以及其他商业服务(34 亿美元)，五大行业合计占出口额比重为 93.8%。知识产权使用费出口额自 2016 年首次超越运输服务以来，继续保持高速增长的态势。金融服务出口也增长较为明显。

2017 年，中国对美国服务出口的前五大行业分别为其他商业服务(47 亿美元)，运输(47 亿美元)，旅游(45 亿美元)，知识产权使用费(9 亿美元)，通信、计算机和信息(8 亿美元)，五大行业合计占进口额比重为 90.7%(图 3.11)。中国对美国主要的服务出口行业还是集中在运输、旅游等传统行业，新兴服务行业并不是中国服务出口的强项，但近年来中国对美国的出口增速较快，其中在金融和知识产权上的出口分别有 23% 和 69% 的增长速度。这与中国大力扶持金融业的发展，鼓励高新技术研发和推动服务外包政策密不可分。

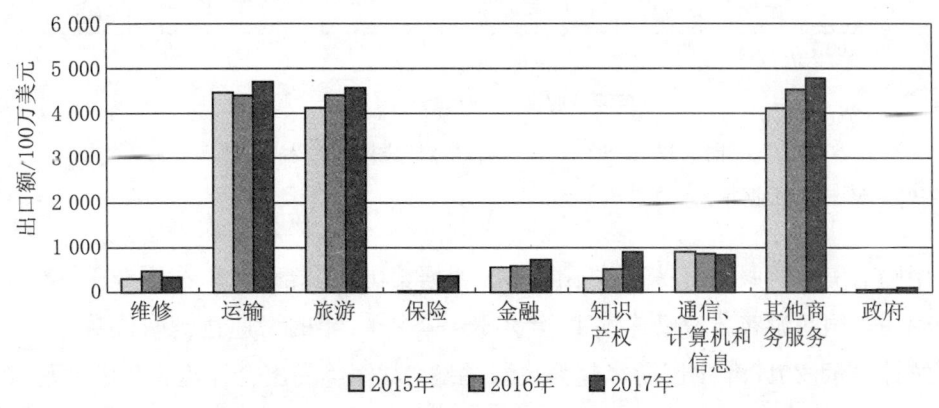

图 3.11　2015—2017 年美国对中国服务出口明细分类

资料来源：BEA 数据库

3. 美国对中国服务贸易顺差规模不断加大

中国是美国最大的服务贸易顺差来源国,贸易顺差不断扩大且趋势明显。中美服务贸易在 2008 年前基本持平,2008 年后美国对中国的服务贸易顺差增长迅速,服务贸易出口增幅明显,而中国服务贸易进口增幅较少。据美国商务部统计,2007—2017 年,美国对中国服务出口额由 131.4 亿美元扩大到 576.3 亿美元,增长 4.4 倍,而同期美国对世界其他国家和地区的服务出口额增长 1.8 倍,美国对中国服务贸易年度顺差扩大 30 倍至 402 亿美元(图 3.12)。美国对中国服务贸易顺差主要是旅游、个人教育和商务旅游占比大,其中商务旅游是在 2000 年后开始的,2017 年美国对中国的顺差主要来源于旅游服务,顺差为 282.18 亿美元,接下来为知识产权使用费服务,顺差为 78.40 亿美元、金融服务顺差为 31.86 亿美元,这三类占贸易顺差比重为 97.6%,其他如维修贸易(11.81 亿美元)、保险业(1.93 亿美元)也是重要的顺差来源,计算机等知识产权(含视觉电子产品、电影和电视产品)、信息技术、管理、法律和商务咨询、建筑工程设计服务、工业技术、租赁业务、政府服务也为顺差,但规模不大。

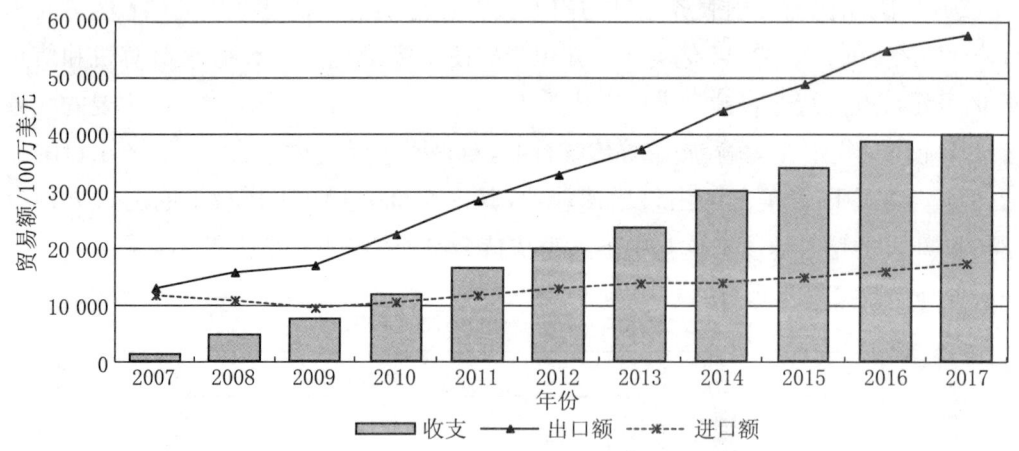

图 3.12　2007—2017 年美国对中国服务贸易顺差

资料来源:BEA 数据库

中国对美旅游服务贸易逆差不断扩大。据美国商务部统计,截至 2017 年,中国内地到访美国的游客数量已连续 14 年增长,其中 13 年的增速达到两位数。中国商务部统计显示,2017 年中国游客赴美旅游、留学、就医等支出合计达 510 亿美元,其中赴美游客约 300 万人次,在美旅游支出高达 330 亿美元。在教育方面,美国是中国学生出境留学第一大目的地,2017 年中国在美留学生约 42 万人,为美国贡献约 180 亿美元收入。根据美国方面统计,中国对美国旅行服务贸易逆差从2006年的4.3亿美元扩大至2016年的262亿美元,年均增长50.8%。可见美国的旅游业对中美服务贸易的贡献极大,这源于美国优良的自然文化资源、政府的高度扶持和成熟的电子商务旅游系统。

中国对美国支付知识产权使用费持续增加。美国是中国第一大版权引进来源国,2012—2016年,中国自美国引进版权近2.8万项。中国对美国支付的知识产权使用费从2011年的34.6亿美元增加至2017年的72亿美元,6年时间翻了一番。其中2017年中国对美支付占中国对外支付知识产权使用费总额的1/4。美国一直以来对科技和创新人才的重视促进了其专利开发的发展,对外知识产权输出不断提升。

4. 商业存在本地销售是美国对中国服务出口的重要方式

与货物贸易只具有跨境交付一种提供模式不同,服务贸易具有跨境交付、境外消费、商业存在和自然人流动4种提供模式。商业存在(commercial presence)是指一成员的服务提供者在另一成员领土内设立商业机构或专业机构,为后者领土内的消费者提供服务。这种方式既可以是在一成员领土内组建、收购或维持一个法人实体,也可以是创建、维持一个分支机构或代表处。

在美国对中国的服务出口中,商业存在的本地销售已成为美国企业对中国服务出口的主要方式。在中美服务贸易中,美国通过跨境服务贸易实现的顺差与通过国外附属机构提供的销售服务实现的顺差相比,两者之间在规模上存在较大的差异。2016年,美国通过国外附属机构对中国服务出口额为551.3亿美元,进口额为83亿美元,贸易顺差为470.1亿美元,并且近3年的贸易顺差仍在进一步扩大(图3.13);

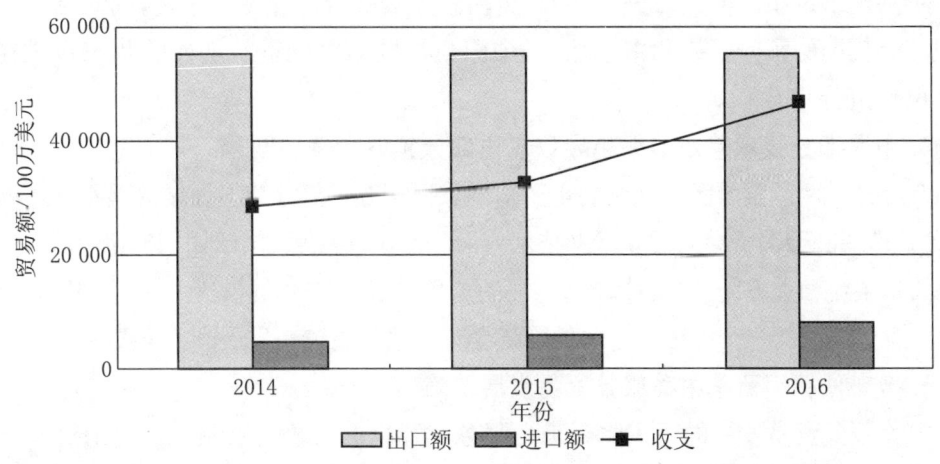

图3.13 2014—2016年美国通过国外附属机构对中国服务贸易进出口情况

资料来源:BEA数据库

跨境服务出口为549.4亿美元,进口为160.3亿美元,顺差为389.1亿美元,两种贸易方式合计共实现贸易顺差为859.2亿美元,且美国通过国外附属机构提供服务贸易顺差还大于跨境服务贸易顺差。可见,美国通过"商业存在"方式在中国设立分支机构并提供服务是其向中国出口服务的重要方式。

(二)中美双边服务贸易发展存在的问题

1. 中美服务贸易结构失衡难以在短期内扭转

贸易结构与本国产业结构优势息息相关,从中美产业结构的对比看,美国产业结构呈现高度服务业化,2017年服务业就业比重近84%,服务业增加值占GDP比重为76%,美国服务业具有比较优势,服务贸易长期处于顺差。中国经济中第三产业的比重稳步提升,服务贸易出口不断增长,占国内经济总量和全球服务贸易的比重也有明显提高。但是,中国服务贸易失衡问题十分突出。WTO统计显示,2006—2017年,中国的服务贸易逆差持续扩大,由68亿美元飙升到2 380亿美元的规模,整整增加了35倍。根据商务部统计,2017年我国服务贸易总额达到4.7万亿元,其中贸易逆差1.6万亿元,失衡率高达34%。

在中国对美国的服务出口结构中,所占比重较大的不是新兴服务业,而是传统服务业,中国对美国的新兴服务出口所占比重很小,出口部门结构很不平衡。新兴服务业出口所占比重过小,而进口比重过大,这直接导致了中美服务贸易中新兴服务业如专利权使用与特许、教育、金融等行业的逆差增大。劳动密集型及资源密集型服务在中国对美国的服务贸易出口结构中所占比重过大,而知识密集型及技术密集型服务出口所占比重过小。由此可见,中国对美国服务贸易结构发展不平衡,同时由于美国在服务业长期的领先优势和主导地位,中国与美国的服务贸易逆差的状态很难在短时期得到扭转。

2. 中美部分技术差距的缩小导致双边部分领域竞争加剧

互补性是两国贸易引力法则的重要基础。但双方在部分技术领域的差距在不断缩小,尤其是在基于消费导向的互联网技术方面。当这种差距缩小到一定程度时,虽然合作仍然是主流和大方向,但会体现出更强的竞争性。双边经贸投资关系,从根本上说,是两国竞合关系的一个缩影。竞争加剧将会对中美双边贸易发展产生重要影响。

3. 政策法律因素是中美服务贸易发展的障碍之一

中美服务贸易发展的一大障碍来自服务业开放上的政策限制。如美国对高新技术交易的市场干预,认为技术的自由流动会大大缩短国家竞争优势的效用周期。在保险业,美国针对不同州设立了不同的市场准入条件和监管体制,有24个州不允许外国控制的公司设立分支机构,有一些地区不允许非美国公司在当地注册,并且在跨境保险服务上征收高税费,降低了国外企业的竞争力。在金融业,美国对国外金融服务进入本土也设置了高标准,所有外资银行必须经过美联储的审核才能入境设立分支机构。中国在服务贸易领域的立法和监管尚在不断完善,目前中国还没有专门针对服务贸易的一般性立法,各地区推行的大多数是暂行条例。

4. 中美两国贸易谈判的重大分歧增加服务贸易发展的不确定性

在世界贸易组织(WTO)框架下对国际服务贸易进行规范的是服务贸易总协定(GATS)。但与货物贸易规则不同的是,GATS尽管为服务贸易自由化提供了一套完整的政策框架,但主要的条款并非WTO成员方自动适用,而是需要依据各国的单边承诺和一系列国家间的谈判来最终确定国际服务贸易的自由化和便利化程度。因此,解决当前中美双边服务贸易的政策性障碍的重要手段便是双边谈判,谈判的目的就是要尽可能减少政策性限制措施,扩大双边投资,尤其是提高服务领域的投资自由化程度。美国将双边经贸局势逐渐升级为引发全世界高度关注的"贸易战",极大地破坏了两国通过谈判打造更自由的经贸投资环境的基础。尽管中美两国启动多轮贸易谈判,但由于在诸多方面存在较大分歧,进展甚微,这为两国服务贸易持续稳定发展增添了很大的不确定性。

参考文献

[1] 林吉双.国际服务贸易的现状及未来发展趋势[J].世界知识,2017(16):18—20.

[2] Eurostat. International trade in services[R] Eurostat Press Office. 2019.1.

[3] Singapore Department of Statistics. SINGAPORE'S INTERNATIONAL TRADE IN SERVICES 2017[R] Department of Statistics. 2019.2.

[4] WTO. World Trade Statistical Review 2018[R] WTO. 2018.5.

[5] United States International Trade Commission. Recent Trends in U.S. Services Trade:2018 Annual Report.[R] United States International Trade Commission 2018.6.

本章撰写:张耘

第四章 世界零售业发展动态

在全球经济逐渐复苏的背景下,全球零售业持续稳健回暖。以快速消费品和耐用、休闲品为主要驱动力,欧美和亚太地区大型零售企业营收增长强劲,而非洲、中东以及拉美地区消费潜力得到持续激发,为全球零售业市场规模的不断扩大注入新活力。与此同时,伴随新兴技术的迅速崛起和新一代消费群体需求的日趋多样化,全球线上销售日趋活跃,以新零售为主要趋势的电子商务将进入新的发展历程。因此,未来零售模式有望出现更多创新,从而推动世界零售业进入新时期。

一、世界零售业总体发展态势

(一) 全球大型零售企业收入增长强劲

全球大型零售企业销售收入增长率持续上升。据德勤发布的《2019全球零售力量》(Global Powers of Retailing 2019)报告结果表明,全球250家最大零售企业2017财年零售收入增长近83.2%,经汇率调整后的综合增长率为5.7%,高于2016年度的4.1%。在披露财报的企业中,92%(183家公司中的168家)是盈利的。

2017财年全球前十大零售企业营业收入总计为1.43万亿美元,占250强零售总收入中所占份额为31.6%,同比增长0.9%。其中沃尔玛仍然稳居第一,而亚马逊则上升了两位排名第四,该年度其零售收入增幅为25.3%,为前十大零售企业之最高。中国名次最高的是京东,升至第20位,具体排名如表4.1所示。

表 4.1　2019 年全球零售领域企业 TOP 20 榜单

排名	公司名称	创始国	2017 财年零售收入/亿美元	类　别	开店国家/地区数
1	沃尔玛	美　国	5 003.43	大型购物中心	29
2	好市多	美　国	1 290.25	现购自运/仓储会员店	12
3	克罗格	美　国	1 189.82	超　市	1
4	亚马逊	美　国	1 185.73	网上零售商	14
5	施瓦茨集团	德　国	1 117.66	折扣店	30
6	家得宝	美　国	1 009.04	家　装	4
7	沃博联	美　国	991.15	药店/药房	10
8	奥乐齐	德　国	982.87	折扣店	18
9	CVS 健康	美　国	793.98	药店/药房	3
10	乐购	英　国	739.61	大型购物中心	8
11	阿霍德德尔海兹	荷　兰	723.12	超　市	10
12	塔吉特	美　国	718.79	折扣百货商店	1
13	永旺	日　本	700.72	大型购物中心	11
14	劳氏	美　国	686.19	家　装	3
15	艾柏森	美　国	599.25	超　市	1
16	欧尚	法　国	586.14	大型购物中心	14
17	艾德卡	德　国	574.84	超　市	1
18	柒和伊控股	日　本	518.89	便利店	19
19	REWE Combine	德　国	497.13	超　市	11
20	京东	中　国	490.88	网上零售商	1

注：法国家乐福公司要求不要被列入名单，阿里巴巴集团没有被作为零售企业列入本名单
资料来源：德勒，《2019 全球零售力量》，上海科学技术情报研究所（ISTIS）分析整理

1. 全球大型零售企业集中于欧美、亚太

全球零售企业分布较为集中。据统计，全球前 250 家零售企业中美国有 79 家，日本 31 家，德国 19 家，英国 14 家，法国 12 家，中国（含香港、台湾）共有 13 家零售企业上榜，详情如表 4.2 所示。

表 4.2 2019 年全球零售前 250 强地区分布

地区	分布状况			全球化程度		
	数量	平均零售收入/100 万美元	数量占比/%	收入占比/%	境外收入占比/%	平均运营国家数量	单国家运营占比/%

地区	数量	平均零售收入/100万美元	数量占比/%	收入占比/%	境外收入占比/%	平均运营国家数量	单国家运营占比/%
前 250 强	250	18 120	100.0	100	23.6	9.5	34.4
非洲/中东	9	6 607	3.6	1.3	23.0	8.8	11.1
亚太地区	60	11 602	24.0	15.4	12.3	4.0	48.3
中国	13	13 670	5.2	3.9	16.8	4.1	69.2
日本	31	10 143	12.4	6.9	12.7	4.6	41.9
其他地区	16	12 785	6.4	4.5	7.8	2.6	43.8
欧洲	87	17 592	34.8	33.8	42.3	15.6	17.2
法国	12	24 220	4.8	6.4	47.3	29.2	0.0
德国	19	24 704	7.6	10.4	47.0	13.2	5.3
英国	14	16 369	5.6	5.1	17.5	15.7	21.4
其他地区	42	12 889	16.8	11.9	46.0	12.8	26.2
拉美	9	7 925	3.6	1.6	27.1	2.4	55.6
北美	85	25 560	34.0	48.0	14.1	7.9	42.4
英国	79	26 380	31.6	46.0	14.2	8.3	40.5

资料来源：德勒，《2019 全球零售力量》，上海科学技术情报研究所（ISTIS）分析整理

欧洲拥有最多的零售巨头。在 250 家顶级零售商中，欧洲拥有的数量最多，共计有 87 家公司，占比为 34.8%，高于 2016 财年的 82 家，其总零售收入占前 250 家零售商零售总收入的 33.8%。2017 财年，来自德国、英国和法国等欧洲最大市场的零售商贡献了该地区总收入的 2/3。德国零售商规模最大，平均规模为 247 亿美元，紧随其后的是法国零售商，平均规模为 242 亿美元，高于 250 强零售商 181 亿美元的平均规模。

北美地区零售商规模最大。2017 财年，北美地区零售商数量占全球 250 强零售商的 1/3，其总零售收入占全球 250 强企业总收入的 48%，但其平均规模为 256 亿美元，是所有地区中规模最大的。作为全球唯一一个收入增速落后于 250 强企业整体水平的地区，尽管北美增长速度较为温和，但该地区零售商的净利润率综合指数与 250 强零售商的总体业绩相当。综合资产回报率为 6.6%，是所有地区中最高的。此外，北美零售商的全球化程度相当低。尽管零售业务平均分布在 8 个国家，但该地区 2017 财年的零售总收入中，只有 14.1% 来自外国业务，超过 42.4% 的零售商仍是单一

国家的运营商。

亚太地区零售商分布较为集中。在250强零售商中,近1/4的公司来自亚太地区。该地区73%零售商集中在中国和日本,其余零售企业来自包括澳大利亚、印度尼西亚、印度、韩国、中国台湾、菲律宾和新西兰等亚太国家和地区。此外,亚太地区零售企业在国际业务上的投资相对缓慢。亚太地区零售企业平均只在4个国家开展业务,甚至近半数的公司只在本国经营,而在全球250强零售企业中,该比例为9.5个国家。2017财年,该地区跻身250强的60家零售企业营业收入中有88%来自本国。

2. 非洲、中东和拉美有望成为新增长点

对零售企业而言,中东仍然具备极大的吸引力。随着经济增长的改善和外国投资的增加,越来越多的国际品牌和零售商的涌入正在改变非洲的零售情况。此外,不断壮大的中产阶级促进了零售业的现代化,许多非洲经济体继续向消费驱动的市场过渡。

在250强中,非洲/中东和拉美地区分别有9家零售商上榜,为全球最少。然而,它们继续享受强劲的增长和高于平均水平的盈利能力。拉美地区营业收入同比增幅最高为10.5%,净利润表现也最高(3.7%)。非洲/中东地区营业收入9.8%的增长率是5个地理区域中第二高的,2017财年其2.2%的净利润复合增长率也与其他地区持平。

从非洲/中东和拉美地区的零售企业收入增长状况来看,2017财年中东/非洲和拉美地区零售增长率分别为9.8%和10.5%。自2013财年开始,上述两个区域一直维持高速的增长趋势,拉美地区零售增长速度维持在10.0%左右,中东/非洲地区增速更高,2014财年和2015财年增速更是接近20%(表4.3)。类似地,上述两个地区零售企业收入的复合年均增长率也同样大幅高于全球平均水平。

表4.3 2008—2017财年拉美、中东和非洲零售企业发展增长状况

区域/%	复合年均增长率				
	2008—2013财年	2009—2014财年	2010—2015财年	2011—2016财年	2012—2017财年
拉美	11.9	13.4	12.2	10.6	3.0
中东/非洲	15.2	16.1	16.9	14.3	5.1
全球	4.2	4.9	5.0	4.8	3.3
年度增长率	2013财年	2014财年	2015财年	2016财年	2017财年
拉美	10.4	8.5	11.3	9.8	10.5
中东/非洲	12.9	19.4	19.1	10.9	9.8
全球	4.1	4.3	5.2	4.1	5.7

资料来源:德勒、上海科学技术情报研究所(ISTIS)分析整理

中东/非洲地区跻身250强的零售企业进行广泛的全球布局。在2017财年的9家企业中,平均有8家在8.8个国家开展国际业务,其零售总收入的23%来自海外。Shoprite Holdings是该地区收入最高的零售企业之一,业务遍及15个国家。该公司计划在2019年前将业务扩展至肯尼亚市场;Cencosud和S.A.C.I是拉美地区零售排名靠前的零售企业,在2016财年和2017财年,它们在250强排名中分别从第64位和第95位升至第61位和第90位。此外,FEMSA是该地区表现最好的零售企业之一,排名从第100位升至第76位。这是在新店开张和2016财年对便利店运营商Big John、药店运营商Farmacias Acuna、Farmacias Generix和Specialty's Cafe and Bakery等收购的高增长背景下实现的。

(二)快速消费品拉动效果明显,耐用、休闲品盈利能力突出

对全球排名前250强的零售企业产品销售状况进行分析,从事快速消费品销售的企业数量最多为138家,其次为从事耐用品和休闲品以及服装和配饰的销售企业分别为50家和40家,从事多元化产品销售的企业数量最少为22家(表4.4)。

表4.4 全球前250强零售企业产品销售状况

项目	分布状况				全球化程度		
	数量	平均零售收入/100万美元	数量占比/%	收入占比/%	境外收入占比/%	平均运营国家数	单国家运营占比/%
前250强	250	18 120	100	100	23.6	10	34.4
服装和配饰	40	11 045	16.0	9.8	40.4	26	15.0
快速消费品	138	21 746	55.2	66.2	21.7	6	40.6
耐用品和休闲品	50	16 348	20.0	18.0	22.5	7	32.0
多元化产品	22	12 271	8.8	6.0	21.5	8	36.4

资料来源:德勤,《2019全球零售力量》,上海科学技术情报研究所(ISTIS)分析整理

服装和配饰。2017财年,服装和配饰行业的综合零售收入增长7.1%,位居第2位,高于2016财年的4.4%。此外,服装和配饰行业是利润最高的产品部门,综合净利润率为6%,资产回报率为7.8%。

快速消费品。快速消费品是250强零售企业的关键驱动力。138家公司(占250强零售商的55.2%)在2017财年创造了66.2%的零售收入。在250强中,排名前10的零售企业中有8家属于快速消费品行业。与其他行业相比,该行业的零售企业平均零售收入最高(2017财年为217亿美元)。虽然快速消费品行业是250强企业零售总收

入的最大贡献者,但却是所有行业中净利润最低的行业之一(2017财年为1.6%)。

耐用品和休闲用品。在250强零售企业,耐用品和休闲产品零售商占比为20%(50家公司),该年度耐用品和休闲用品行业继续领跑,零售收入增长10.1%,2012—2017财年零售收入复合年均增长率稳定在6.8%,超过了其他行业,这一强劲增长帮助250强零售企业保持了5.7%的2017财年零售收入增长率。

多元化产品。多元化(当三个特定产品导向部门中没有一个占其零售收入的至少50%时,零售商被视为"多元化")集团持续增长缓慢,2017财年也不例外。该行业零售综合收入下降0.3%,较2016财年下降1.3%的状况有所改善。2012—2017财年,该行业22家零售企业的零售收入复合年均增长率为1.8%,明显低于250强零售企业3.3%的增长速度,表明该类企业销售增长乏力。

(三)未来智慧新零售呈现科技化、全渠道和无店员化

智慧零售的核心是以消费者为中心的零售活动的生态化,生产设计、物流仓储、集中采购、场景售卖、服务活动、经营管理、资金流转等环节都逐渐融入数据化和智能化的平台,最终达到零售商效益优化,消费者体验优化,实现万物互联智能决策的自主商业。根据科技手段不断增强,数据来源不断拓宽,经营者的人力投入逐渐减少,智慧零售可分为萌芽期、发展期和成熟期三个阶段。

萌芽期以传统企业的信息化应用为主。传统零售企业利用ERP(企业资源计划)、CRM(客户关系管理)等企业管理信息系统搜集和整合企业内部数据,其目的主要是改进企业原有管理流程,提高管理效率。

成长期以商业智能和RFID(射频识别)的应用为主,进行线下经营体系的全面数字化,即通过部分业务智能化和网络化,进行大数据分析,整合企业供应链或价值链各环节的数据流,实现价格体系、商品管理、多品牌管理到库存管理等多维分析,以支撑商业决策,提升运营效率。麦德龙等是商业智能系统应用较早的企业,2003年麦德龙开始试验未来商店,推出现购自运店(Cash & Carry)。2008年沃尔玛引入Oracle商业智能系统进行运行体系的全面数字化。此后,传统零售企业相继进行相关建设,如2011年美国百货巨头梅西百货(Macy's)重点进行大数据平台的建设,试图形成一站式运营数据分析系统。

然而,随着电子商务对传统零售业的高速冲击,单一的渠道已经不适应新时代,沃尔玛等传统零售企业的发展速度在日益减缓,尤其是新一代信息技术层出不穷,对零售业商业智能的发展提出了新的要求,智慧零售进入成熟期。这一时期需要在新一代信息技术,如人工智能、大数据、物联网等的驱动下,形成新的商业模式,对"人、

货、场"三要素进行重塑。传感器、计算机视觉等技术的广泛应用提供了更多维度的数据采集手段,市场细分颗粒度日益精细,全渠道、数字化、场景化将融合。传统的零售企业和电子商务巨头纷纷开始转型新零售,实施线上线下的一体化发展。沃尔玛等传统零售企业开始重组企业机构,将电子商务作为未来重要战略方向,亚马逊等线上零售巨头,开始推出无店员实体商店。零售业进入以科技创新全面驱动发展的阶段。

二、世界主要国家和地区零售业发展动态

(一)美国

1. 美国线下零售业寒意凛冽

美国商务部公布数据显示,2019 年 2 月美国线上零售份额历史上首次超越实体零售份额。2 月美国零售销售额为 5 060 亿美元,环比下滑 0.2%。其中,百货商店经调整后的零售额为 597.39 亿美元,低于线上零售商的零售额 597.68 亿美元。

受电商的冲击,美国线下零售业的寒冬仍在延续。2019 年以来,美国共有 5 994 家店铺关门,超过 2018 年全年的 5 864 家。第一季度,商场空置率从 2018 年第四季度的 9% 上升至 9.3%。截至 2019 年 4 月,包括鞋类专卖店 Payless、童装专卖店 Gymboree 和女装店 Charlotte Russe 在内的多家知名零售商或申请破产或大幅关闭门店。

摩根大通分析称,除美国零售商场基数过高、人工成本上涨、消费者习惯发生转变外,归根结底是科技赋能加速了传统零售业的没落。目前,以亚马逊为代表的电商大规模崛起,已经给世界上最大的零售商沃尔玛带来巨大威胁。不过咨询公司 Alix-Partners 认为,目前绝大多数零售商是通过关店方式来精简不必要的零售网络,以创造最大价值,这意味着行业正在经历洗牌而并非大规模崩塌。

2. 数字化革命推动美国零售业转型

2018 年 12 月,美国商务部公布的零售数据显示,在重磅购物季所在的第四季度,美国销售额环比下跌 1.2%,创 9 年多来最大月度跌幅。但沃尔玛财报显示,该公司当季电商业务同比大增 43%,增速持平上季度高位,沃尔玛预计今年全年电商业务增速将维持在 35% 左右的高水平。沃尔玛之所以能够取得亮丽的销售成绩与其较早布局电子商务有密切关系。

对标亚马逊,近年来沃尔玛收购了综合电商平台 Jet.com、鞋履电商 Shoebuy、户

外服饰电商平台 Moosejaw 等,与其争夺市场空间;沃尔玛还将其全部云业务转到亚马逊的竞争对手微软云平台上,双方致力于共同推进人工智能项目;对标亚马逊无人商店,沃尔玛山姆俱乐部在得克萨斯州达拉斯开设了山姆俱乐部新店铺,沃尔玛在其移动应用程序中添加了详细的数字商店地图,以引导购物者精准寻找商品。

即使沃尔玛电商业务增速迅猛,目前也不能威胁亚马逊的霸主地位。研究公司 eMarketer 最新数据显示,2019 年预计沃尔玛的电商成交总额在美国电商电商成交总额中只占 4.6%,约为亚马逊份额(47%)的 10%,也略低于 eBay 的 6.1%。

面对各大零售商纷纷涉足电商的压力,亚马逊从单纯的电商平台转型为充满活力的数字经济体。亚马逊可以通过自建云服务、人工智能和机器学习等系列工具追踪用户购物喜好并推荐产品,并可通过大数据降低库存提高效率。亚马逊还在西雅图开设了基于计算机视觉的、无收银员的新零售商店"Amazon Go"。值得一提的是,2018 年第四季度财报显示,亚马逊 AWS 云平台业务挤掉了电商平台收入,成为 2018 年运营收入最高的部门,开启了企业级服务的新业务大门。

全球零售科技分析机构 FGRT 同样看好科技对零售的巨大推动力,认为 2018 年零售商将利用区块链和 3D 打印等多元化技术,使其供应链更加智能化,进而提升市场竞争力。其中沃尔玛已经于 4 月提交了专利申请,将区块链技术应用于导购服务中,以期构建精准的用户画像。另外,美国零售杂志 Store 发布的 2018 年美国零售业八大预测中,尤其提到,在历经数十年对数据挖掘探索后,人工智能将成为零售业的下一个机会。据市场机构 Gartner 研究,至 2020 年 85% 的零售互动将由人工智能管理。

3. 完善的消费促进政策体系对美国经济拉动效应明显

美国是全球第一消费大国,2017 年美国 GDP 为 19.36 万亿美元,当年其社会消费品零售总额为 5.76 万亿美元,占 GDP 比例 29.73%,消费在美国经济增长中始终处于主导地位。究其原因,高度发达的消费支持体系在推动和促进美国消费持续增长中的作用功不可没。

完备的个人信用报告体系及风险管理制度。美国拥有一个全面涵盖上亿名消费者信贷档案的计算机数据库,借助这个数据库,美国专业的信用报告机构通过严密的风险管理程序,可以对消费信贷申请人的申请资质加以精准评估,同时实时监测消费信贷资产的质量,实现精细化管理。而且,由于具有完备的个人信用报告体系,信贷机构能够在短时间对大量消费者做出是否提供消费信贷的决策,大大提高了消费信贷产品获得的便利性。

种类和数量众多的消费信贷机构。经过多年发展,美国拥有包括商业银行、财务公司、非金融企业机构等在内的众多类型的消费信贷提供者。其中，商业银行占据了全美消费信贷市场的绝大份额，持有30%以上的消费信用贷款和60%左右的房屋净值信用余额；财务公司在美国消费信贷市场也发挥着举足轻重的作用，比如通用汽车承兑公司和通用电器资本公司及福特汽车信用公司等；此外，部分非金融企业，像加油站和零售商等也提供部分消费信贷业务，向消费者提供赊欠便利等。众多的消费信贷机构不仅为消费者提供了更多的选择机会和便利，而且也促进了美国整体消费水平的提升。

丰富的消费信贷业务品种。美国的消费信贷业务种类繁多、方式灵活且不断与时俱进，具有极强的创新性。在业务种类方面，其消费信贷包括：普通个人贷款、无抵押个人贷款、个人资金周转贷款、房屋整修贷款、学生助学贷款、耐用消费品贷款、个人债务重组贷款、汽车贷款、住房抵押贷款等。同时，借助发达的金融系统，美国信贷机构还通过多种金融创新的方式将消费信贷进步证券化，在增强其流动性的同时，也提高了盈利能力，分散了金融风险，从而更大程度地促进了消费信贷的发展。

完善的消费信贷法规。美国拥有全世界最完善和全面的消费信贷法规，《公平信贷法》《公平信用报告》《公平信贷结账法》《平等信贷机会法案》《公平催收行为法》等法律法规全方位对消费信贷参与人的行为加以规范，从而为美国消费信贷的快速发展提供了良好的法律环境。此外，美国政府还十分重视借助财政政策和货币政策促进居民消费增长。

健全的消费者权益保护体系。经过长期建设和完善，美国已形成包括法律制度、组织机构、监督机制和争议解决机制在内的消费者权益保护体系。①重视消费者的健康和安全。在保护消费者权益方面，消费者的人身健康和安全被放在首要位置。在美国，消费品安全委员会为确保消费产品的安全性制定标准并监督执行；联邦食品和药物管理局则负责全国药品、食品、生物制品、化妆品、医疗器械以及诊断用品等的管理。这些机构的处罚手段包括罚款、向媒体曝光和公布召回问题产品等，必要时通过法律程序严惩违法产品的生产者和销售者。②立法体系完备。尽管美国没有制定消费者权益保护的根本法，但美国保护消费者权益的单项法律法规特别多，涉及民众消费的方方面面，甚至包括个人隐私，例如美国加利福尼亚州颁布了《2018年加州消费者隐私法案》，旨在加强消费者隐私权和数据安全保护。③消费者权益保护机构和管理机构十分健全。在美国，从事消费者权益保护的不仅有联邦、州和地方各级政府机构，还有众多民间和行业团体。政府机构拥有受理投诉、进行调查、实施处罚和必要时应用法律程序的权力。民间组织通常为消费者提供诸如法律咨询和消费指南等信息服务,并向政府机构提出意见和建议。政府机构与民间组织合作,将触角延伸到社会的各个角落,为消费者提供了强有力的支持与保护。④投诉渠道畅通,投诉简便。消费者可以通过信件、电话、电子邮件、专门窗口等多途径进行投诉。⑤严格执法,执法机构的权威性高。美国联邦贸易委员会和消费产品安全委员会等保护消费者权益的执法机构是美国政府中颇为特殊的行政执法机关。这些机构一方面严格执行已有法律法规,规范生产经营活动,打击垄断、欺诈等违法行为;另一方面注重为消费者提供便利的司法服务,受到了广大消费者的欢迎和信赖。

(二)欧洲

1. 欧洲经济发达,零售商集中分布

欧洲共有 48 个国家,总人口数超过 7.31 亿。尽管欧洲不同国家的财富差别很大,但就总体而言,欧洲地区的人均国内生产总值和生活水平远远高于世界平均水平,这使得欧洲成为全球最重要的零售地区。

欧洲最大的零售企业均来自西欧地区,其中大多为大型超市业态。在营业额排名前 10 位的公司中,有 5 家来自德国,3 家来自法国,2 家来自英国。排名第一的是德国 Lidl 的所有者 Schwarz-Gruppe,营业额为 790 亿欧元。地铁集团、特易购和家乐福紧随其后,营业额均超过 500 亿欧元(表 4.5)。

表 4.5 欧洲零售商榜单

排名	名称	营业额/10 亿欧元	总部	排名	名称	营业额/10 亿欧元	总部
1	Schwarz	86	德国	2	Carrefour	67	法国
3	Tesco	65	英国	4	Aldi	54	德国
5	Metro	51	德国	6	Edeka	48	德国
7	Rewe	44	德国	8	E.Leclerc	44	法国
9	Auchan	37	法国	10	ITM(les Mousq)	34	法国

资料来源:Retailers in Europe,上海科学技术情报研究所(ISTIS)分析整理

2. 欧盟零售销售额稳步增长

根据欧盟统计局的统计数据,2019 年 2 月欧盟地区 E19(欧元区 19 国)零售贸易额较 2019 年 1 月增长 0.4%,同比涨幅为 2.8%。2019 年 2 月欧盟地区 E28(欧盟 28 个成员国)零售贸易额较 2019 年 1 月同样增长 0.4%,同比涨幅为 3.3%(表 4.6)。从欧洲地区零售销售额月度涨幅变化情况看,欧洲地区月度零售销售额依旧呈现涨多跌少的增长趋势。

表4.6 欧盟地区零售销售额涨幅变化情况

时间	E19 较上月涨幅/%	E28 较上月涨幅/%	E19 同比涨幅/%	E28 同比涨幅/%
2018年9月	−0.4	−0.3	0.3	1.3
2018年10月	0.7	0.5	2.7	2.8
2018年11月	0.9	1.0	1.9	2.6
2018年12月	−1.4	−1.3	0.5	1.1
2019年1月	0.9	1.0	2.2	2.6
2019年2月	0.4	0.4	2.8	3.3

资料来源:欧盟统计局,上海科学技术情报研究所(ISTIS)分析整理

3. 欧洲电子零售市场呈现出快速发展势头

欧洲电子商务在零售市场的份额越来越大。销售额排名前20位的电子零售商中有6家为纯线上销售商,线上销售占比超过50%的为10家,占比为50%,其中排名首位的美国亚马逊(Amazon)和排名第6位的德国Zalando为纯线上销售。预计亚马逊营业额有望在3~4年内翻番,并最终在2021年超过Schwarz-Gruppe,成为欧洲最大的零售商。欧洲前20家在线零售商及其在线销售额占总销售额的份额情况如表4.7所示。

表4.7 2019年度欧洲前二十大电子零售商营业额

排名	公司名称	归属国	主要销售范围	在线销售额/100万欧元	总销售额/100万欧元	占比/%
1	Amazon	美国	除食品外所有产品	30 400	30 400	100
2	Otto	德国	时尚品	11 534	13 653	84
3	Sainsury's	英国	食品/所有种类	6 007	30 037	20
4	Apple Inc	卢森堡	消费电子产品	4 770	47 680	10
5	Tesco	英国	食品/所有种类	4 748	67 840	7
6	Zalando	德国	鞋类、皮革、时尚品	4 119	4 119	100
7	Next PLC	英国	时尚品	2 942	4 671	63
8	E.Leclerc	法国	食品/所有种类	2 760	34 500	8
9	EI Corte Ingles	西班牙	所有种类	2 676	8 111	33
10	John Lewis PLC	英国	时尚品	2 303	4 430	52
11	Carrefour	法国	食品/所有种类	2 278	56 947	4
12	Metro Group	德国	所有种类	2 205	32 800	7
13	YOOX NET A PORTER	意大利	时尚品	2 200	2 200	100

续表

排名	公司名称	归属国	主要销售范围	在线销售额/100万欧元	总销售额/100万欧元	占比/%
14	Shop direct	英国	时尚品、家具、电子产品	2 190	2 190	100
15	ASOS PLC	英国	时尚品	2 181	2 181	100
16	Cdiscount	法国	消费电子产品	2 137	20 900	10
17	ASDA	英国	食品/所有种类	1 940	24 936	8
18	Inditex	西班牙	时尚品	1 851	15 430	12
19	Ocado Ltd	英国	食品/所有种类	1 660	1 660	100
20	Mark & Spencer	英国	时尚品	1 563	12 024	13

资料来源：Retailers in Europe，上海科学技术情报研究所（ISTIS）分析整理

（三）日本

1. 日本商业销售额复苏明显

从年度增长率看，2017年日本商业销售额较2016年增长3.1%，时隔3年首次出现增长（图4.1）。批发销售额同比增长3.6%，零售业销售额同比增长1.9%，两者均在2015年首次实现正增长。从季度走势看，2017年第4季度销售额为2013年第4季度后最高。以上均表明，日本商业销售额呈现出明显的复苏迹象。

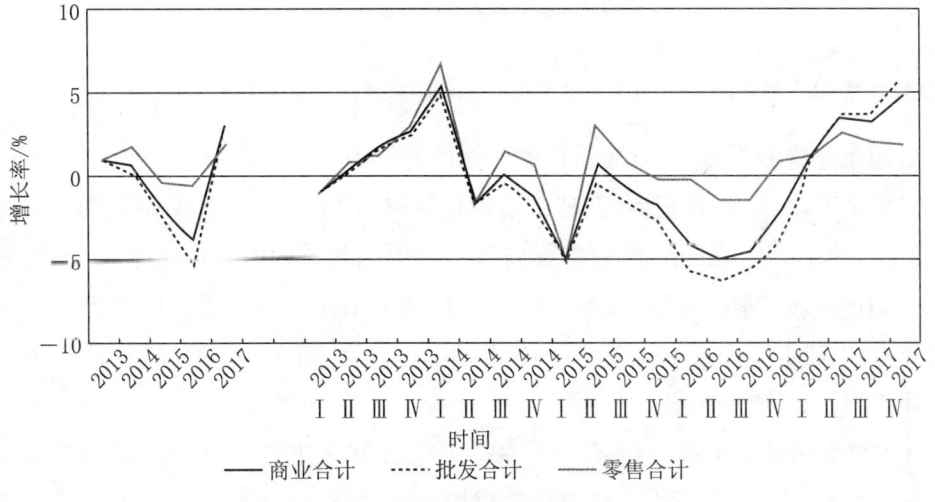

图4.1 商业销售额的变迁

资料来源：日本零售业协会，2017年日本商业统计年报（2018年7月发布）

2. 汽车和燃料消费成为日本零售业重要支柱

从日本零售业整体走势看,2017 年日本零售业销售额较 2016 年增加 1.9%,时隔 3 年再次增加(图 4.2)。从季度走势看,2017 年日本零售额平稳增长,且该年度 4 个季度均为正增长。从细分领域看,2017 年度日本零售业上涨主要得益于汽车零售业的表现出色和汽油等石油产品价格上涨导致的燃料零售额的增加。除此之外,医药品和化妆品行业销售状况好转,纺织品、衣服、日用品零售业具有不同程度的回暖。

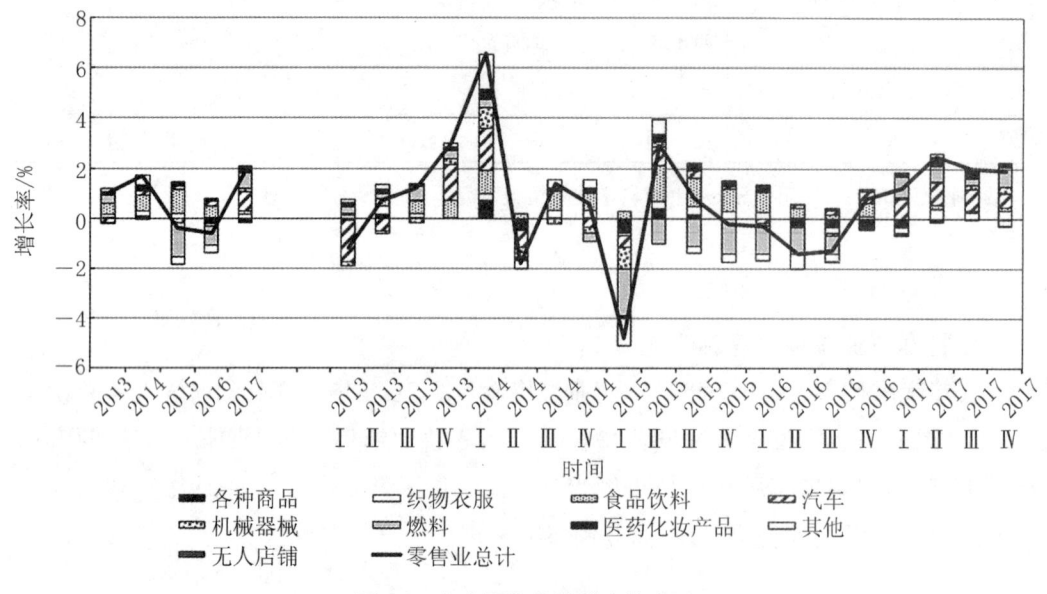

图 4.2 各个零售业贡献度的变迁

注:从 2016 年 7 月开始专列无人店铺零售业
资料来源:日本零售业协会,2017 年日本商业统计年报(2018 年 7 月发布)

3. 超市零售额平稳,百货店销售额明显回升

整体而言,2017 年百货商店、超市销售总额与 2016 年销售额基本持平,其中超市销售额较 2016 年度有所下降,而百货商店销售额则明显回升(图 4.3)。从季度走势看,自 2016 年第二季度开始,日本百货商店和超市销售额便开始止跌回升并随后平稳回升,其中超市零售额增速较缓,而百货商店零售额则自 2016 年第二季度开始持续回升,回升态势更加明显。

日本便利店数量增速放缓,趋于饱和。从年度数量来看,2017 年 12 月末日本便利店总数为 56 374 家,较 2016 年末相比仅增加 738 家,增幅为 1.3%。从日本便利店季度数量看,自 2013 年开始,日本便利店数量便稳步增长,不过至 2017 年便利店总数量增速放缓,总量趋于饱和。

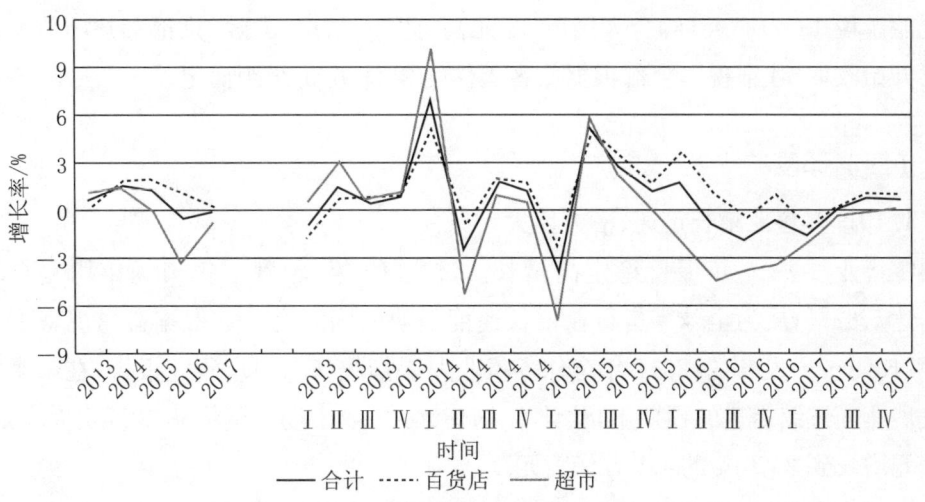

图 4.3 百货店、超市销售额走势

资料来源：日本零售业协会，2017年日本商业统计年报（2018年7月份发布）

4. 安倍政府为缓解经济阵痛出台新消费对策

自2019年开始，日本政府决定将消费税由8%上调至10%。为缓解由此可能引发的经济低迷，政府推行各种应对政策以抵消消费税上调带来的消费水平下滑。

实施减税措施。主要内容为新房购置、房屋翻新、基础设施翻修、日托和学前教育等方面需求的民众均能享受税收优惠。具体而言，将延长"住宅房屋贷款减税"的期限。即从所得税中扣除每年年末贷款余额的1%，居民可享受10年此项减税福利。10年期间，普通住宅最多可以扣除400万日元，通过年末调整等方式退还。依据本次税制修改大纲，住房贷款减税期间延长3年，用3年时间最大限度可以从所得税中扣除住宅或公寓购买价格的2%。此外，减税对象还包括新购置的汽车，日本政府每年向车主征收的汽车税是根据汽车的排气量和燃效来计算和收取的，新购买汽车的排量越小减税幅度越大。还有，消费税增税的同时，新引入税名为"环境性能分配"的税金将代替汽车税，消费税上调后一年内最多可减税2%。

采取"非常措施"保持私人消费稳定。"非常措施"中包括对于低收入家庭或有2岁及以下子女的家庭，地方政府将向这些家庭提供2万日元购物优惠券，购物券在最终消费时等同于2.5万日元的价值。同时，安倍政府还将对在中小型零售店中使用信用卡等非现金结算的日本消费者提供补贴。具体而言，当日本消费者在中小型零售店利用非现金方式消费时，每月能返回相当于消费额5%的费用。该措施旨在鼓励个人消费支出，并且将在消费税上调后继续持续9个月。

推出了"国际观光旅游税"。无论是什么国籍，游客只要离开日本就要缴纳国际观光旅游税1 000日元(约合人民币63元)。此外,东京、大阪、京都等热门旅游城市都已开始收取"住宿税",金额根据旅客入住的金额、房价级距而定。

(四)印度

1. 印度零售业增长迅速,潜力巨大

零售业过去10年保持稳定高增长。过去10年,印度零售市场年均复合增长率高达7.82%,成为全球零售行业增长速度最快的国家之一。根据科尔尼咨询公司(A.T.Kearney)发布的《2017年全球零售业发展指数(GRDI)》研究报告,在未来零售业发展速度继续提速的预期下,预计未来印度零售业市场规模将从2017年的0.68万亿美元增长到2020年的1.1万亿美元。

市场高度离散,消费环境成熟度低。从消费品的角度看,印度零售消费中有超过70%为食品消费,而服饰、数码、家具、美妆及其他类型消费品占比偏低,在该领域消费挖掘空间较大。从零售商的角度看,印度有超过1 500万家零售小店,2017年度印度零售业主要由小零售店组成,占印度零售市场的93%;超市、大型商店和连锁店仅占印度零售市场的7%。值得注意的是,全球已有10余个零售巨头在印度开展业务,设立零售店超过2 000个(表4.8)。预计到2020年,小零售店占印度零售市场的比例有望下降至90%,市场高度离散的现状同样预示印度零售市场具备较大的发展潜力。

表4.8　印度代表性零售业企业

种　类	名　　称	数量/个
连锁超市	More supermarket	523
	Spencer Daily	120
	Reliance Fresh	502
	Big Bazaar	259
专卖店	Croma(3C数码店)	110
	Reliance Digital(3C数码店)	≥600
	Pantaloons(服装专卖店)	≥77
	Shoppers Stop(服装专卖店)	≥83
批发商城	Metro	24
	Reliance Market	43
	Best Price	21

资料来源:上海科学技术情报研究所(ISTIS)分析整理

2. 手机数码带动电商，农村地区零售增长日益显著

数码产品带动电商崛起。近年来，印度零售行业快速增长的重要因素是电子商务在印度的崛起。由于互联网普及率的不断提高以及国内外企业在印度的快速发展，预计印度电商在2018—2020年的增长率将超过30％，2020年电商规模将超过600亿美元。

城镇人均收入增加，量变引发质变。经过长期快速发展，2018年印度人均GDP增长至1 534美元，其中一、二线城市人均GDP将达到2 500至3 000美元，根据发达国家的发展经验，城市居民已经接近黑白家电消费的跃升阶段。

消费金融助力零售业发展。除购买力外，印度年轻消费者逐渐开始形成品牌意识，消费习惯也由价格敏感、追求极致的性价比转而开始注重质量。2017年，印度消费金融增长速度为17.8％，预计在2018—2019财年将继续保持17％～18％的增速。较为完善的征信、银行体系，使消费贷初创公司可以方便地提供各种消费信贷服务，同时也推动了印度商品零售业的发展。

农村地区已成为零售业发展的重要驱动力。无论是在数量上还是在价格上，消费品在农村的增长速度远快于城市地区，如快速消费品行业，这也凸显了农村地区的增长机会（图4.4）。统计数据表明，2016、2017和2018年农村零售市场增速分别为8.2％、6.2％和9.9％，而对应城市零售市场增速则分别为5.6％、5.8％和8.4％。

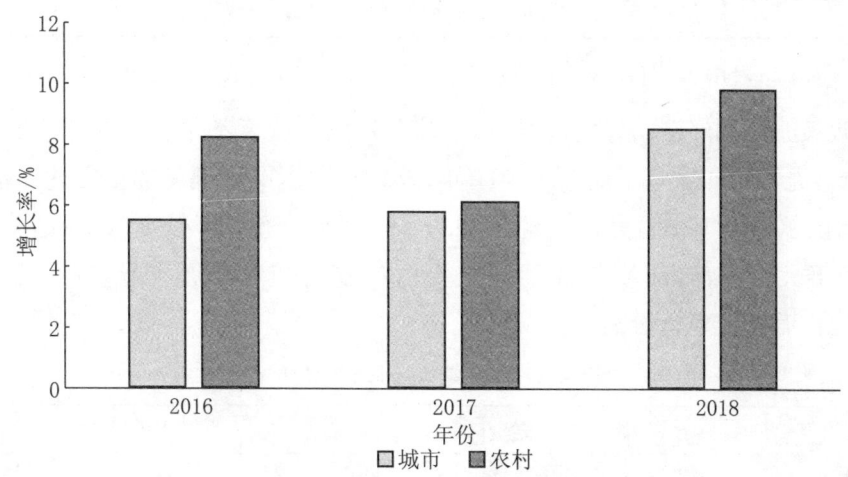

图4.4 印度零售市场增长速度

资料来源：Livemint，上海科学技术情报研究所（ISTIS）分析整理

3. 政策开放力度仍有待加大

2017年末，印度开放了单一品牌零售的FDI限制（表4.9）。政府允许外资对电

商平台持股100%,这对外国投资者来说非常具有吸引力,但对2C的业务中,印度政府还没有放开外资的限制,例如30%的本土采购限制仍较为严格(表4.10)。

表4.9 印度零售业FDI限制

零售种类	审批路径	持股限制/%
批发商城	自动	100
单品牌零售	自动	100
多品牌零售	需审批	51

资料来源:上海科学技术情报研究所(ISTIS)分析整理

表4.10 印度政府零售政策

零售种类	政策措施
多品牌零售	在多品牌零售中允许51%的外国直接投资,最低投资上限为100美元
	30%的制造或加工产品的采购必须来自印度
	投资于后端基础设施的外国直接投资总额的至少50%
	50%的工作机会留给农村青年,某些农产品需要从农民手中购买
	政府紧缩储备以采购一定数量的货物
	目标应该是确保更高质量的产品和更实惠的价格给消费者以及更好的服务
单一品牌零售	允许100%的外国直接投资在单一品牌零售
	5年后,必须有30%的原材料采购自印度

资料来源:上海科学技术情报研究所(ISTIS)分析整理

在政策开放和经济向好的情况下,全球各地的投资者都十分关注印度零售市场(表4.11),尤其是印度电子商务。2017年,外资对印度电商领域的投资达8亿美元;2018年,沃尔玛以160亿美元收购Flipkart,同时亚马逊对印投资从20亿美元增加到70亿美元。目前,印度电商领域主要由沃尔玛和亚马逊主导,阿里巴巴通过Paytm也占有一定市场份额。

表4.11 印度零售行业投融资情况

融资方	投资方	融资时间	融资方	投资方	融资时间
Fliplart	Walmart	2018.08	Hypercity	Future Group	2017.10
Chugoku Paints	Berger Paints	2017.04	InLogg	Myntra	2017.04
HRX	Myntra	2016.08	MotoGP	Myntra	2016.08
Forever 21	Aditya Birla Fashion and Retail	2016.05	Infurnia	Idein Ventures	2016.01

续表

融资方	投资方	融资时间	融资方	投资方	融资时间
Near.In	Paytm	2015.12	Flipkart	Morgan Stanley	2015.06
Sportsbliz Private Limited	InnoVen Capital	2015.07	Exclusively	Snapdeal	2015.02
Kalyan Jewellers	Warburg Pincus	2014.10	Future Lifestyle Fashions	Cello	2014.10
Myntra	Fliplart	2014.05	Snapdeal	Softbank	2014.10
Biba Apparels	Warbutg Pincus	2013.12	Bush Food	Hassan Food	2013.04

资料来源：上海科学技术情报研究所（ISTIS）分析整理

三、零售业热点领域发展动态

（一）新零售

传统零售业历经百货商店、连锁商店、超级市场、电子商务四次迭代革命后，派生出新零售这一新型商业模式。与传统零售相比，新零售在零售主体角色、零售产出内容、零售组织形态、零售活动关系、零售经营理念、零售技术应用这六大方面表现不同，更加强调以消费者体验为中心，以技术创新为驱动，注重行业降本增效。德勤研究报告预计，2022年全球新零售市场规模将达到1.8万亿元。

1. 新零售依托移动支付、物联网、大数据、人工智能构建

移动支付联动线上线下，通过对用户支付数据的挖掘打造新零售支付生态系统，满足用户方便快捷的支付需求。物联网通过商品信息数据化，将线下零售商业行为转移到互联网，建立完整的商品和消费者数据库，为零售大数据提供数据源。大数据是整个新零售生态的大脑，依托云处理平台对海量商业数据进行库存分析和销售分析，形成精准客户画像，实现对"人""货""场"三者关系的重构。人工智能通过商品识别、消费者识别及行为分析等与消费者产生联动，同时可有效替代生产、供应、配送环节中的部分人工，孕育出以无人零售为代表的新业态。

2. 新零售助力企业实现转型升级

创造高频消费场景——小米之家。2016年，小米之家开了51家店，几乎是每个Shopping Mall里人流量最大、销售额最高的单店。每个店平均250平方米，平均达到1 000万美元/年的销售额。目前"小米之家"的坪效排在世界第二，仅次于APPLE的零售店。小米生态链产品的全新品牌——米家，应运而生。小米生态链是一个基于企业生态的智能硬件孵化器,以小米手机为核心,以生态链企业为周边,是全球智能硬件领域产品出货量最大、布局最广的生态系统。

全渠道最棒的体验店——盒马鲜生。盒马整个门店完全按全渠道经营的理念来设计,完美实现了线上和线下的全渠道整合。每件商品都有电子标签,可通过 APP 扫码获取商品信息并在线上下单,无须按传统门店设计复杂的动线。物流仓储作业前置到门店,和门店共享库存和物流基础设施,店内部署了自动化物流设备进行自动分拣,效率很高。此外,盒马鲜生商品,品类丰富,商品来自全球 103 个国家和地区超过 3 000 种商品。店内干净整洁,卖场分区明细,指引清晰,方便顾客挑选。盒马鲜生购物环境舒适,同时为配合精品超市的定位,店内还设有百货、鲜花等商品区,基本满足人们的生活需求。

慢生活超市餐厅——EATALY。EATALY 是一家集食品采购、品尝、烹饪学习为一体的意大利美食超市。EATALY 通过对餐饮消费趋势和目标客群精准的商业洞察,成功将理性的购物过程转变成感性的愉悦体验,使原本在超市机械的购物过程变成了一种时尚的生活方式。EATALY 的特点就是门店布置独具匠心、品质标准高、体验性强以及视觉陈列感突出。EATALY 完美融合了超市和餐厅两种属性,在门店的布置上非常讲究。此外,EATALY 还通过给节日特殊冠名等渠道进行社交媒体宣传,以增加 EATALY 的潜在客流量。

3. 未来新零售呈现多元化发展趋势

以消费者体验为中心。在零售市场竞争激烈的环境下,零售的发展已逐步走出以商品为中心的模式,转向以消费者为中心、以流量为中心的模式,加快发展。新零售需要从内容、形式和体验上如何更好地满足消费者的需求,是当前零售经营的核心。

精准与场景零售。在零售市场竞争激烈的形势下,竞争取胜的关键基础是精准定位,精准定位你的目标消费者,精准聚焦目标消费者的需求场景。在精准定位基础上,再借助有效的手段链接目标消费者。

流量零售。流量已经成为零售经营的核心元素,是零售企业最重要的资源。未来的零售竞争是流量的竞争,是顾客资源的竞争。顾客获取、建立链接、产生影响、增强黏性、提升价值、打造终身价值顾客是零售经营的主线。

社交与社群零售。零售在变得社交化,具备更多的社交属性和社交功能。在互联网环境下,社群影响已经成为消费者购买的主要影响要素。围绕目标顾客,打造超强生活场景,构建更多的 IP 属性,通过社群产生黏性,逐步放大顾客价值,能够产生更大更有效的传播。

全渠道零售。未来的零售市场必将是更加充分的二维市场结构空间。市场不会再回到单一的线下市场结构,只有实现二维市场融和规划,协同发展,才是把握了市场的全部。

智能化零售。随着信息技术、智能技术的逐步成熟,人工智能将会逐步取代部分的人力,使零售效率得到提升。从成本、效率、体验出发,无人零售、自助零售等为代表的智能化零售有望成为未来零售创新发展的新热点。

(二) 服装零售

1. 全球服装零售市场规模平稳扩大

2018年全球服装零售市场的规模进一步增长,预计达到1.45万亿美元,年增长约5.1%。预计到2021年零售额达1.66万亿美元,2016年至2021年全球服装零售市场的复合年均增长率将提高至4.6%(表4.12),增长速度提升主要由全球尤其是发展中国家的消费升级以及平均售价增加带动的。

表4.12 2012—2021年度全球服装零售市场规模

年度	2012	2013	2014	2015	2016	2017	2018	2019	2020	2021
规模/万亿美元	1.14	1.18	1.23	1.23	1.32	1.38	1.45	1.51	1.58	1.66

注:表中2018—2021年度数据为估计值
资料来源:Euromonitor Passport Data,服装及鞋履(2017年版)

2. 服装零售市场集中于北美、亚太和西欧

全球领先的区域服装零售市场包括美国、中国、日本以及欧洲各国,2016年其服装零售额占全球市场的73.2%。

美国拥有世界上最大的服装零售市场,2016年实现2 737亿美元的零售额。预计2016—2021年将继续以3.2%的复合年均增长率增长,服装零售额将在2021年前达3 201亿美元。运动服及户外服是美国服装市场最大的分类,2016年零售额为709亿美元,预计自2016年起将以5.1%的复合年均增长率稳步增长,零售额将在2021年达911亿美元。其他类别(包括牛仔裤、内衣、毛衣及起居服)预计将保持稳定增长,2016—2021年的复合年均增长率约为3.0%~4.0%。

中国拥有亚洲最大、世界第二大的服装零售市场,2016年实现2 735亿美元的服装零售额。预计到2021年市场规模将达3 407亿美元,同期的复合年均增长率为4.5%。2016年,运动服及户外服、内衣及起居服分别取得143亿美元、307亿美元和115亿美元的零售额,预计2016—2021年将以9.0%、6.1%及5.8%的复合年均增长率强劲增长,到2021年市场规模将分别达219亿美元、413亿美元和152亿美元。

尽管日本服装零售市场过去5年中停滞不前,但仍是国际知名服装品牌的重要市场。2016年,日本零售总额为692亿美元,预计该市场将保持稳定,2021年市场规模将为688亿美元。2016年运动服及户外服零售额为82亿美元,并预计2016—2021年将继续以4.0%的复合年均增长率稳步增长,到2021年零售额达100亿美元。

受经济萧条影响,欧洲服装零售市场的规模保持相对平稳,2016年为3 521亿美元。在未来5年,预计欧洲服装零售市场将以2.9%的复合年均增长率小幅反弹,到2021年预计市场规模达4 065亿美元,同时各大产品类别均保持正面增长。具体而言,预计同期牛仔裤和运动服及户外服均将以4.0%的复合年均增长率增长,预计零售额将在2021年前分别达300亿美元和515亿美元。

3. 世界服装零售发展将发生重大转变

消费者对时尚服装产品的喜好迅速转变。当前,购物者正面临丰富的时尚及高质量服装选择,可更快及更容易地获悉最新的全球时尚趋势。此外,社会媒体的影响日益增强,亦加速消费者对服装产品喜好的转变。为了从竞争中胜出,品牌服装公司需要迅速应对不断变化的时尚趋势及消费者需求,并定期推出吸引消费者的服装新产品及改进产品。

健康意识增强及运动休闲趋势盛行推动运动服及户外服的持续增长。消费者日益认识到健康生活方式的益处,并定期参加体育活动,带动近年运动服及户外服零售市场的快速增长。此外,品牌服装公司已推出运动休闲服装,在运动服及户外服的功能性中加入了休闲服的设计,广受消费者欢迎。

互联网助推实现服装销售大幅增长。为迎合不断变化的消费者行为,越来越多的品牌服装公司投资于互联网及移动平台,以捕捉更大的客流量。实体店数量有限的品牌服装公司能够透过线上零售活动拓展覆盖范围。

材料可持续性和环保性要求日益提高。在世界各地,消费者的环保意识日益增强,期望服装生产设施使用对生态环境无害的面料,降低污染物排放,增强社会责任感及公正对待雇员。在许多国家,监管机构要求公司生产更多的可持续及环保产品,如禁用若干有害染料。这对整条价值链上的品牌服装公司有巨大影响,因为这些公司须做出相应调整以制造及营销更多的可持续产品。销售可持续及环保产品的品牌服装公司已引起消费者的浓厚兴趣。

(三)奢侈品消费

1. 全球奢侈品市场进入平稳增长期

随着全球经济的持续复苏,2017年和2018年全球奢侈品消费额将分别达到

4 020亿美元和4 160亿美元。2017—2021年全球奢侈品消费将进入平稳发展阶段，预计增长将维持在3%左右（图4.5）。而此前，在全球宏观经济复苏乏力的大背景下，自2011年起全球奢侈品市场的增长开始放缓，在2013年甚至出现负增长，随后在2014年和2015年两年开始呈现复苏迹象，并延续到2016年。

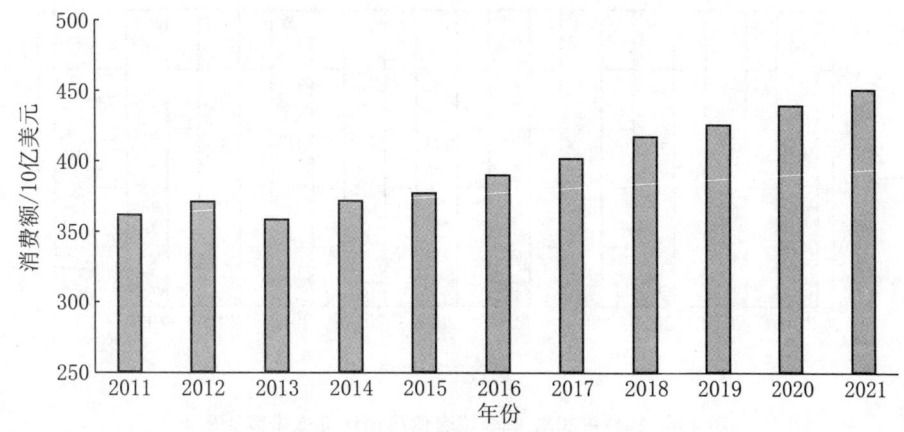

图4.5　2011—2021年全球奢侈品销量变化趋势

资料来源：Euromonitor，上海科学技术情报研究所（ISTIS）分析整理

2. 北美、亚太奢侈品销售额领先

美国和中国是全球最大的两个奢侈品市场，合计销售额占比超过40%。2016年，美国的奢侈品销售额占全球市场比例为22%；中国市场仅次于美国，市场份额占全球的21%。

从主要国家奢侈品销售额的增量对比情况来看，受益于强劲的经济复苏趋势，2017年之前的5年美国奢侈品销售额保持持续的高增长，2011—2016年成为全球销售增量最大的市场，增长绝对量为120亿美元；日本市场的奢侈品销售额增长72亿美元，位列全球第二。由于经济放缓、汇率波动以及政策的影响，中国在2011—2016年成为表现最差的市场之一，在此期间奢侈品销售额为负增长，也使得美国再次成为奢侈品销售第一大国。

3. 电商渠道布局愈发受到重视

传统奢侈品零售渠道仍然占据主导地位，但增长动力不足。从2016年的数据来看，全球奢侈品线下渠道实际销售额占比达到91%，同比增长仅为2%。线上奢侈品零售额占比低，但增长表现亮眼。2016年，线上奢侈品销售占全球市场比例为9%，增长率则高达12%。

线上渠道的发展对于奢侈品销售带来新活力。从线上和线下消费占比的变化趋势来看,2011年以来,全球奢侈品品牌线上消费占比得到明显提升。Euromonitor预计,未来几年奢侈品的线上消费占比仍将保持上升,至2021年线上消费占比将达到13%左右(图4.6)。从全球细分市场的销售渠道发展情况来看,2011—2016年美国线上渠道的销售额最高,而中国奢侈品线上销售紧随其后。

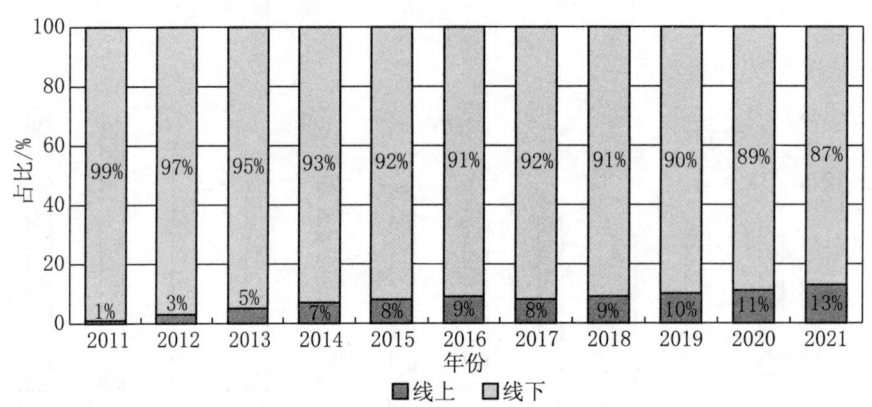

图4.6 2011—2021年全球奢侈品销售渠道份额比例

资料来源:Euromonitor,上海科学技术情报研究所(ISTIS)分析整理

从德勤公司公布的2018年全球奢侈品力量排行榜上,也可以看出电商渠道布局对于奢侈品品牌发展的重要性。以法国开云集团旗下的古驰(Gucci)为例,该品牌在2017年时便选择了在中国市场、中东市场等重点市场开设网店,并对品牌官网做出了重新设计并增添了视觉展示以及个性化体验服务,而这也为古驰带来了不错的业绩表现——电商渠道销售额增速达到86%,从而也使得其母公司开云集团2016—2017财年销售额增幅达到7.7%处于领先地位。

四、典型企业发展动态

(一)沃尔玛(Walmart)

沃尔玛是总部位于美国的世界性连锁企业,以营收额计算为全球最大的零售公司。2018年沃尔玛连续第六年蝉联《财富》美国500强排行榜榜首。沃尔玛目前的业务构成包括沃尔玛美国(Walmart U.S)、沃尔玛国际(Walmart International)和山姆会员店(Sam's Club),其中沃尔玛美国为销售额贡献最大的业务板块。2018年2月,该公司从传统线下商店转变为更加全面的、覆盖线上销售的零售商,提供线上线下融合全渠道服务。

沃马尔营业收入重拾增势。根据沃尔玛财报,2019 财年(2018 年 2 月至 2019 年 1 月)四季度沃尔玛营收数据为 1 388 亿美元,同比增速呈现翘尾状。整体而言,从 2017 财年第二季度开始呈上升状态。2019 财年第一季度(即 2018 年 2 月至 4 月)增速最高达到 4.4%,在经过了连续三个季度的同比增速放缓后,本季度增速上升到 1.8%(图 4.7)。

图 4.7　2017—2019 财年沃尔玛各季度营收收入

资料来源:沃尔玛财报,上海科学技术情报研究所(ISTIS)分析整理

各板块销售占比,美国市场依然遥遥领先。沃尔玛主营沃尔玛美国、沃尔玛国际、山姆会员店三项业务。沃尔玛美国业务范围涵盖门店、电子商务、全渠道产品三个部分,其中美国市场依然是沃尔玛净销售额、营业收入贡献最大的地区,同比增长率一直呈现上升态势。2019 财年第四季度财报数据显示,沃尔玛美国营收为 900.5 亿美元,占总营收的 65.6%,其增速约为 4.0%,为三者最高。沃尔玛美国业务快速增长,主要源于电商业务的发展,主要受益于提货、送货速度的扩张,以及沃尔玛线上更广泛的渗透。沃尔玛国际业务,是指美国以外的业务,包括零售、批发、其他。门店类型包括购物中心、超市、大卖场等。不过,沃尔玛国际的整体毛利率低于沃尔玛美国。2019 财年第四季度沃尔玛国际营收为 323 亿美元,占比总营收的 23.5%。山姆会员店以及山姆电子商务也是重要的组成部分。山姆是会员制超市,会费收入是营业收入的重要来源。商品的毛利率较低、营业费用较低。2019 财年第四季度山姆会员店营收为 149 亿美元,占比总营收的 10.9%,为三者最低。

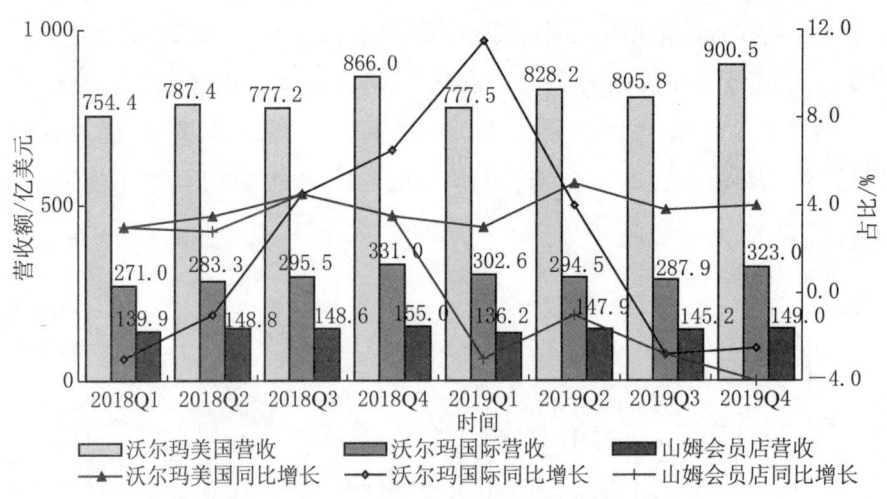

图 4.8 2018—2019 财年沃尔玛各季度各板块数据

资料来源：沃尔玛财报，上海科学技术情报研究所(ISTIS)分析整理

1. 高效率与低成本造就低价位

效率方面，高效的物流配送系统与先进的信息技术成就沃尔玛的高效率。高效的物流配送系统——沃尔玛的配送中心运行完全实现了自动化；先进的作业配送——大宗商品通常经铁路送达配送中心，再由公司卡车送达商店，并采取集中配送的方式；自动补发货系统——使得沃尔玛在任何时间点都能掌握所有门店的库存、货运运输和配送情况；零售链接系统——任何供货商均可借助零售链接系统了解产品销售情况。

成本控制方面，沃尔玛门店选址大都集中于美国农村郊区，具有租金低但交通集中的特质且装修简洁低调；从供应商直接进货，并通过数据共享，供应商可以第一时间了解沃尔玛的销售和存货情况，及时安排生产运输进而成本降低；严格控制管理费用，公司的管理费用为销售额的 2%，而行业平均水平为 5%；减少广告宣传投入。

2. 线下市场地位稳固缓解新业态的冲击

对于沃尔玛自身发展影响程度最大的是线下零售业务，尤其是食品杂货类。线下购物偏好保障沃尔玛销售的稳定性，2018 年沃尔玛营业收入中线下销售额占比为 97.28%。纵观美国价值 8 000 亿美元的食品杂货市场，沃尔玛占比达 22.29%，可见在食品杂货领域沃尔玛表现强劲，仍旧拥有明显优势。究其线下业务稳定的根源，主要原因如下。

首先，高效供应链管理实现成本下降。沃尔玛对供应链管理及信息技术要求极高并引入众多创新型信息技术。沃尔玛高效的供应链管理为其低成本核心策略提供了重要保障,大幅降低了沃尔玛在管理和销售上的支出。供应链管理对沃尔玛的深层蕴意是通过与供应链的无缝链接,参与上游生产过程,直接把握消费者需求动态。

其次,高市占率可以给沃尔玛的稳定发展带来行业红利。从市占率的数量角度来看,沃尔玛的高市占率可以保障其在市场发展中的稳定性,在美国宏观经济上行周期可以最大程度上享受到市场红利;在经济下行周期,也可以予以其更强的防御属性,减少由于经济周期变化所带来的冲击。从市占率的质量角度来看,沃尔玛的高市占率是以其强大的供应能力以及管理能力为基础的,拥有较高的顾客渗透率。

最后,核心客户和购物体验上沃尔玛存在优势。在核心客户方面,沃尔玛基本上覆盖了美国低端及中高端阶层,覆盖顾客范围较广;在购物体验方面,沃尔玛巨大的SKU(库存量单位)数量能够给予顾客挑选商品的愉悦感及满足感,而好市多更多的是通过提供严选模式下高性价比的产品进而满足顾客的现实购物需求。

3. 品牌和渠道双管齐下开拓电商业务

沃尔玛通过品牌矩阵的丰富以及线上渠道的拓展,实现目标客户的范围延伸,寻求自身能力提升。在渠道方面,从沃尔玛斥资 31 亿入股 1 号店以及之后收购的美国电商企业 Jet.com(30 亿美元)及印度最大电商 Flipkart(160 亿美元)可以看到其在电商能力提升上的决心,其中,Jet.com 主要服务于生活在城市的年轻群体,可以说这是沃尔玛渗透城市消费群体的关键一步。在品类方面,沃尔玛通过收购时尚女装零售电商 ModCloth(0.8 亿美元)、大码女装品牌 ELOQUII(1 亿美元)、男性时装零售网站 Bonobos(3.1 亿美元)等品类争取更多的核心顾客群体。

(二) 好市多(Costco)

截至 2018 财年第四季度,好市多(又名"开市客")在全球拥有 762 家门店,2018 财经年度结束时共有 762 家网点投入运营,其中包括 527 家在美国和波多黎各、100 家在加拿大、39 家在墨西哥、28 家在英国、26 家在日本、15 家在韩国、13 家在中国台湾、10 家在澳大利亚、2 家在西班牙、1 家在法国和 1 家在冰岛。2018 财年好市多营收规模达 1 416 亿美元,净利润 31.3 亿美元,是仅次于沃尔玛的世界第二大线下实体零售商。

好市多作为全球首家会员制仓储零售商,其商业模式的诸多亮点,会员制保障利润、低 SKU 的高品质严选模式、低毛利率最大化消费者剩余等已成为业界共识。

1. 好市多盈利模式以会员费为主

好市多的盈利主要来自会员费(占会员费比例约为 85%～95%),会员制对好市多的经营至关重要。第一,会员制为好市多提供了客户群体的信息,降低了好市多经营风险。会员主要包含企业主和经理、持牌专业人士以及为政府、公用事业、医院或银行工作的具有稳定收入来源的人群。第二,会员制下,好市多的客户群体需求和偏好较为一致,好市多更容易针对他们的需求和偏好提供更加有效率的服务。最后,缴费的会员会将好市多当成他们的俱乐部,会员制使客户保持较高的忠诚度和复购率。

2. 低利润和高周转成为立身之本

极低毛利率能够持续运转的秘诀在于健康的运营模式和最小化运营成本。好市多通过提高营业收入,使得边际成本递减,规模经济效应愈发明显,最终提高盈利能力。首先,由于采购的商品类别少且数量大,好市多具有极强的议价能力,能够从供应商处获得最优的价格;其次,好市多还拥有大量自有品牌,能够进一步控制成本;再次,仓储式的购物场景和极精简的商品类别,让好市多拥有极低的库存和极快的周转率,利于提高资产运作效率并降低经营成本。

3. 完善的配套和优质的服务提高用户黏性

好市多以店内零售为主,其他商业服务配套为辅,相互引流,协同打造成为综合型零售巨头,打造自身具有核心竞争力的商业生态圈。消费者可在好市多完成所有家庭生活的相关采购。好市多还提供加油站、药店、验光配镜、健康检查、旅游服务等其他服务配套设施,构建极具竞争力的商业生态圈。

好市多提供有市场竞争力的优质服务,形成独特的营销之道。例如,在好市多只要消费者不满意,三个月内均可无条件退换。好市多管理者认为退货非但不会影响公司经营,相反认为退货太多会对产品的供应商形成压力,倒逼供应商在以后更注重商品品质。

4. 高待遇激发员工效率,降低人员流失率

用高于行业水平的薪酬来激励员工高效工作,以此降低流失率并精简员工数量。根据《彭博商业周刊》提供的数据,好市多员工的时薪为20.89美元,而沃尔玛员工时薪仅为12.67美元。据统计,在好市多工作一年以上的员工中,离职率只有5%,沃尔玛整体员工流失率为44%。同时,好市多员工的工作效率远高于行业水平。在好市多强调平等主义,所有员工拥有同等地位,好市多的最高管理层绝大多数提拔自公司内部,98%的店铺经理有一线工作经历。除此之外,好市多在福利方面对员工考虑得比较周到,医疗保险计划、401(K)计划、免费的好市多会员资格、带薪休假,甚至作为兼职员工也能享受对应的福利待遇。

参考文献

[1] Deloitte. Global Powers of Retailing 2015:Embracing Innovation[R]. 2015.

[2] Deloitte. Global Powers of Retailing 2016：Navigating the New Digital Divide[R]. 2016.

[3] Deloitte. Global Powers of Retailing 2017：The art and science of customers[R]. 2017.

[4] Deloitte. Global Powers of Retailing 2018：Transformative change, reinvigorated commerce[R]. 2018.

[5] Deloitte. Global Powers of Retailing 2019[R]. 2019.

[6] Retailers in Europe. https://www.retail-index.com/default.aspx.

[7] 科尔尼公司,腾讯研究院.智慧零售的完整图景[R]. 2018-05.

[8] 欧盟统计局.欧盟统计局欧元指标[R]. 2019-03.

[9] 日本零售业协会.2017年日本商业统计年报[R]. 2018-07.

[10] 王志,齐晓东.美、日促进消费的政策比较及对中国的启示[J].经济研究,2014,13(9):4—6.

[11] 沃尔玛.2019财年Q4财报[R].2019-02.

[12] 银河证券.全球经典商超系列研究(二) Walmart竞争优势再思考[R]. 2019-01.

[13] 银河证券.全球经典商超系列研究(一) Costco商业模式新视角[R]. 2018-11.

本章撰写:冯海玮

第五章 世界电子商务发展动态

一、世界电子商务发展总体态势

2018年,世界经济喜忧参半,一半以上的世界经济体经济增速加快。联合国《2019年世界经济形势与展望》报告指出,尤其是美国经济增长加速,抵消了其他一些大型经济体的增速放缓,使全球经济增长稳定在3.1%。然而,全球贸易争端的持续与升级、地缘政治关系的紧张、金融市场波动风险的显现等因素为未来全球经济的发展前景蒙上了阴影。在此背景下,电子商务在新技术和新理念推动下继续发展,也受到了全球贸易政策和监管政策的影响。

(一)全球电子商务指数保持增长

近年来,联合国持续发布全球电子商务发展指数年度报告,以发展指数来反映全球及100多个国家和地区的电子商务发展情况。发展指数主要包含4个指标:使用互联网的个人用户比重;金融机构或移动货币服务提供商账户中15岁以上用户比重;每百万人安全互联网服务器数量;万国邮政可靠性分数。

总体上看,2018年全球电子商务发展指数为55,比上年增长了1.9个百分点。发展指数较高的仍然是发达经济体,4项指标均全球领先。但转型经济体东亚与东南亚、非洲地区,均比上年有不小的进步。这些地区多为新兴地区,近年来其经济发展和新技术均有长足的进步,同时,联合国近年来推出了多项针对新兴地区电子商务发展的促进措施,这些因素共同促进了这些区域及其经济体电子商务的发展。

然而,全球电子商务的发展环境也有隐忧。发达经济体指数下降了1,主要在于万国邮政即物流体系的安全性方面有所下降。而非洲地区虽然有进步,但其各项指标仍然落后其他地区很多,在实际网络交易、物流等方面存在较大差距(表 5.1)。

表 5.1　2018 年全球电子商务发展指数

区　域	互联网个人用户比重/分数	账户中 15 岁以上用户比重/分数	每百万人安全互联网服务器数量/分数	万国邮政可靠性/分数	2018 年发展指数	2017 年发展指数
非洲	26	40	29	24	30	28
东亚与东南亚	48	62	57	62	57	54
拉丁美洲与加勒比海地区	54	53	54	24	46	47
西亚	71	58	51	42	57	58
转型经济体	65	59	65	71	65	59
发达经济体	84	93	88	81	86	87
全球	54	60	56	49	55	54

注:表中 2018 年指数数据来源为 2017 年或最新数据
资料来源:United Nations,Unctad B2C E-commerce Index 2018

(二)中国成为全球第一大电商市场

2018 年全球电子商务市场继续保持增长。据咨询公司 Statista 数据,2018 年全球电子商务市场销售额将达到 2.84 万亿美元,比上年增长 23%(图 5.1);在全球零售业中的比重也持续上升到 11.9%(图 5.2)。预计未来几年,全球电子商务持续高增长,增速将达 15% 以上。

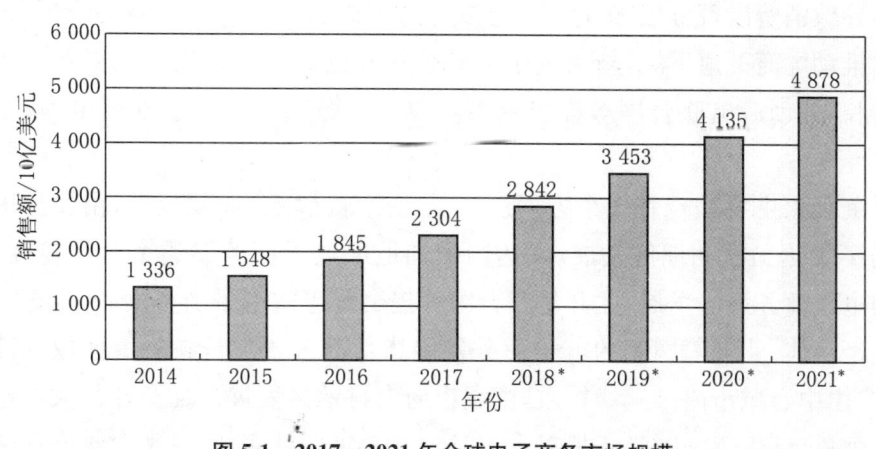

图 5.1　2017—2021 年全球电子商务市场规模

资料来源:Statista,E-commerce Worldwide

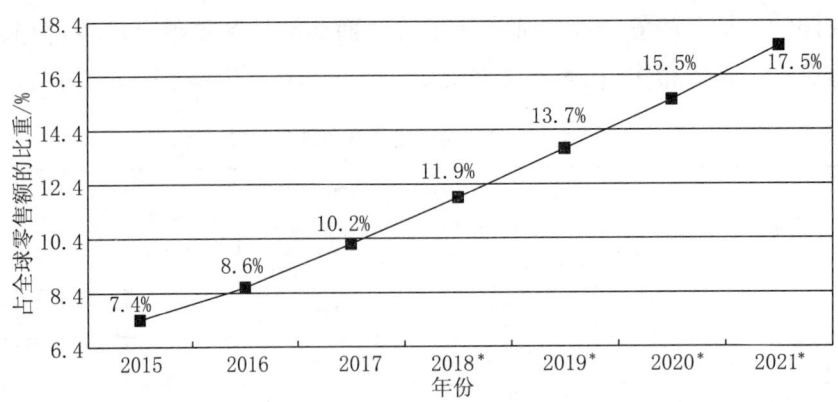

图 5.2　2017—2021 年电子商务占全球零售业比重

资料来源：Statista，E-commerce Worldwide

其中，中国的电商市场规模将继续扩大，2016 年中国电商市场规模已超过美国。目前，中美两国之间市场规模的差距进一步缩小，这主要得益于中国零售市场的发展。2018 年中国零售市场规模为 5.243 万亿美元，比上年增长 8.5%。咨询公司 eMarketer 预计，2019 年中国零售市场规模将达 5.64 万亿美元，将会超过美国零售市场规模。届时，中国电商市场将有 1.989 万亿美元，占中国全部零售市场的 35.3%，将占全球电商市场的 55.8%。2022 年中国占全球电商市场的比重将有望超过 63%，而美国将下降到全球市场的 15%。

（三）消费分层和渠道下沉引发新模式

随着电子商务的发展，先发区域或群体的电商渗透率显现增长迟缓的迹象，贫富分化导致消费出现分层等，电子商务出现增长瓶颈。为了推动业务发展，电商行业开始推动电商渠道下沉，新兴电子商务公司和已有的电商巨头均得益于下沉区域的增长，并创造出联合国等提出普惠式电子商务、拼购模式、农村电商、亲情模式等。

下沉现象主要表现在 3 个方面。一是在全球区域分布发展上，由发达国家和地区向不发达国家和地区发展，发达国家和地区电子商务渗透率已经较高，新兴地区的电子商务蓬勃发展，尤其是联合国等提出普惠式电子商务发展，也进一步促使转型经济体、非洲等国家的电子商务发展指数提升。二是在一个区域内部空间分布上，由中心城市向二三线扩散，由城市向农村地区发展。如全球最大的电子商务公司阿里巴巴 2019 财年年报显示，截至 2019 年 3 月底，阿里平台年度活跃消费者达到 6.54 亿，同比增长 1.02 亿，新增客户中有 77% 来自下沉市场。近年来，阿里巴巴更是将乡村战略定为未来20年发展三大战略之一。2018年底,阿里淘宝村已经达到3 202个,覆盖中国330个县,年销售额达到2 200亿。三是在用户群体上,由高收入群体向低收入群体拓展,由传统活跃的年轻人群体向以往不活跃的老年人群体发展,如拼多多的迅速崛起,又如日本电商老人专区、阿里亲情账号的推广等等。

(四) 全渠道融合进一步减少消费体验摩擦

近年,消费领域的跨渠道趋势进一步发展为全渠道融合。线上与线下多个消费渠道由渠道割裂、渠道并列,走向渠道融合。全渠道融合以应用场景化为主要途径,以各种工具与平台的无缝链接为手段,以减少消费体验摩擦为核心,形成多维协同的发展方式。实体店和网络销售之间的界限越来越模糊。如亚马逊开始实施实体店计划,计划于2021年前在全美开出3 000家实体店,将提供现场制作的快餐及事先制作好的食品,预计对便利店及快餐店等形成一定冲击。沃尔玛、苹果、家得宝等传统零售企业的电商业务比重也进一步提升(表5.2)。

表5.2 美国前5家电商企业占全部零售电商销售额的比重

年 份	占比/%				
	Amazon	eBay	Apple	Walmart	The Home Depot
2017	43.1	7.6	3.8	3.3	1.4
2018	48.0	7.2	3.9	4.0	1.6

资料来源:eMarketer, Top 5 US Companies, Ranked by Retail Ecommerce Sales Share, 2017 & 2018

但每个渠道均有自身的应用特点,不同场景对应不同的渠道。如百货的购买,消费者更愿意就近。咨询公司eMarketer的调查表明,针对过去30天内食品杂货的消费,2018年在沃尔玛购买的消费者同比增加了7%,在超市和食品店购买的消费者同比增加了2%,而在亚马逊上购买的消费者则下降了5%(图5.3)。

因此,在全渠道融合中,减少多渠道中的消费体验摩擦成为渠道融合成功的关键。而减少消费体验摩擦的主要途径是加强新技术的深入应用与无缝集成,物联网、虚拟现实、区块链、云计算、人工智能、大数据等共同构建新的消费基础设施。如亚马逊实体店中采用的无人收银结账技术(scan-and-go)一经使用,便成为零售业的标杆。有越来越多的实体店开始采用无人收银模式,如沃尔玛、家乐福等。

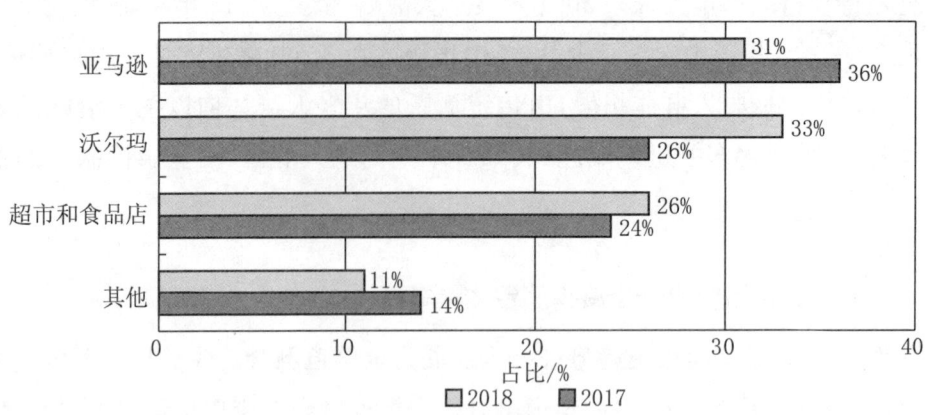

图 5.3　美国百货消费渠道分布情况

注：受访者年龄 18 岁以上；65% 的受访者为女性；调查内容为过去 30 天食品杂货消费

资料来源：eMarketer, Where Have US Digital Grocery Shoppers Purchased Online Groceries Most Recently of respondents 2017—2018

（五）贸易摩擦将对电商市场产生一定影响

2018 年各国之间日益频繁的贸易摩擦不仅为国际贸易蒙上阴影，也对全球电商市场发展也产生一定影响。在贸易争端中，电子商务标准被列入贸易纠纷和谈判内容之一，部分贸易商品被列入关税提高清单，其他一些贸易保护措施无形中提高了贸易壁垒。2018 年 3 月，包括沃尔玛、好市多等在内的 20 多家美国零售及美国零售业协会致信美国政府表达对增加关税的担忧。然而，目前贸易摩擦在不断升级中。这使得全球贸易需求的前景进一步变得不确定，中短期发展受到一定影响，尤其是跨境电子商务。

但这种影响对不同国家、不同行业和不同平台具有不同的影响。咨询公司 eMarketer 预计，贸易摩擦对中美双方跨境电子商务的影响有所不同。美国经济分析局数据表明，美国有 18% 的进口商品来自中国，而只有 8% 的美国商品出口到中国。预计 2018 年中国跨境电商零售额约为 1 216 亿美元，大约增长 21.5%，而如果考虑贸易摩擦因素，2019 年大约增长 18.5%，达到 1 441 亿美元。

在不同行业中，有部分行业的商品价格，双方都会上升。但有一些行业的商品价格将会下降，如美国猪肉由于受到中国市场打击，而在美国的零售价下降了 2%～3%，培根下降了 7%。对于不同平台来讲，如果销售商品与关税提高国家相关度较高，所受的影响也较大。因此，贸易纠纷若持久，可能会导致跨境电商之间商品流动的区域格局再次发生变化。

二、主要国家和地区电子商务发展态势

美国、欧盟地区是全球领先的电子商务市场,而非洲地区电商发展环境持续改善,其发展动态值得关注。

(一) 美国

1. 市场增速强劲,但逐季放缓

2018年美国经济继续复苏,全年GDP增长2.9%,个人消费支出占全部GDP的比重为68.8%。在美国消费增长的情况下,2018年美国电子商务市场强劲增长。美国统计局数据显示,2018年电子商务零售销售额为5 136亿美元,比上年增长14.2%,占全部零售额的9.7%。咨询公司eMarketer预计,2019年美国电商市场将继续保持高增长,电商零售额突破6 000亿美元,增长率高达15.1%(图5.4)。

图5.4 2009—2018年美国电子商务零售额占全部零售市场的比重

资料来源:U.S.Census Bureau, Quarterly Retail E-Commerce Sales 4th Quarter 2018

但是,美国电商市场的增长在第2季度以后逐季放缓,让人担忧。这显然与美国经济增长的逐季放缓有关。2018年第2季度美国经济增长高达4.2%,然而第3季度与第4季度则逐步降低到3.4%、2.6%,私人消费支出增长也逐渐下降,说明美国经济自第2季度以来增长乏力,消费开始放缓(表5.3)。

表 5.3　2018 年美国电子商务发展概况

季　度	零售销售额/100 万美元		电子商务占全部零售额的比重/%	季度环比/%	
	全　部	电子商务		全　部	电子商务
2018 第 4 季度	1 345 243	132 830	9.9	0.4	2.0
2018 第 3 季度	1 339 375	130 224	9.7	0.8	2.6
2018 第 2 季度	1 328 094	126 985	9.6	1.5	3.6
2018 第 1 季度	1 308 087	122 526	9.4	0.3	3.4

资料来源：U.S. Census Bureau, Quarterly Retail E-Commerce Sales 4th Quarter 2018(Adjuseted)

2. 假日销售获得新突破

在复苏的经济、较低失业率与强劲的收入状况下，美国的假日零售（11 月 1 日至 12 月 31 日）获得持续性增长。2015 年至 2017 年美国假日季零售市场分别获得 2.3%、4.5% 和 5.2% 的年增长率。在此基础上，咨询公司 eMarketer 预计，2018 年假日零售获得新突破，零售额将首次突破 1 万亿美元，达到 1.002 万亿美元，同比增长 5.8%，成为自 2011 年以来最强劲的增长。

其中电子商务销售额达到 1 237.3 亿美元，增长率高达 16.6%，占全部零售额的比重也达到 12.3%。这一数字比全美整体电子商务零售的增长情况要高不少。

占美国电商市场近一半比重的亚马逊宣布 2018 年的假日季销售再创新高，美国 Prime 会员免费配送发货量达到 10 亿件，"网购星期一"（11 月 26 日）再次成为公司历史上最大的购物日。其中两个方面表现突出，一是第三方平台上的中小企业销售增长超过了自营，有超过 50% 的销售商品来自中小企业；二是智能语音市场发展更快，语音助手 Alexa 进一步增强了人工智能性能，内置 Alexa 的设备数量在 2018 年增加了一倍以上，通过 Alexa 来订购商品的用户同比增长了三倍。由于假日销售的强劲，亚马逊净销售额在第四季度获得了 20% 的同比增长率（图 5.5）。

3. 品牌转化率拉大差距

长期以来，美国电商市场的集中度非常高。表 5.2 显示，2018 年前 5 家企业零售额占美国全部电商零售额的比重达到了 64.7%，其中亚马逊位居第一，并远远高于其他企业。从品牌的认知度看，亚马逊占据主导地位，是最受美国人欢迎的电子商务品牌。跨设备消费调查公司 Verto 于 2018 年 12 月发布的电子商务指数表明，在电子商务品牌中，有 1.8 亿用户平均每月每人约有 5 小时 7 分钟访问亚马逊，而沃尔玛网站虽有 1.13 亿用户，但仅有 34 分钟访问时间。一般来说，传统零售商网站的平均访问时间均较电商网站的访问时间较短（表 5.4）。

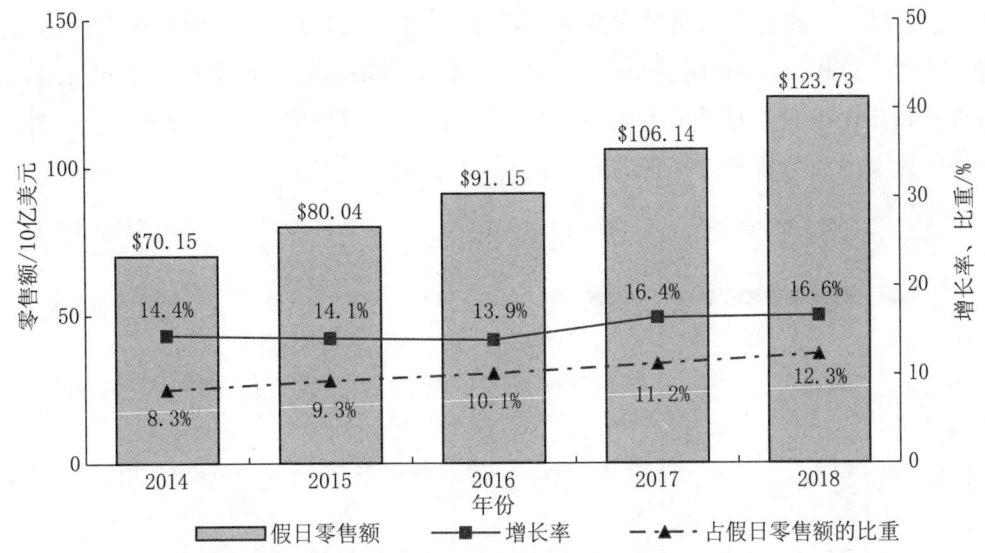

图 5.5 2014—2018 年美国假日季电子商务市场概况

资料来源：eMarketer，Holiday Sales To Cross 1 Trillion For First Time

表 5.4 美国前十大访问量电子商务网站

网站名称	月活跃用户/100 万人	每月达到率/%	每人每月访问时间/时·分
亚马逊	185	86	05:07
沃尔玛	113	53	00:34
亿贝	97	45	01:55
塔吉特	64	30	00:24
高朋	59	28	00:16
家得宝	56	26	00:17
百思买	44	20	00:14
电子优惠券公司(Coupons)	42	19	00:22
跨境电商 Etsy	41	19	00:23
柯尔百货公司(Kohl's)	34	16	00:24

资料来源：Verto，Verto Index：E-Commerce

亚马逊在转化率方面也处于领先地位，这拉开了与其他网站的距离。图 5.6 表明，亚马逊总体转化率为 39%，远远大于其他网站。尤其是在移动端方面，亚马逊转化率为 4.7%，而沃尔玛移动端转化率最低，仅有 1.2%。而沃尔玛是电子商务领域份额最大的传统零售商，这显示出传统零售商在电商领域与电商巨头之间的差距。亚马逊也是唯一一家拥有大量独家受众的网站,其中有20%的访问用户没有访问过其他三家网站。相反,却有超过90%的沃尔玛、亿贝和塔吉特用户也访问了亚马逊。访问时间和转化率的差异显示出亚马逊在产品、营销及网页便利性等方面的独特性,这也是传统零售商今后努力完善的方向。

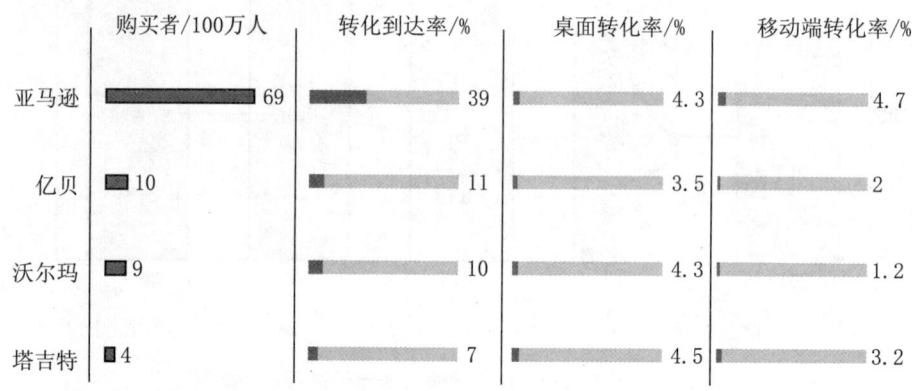

图5.6 美国前四大电商网站转化率

注:图中数字指颜色较深的那部分
资料来源:Verto,Verto Index:E-Commerce

(二)欧盟

1. 电商市场增速略有放缓

受经济形势的影响,欧盟电子商务市场总体上有所放缓。根据欧盟统计局数据,2018年欧盟28国电子商务营收(turnover)占企业收益的比重为17%,比上年下降了一个百分点。其中仅有8个国家有所上升,其他国家/地区持平或下降(表5.5)。

表5.5 欧盟28国企业电子营收占企业总收益的比重

国家/地区	占比/%				
	2014	2015	2016	2017	2018
欧盟28国总体	15	16	17	18	17
丹 麦	26	26	27	29	32
爱尔兰	26	32	30	30	31
瑞 典	24	26	26	29	30
比利时	22	24	23	24	29
挪 威	25	26	26	29	28
塞尔维亚	21	—	—	24	26

续表

国家/地区	占比/%				
	2014	2015	2016	2017	2018
捷克	26	23	26	24	24
立陶宛	18	17	18	22	22
波斯尼亚和黑塞哥维那	—	—	—	—	22
芬兰	15	15	18	21	21
马耳他	16	16	18	16	21
德国	22	24	26	24	20
英国	19	20	19	20	20
葡萄牙	14	19	18	18	19
西班牙	16	16	19	20	19
斯洛文尼亚	14	16	14	18	18
克罗地亚	—	19	18	18	18
荷兰	13	17	16	16	17
爱沙尼亚	12	12	15	16	16
法国	11	16	16	17	16
奥地利	13	14	15	17	14
匈牙利	10	10	12	13	13
波兰	9	10	10	10	13
斯洛伐克	11	13	12	15	13
塞浦路斯	10	10	12	12	12
卢森堡	7	6	—	—	12
希腊	9	6	10	11	11
拉脱维亚	7	8	8	11	11
意大利	5	6	7	8	10
黑山	—	—	—	14	10
罗马尼亚	7	7	7	8	9
土耳其	—	12	11	11	9
保加利亚	5	5	5	7	6
冰岛	22	—	—	—	—
北马其顿	5	1	2	—	—

资料来源:Eurostat

按照渠道来分,多数电商收益来自企业自有网站和App,而不是第三方交易平台。数据显示,有87%的欧盟企业利用自有网站和App进行电子商务,只有40%使用第三方交易平台。克罗地亚、斯洛伐克、芬兰等国有97%是自有渠道,斯洛文尼亚、卢森堡最低,只有67%和69%。通过交易平台进行交易最普遍的是意大利(64%)、塞浦路斯和波兰(53%)(图5.7)。

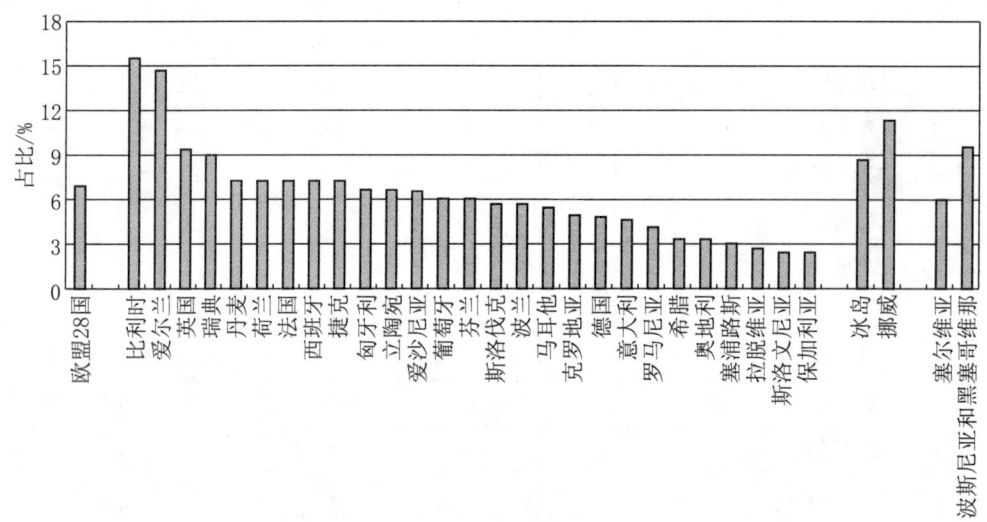

图5.7 欧洲地区不同网络销售占营收比重

资料来源:Eurostat

从总体发展水平和环境上看,欧洲地区有多个国家均居全球前列。在联合国发布的电子商务发展指数中,前10位国家中有8位是欧洲地区国家。互联网用户比重和服务器数量均较高,但在邮政物流体系的建设上欧洲各国有所区别,英国等物流体系建设较好,而丹麦、爱尔兰等国家还有较大的差距。这也许是未来欧洲电子商务市场继续发展与完善的主要方向之一(表5.6)。

表5.6 2018年全球电子商务发展指数前10位国家

2018年发展指数排名	国家	互联网个人用户比重/分数	账户中15岁以上用户比重/分数	每百万人安全互联网服务器数量/分数	万国邮政可靠性/分数	2017年发展指数排名
1	荷兰	95	100	100	90	4
2	新加坡	84	98	98	100	18
3	瑞士	94	98	94	94	2
4	英国	95	96	90	96	6

续表

2018年发展指数排名	国家	互联网个人用户比重/分数	账户中15岁以上用户比重/分数	每百万人安全互联网服务器数量/分数	万国邮政可靠性/分数	2017年发展指数排名
5	挪威	98	100	87	90	3
6	爱尔兰	98	99	98	78	11
7	冰岛	81	95	95	100	19
8	瑞典	96	100	86	89	7
9	新西兰	88	99	87	96	10
10	丹麦	97	100	95	74	13

资料来源：United Nations，Unctad B2C E-commerce Index 2018

2. 跨境电商稳步发展

欧盟将欧盟内不同国家质检跨境在线购物作为数字单一市场的一个重要指标。欧盟地区数字单一市场的建设在进步，跨境购物的习惯上升。欧盟最新统计数据表明，2018年有36%的在线购物者从其他欧盟国家购买商品或服务，这一比重比2013年的26%有了较大的提升。同时，从欧盟以外国家进行在线购物者的比重也从2013年的14%上升到2018年的26%（图5.8）。

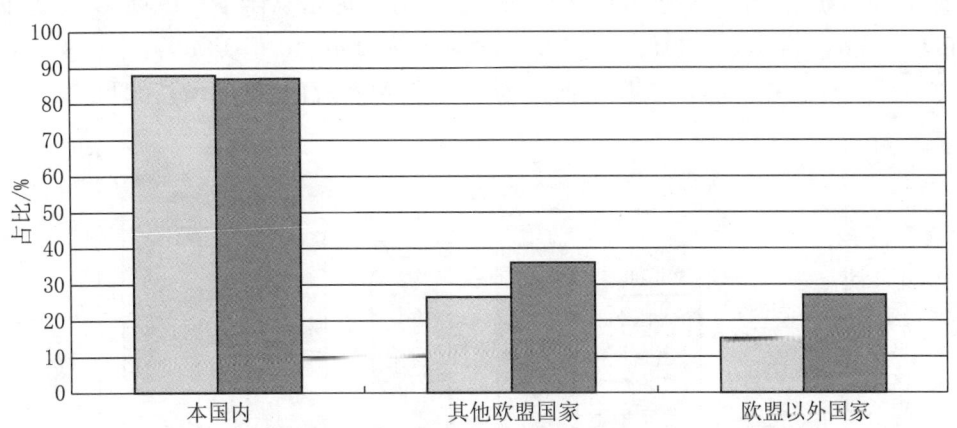

图5.8 欧盟境内外跨境在线购物者比重

资料来源：Eurostat

跨境购物的主要产品是实物商品，每10个人中就有8人购买了实物，80%的人购买电子产品、衣服、玩具、食品、杂货、书籍等。旅行、住宿或度假安排方面的比重较低，有34%。而只有16%的购物者从国外订购服务性产品，如电子票（体育赛事、音乐会或其他娱乐活动）或电信服务（电话服务订购、SIM卡）（图5.9）。

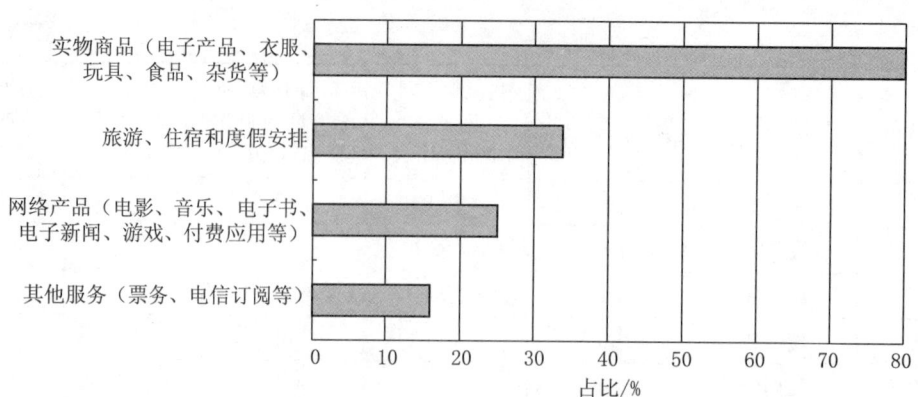

图 5.9 欧盟跨境购物产品类型比重

资料来源：Eurostat

但目前，多数购物者仍然习惯于在本国内进行购物，图 5.8 显示，2018 年这一比重有 88%，仅比 2013 年下降了 1 个百分点。这表明欧盟数字单一市场的发展仍然有巨大的潜力，尤其是服务型电子商务市场。

3. 英德电商市场增长强劲

英国和德国分别是欧盟地区主要的电商市场之一。近年来，两国电商市场高速增长。咨询公司 eMarketer 预计，2018 年，尽管受英国脱欧等因素的影响，但英国的在线零售市场仍然获得高速增长，增长率达 14.9%，远超总体零售市场 4.7% 及非电商市场 2.3% 的增长率。2018 年，电商市场总体规模 1 240 亿美元，占全部零售市场的 20.6%。预计未来几年，英国电商市场将持续保持较高速度的增长（图 5.10）。

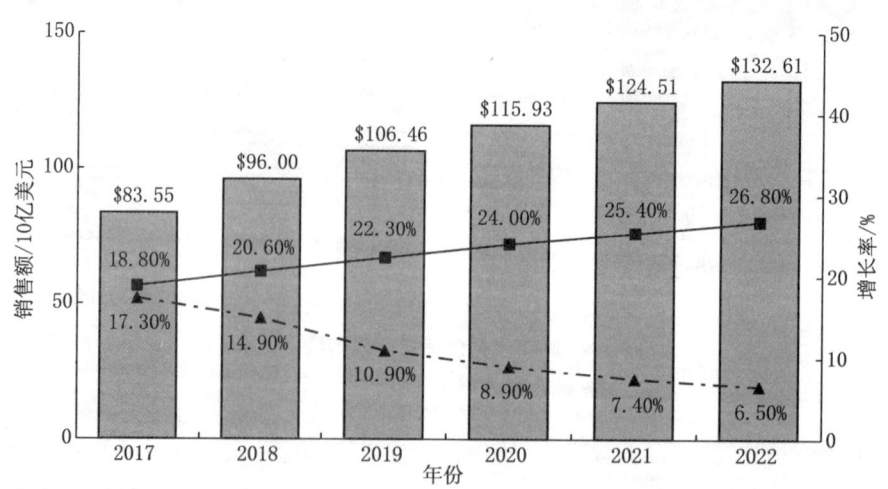

图 5.10　2017—2022 年英国电子商务市场概况

注：2018 以后数据为预估数据

资料来源：eMarketer，UK Retail And Ecommerce 2018

德国电商市场也获得两位数的增长。德国电商协会(Behv)数据显示，2018年德国在线零售额突破651亿欧元，增长了11.4%，占零售业销售额的12.5%以上。其中，多渠道零售商售额增长了12.9%，达到227.1亿欧元；纯在线零售商销售额增长了14%，达到97.7亿欧元。在产品类型上，食品、娱乐(书籍、食品、游戏等)、家居等增长速度较高，2018年均获得超过12%的增长率。预计，2019年德国电商规模将增长10.5%，达到719.4亿欧元。

（三）非洲

1. 非洲电商发展环境改善显著

联合国2018年发布的数据显示，2017年非洲地区的零售电商市场规模大约为57亿美元，约占GDP的0.5%，低于世界平均水平(4%)。尽管非洲仍然是电子商务发展水平较低的地区，但是近年来，非洲地区的电子商务发展环境有了巨大的改善，互联网用户逐步攀升，互联网基础设施建设取得进展，尤其是撒哈拉以南地区。根据联合国电子商务发展指数，在互联网15岁以上用户账户比重、互联网用户个人比重、每百万人安全互联网服务器数量这3个具体指标方面，撒哈拉以南非洲地区的增长速度远远超过世界平均水平(图5.11)。

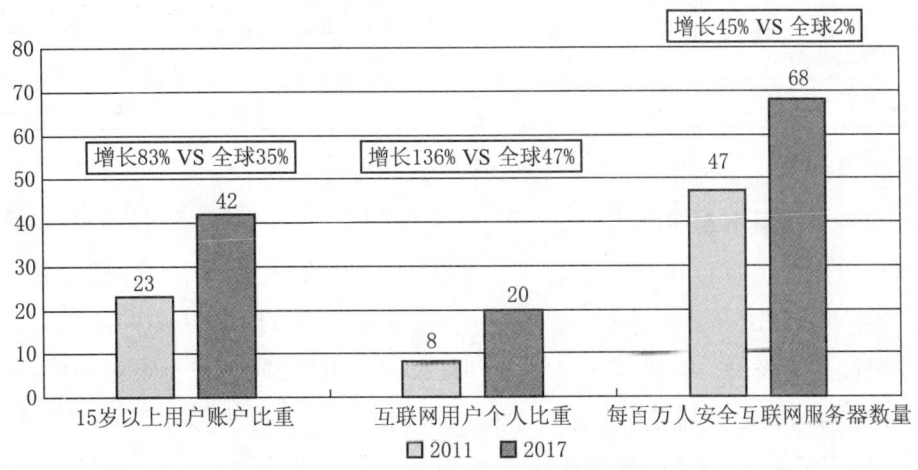

图5.11　2011年和2017年撒哈拉以南非洲地区互联网发展指数情况

资料来源：United Nations，Unctad B2C E-commerce Index 2018

在非洲地区44个国家中，发展指数位居前十大的国家均有各有特点，与各国政府的推动政策有关。如排名最高的毛里求斯，拥有互联网账户的人口比例达到了90%，而政府为了让更多的中小企业上网，2018年推出了一个购物门户网站提供免税购物。又如尼日利亚,作为人口最多的非洲国家,在电商发展指数中排名非洲第二,主要得益于物流体系发展水平较其他非洲国家高,万国邮政联盟(UPU)系统可靠性分数远高于其他国家,信件、包裹和快件的平均交货时间分别为3.6、4.4和2天。尼日利亚邮政(NIPOST)还计划到2020年通过"每个家庭邮件行动计划"(Mail for Every House Initiative)实现90%的送货上门服务(表5.7)。

表5.7 2018年电子商务发展指数前10位非洲国家

非洲地区排名	国家名称	互联网个人用户比重/分数	互联网账户中15岁以上用户比重/分数	每百万人安全互联网服务器数量/分数	万国邮政可靠性/分数	2018年发展指数	世界排名
1	毛里求斯	55	90	56	66	66.9	55
2	尼日利亚	42	40	52	85	54.7	75
3	南非	59	69	83	0	52.9	77
4	突尼斯	56	37	51	63	51.7	79
5	摩洛哥	62	29	54	59	50.9	81
6	加纳	39	58	45	53	48.8	85
7	肯尼亚	39	82	37	27	46.2	89
8	乌干达	17	59	31	58	41.5	99
9	博茨瓦纳	47	51	41	26	41.4	100
10	喀麦隆	23	35	25	78	40.3	101

资料来源:United Nations, Unctad B2C E-commerce Index 2018

2. 电商发展具有鲜明特点

非洲电商发展有自身独特的特点。非洲地区大约有54个国家,12.5亿人口,经济发展落后,物流和金融体系不是很发达,其电商市场发展具有以下特点。一是非洲移动电商优先发展。非洲有2.8亿人口具有移动电子钱包,是拥有银行账户人口的3倍,如71%的尼日利亚用户通过手机访问网站。二是非洲数字消费用户主要是年轻人,平均年龄为19岁。三是现金交易为主要支付手段。Jumia,Jiji和Konga是非洲地区三个主要电商网站。在尼日利亚Jumia网站中,有67%通过现金支付,23%进行信用卡支付,10%进行移动支付。四是跨境电商得到了一定发展。由于非洲地区缺乏大量的实体零售设施,为跨境电子商务创造了环境。尼日利亚、肯尼亚和南非是主要的电子商务市场。目前跨境商务主要是通过这三个国家的平台。如专注于英美卖家的平台Nigeria-based Mall for Africa,提供包括亚马逊和亿贝的服务,可以提供自己的信用卡用于 180 个美国和英国网站购物,为非洲 15 个国家服务。

3. 非洲地区增长潜力巨大

近年来,尽管非洲地区有了改善,然而,非洲地区电商市场的发展环境和发展空间仍然有巨大的空间。从总的用户数上看,2017 年非洲有超过 2 100 万的在线购物者,仅占世界全部总量的 2%。在各国电商用户的渗透率上,多数国家的互联网购物者的比重低于 30%,即使是电商发展指数位居第一的毛里求斯,其在线购物者占全部互联网用户的比重也不到 1/3。

表 5.8　非洲地区在线购物者比重前 5 位国家

非洲地区排名	国　家	15 岁以上在线购物者比重/%	在线购物者数量/1 000 人	在线购物者占互联网用户比重/%
1	利比亚	14.6	629	67
2	毛里求斯	14.4	129	26
3	纳米比亚	12.1	184	24
4	肯尼亚	9.3	2 614	24
5	南　非	7.9	2 929	13

资料来源:United Nations, Unctad B2C E-commerce Index 2018

如果非洲地区电商用户的渗透率增加到 50%,将增加 7 700 万在线购物者,预计 B2C 市场规模将增加一倍以上,联合国预计将接近 140 亿美元。这预示着非洲地区的电商市场有着巨大的发展前景(图 5.12)。

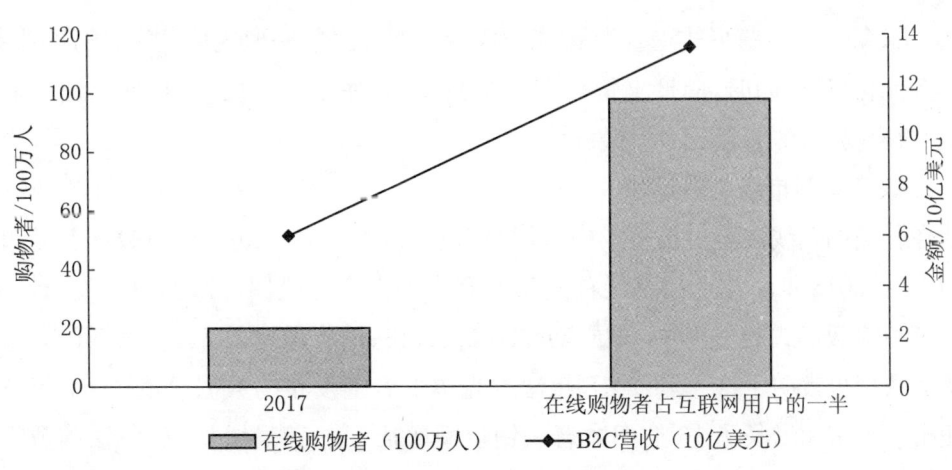

图 5.12　非洲地区电商市场前景预测

资料来源:United Nations, Unctad B2C E-commerce Index 2018

三、电子商务新模式发展动态

近两年,内容付费平台发展迅速,区块链电商也开始崭露头角,其运营模式及其引发的问题值得关注。

(一)内容付费模式

1. 内容付费模式兴起

近年来,随着互联网平台的发展,受宽带建设加快、消费不断升级、知识产权保护的日益重视、新一代消费者意识成长等因素的影响,在线内容付费模式逐渐兴起。以中国为例,2018年4月国家版权局发布的《中国网络版权产业发展报告》显示,2017年中国网络版权产业市场规模达6 365亿元,比2016年增长27.2%,其中用户付费规模达3 184亿元,占比超过50%。

目前,在线内容付费行业涉及面广。从内容表达形式上,主要包括文字型、图片型、视频型(长视频、短视频)、音频型。从内容的信息类型上,主要分为资讯型(信息)、知识型(课程、有声书等)、问答型、作品型(网络文学、漫画等)、娱乐型(在线游戏等)。

内容付费行业发展出现两大特点。一是由于移动终端和移动技术的发展,各种类型内容表达均向短、小、碎的方式演化,出现了多个新兴企业,并迅速成长,如文字型的Hooked和今日头条,图片型的Instagram,短视频型的抖音,音频型的喜马拉雅和Scribd等。二是跨形式融合发展,在内容形式上,由单一形式向文字、图片、视频、音频多元化发展,同时,向产业链的上下游拓展,如除了内容发表,还向书籍出版销售、版权交易、智能音箱、商场等发展。

2. 数字音频市场发展迅速

在各类的在线内容付费行业中,近两年数字音频行业引起关注。数字音频市场飞速发展,2018年法兰克福书展首度举办有声书大会。美国出版商协会发布,2018年在各种出版形式的书籍中,美国有声书增长最快,销售额增长37%(表5.9)。其他国家的数据也表明了这一点,2018年法兰克福书展上发布的数据显示,2017年英国音频市场销售额增长了16%;日本音频销售额增长5%,销量增长30%;法国数字音频销售额上升了75%,销量大涨85%;意大利音频市场销售额增长51%,销售量增长81%。

表 5.9　2017 年和 2018 年美国出版市场销售额

类型/其他	销售额/100 万美元		增长率/%
	2018	2017	
精装书	3 057.7	2 860.9	6.9
平装书	2 763.6	2 643.5	1.1
电子书	1 016.2	1 054.2	−3.6
可下载有声读物	469.3	342.2	37.1
实体有声读物	45.7	58.2	−21.5
纸板书	150.9	147.1	2.5
其他	422.8	388.5	8.8

资料来源：Association of American Publishers, statshot monthly report

数字音频市场的发展与智能终端的普及有紧密关系。尼尔森 2018 年报告指出，当前音频行业正处于激动人心的时刻，人们可以通过越来越多的方式收听信息和娱乐，尤其是智能终端的普及极大地推动了在线音频的发展。如 2017 年美国智能手机音频用户比上年增长了 40%，是 2014 年的 2.5 倍（图 5.13）。

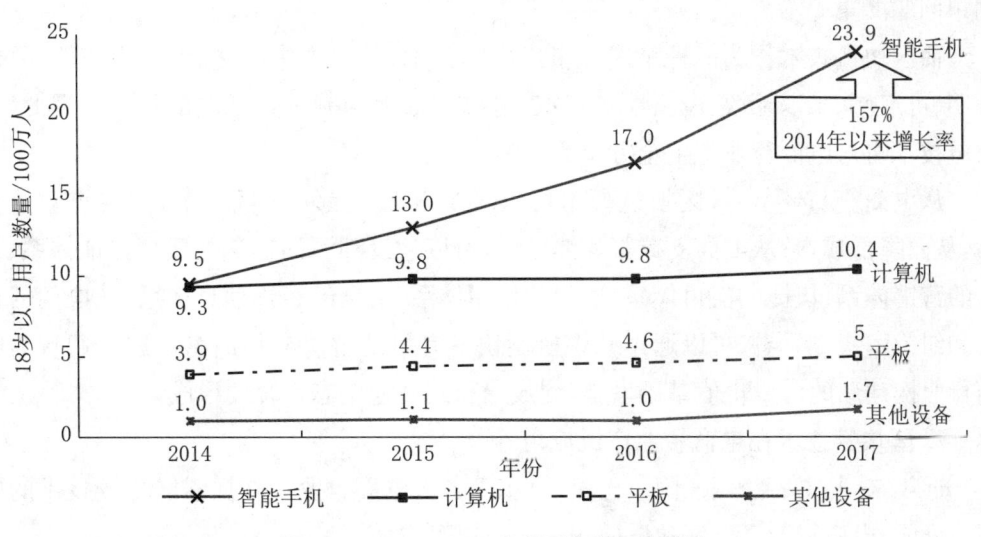

图 5.13　2014—2017 年美国音频用户数量

资料来源：Nelson, Audio Today 2018

3. 内容付费平台运营形式多样

内容付费平台初期的运营模式主要为流量＋广告，其付费方主要是广告商。近年来,随着版权和内容意识的增强,付费方在向用户倾斜。目前除了广告模式,主要盈利模式还有会员制、打赏型、项目订阅付费、点对点咨询付费等。

不同信息类型的内容平台,有不同的运营特色。按照平台提供的服务信息类型可以将付费平台分为以下几类。一是资讯型,主要为用户提供所需要的信息为主。这类平台大量存在,也是较早的一种内容平台,其主要的运营模式为免费流量+广告收入模式。二是知识型,如提供课程、有声书,是近年兴起的主要内容平台,有流量+广告的方式,但更多的是依靠订阅付费的模式。三是问答型,较为私密,以点对点或圈子咨询服务为主,收取一定的咨询费用。四是娱乐型,如大量的直播平台,主要为打赏模式。目前,一个平台往往会采用多种模式进行盈利。然而,内容付费平台的发展也对知识产权保护提供了更高的要求,需要行业进一步关注。

(二)区块链电商

1. 电商行业多个痛点有望解决

长期以来电商行业具有诸多顽疾,如商品质量问题难以保证和跟踪;用户信息个人隐私难以得到保护;版权保护意识不强,抄袭和复制现象较为严重;虚假信息快速传播与蔓延;一些平台盈利模式过度依赖广告;信用体系建设难以保证,虚假评论和刷单问题严重等等。

而区块链技术作为一种全球分布式记账技术,具有去中心化、点对点传输、开放透明、可追溯、难以篡改、匿名性等特点,可以有效地抑制上述问题的发生。因此,区块链技术将对电商行业产生全方位的影响。

从电商交易环节看,区块链技术可以减少电商交易的中间环节,实现点对点交易,从而降低成本;从电商支撑服务体系看,可以建设溯源的物流与质量保证体系、精准的营销体系、快捷的支付体系、透明的信用体系、安全的用户信息体系;从电商的售后和纠纷解决体系看,可以通过共识机制快速有效地解决交易纠纷。这一切将为电商行业构建新的可信价值基础设施,促成分布式商业生态系统的形成。

2. 区块链技术在电商企业广泛应用

近年来,脸书、亚马逊、阿里巴巴、京东等各大电商企业均在探索区块链技术的应用。目前,电商行业进行区块链应用主要在以下方面。

一是基于区块链对未来战略方向的重新思考,如脸书公司于2019年初提出,公司整体将基于区块链进行整体战略转型,由开放的社交媒体模式转向端到端的私密模式,将推出发行Facebook加密币,改变盈利模式,由传递信息的互联网社交平台变成传递价值的区块链金融财团等一系列措施。二是推出区块链应用的行业云平台。

如亚马逊管理区块链（Amazon managed blockchain，AMB），客户通过 AMB 只需要简单几步就能搭建一个可扩展区块链网络，并可以通过亚马逊量子记账数据库（Amazon quantum ledger database，QLDB）及时备份。三是加强区块链技术的研发，如阿里巴巴于 2015 年成立了区块链实验室，致力于区块链中共识协议、密码学安全、跨链协议等技术的研究和应用，以商业与金融等应用场景为突破口，率先实现有自主权的工业级/金融级区块链系统，并在知识产权研究公司 IPRdaily 发布的 2018 年全球区块链专利企业排行榜中位居第一。四是以区块链技术改造现有电商业务，如京东在《京东区块链技术实践白皮书（2018）》中全面阐述了未来的应用，包括商品防伪追溯及贸易融资供应链系统、合同及发票防伪系统、公益追溯系统、交易清结算系统、资产证券化 ABS 系统、保险防欺诈系统、大数据安全系统。

3. 新兴区块链电商初现

与传统电商进行现有模式或业务改造不同，完全基于区块链技术的新兴电商开始出现。如新加坡区块链电商 NeoPlace，试图建立一个去中心化的电商平台，在完全开放的资源和 NeoPlace 第三方托管的基础上，保证卖家和买家之间更加透明、安全的购物体验，最终降低任何人参与电商活动的门槛：生产商、手工业者、经销商、品牌拥有人、自由职业者等等。

区块链电子商务形成一种新的商业生态系统，以原创商品生产者为核心，多方参与，并最大限度地享受到相应收益，其产出与收益不匹配的问题将得到根本性改变。这将有助于整个行业确权、流通、追溯交易，原创生产者摆脱中介机构，以产业通证打通上下游生态链，实现产业社群化的自我协同与自治新模式。

但是区块链技术在电商行业的应用还面临诸多问题，如区块链技术本身还处于初期发展阶段；由大量数据、丰富区块链、智能合约运算等带来的效率低下、延时、能源消耗巨大等问题；由区块链的匿名性有可能为各类恶意行为提供匿名平台，从而逃脱监管，产生暗网交易等。同时，区块链突破了国家的边界，表现为全球多个利益相关者的社群或网络，那么区块链电商产业的治理机制如何建立和实施，将可能是全球性的问题。

四、全球电子商务监管与政策发展动态

（一）电商行业监管趋严

近年来，世界主要国家和地区在加强电商行业的监管。一是对市场的直接规范，

如中国于2018年11月发布的《关于完善跨境电子商务零售进口监管有关工作的通知》,规定了跨境电子商务零售进口商品的单次交易限值和年度交易限值。2019年1月《中华人民共和国电子商务法》正式实施。

二是加强对电子商务相关业务的税收管理。自2017年以来,欧盟开始推出电子商务税收改革方案《电子商务增值税条例》,规范电商增值税制度,更好地处理电子商务领域增值税欺诈和错误申报等问题。2018年3月,欧盟委员会发布了两项提案,提出数字化业务活动征税的新方式。2018年12月,欧盟发布《电子商务增值税改革实施条例》,在线交易平台将负责对非欧盟第三方企业在其平台上销售情况进行申报和缴纳税收。为了对此响应,法国、德国、意大利等国均响应的法案或措施。英国也制定了一项电子商务数据交换协议,敦促电商跟税务局自愿签署协议,主动提供平台卖家的信息。

三是对电商发展环境进行规范。如2018年5月欧盟生效了《通用数据保护条例》,加强了对欧盟个人信息保护及监管,适用于非欧盟公司。2019年3月欧盟通过了《数字化单一市场版权指令》,将大大强化版权保护,同时也增加了互联网公司的成本。美国、澳大利亚等国近年来相继提出了个人隐私数据的保护措施。2018年印度颁布新《消费者保护法》,要求电商公司在消费者事务部登记平台进行登记,必须披露业务细节和卖家协议,及存储消费者数据的意图和用途。

(二)数字贸易引起关注

随着信息技术在商务和贸易领域的深入应用,商务领域从无纸贸易逐渐转入数字贸易。2013年和2014年美国国际贸易委员会(USITC)先后在报告《美国与全球经济中的数字贸易》中对"数字贸易"概念进行定义,即通过互联网和互联网技术在订购、生产以及递送产品和服务中发挥关键作用的国内商务和国际贸易活动,包括使用数字技术进行订购、生产、传递的一切产品与服务。电子商务是数字贸易主要形式之一。2017年美国贸易代表办公室(USTR)发布的《数字贸易的主要障碍》中认为,"数字贸易"日益成为一个广泛概念,不仅包括在线销售与服务的提供,还应包括全球价值链的数据流及其他应用。数字贸易的内涵逐渐扩大,并成为经济结构中重要的组成部分。2018年联合国贸易和发展会议举办的"全球数字贸易(跨境电商)大会"提出,全球服务贸易中有一半以上已经实现数字化。

数字贸易的发展伴随着全球化和跨境电商的发展,形成了与传统贸易不同的运作方式,贸易交易的时空、交易对象、流通方式、交易主体等均发生了变化,对全球多边、双边监管体系均提出了挑战。数字贸易的监管提上了国际日程。

2017年7月美国贸易代表办公室(USTR)宣布在北美自由贸易协定谈判中推进数字贸易发展,推进数据流动,防止在贸易中强制数据本地化和防止政府规定披露计算机源代码或算法,并确保对数字产品的非歧视性处理。2018年以来,数字贸易也成为中美贸易摩擦与谈判中的重要内容。2018年9月美欧日发表《美欧日贸易部长三方会议联合声明》,提出对当前数字保护主义日益扩散日益感到关切,并同意共同促进数字贸易和数字经济的发展,应当通过促进数据安全来改善商业环境。2018年联合国电子商务周聚焦数字经济,同年联合国贸易和发展会议与中国服务贸易协会联合举办了首次"全球数字贸易(跨境电商)大会"。

(三) 电商领域国际合作机制进一步构建

长期以来,国际组织一直致力于电子商务领域国际框架和标准化的协调工作。20世纪90年代,联合国贸易便利化和电子商务中心(the United Nations Centre for Trade Facilitation and Electronic Business,UN/CEFACT)成立,于1996年通过第一个文件《联合国贸易便利化和电子商务中心的任务、参考术语和程序》(*Mandate,Terms of Reference and Procedures for UN/CEFACT*,TRADE/R.650)。同年,联合国国际贸易法委员会《电子商务示范法》出台,提供了第一套国际公认的法律规则。2001年联合国通过了《电子签章示范法》,对电子签名的可靠性做了更为具体的界定。

此外,多个国际组织也积极参与全球电子商务的协同推动,如WTO 132个成员于1998年签署了《电子商务宣言》和《世界贸易组织电子商务工作规划》;OECD比较注重消费者权益的保护,1998年发布《一个无国界的世界:发挥全球电子商务的潜力》和《全球网络个人隐私保护宣言》,此后陆续制定了《关于电子商务中消费者保护指南的建议》和《信息系统和网络安全准则》、《跨国界特别是互联网商务欺诈行为中保护消费者准则》等;世界海关组织也制定了单一窗口指南,正在进行全球联网海关项目(GNC)以推动全球无纸化发展;国际条形码组织和各大国际组织合作致力于全球通用的数据标准。

但是,随着近年来国际经济的再平衡、国际贸易形式的变化及电子商务的日益发展,新型电子商务模式频出,尤其是跨境电子商务和全球数字贸易的发展,对电商领域的国际合作提出了进一步的要求。一是加强电商领域标准的制定。一方面,提高原有的电子商务标准,如北美贸易协定更新谈判(USMCA)、美日欧贸易谈判中,不仅将电子商务和数字贸易作为重点关注领域,还提出在数字贸易等领域制定更高水平的规则,讨论了建立高标准的必要性;另一方面,针对新型电子商务模式制定新的标准,如中国服务贸易协会与多家公司Shopee、Wish、PingPong等宣布启动《跨境电子商务平台分级备案规范团体标准》及《跨境电子化交易规范团体标准》两项标准制定,实现跨境电商平台与跨境支付机构的协同管理。

二是电商领域新的多边或双边合作机制的形成。在已有的全球性合作机制基础上,一些新的多边或双边合作机制建立,如世界经济论坛(The World Economic Forum)于2018年在旧金山成立第四次产业革命中心(Centre for the Fourth Industrial Revolution),协调多方合作,力求成为数字贸易和跨境数据流、数字贸易治理等方面的全球公私合作枢纽。又如2017年金砖国家发出《金砖国家电子商务合作倡议》,加强电子商务合作、产业界互动、联合研究;中国分别与意大利等17个重点国家建立双边电子商务合作机制。

三是国际组织强化电商领域新一轮合作。2017年以来,世界贸易组织(WTO)就电子商务开展新一轮磋商。2017年,联合国贸发会议成员国决定首次设立一个政府间电子商务和数字经济问题专家组。2017年4月,20国集团首次发表了一份数字经济部长级宣言。2017年12月,WTO部长级会议发表了一个针对电子商务议题的联合声明。2018年联合国宣布启动数字合作高级别小组。2019年1月美国、欧盟、日本、中国等76个WTO成员签署《关于电子商务的联合声明》,确认将在WTO现有协定和框架基础上,启动有关的电子商务议题谈判。

(四)国际组织推动全球普惠发展

在电子商务发展的区域结构中,发达国家/地区仍然是领先区域,不发达国家/地区的发展存在诸多障碍,如电子商务基础设施不完善、相关人才缺乏等。在一个国家内部,也存在地域、性别、年龄之间的发展鸿沟。联合国贸发理事会在电子商务和数字经济问题政府间专家组第一届会议报告中提出,电子商务可显著增加发展中国家的出口,并使最不发达国家在全球出口总额中的份额于2020年前增加一倍。为此,联合国等国际组织为了弥补这些发展鸿沟,开始推动全球电子商务普惠发展计划。

一是推出普惠电子贸易计划及其服务平台。2016年7月第十四届联合国贸易和发展会议于内罗毕会议期间推出普惠电子贸易计划(The eTrade for all initiative),以发展中国家的需求和利益为指导,帮助发展中国家参与电子商务及其必要能力。为此,建立了相应的平台(https://etradeforall.org/),汇聚了成员国、捐助方、国际组织和私营部门等全球主要电子商务资源,提供7个方面的帮助:电子商务评估、通信技术基础设施和服务、电子商务融资、支付、贸易物流、技能发展、法律和规章。

二是加强对创业者的培育与扶持。联合国推出电子创业者计划(eFounders Fellowship Programme),帮助发展中国家青年电子商务创业者。阿里巴巴于2017年设立了 eFounders 奖学金,支持 1 000 名发展中国家企业家,以促进本国数字化转型。

三是举办论坛,推动对话交流。2019 年联合国推出非洲电子商务周,主题为"在数字时代增强非洲经济",有来自 48 个国家的 1 000 多名参会代表,共同分享如何利用电子商务促进非洲经济发展的经验。

此外,还有一些其他计划,如世界海关组织推出电子商务网络角(E-Commerce web-corner)行动计划,于 2016 年成立电子商务工作小组,聚焦贸易便利化、安全、收益、相关评估与分析四个方面。世界经济论坛推出了数字贸易项目(Digital Trade Project),从赋能电子商务、跨境电商数据流框架、第四次产业革命中心这三个方面实施。这些计划互相补充,支撑全球普惠电子商务的发展。

参考文献

[1] eMarketer. Top 5 US Companies, Ranked by Retail Ecommerce Sales Share, 2017 & 2018[EB/OL]. /2019-5-30. https://www.emarketer.com/Chart/Top-5-US-Companies-Ranked-by-Retail-Ecommerce-Sales-Share-2017-2018-of-total-retail-ecommerce-sales/224132.

[2] eMarketer. Where Have US Digital Grocery Shoppers Purchased Online Groceries Most Recently of respondents 2017—2018[EB/OL]. /2019-5-30. https://www.emarketer.com/Chart/Where-Have-US-Digital-Grocery-Shoppers-Purchased-Online-Groceries-Most-Recently-of-respondents-2017-2018/225084.

[3] Eurostat. E-commerce_statistics[EB/OL]. /2019-5-30. http://ec.europa.eu/eurostat/statistics-explained/index.php/E-commerce_statistics.

[4] Eurostat. Turnover from_web sales broken down by own website or apps and marketplace[EB/OL]. /2019-5-30. https://ec.europa.eu/eurostat/statistics-explained/index.php?title=File:Turnover_from_web_sales_broken_down_by_own_website_or_apps_and_marketplace,_2017_(%25_total_turnover).png.

[5] Nelson. Audio Today 2018[EB/OL]. /2019-5-30. https://www.nielsen.com/us/en/insights/reports/2018/audio-today-a-focus-on-network-radio.html#, 2018-10-22.

[6] Publishing Perspectives. Frankfurt's First Conference on the Evolving Audio Market[EB/OL]. /2019-5-30. https://publishingperspectives.com/2018/10/frankfurts-first-conference-on-the-evolving-audio-market/, 2018-10-11.

[7] The United Nations Conference on Trade and Development. The eTrade for all initiative[EB/OL]. /2019-5-30. https://etradeforall.org/.

[8] U.S. Census Bureau. Quarterly Retail E-Commerce Sales 4th Quarter 2018[EB/OL]. /2019-5-30. https://www.census.gov/retail/mrts/www/data/pdf/ec_current.pdf.

[9] United Nations. Unctad B2C E-commerce Index 2018[EB/OL]. /2019-5-30. https://unctad.org/en/PublicationsLibrary/tn_unctad_ict4d12_en.pdf.

[10] Verto. Verto Index: E-Commerce[EB/OL]. /2019-5-30. https://www.verto-analytics.com/verto-index-e-commerce-3/.

本章撰写：党倩娜

第六章　世界大宗商品交易市场发展动态

大宗商品(bulk stock)主要是指可进入流通领域但非零售环节,用于工农业生产与消费的大批量买卖的物质商品。大宗商品是国际经济活动重要的基础商品,其价格是国际经济的晴雨表。

一、全球大宗商品交易市场发展态势

(一) 全球期货和期权交易量再创历史新高,增速明显

据美国期货行业协会(FIA)对全球衍生品交易所成交量的最新统计,2018年全球期货及期权合约成交量302.8亿手,较上年增长20.2%。其中,期货合约成交量171.5亿手,同比增长15.6%;期权合约成交量131.3亿手,同比增长26.8%。值得一提的是2018年全球期货及期权成交量增速达到了2010年以来的最高水平(图6.1)。

(二) 拉美地区成交量增长最快,亚太地区规模居各区域之首

分地域看,拉美地区为2018年场内衍生品成交量增长最快的地区,成交量为27.8亿手,同比增长40.8%。亚太地区成交量为111.9亿手,同比增长27.1%,成交规模超过北美地区,居各区域之首。而北美地区2018年场内衍生品成交量为105.6亿手,同比增长18.8%;欧洲地区成交量为52.7亿手,增长6.7%;其他地区(包括希腊、以色列、南非和土耳其)成交量为4.9亿手,同比下降17.8%。目前,亚太和北美地区仍然是全球场内衍生品最重要的两大市场,两者成交量占总体成交量的71.8%(表6.1)。

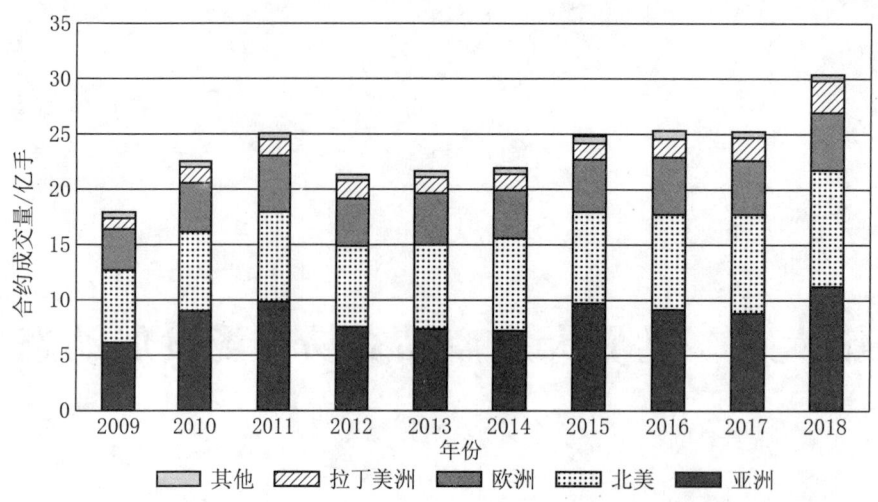

图 6.1　2009—2018 年全球交易所期货期权交易量走势

资料来源：美国期货协会（FIA）

表 6.1　2018 年全球场内衍生品交易地区分布

地区/合计	2018 年成交量/手	2017 年成交量/手	变化率/%
亚太地区	11 192 572 507	8 809 399 396	27.1
北　　美	10 559 161 846	8 886 461 065	18.8
欧　　洲	5 265 097 175	4 935 945 295	6.7
拉丁美洲	2 776 523 066	1 971 927 150	40.8
其他地区	489 142 700	595 154 992	−17.2
合　　计	30 282 497 294	25 198 887 898	20.2

资料来源：美国期货行业协会（FIA）

（三）交易格局已形成，芝加哥商品交易所依然居榜首

大宗商品作为全球经济重要的组成部分，现阶段已形成纽约、芝加哥和伦敦等重要的交易中心。同时，经过十多年的并购重组，现已形成以芝加哥商品交易所集团等为代表的具有全球影响力的商品交易定价集团，构成了全球大宗商品和资本的交易格局，左右着价格及其走势。

从交易量排名来看，2018 年芝加哥商品交易所集团和印度国家证券交易所依然处在全球衍生品交易所成交量排名的前两位，成交量分别为 48.4 亿手和 37.9 亿手，同比分别增长 18.5％和 53.7％。芝加哥商品交易所集团的大宗商品交易龙头地位不可撼动，其在 2018 年 5 月 29 日创下历史上最高单日交易量，实现了 5 190 万份合约；

巴西交易所成交量大增42.3%,至25.7亿手,超越洲际交易所,排在第3位;洲际交易所成交量为24.7亿手,同比增长16.41%,居于第4位。2018年,我国大陆的3家商品期货交易所和香港交易所的成交量均排在前15位。其中,上海期货交易所和大连商品交易所分别排在第10和第12位,分别较2017年下降1和2位;郑州商品交易所排在第13位,和2017年持平;香港交易所排在第14位,较2017年上升1位。中国台湾地区期货交易所排在第17位,排名和2017年持平(表6.2)。

表6.2　2018年全球交易所/交易所集团交易量前二十位排名

排名	交易所名称	2018年成交量/手	2017年成交量/手	变化率%
1	芝加哥商品交易所集团	4 844 856 880	4 089 345 897	18.48
2	印度国家证券交易所	3 790 090 142	2 465 333 505	53.74
3	巴西圣保罗证券交易所(B3)	2 574 073 178	1 809 358 955	42.26
4	洲际交易所	2 474 223 217	2 125 404 062	16.41
5	芝加哥期权交易所集团	2 050 884 142	1 810 195 197	13.30
6	欧洲期货交易所集团	1 951 763 081	1 675 898 310	16.46
7	纳斯达克集团	1 894 713 045	1 676 626 292	13.01
8	莫斯科交易所	1 500 375 257	1 584 632 257	−5.32
9	韩国交易所	1 408 257 756	1 015 335 674	38.70
10	上海期货交易所	1 201 898 093	1 364 243 528	−11.90
11	孟买证券交易所(BSE)	1 032 693 325	609 215 973	69.51
12	大连商品交易所	981 927 369	1 101 280 152	−10.84
13	郑州商品交易所	817 696 982	586 070 148	39.57
14	香港交易及结算所	480 933 627	372 186 941	29.23
15	迈阿密国际证券交易所	421 320 501	232 223 967	81.43
16	日本交易所	388 302 535	322 408 620	20.44
17	中国台湾地区期货交易所	308 083 576	265 705 669	15.95
18	澳大利亚证券交易所集团	248 003 922	248 449 405	−0.18
19	伊斯坦布尔交易所	236 393 421	146 122 348	61.78
20	印度多种商品交易所	230 339 630	198 614 562	15.97

资料来源:美国期货行业协会(FIA)

(四) 多数交易品种呈现正增长,中国期货合约表现抢眼

2018年,大宗商品交易市场除了工业金属大类的交易量下降了12.5%,农产品、贵金

属、能源和其他大类的交易量均呈现正增长,涨幅分别为13.9%、3.1%和1.9%(表6.3)。

表6.3 2017—2018年全球各大类期货期权交易量变化情况

期货期权产品/合计	2018年成交量/手	2017年成交量/手	变化率/%
股 指	9 982 558 028	7 515 995 962	32.8
个 股	5 787 936 188	4 754 164 789	21.7
利 率	4 554 195 418	3 967 995 313	14.8
外 汇	3 928 907 250	2 984 103 494	31.7
能 源	2 237 728 622	2 171 206 765	3.1
工业金属	1 523 286 916	1 740 499 534	−12.5
农产品	1 487 729 626	1 306 068 499	13.9
其他(化工品种等)	489 018 266	479 719 598	1.9
贵金属	291 136 980	279 133 944	4.3
合 计	30 282 497 294	25 198 887 898	20.2

资料来源:美国期货行业协会(FIA)

从交易品种看,2018年,在全球农产品期货及期权合约成交量前20名中,大连商品交易所的豆粕期货居于首位,玉米、豆油、棕榈油、黄大豆2号、玉米淀粉、黄大豆1号期货分列第5、10、11、18、19、20位;郑州商品交易所的菜粕、苹果期货分列第2和第3位,白糖、棉花、菜籽油期货分列第6、9、14位;上海期货交易所的天然橡胶期货居于第7位。

金属合约方面,中国内地期货交易所的产品包揽了全球金属期货及期权合约成交量排名前5位。上海期货交易所的螺纹钢期货依然排在首位,镍、锌、热轧卷板期货分列第3、4、5位;大连商品交易所的铁矿石期货位居第2位。

能源产品方面,大连商品交易所的焦炭和焦煤期货分列第8和第12位;郑州商品交易所的动力煤期货居于第11位;2018年重新挂牌的上海期货交易所燃料油期货成交量大增,排在第15位,增幅居能源期货及期权合约之首。

在其他期货及期权合约上,郑州商品交易所的精对苯二甲酸(PTA)和甲醇期货分别排在第1和第2位,玻璃期货排在第6位;大连商品交易所的聚丙烯、线性低密度聚乙烯、聚氯乙烯期货,分列第3、4、5位,新近上市的乙二醇期货居于第7位。

(五)区块链和物联网等技术为大宗商品交易提供新模式

区块链和物联网等新兴技术的发展,为解决资产信用管理问题提供技术上的借鉴,有望为大宗商品交易提供新模式。区块链在分布式记账、时间戳、加密数据等方面的技术优势,可以为大宗商品的确权、多重支付问题提供解决方案,而物联网技术则通过智能标签、传感器和嵌入式系统解决有形资产的数字化问题。两种技术的结合,能够为大宗商品的数字化、证券化提供技术借鉴,形成新的大宗商品信用凭证管理体系(图6.2)。

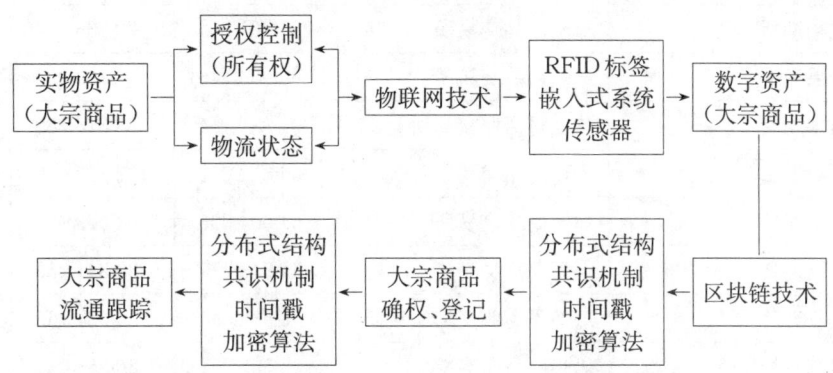

图6.2　基于"区块链+物联网"技术的大宗商品信用登记机制

资料来源:柳青."区块链+物联网"技术对大宗商品信用登记管理的启示[J].中国期货,2018(2):63—66.

目前,大宗商品信用监管仍面临着较大的挑战,主要的问题包括信用登记主体缺失,以及资产信用机制不完备等。这种状态主要是由于信用规则的建立需要一定的时间和制度支持,信用登记主体需要合法性支持,也需要较强的风险承担能力。这些应用情境,恰好为物联网、区块链技术的整合应用提供了空间。首先,实物资产向数字资产转换的监管。"物联网+区块链"实现了有形资产的数字化,监管这个转换过程是否真实有效,决定着后续业务的风险水平。其次,分布式结构下的监管。分布式结构中没有一个中心机构作为监管载体,这要求在分布式结构下的监管机制既能给予参与者充分的隐私保护,又能体现监管的透明化。

二、主要大宗商品交易品种情况

(一)农产品板块

目前国际上交易的农产品期货,除小麦、玉米、大豆等谷物期货外,还包括棉花、咖啡、可可等经济作物,近年生猪、活牛等畜禽产品也陆续上市,其中一部分交易活跃,在世界农产品的生产、流通、消费中,成为相关产业链的核心。在2018年交易量排名前20

位的农产品期货和期权产品中,14 个品种呈现正增长,6 个负增长(表 6.4)。

表 6.4 2018 年全球农产品期货期权交易合约数排名前 20 名的品种

排名	合约	交易所	2018 年成交量/手	2017 年成交量/手	同比变化率/%
1	豆粕期货	大连商品交易所	238 162 413	162 877 864	46.2
2	菜粕期货	郑州商品交易所	104 361 264	79 736 545	30.9
3	苹果期货	郑州商品交易所	99 956 445	793 933	12 490
4	玉米期货	芝加哥商业交易所集团	97 387 154	89 876 782	8.4
5	玉米期货	大连商品交易所	66 812 732	127 323 949	−47.5
6	白糖期货	郑州商品交易所	64 004 805	61 073 198	4.8
7	橡胶期货	上海期货交易所	61 845 475	89 341 052	−30.8
8	大豆期货	芝加哥商业交易所集团	58 538 591	54 504 169	7.4
9	棉花 1 号期货	郑州商品交易所	58 533 251	26 068 232	124.5
10	豆油期货	大连商品交易所	54 135 551	57 158 378	−5.3
11	棕榈油期货	大连商品交易所	44 344 644	68 046 475	−34.8
12	11 号白糖期货	洲际交易所	37 011 007	30 961 148	19.5
13	芝加哥软红冬小麦期货	芝加哥商业交易所集团	36 805 171	33 717 805	9.2
14	菜籽油期货	郑州商品交易所	35 083 678	25 994 757	35.0
15	豆粕期货	芝加哥商业交易所集团	31 838 908	25 996 399	22.5
16	豆油期货	芝加哥商业交易所集团	31 265 884	30 232 316	3.4
17	玉米期权	芝加哥商业交易所集团	25 542 064	23 884 970	6.9
18	大豆 2 号期货	大连商品交易所	24 476 720	42 551	57 423
19	玉米淀粉期货	大连商品交易所	22 613 108	50 433 910	−55.2
20	大豆 1 号期货	大连商品交易所	22 111 727	26 324 058	−16.0

资料来源:美国期货行业协会(FIA)

中国内地的农产品期货在前 20 位中占据 13 席。以农产品期货著称的芝加哥商业交易所集团(CME)芝加哥期货交易所(CBOT)也有 6 个品种进入前 20 位,洲际交易所(ICE)也占得一席。其中,大连商品交易所的豆粕期货以 2.38 亿手的交易量居 2018 年全球农产品期货期权交易量的榜首,同比增长 46.2%;位居农产品期货期权第二位的是郑州商品交易所的菜粕期货,交易量为 1.04 亿手,同比增长 30.9%;郑州商品交易所的苹果期货 2018 年成交量达到 9 995 万手,大幅增长 12 490%,排名跃升至第三位。

1. 粮食品种

据美国农业部展望论坛数据显示,2019年美国大豆种植面积预计为8 500万英亩(1英亩=4 046.856平方米),同比2018年下降4.7%;玉米种植面积预计为9 200万英亩,同比增幅3.3%;小麦种植面积预计为4 700万英亩,同比减幅1.7%。预估2019年大豆价格约为880美分/蒲(1蒲式耳=35.239立方分米),玉米价格约为365美分/蒲,小麦价格约为520美分/蒲。

另据德国行业刊物《油世界》发布的报告预测,2019年南美主要大豆产地的供应量将下滑,出口量将出现下滑。报告称,巴西、阿根廷、巴拉圭和乌拉圭4国在2019年的大豆供应量预计为1.807亿吨,创下3年新低。

私营分析机构Informa经济公司预测表示,2019年美国大豆播种面积预期为8 600万英亩,低于2018年的8 900万英亩。Informa预计2019年美国大豆产量为43.68亿蒲式耳,低于2018年的45.44亿蒲式耳。Informa预计芝加哥期货交易所(CBOT)的大豆期货价格将有望上升。

2. 白糖

据国际糖业组织(ISO)报告显示,2017/2018年度全球食糖增产势头依旧,印度、泰国、欧盟增幅较大。其中,印度食糖产量达到3 240万吨,泰国产量达到1 370万吨,欧盟为2 100万吨,均为历史高位。预计2018/2019年度(10月—次年9月)全球食糖将继续供应过剩,但对过剩幅度存在分歧。先是推测印度食糖将大幅增产是造成全球过剩加剧的重要原因之一,预计2018/2019年度其产量为3 380～3 550万吨,但由于严重虫害,可能导致食糖减产300万吨的消息。印度食糖库存预计仍将达到1 000万吨,未来出口压力是潜在的重要利空因素。而最大产糖国巴西遭遇长期干旱导致产量减少,且大量甘蔗用于生产乙醇,2018/2019年度巴西的中南部主产区预计产出甘蔗5.665亿吨,其中38.35%将用来榨糖,糖产量预计为2 850万吨。此外,欧盟食糖减产的可能性大,不利天气及糖价低迷是主要原因。泰国食糖可能小幅减产,但仍处历史高位。因此,2018/2019年度全球食糖供应压力依然存在,但较2017/2018年度或许减轻。印度糖出口形势可能成为影响世界糖价的主要因素,巴西食糖的产销情况也需要关注。

(二)能源板块

能源期货主要包括原油及其附属产品燃油、汽油等,以及其他能源品种,如丙烷、天然气等。近年来新兴的品种,包括电力、气温、二氧化碳排放配额等。能源期货期权交易仍主要集中在美国与欧洲,领先的交易所有芝加哥商品交易所集团(CME)旗下纽约商业交易所(Nymex)和欧洲洲际期货交易所(ICE),两家分别在2018年能源期货交易量排名前20名的合约中占到6席和4席。新兴市场中,莫斯科交易所布伦特油期货位居能源成交量第一;印度大宗商品交易所(MCX)的原油迷你期货和原油期货,中国上海期货交易所的沥青期货、燃油期货,郑州商品交易所的动力煤期货,大连商品交易所的硬炼焦煤期货,以及2018年上市的上海国际能源交易中心中质含硫原油期货也进入前20名(表6.5)。

表6.5 2018年全球能源期货期权交易合约数排名前20名的品种

排名	合约	交易所	2018年成交量/手	2017年成交量/手	同比变化率/%
1	布伦特原油期货	莫斯科交易所	441 379 480	451 643 376	−2.3
2	西得克萨斯轻质原油期货	纽约商业交易所	306 613 007	310 052 767	−1.1
3	布伦特原油期货	ICE欧洲期货交易所	235 001 152	241 544 633	−2.7
4	亨利港天然气期货	纽约商业交易所	114 256 078	108 391 797	5.4
5	天然气期货	ICE欧洲期货交易所	82 672 960	74 686 410	10.7
6	迷你原油期货	印度大宗商品交易所	69 941 785	54 276 002	28.9
7	沥青期货	上海期货交易所	69 802 079	97 440 530	−28.4
8	焦炭期货	大连商品交易所	69 071 834	40 121 040	72.2
9	西得克萨斯轻质原油期货	ICE欧洲期货交易所	56 802 221	54 967 258	3.3
10	RBOB汽油期货	纽约商业交易所	49 613 909	49 910 909	−0.6
11	动力煤期货	郑州商品交易所	48 874 599	30 708 183	59.2
12	硬焦煤期货	大连商品交易所	46 465 289	42 194 764	10.1
13	纽约港 ULSD期货	纽约商业交易所	46 277 883	43 596 206	6.2
14	原油期权	纽约商业交易所	44 521 982	42 901 045	3.8
15	燃料油期货	上海期货交易所	39 268 835	1 432	2 742 137
16	原油期货	印度大宗商品交易所	37 208 549	35 357 630	5.2
17	美国石油基金 ETF 期权	—	36 282 586	33 585 488	8.0
18	轻质原油期货	上海国际能源交易所	26 509 423	n/a	n/a
19	布伦特原油期权	ICE欧洲期货交易所	24 943 223	18 282 452	36.4
20	天然气(欧洲)期权	纽约商业交易所	22 852 904	28 303 431	−19.3

资料来源:美国期货行业协会(FIA)

2018年5月,芝加哥商品交易所发布的研究报告显示,目前全球能源市场发展的两大推动力分别是美国的供应和亚洲的需求,两者相辅相成。随着亚洲的能源需求不断攀升,亚洲对全球主力能源基准的参与度空前高涨,造成这种趋势的原因是该地区对风险管理的需求上升,以及美国与亚太市场之间的能源关系日益紧密。

1. 原油

随着能源结构的变化,原油价格的影响因素也出现了变局,尤其是美国页岩油产量激增,正在逐渐改变原油市场的格局。2018年,随着原油日产量连续攀升,美国跃居成为世界第一产油大国。此外,由于美国完善的商业储备体系,发达的能源金融体系,原油市场日益增长的占有率,预计美国后续对世界原油市场的影响力将越来越强;俄罗斯是老牌的能源大国,并参与中东地缘政治,正逐渐成为原油市场的重要势力,2018年12月俄罗斯原油日产量创纪录地达到1 142万桶/日;沙特是东地缘领袖地位及欧佩克(石油输出国)组织的实际老大,2018年11月日产量达到1 102万桶/日。全球经济放缓可能性将降低原油需求,但需求边际变化仍小于供给,原油价格有望回归。前期多种因素共同作用导致原油价格的下跌,包括沙特、俄罗斯、美国、利比亚、伊拉克、阿联酋等供给增加;伊朗制裁的豁免;经济增长放缓的担忧带来需求增长预期的下滑;特朗普为限制通胀停止加息压制油价的诉求等。2019年油价有望触底反弹,西得克萨斯原油至60~65美元/桶,相对应的,布伦特原油至70~75美元/桶。

2018年9月7日,上海期货交易所子公司上海国际能源交易中心的原油期货SC1809合约顺利完成上市交割,交割量共计60.1万桶原油,交割金额2.93亿元(单边)。此次交割顺利完成,标志着中国原油期货走通了金融工具服务实体产业发展的全流程,服务实体经济的功能作用将进一步发挥,也给企业、金融机构带来了发展机会。

2. 液化天然气

据Wood Mackenzie称,2018年全球液化天然气(LNG)供应总量为3.26亿吨,较2017年增长9%。一些新的液化天然气供应项目和现有设施的增加,推动了2018年液化天然气产量的增长。在这一年,美国(科夫站、Corpus Christi 1号生产线和Sabine Pass 5号生产线)、澳大利亚(惠特斯通2号生产线)、俄罗斯(亚马尔2号和3号生产线)和喀麦隆浮式液化天然气开始生产。埃及、特立尼达和多巴哥和阿曼现有液化设施的供应也在成功地提高国内天然气产量之后有所增加。2018年,韩国、巴基斯坦、泰国和墨西哥的液化天然气进口也出现了强劲增长。据Wood Mackenzie预测,预计2019年是液化天然气市场供应增长最强劲的一年,预计供应量将增加4 000万吨至3.66亿吨,较2018年增长12%。据该杂志预测2018年至2025年,全球液化天然气需求的年复合增长率为6%,且这种增长是广泛的,其中东南亚和欧洲将占到1.48亿吨/年净需求增量的70%左右。

2017年,洲际交易所(ICE)和标普全球普氏(S&P Global Platts)联合推出了一项基于美国液化天然气出口的期货合约。2018年,芝加哥商品交易所也宣布将推出一种液化天然气期货合约。目前行业参与者正努力制定全球基准,帮助液化天然气这一大宗商品进行定价和贸易,促进变革。

(三)金属板块

目前,上海期货交易所(SHFE)已成为全球主要的金属期货定价中心,2018年共有8个品种入围交易量前20名,伦敦金属交易所(LME)和纽约商品交易所(COMEX)分别有4个和3个品种入围。此外,郑州商品交易所有2个品种入围、大连商品交易所和伊斯坦布尔交易所也各有1个品种入围前20名。全球最大的黄金期权——SPDR黄金ETF期权也在榜单之上。从品种上看,螺纹钢、铁矿石、镍、锌、铜、热轧钢卷、铝等是最活跃的工业金属,而黄金、白银是投资最多的贵金属(表6.6)。

表6.6 2018年全球金属期货期权交易合约数排名前20名的品种

排名	合约	交易所	2018年成交量/手	2017年成交量/手	同比变化率/%
1	螺纹钢期货	上海期货交易所	530 976 610	702 019 499	−24.4
2	铁矿石期货	大连商品交易所	236 491 632	328 743 737	−28.1
3	镍期货	上海期货交易所	114 818 738	74 154 526	54.8
4	锌期货	上海期货交易所	92 348 782	91 449 266	1.0
5	热轧卷板期货	上海期货交易所	86 816 386	103 131 555	−15.8
6	金期货	纽约商品交易所	80 301 590	100 249 941	10.3
7	铝期货	伦敦金属交易所	65 574 126	51 429 383	27.5
8	铜期货	上海期货交易所	51 247 050	54 100 135	−5.3
9	铝期货	上海期货交易所	46 618 361	65 423 439	−28.7
10	银期货	上海期货交易所	42 250 568	53 111 169	−20.4
11	A级铜期货	伦敦金属交易所	38 599 069	33 885 113	13.9
12	特高级锌期货	伦敦金属交易所	33 430 054	29 642 124	12.8
13	铜期货	纽约商品交易所	32 710 103	27 051 503	20.9
14	SPDR黄金ETF期权	—	27 899 213	33 418 599	−16.5

续表

排名	合约	交易所	2018年成交量/手	2017年成交量/手	同比变化率/%
15	原料镍期货	纽约商品交易所	24 011 101	21 080 612	13.9
16	银期货	纽约商品交易所	23 987 051	23 034 989	4.1
17	硅锰期货	郑州商品交易所	21 563 209	16 278 210	32.5
18	金期货	伊斯坦布尔交易所	19 363 020	5 033 306	284.7
19	硅铁期货	郑州商品交易所	18 856 010	24 921 207	−24.3
20	金期货	上海期货交易所	16 123 891	19 478 090	−17.2

资料来源：美国期货行业协会（FIA）

1. 基本金属

受到美联储加息、中美贸易摩擦，以及中国经济结构调整等负面效应影响，2018年有色金属市场反应低迷，金属价格阶段性回落。2019年由于中美贸易战、全球经济放缓等因素对价格影响依然显著，预期金属各品种将表现各异，走势具有独立性。

铜是重要的工业原材料，其需求量与经济形势密切相关。2018年铜价在贸易摩擦、美联储加息、风险资产大幅波动的背景下，受到较强冲击，全年铜价整体跌幅近20%。从基本面来看，目前全球铜精矿供应依然充裕，加工费保持高位。虽然铜的终端消费不济，空调汽车消费稍显疲弱，后续电线电缆的消费有望走强。2019年铜价预计会出现前高后低的走势。目前国外从事铜期货交易的主要有伦敦金属交易所（LME）和纽约商品交易所（COMEX）。伦敦金属交易所的铜报价是行业内最具权威性的报价，其价格倾向于对贸易方面进行客观的反映，而纽约商品交易所的价格则更具投机性。上海期货交易所的铜期货交易量已跃居第一，其价格走势与伦敦金属交易所有趋同性。

锌在供给方面，全球矿山产能逐渐恢复，精矿供应逐步宽松。受环保及检修等因素影响，冶炼端供应增长缓慢。需求方面，消费面临下滑的压力。由于中国房地产处于下行周期中，加上基础建设投资乏力，预计2019年中国锌消费将减弱，可能对锌的价格形成压制。同时，全球经济预计将进一步放缓，2019年全球锌需求可能小幅下降。总体来看，锌的价格有进一步下跌的可能。

2. 铁矿石

铁矿石是炼钢的主要原材料，按贸易额计也是排在原油之后的全球第二大大宗商品。钢铁在房地产、运输、汽车制造、能源供应网络、机械制造、造船及家用电器等众多下游产业用量极大。中国是全世界最大的铁矿石进口国，由于国产铁矿石品位低、杂质多,不能满足国内对中高品质铁矿石的庞大需求,因此中国大量从澳大利亚、巴西、南非及印度等地进口,进口依存度高。

随着铁矿石定价市场化后,各国纷纷推出铁矿石的掉期与期货交易。由于中国对铁矿石价格风险管理需求巨大,2013年铁矿石期货在大连商品交易所正式上市。截至目前,全球已经有新加坡交易所、芝加哥商品交易所、洲际交易所、伦敦清算所、纳斯达克清算所、香港交易所等多个海内外交易所上市了各种类型的铁矿石期货、指数期货和掉期合约。目前在众多铁矿石金融衍生产品之中,影响力最大的为大连商品交易所上市的铁矿石期货和 TSI CFR 中国铁矿石 62% 铁粉价格指数。TSI 指数是最常见的参考基准指数,代表美元计价的中国北方港口现货铁矿石的到岸价格,该指数作为交易标的广泛应用于各类铁矿石指数期货和铁矿石掉期合约。2018 年 3 月,大连商品交易所正式在官网发布《关于铁矿石期货引入境外交易者相关规则发布的通知》。大连商品交易所以铁矿石期货引入境外交易者为契机,持续推动市场的对外开放,完善多元开放的衍生品市场体系。

(四)中美贸易战对大宗商品交易的影响

2018年以来,美中贸易战的升级对全球经济增长(PMI)、实际生产活动和周期性波动大宗商品需求产生了负面影响。铜和美国大豆与中美贸易战之间有着密切关系。自 2018 年 6 月中旬,美国总统特朗普对首批 340 亿美元中国进口商品征收 25% 关税以来,铜和美国大豆受到的影响尤其严重,前者是中国和全球经济增长的晴雨表,后者是重要的双边贸易商品。此外,玉米、棉花、铜、钯、原油、铁矿石和液化气也受中美贸易战的影响较大,商品的波动性也有所增大(表 6.7)。

表 6.7 最易受中美贸易战影响的大宗商品清单

品 种	评 论
大豆	巴西和中国供应的大豆占全球大豆的 2/3。豆油价格可能飙升到 9.25 美元/蒲以上
玉米	受大豆和农业生产的连锁效应,全球玉米供销平衡趋紧
棉花	中国是全球棉花的主要生产国、消费国和主权库存国
黄金	人民币对美元下跌可能刺激亚洲黄金消费的增长
铜	铜仍然是促进贸易谈判的杠杆率最高的金属之一
钯	尽管贸易战升级、规格放宽,但基本面的紧绷已经表现突出,全球/中国对钯需求的增长可能推高价格
原油	美中贸易对石油的影响很小,因此任何逆转都可能被压制,但中国经济增长和潜力可能推高价格

续表

品　种	评　论
铁矿石	近期表现不佳。美国地方性刺激的可能性降低
液化天然气	液化天然气价格不太可能独立上涨,但可能会跟随原油上涨或下跌。中国很可能会与美国供应商签订更多合同,并寻求合作
商品波动性	工业金属产量降低,如果铜价的强劲反弹可能会提高中国股市的潜在波动

资料来源:花旗研究

中美贸易战的爆发打破了商品之间的低相关性,以及近年来指数的低波动率。2019年全球经济增长放缓的风险高于往年,尤其是在中国及更为广泛的新兴市场,衰退风险也不能完全排除。持续的需求冲击可能导致普遍的价格全面下跌,引发各行业的共同波动,并导致指数成交量大幅上升。

三、主要国家和地区大宗商品交易市场现状

(一)美国

美国期货行业起步较早,发展成熟,整体规模领先。美国期货机构主要存在4类业务模式,包括期货佣金商(FCM)、介绍经纪商(IB)、商品投资基金(CPO)、商品交易顾问(CTA)。

1. 期货佣金商

期货佣金商是美国主要的期货经营机构,除期货及期权业务外,还可申请互换、零售外汇、证券经纪或交易等业务,接受并执行买卖期货合约、期货期权合约、零售场外外汇合约或互换合约的指令,同时接受客户现金或其他资产来支持以上交易。截至2018年底,美国共有期货佣金商63家,其中拥有证券经纪或交易业务资格的35家,拥有互换交易业务资格的4家,拥有零售外汇交易业务资格的2家。全部63家期货佣金商调整后净资本合计1 430.72亿美元,客户权益合计1 718.67亿美元,分别较2017年末增长6.48%和14.23%(图6.3)。从客户权益占比情况看,美国期货佣金商竞争较为充分,同时排名靠前的佣金商相对规模较大。

除商品期货交易委员的行政监管外,美国期货佣金商还接受自律组织管理,完成注册、申报和公示等要求。指定自律组织(DSRO)是对期货佣金商进行审计和持续金融监管的自律组织。作为商品期货交易委员会行政监管的重要补充,指定自律组织在期货佣金商监管过程中发挥着重要作用。美国期货佣金商的指定自律组织可以是

指定合约市场(DCM),如芝加哥商品交易所(CME)、芝加哥期货交易所(CBOT)等,也可以是美国期货协会(NFA)。美国期货协会是经商品期货交易委员会批准设立的衍生品行业自律管理组织,提供创新和有效的监管项目服务,旨在保护衍生品市场完整性,保护投资者同时确保会员满足监管要求。

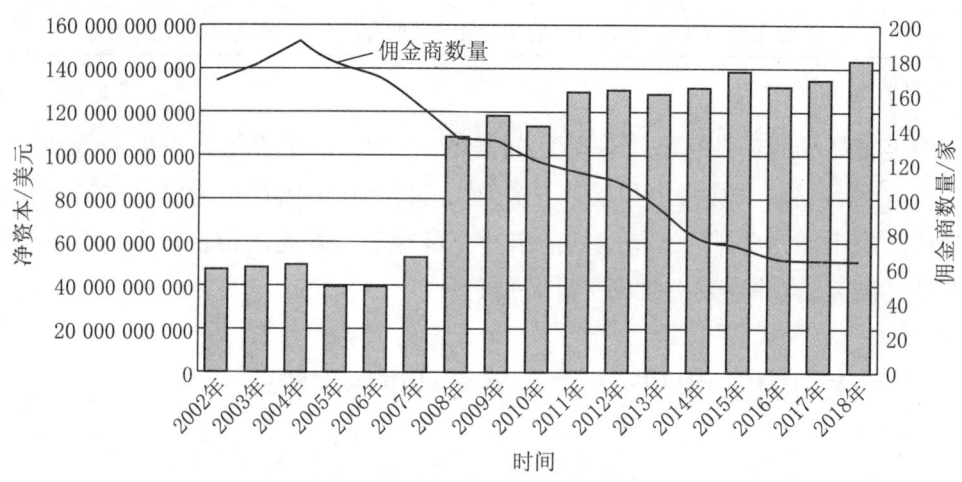

图 6.3　2002—2018 年美国期货佣金商数量和净资本变化情况

资料来源:美国商品期货交易委员会(CFTC)官方网站

2. 芝加哥商品交易所集团

作为全世界最多元化的衍生品市场,芝加哥商品交易所集团(CME)拥有 4 大主要交易中心——芝加哥商业交易所(CME)、芝加哥期货交易所(CBOT)、纽约商业交易所(NYMEX)及纽约商品交易所(COMEX),提供最广泛的全球基准产品,横跨所有主要资产类别。其 2018 年全年营业收入达到 26 亿美元,营业利润 20 亿美元,2018 年第 4 季度日均交易量(ADV)为 2 080 万份合约,较 2017 年第 4 季度增长 31%。受股票和利率产品的强劲带动,美国以外地区日均交易量增长 22%,至 480 万份合约,芝加哥商品交易所 2018 年整体日均成交量创纪录新高,达到 1 920 万份合约。除此之外,芝加哥商品交易所集团金属品种年度日均交易量达到了创纪录的 63.8 万份合约,同比增长 12%。2019 年 3 月 5 日,芝加哥商品交易所成功完成首次美国墨西哥湾轻质原油出口货物现货拍卖,共计 17 家全球能源企业参与了拍卖,拍卖价格比纽约商业交易所(NYMEX)西德克萨斯轻质低硫原油(WTI)期货合约的平均价格每桶溢价 0.46 美元。这宗拍卖是休斯敦原油期货合约实物交割发展的结果,为全球原油买家和交易者提供了买卖美国实物货品的全新方式。

(二) 欧洲

1. 欧洲期货交易所

欧洲期货交易所(Eurex)具有多重价格稳定机制,在保障价格连续性、市场流动性等方面发挥了十分显著的作用,尤其是在量化交易、高频交易占比日趋提高的市场中,起到了提高市场稳定性,防范市场操纵风险的积极作用。目前,欧洲期货交易所总共拥有超过 2 000 个期货和期权产品,尽管许多产品的流动性较差,但在近几年的欧债危机、英国脱欧等风险事件中,其产品价格并没有出现短时间大幅急剧波动,主要的指数期货、期权产品平稳运行,尤其在美国市场多次出现价格闪崩时,欧洲期货交易所未发生同类大幅价格闪崩。

2. 应对英国脱欧危机

近期,与大宗商品交易相关的金融机构,特别是美国政府与机构正在积极应对英国脱欧可能带来的影响。2018 年底,美国商品期货交易委员会(CFTC)与证券交易委员会(SEC)主席呼吁英国与欧盟,要保证英国脱欧的过程对金融机构与市场造成的损害减少到最小,同时强调透明度与稳定的必要性。由于英国清算公司在美国与亚洲经营业务,该委员会担心跨境衍生品规则的条款在英国脱欧后发生的变化,可能引发全球市场涟漪效应。2019 年 3 月,芝加哥期权交易所(CBOE)的欧洲分部宣布,其已经获得在荷兰开设附属机构的审批,随后开始运营以应对英国脱欧。该机构已经获得运营监管市场和多边交易设施的授权,新设的交易所位于阿姆斯特丹,受荷兰金融市场管理局监管。随着与美国芝加哥商品交易所(CME)等对手的竞争加剧,全球历史最悠久、规模最大的工业金属市场——伦敦金属交易所(LME)也正在布局更强大的产品组合。2019 年 3 月,伦敦金属交易所宣布推出 7 项新的现金结算期货合约,其中包括热轧卷钢(HRC)、氧化铝和钴。

(三) 中国

中国是目前全球最大的大宗商品生产国、消费国和进口国,并正逐渐获得了部分大宗商品的国际定价权。

1. 品种体系日渐丰富,市场规模不断增长

据中国期货行业协会发布的期货市场成交数据显示,2018 年中国期货市场累计成交量为 30.29 亿手,累计成交额为 210.82 万亿元,同比分别下降了 1.54% 和增长了 12.20%。期货市场的成交额创下近 3 年的新高,说明新品种上市增加了市场规模,同时整体商品价格回升也提高了市场规模。

2019年1月,天胶、棉花、玉米期权合约分别在上海期货交易所、郑州商品交易所、大连商品交易所挂牌交易。目前中国上市期货期权品种61个,其中商品期货51个,金融期货6个,商品期权3个,金融期权1个,覆盖了农产品、金属、能源、化工等国民经济主要产业领域。中国商品期货成交量已连续多年位居世界前列,在众多商品领域,期货市场在稳健企业经营、改善产业链运行机制、服务国家产业政策和宏观经济管理等方面的积极作用逐步显现。目前,中国已发展成为全球最大的油脂、塑料、煤炭、黑色建材期货市场和第二大农产品、有色金属期货市场。中国正逐渐从多数大宗商品的价格接受者变为价格制定者,在价格发现方面扮演着越来越重要的角色,一些较为成熟的品种如铜、铁矿石、PTA等期货价格已经成为国内外贸易的重要定价参考。从英美形成全球定价中心的历史和中国的现实条件来看,中国在农产品、金属、能源等传统大宗商品领域想要建成全球定价中心,需要与已有的英美定价中心展开激烈的竞争。中国期货市场虽然交易量规模不断扩大,但在主要品种上的持仓规模与国际相同品种的持仓规模仍然相去甚远。随着原油期货上市及铁矿石期货的国际化,进一步促进了期货市场投资者结构的优化,境外的投资者可以参与中国境内期货市场。

2. 开展创新业务,专业投资者比重提高

从行业企业发展情况来看,截至2018年10月底,中国共有149家期货公司,下设79家风险管理子公司、10家资产管理子公司,1 600多家营业部遍布全国。中国期货行业总资产达到5 400余亿元,市场资金总量和投资者分别为4 100多亿元和130多万个。期货公司风险管理子公司、资产管理子公司陆续开展了仓单服务、场外期权、基差交易、"保险＋期货"、资产管理等一系列创新业务,初步具备为实体经济风险管理需求提供有效服务的能力。此外,中国期货市场的投资者群体正在发生重要变化,专业投资者群体占整个期货市场的比重越来越高。期货市场机构间市场正在逐步形成,场外与场内、国内与国外、资产管理与风险管理以及综合服务的机构市场,特别是以期货公司和子公司为核心的机构间市场。

3. 中国香港地区衍生品市场发展势头良好

香港交易所(HKEX)2018年全年收入及其他收益达159亿港元,同比增长20％,股东应占溢利为93亿港元,同比增长26％,两个数据均创历史新高。其收入与利润增长的原因主要源于现货市场成交额及衍生产品市场成交合约张数均创新高。此外,2018年7月,香港交易所获得美国商品期货交易委员会(CFTC)批准,其发行的摩根士丹利资本国际(MSCI)亚洲(除日本)指数期货合约符合一定要求,可在美国境内销售,中介机构无须执行美国商品期货交易委员会的其他监管程序,便可向美国投资者买卖该期货合约。

（四）亚太其他地区

1. 日本

据日本交易所集团报告显示,2018年全年日本交易所集团衍生品交易量累计达到3.88亿份合约,刷新历史高位。2018年12月该交易所集团合约数环比强势攀升23%,达到了3 800万份。在交易型开放式指数基金(ETF)方面,2018年12月日本交易所集团交易额也达到了498亿美元,环比跃升19%。

2. 新加坡

新加坡是亚洲大宗商品的集散地,2018年中国期货交易所开始在新加坡布点。2018年2月,新加坡金融管理局正式向亚太交易所颁发交易所牌照和清算所牌照,这是继新加坡交易所(SGX)和新加坡洲际交易所(ICE Singapore)之后,新加坡的第三家交易所。5月,新加坡亚太交易所(APEX)正式开盘交易；9月,新加坡亚太交易所的棕榈油期货完成首次交割。新加坡亚太交易所由中国企业发起组建,也是中国企业首次在海外创办的期货交易所,其发展愿景是打造大宗商品的亚洲价格基准,为亚太地区经贸发展提供一个新的风险管理平台,增强中国和亚洲在全球大宗商品贸易中的定价权。

四、跨境监管问题的探讨

市场监管的国际化是目前境外投资者关注的焦点之一,通过完善市场监管的相关规章制度,并推进立法建设,可以增强期货市场相关政策的透明性、一致性以及可预见性,为境内外投资者打造公平、公正、公开的国际性场内衍生品交易平台。

近期,中国政府推出一系列针对境外投资者的政策制度。2018年8月,中国证监会正式发布《外商投资期货公司管理办法》,该办法发布后,符合条件的境外投资者可以在相关规定的框架下,向证监会提交申请,持有境内期货公司股比不超过51%,2021年后股比将不受限制；2019年1月,中国证监会正式批复上海期货交易所、郑州商品交易所、大连商品交易所和中国金融期货交易所为"合格中央对手方"(QCCP)。这是原油期货上市,铁矿石、精对苯二甲酸(PTA)期货国际化以来,我国期货市场进一步提升国际化水平,通过对标国际行业规范以增强市场吸引力,更充分参与国际合作与竞争的又一重要举措。

在铁矿石、原油期货品种国际化进程中,跨境监管是市场与政府监管者重点关注的问题。跨境业务往往受到双重管辖,监管的法律基础分别是法律的属地管辖权(本国境内)和属人管辖权(对本国公民)。大部分国家或地区在法律层面对跨境监管权力行使进行规定,并基于主权礼让和监管适当性的延伸,既尊重他国监管主权,又在国际条约转为国内法方面存在公共利益保留原则。

以下本报告对跨境监管的准入与协作机制,以及原油与铁矿石期货的国际化发展与跨境监管展开探讨。

(一)跨境监管的国际市场准入

世界上大多数国家对期货市场实行准入制度,即未经批准任何人不得建立期货市场,有的国家对此专门作为一项监管事项,以下简要介绍美国、英国、新加坡及中国香港地区的跨境监管的准入。

关于境外交易所的注册要求,美国《商品交易法》第四条(b)对美国人开展的外国交易的监管进行了具体规定,要求美国境外交易所如需为美国境内的居民或外国人(包括法人)提供交易服务,必须先在美国期货交易监督管理机构进行注册登记。根据美国商品期货交易委员会(CFTC)规则 48.4(b)款和美国《商品交易法》第 4d(a)款,期货经纪商向美国投资者提供代客服务,均需向美国注册为期货经纪商(FCM)。

在英国,"期货"是受监管的投资活动,"金融推广"本身也是受监管的行为。根据英国《2000 年金融服务与市场法》第 19 条,禁止任何人以业务方式在英国开展(或声称开展)任何受监管活动,除非此人获得英国金融行为监管局(FCA)授权,并获得英国审慎监管局(PRA)授权或获得豁免。根据《金融服务与市场法》(2000 年)第 22 条的规定,"受监管活动"为《受监管活动令》(2001 年)列举的一项活动,且与特定产品投资有关。

根据新加坡《证券和期货法》第 6、14 和 82 条,除非获得豁免,否则无论交易所运营期货交易平台经营市场,还是期货经纪机构代理客户参与期货交易,都需要注册,如注册为认可市场运营者(RMO),期货经纪机构需取得资本市场业务许可证牌照。新加坡《证券和期货法》第 339 条规定,境外人士在境外对新加坡造成了重大且能够合理预见的影响,如果该行为全部发生在新加坡境内构成违法,就视为违法。

根据中国香港地区《证券及期货条例》第 115 条及第 95 条的规定,可以概括下面两个因素来判断交易所是否需要注册:一是是否向香港人士提供"积极推广"服务,二是是否提供自动化交易服务。如果中国大陆交易所向香港人士提供积极推广服务,或者提供自动化交易服务,则构成受监管活动,都需要向香港证监会申请注册。反之,则无须注册。期货公司的注册要求则看是否提供积极推广服务。

由上述分析可以看出,英国、美国、新加坡和中国香港地区均对市场准入设置了相应的条件。中国期货市场目前效力最高的是《期货交易管理条例》,主要针对本国境内开展的期货交易活动进行了规范。2015年中国证监会发布了《境外交易者和境外经纪机构从事境内特定品种期货交易管理暂行办法》,作为临时性立法,适应期货市场对外开放新常态方面做出了有益尝试,但存在效力等级不够高、法律保护机制不够完善等问题。因此,中国期货市场对外开放迫切需要推出《期货法》,保证境外监管机制的确立。

(二) 跨境监管的协作机制

目前,大部分国家和地区实行英德模式的大宗商品期货与现货一体化监管,如英国、德国、韩国、英国、新加坡等,只有少数国家和地区采用美国模式的分业监管,如美国、中国香港地区等,个别国家如日本,针对部分期货品种实施单独监管。监管主体越多,则跨市场的监管协作需求越大。

美国各大交易所在1981年联合成立了市场间监控组织(ISG),为美国国内交易所建立信息共享与监管工作协作机制。市场间监控组织是一家信息共享的合作性组织,受书面协议约束,但不受任何监管机构监督。其业务覆盖范围不断扩大,拥有广泛的国际会员,主要目标是:协作改善计划与流程,识别潜在的市场操纵行为;提供信息分享的平台。市场间监控组织不提供持续性的信息共享,信息共享仅限于依据请求进行的调查,并仅用于监管目的。目前,市场间监控组织的成员数量达到53个,包括北美、澳大利亚、亚洲、中东、南亚与欧洲的交易所,享有共同利益,保证证券与衍生品市场受到有效且高效的监管,所有受认可的市场均可申请成为成员,来监测和阻止市场上可能存在的滥用行为。该组织成员必须能够共享监管信息,或就影响其市场的监管事件与其他成员合作。

近期,欧美等国在跨境监管上推出了一系列新举措。比如,美国商品期货交易委员会(CFTC)和新加坡金融管理局(MAS)2019年3月宣布,美国和新加坡互认部分衍生品交易所。美国商品期货交易委员会发布了一项命令,免除了新加坡金融管理局监管的某些衍生品交易所在美国注册的要求。与此同时,新加坡金融管理局宣布,在成立或经营有组织的市场前,将豁免某些受美国商品期货交易委员会监管的衍生品交易所,使其无须注册,就可成为获新加坡授权的交易所(AE)或认可市场经营者(RMO)。根据这项安排,来自美国和亚洲的参与者将能够在相同的交易平台上进行交易,从而更有效地管理风险;而美国期货业协会(FIA)认为,各国监管机构试图监管外国活动,可能会导致衍生品市场进一步碎片化,该贸易机构敦促监管机构在监管跨境活动方面进行合作,以避免市场碎片化,目前各国家和地区监管机构正朝着更直接地监管第三国活动和参与的方向迈进;欧盟委员会(EC)和美国商品期货交易委员会则希望在跨境监管方面看到更多的改善,在2019年3月的一份声明中,两家机构的主席表示,监管改革将带来更多的合作,随着《欧洲市场基础设施监管条例》(Emir) 2.2的实施,以及美国商品期货交易委员会对掉期监管框架和跨境交易方式进行的审查,将使得两家监管机构之间的关系得到缓和。

(三)原油期货市场国际化与跨境监管

历经多年酝酿与准备,上海原油期货于2018年3月26日在上海期货交易所子公司上海国际能源交易中心挂牌上市。上市首周市场日均成交5.56万手(双边),日均持仓6 476手。从全球范围看,作为新上市的品种,虽然中国的原油期货市场和欧美发达市场相比仍然较小,但已经明显具有了广阔的发展前景。上海原油期货的推出是中国金融市场对外开放的第一步,也是金融市场服务实体经济的重要举措。随着原油期货交易走出去和全球交易者引进来,有关原油期货交易的跨境监管问题日益引起市场各方关注。

为吸引境内外投资者参与,上海国际能源交易中心确立了"国际平台、人民币计价、净价交易、保税交割"的原油期货上市方案,同时根据中国期货市场管理模式,参考国际市场经验,确定了引入境外个人和机构投资者的4种参与模式:一是有较高需求的境外机构交易者可以申请作为上海原油期货的境外特殊非经纪参与,类似于境内的非期货公司会员;二是境外交易者可以通过境外特殊经纪参与者(境外经纪机构)代理参与;三是境外交易者也可通过境内期货公司代理参与;四是境外交易者由境外经纪机构或者中介机构通过转委托的方式至境内期货公司代理参与。这4种模式,既考虑到了国际市场各类参与主体的需求,也兼顾了境内期货市场发展,在境内外市场的广泛意见征询中获得了肯定。

全球目前上市的原油期货主要有芝加哥商业交易所集团(CME GROUP)的西德克萨斯中间基(WTI)原油期货、洲际交易所(ICE)布伦特(Brent)原油期货和迪拜商品交易所(DME)阿曼(Oman)原油期货。上海原油期货是中国第一个对境外投资者开放的商品期货。每个原油期货合约均有各自的特点,上海原油期货从合约标的、价格类型、交割方式、交割结算价等多个方面与上述三大原油期货合约的交割模式都有所区别。为方便比较,西德克萨斯中间基(WTI)原油期货、布伦特(Brent)原油期货、阿曼(Oman)原油期货及上海原油期货交割模式要点对比如下(表6.8)。

表 6.8 全球主要原油期货交割模式要点对比

比较要点	WTI	Brent	Oman	上海原油
合约标的	轻质低硫	轻质低硫	中质中硫	中质含硫
结算货币	美元	美元	美元	人民币
价格类型	FOB 离岸价	FOB 离岸价	FOB 离岸价	CIF 到岸价
最后交易日	交割月前一个月 25 日前的第 3 个交易日终止	交割月前第二月的最后一个交易日	交割月前第二月的最后一个交易日	交割月份前一月份的最后一个交易日
交割结算价	最后交易日美国东部时间 14:00—14:30 的加权平均价格	最后交易日的 Brent 指数价格	交割合约最后交易日新加坡时 16:25 到 16:30 成交价格的加权平均价	交割合约最后五个有成交交易日的结算价的算术平均值
主要交割方式	实物交割	现金结算	实物交割	实物交割
交割期	交割月第一天至最后一天	最后交易日后一天	交割月前一个月 15 日内确定交割月份的交割时间表	最后交易日后连续五个工作日
交割地点/设施	美国库欣地区的管道和储罐	—	阿曼米纳·阿·发哈港口装船	中国东南沿海保税油库
交割油种	西得克萨斯中间基原油、北得克萨斯低硫原油、南得克萨斯低硫原油、新墨西哥低硫原油、俄克拉荷马低硫原油、轻质低硫混合油、布伦特混合油、奥斯伯格、尼日利亚的库伊博原油及博尼原油、哥伦比亚的库西亚纳原油	布伦特原油、福蒂斯原油、奥斯伯格原油、埃科菲斯克原油	阿曼原油	阿曼原油、迪拜原油、上扎库姆原油、卡塔尔海洋油、巴士拉轻油、马西拉原油、胜利原油
品质标准	美国境内原油 API 度在 37～42 之间，含硫量不超过 0.42%；境外原油每个油种规 API 最小值和含硫量最大值	—	阿曼原油，装船原油的质量和数量应以装船港习惯的方式计量、抽样和测试	基准品质为 API 度 32,含硫量 1.5%，每个油种规定 API 最小值和含硫量最大值
交割误差	误差不超过 2%	—	港口装货不超过 0.2% 浮仓不超过 0.5%	出入库误差不超过 2%

资料来源：李彦,胡鹏.原油期货交割模式国际化比较与研究[J].中国期货 2018(2):16—20.

《期货交易管理条例》规定中国证监会"可以和其他国家或者地区的期货监督管

理机构建立监督管理合作机制,实施跨境监督管理",为原油期货跨境监管合作提供了法律依据。目前,中国证监会已与全球50多个国家及地区的证券期货监管机构签署了监管合作备忘录。原油期货跨境监管主体仍在境内,防范和化解市场风险、打击违法违规行为仍须发挥中国证监会及其派出机构、能源中心、中国期货市场监控中心、中国期货业协会"五位一体"的监管优势,并与发展改革委员会(能源局)、人民银行(外汇局)等相关部委形成信息共享、联合调查跨境监管合力。

(四)铁矿石期货国际化与跨境监管

铁矿石是重要的非战略品种,是对国民经济发展有重要影响的品种。不同于原油,铁矿石不属于能源类的命脉品种,受地缘政治影响小,各国对其政治敏感度低,因而市场化程度非常高。铁矿石虽没有原油的战略意义大,但由于中国的铁矿石进口量全球排名第一,且铁矿石是中国在现货上具有绝对优势的品种,因此推进其对外开放,在推进人民币国际化、争取国际大宗商品定价权等方面,具有重要而深远的意义。

铁矿石的期货价格与现货价格相关性持续维持高位。铁矿石期货于2013年在大连商品交易所上市之后,与中国国内港口现货、国际普氏铁矿石价格指数、国际铁矿石衍生品价格的相关性始终保持在0.90以上。且铁矿石期货套保效率逐年升高,2014年铁矿石期货套保效率迅速上升,达到54.25%。此后铁矿石套保效率逐年增高且稳定,2017年铁矿石套保效率高达88.87%。目前大连商品交易所的铁矿石市场是全球最大的铁矿石期货市场,大约是同期新加坡铁矿石掉期和期货成交总量的20余倍。中国的铁矿石期货与现货市场规模比例约为24∶1,充足的市场流动性为产业客户参与避险提供了更低的交易成本。

现阶段铁矿石现货市场,主要由普氏铁矿石指数主导国际主流矿商的现货贸易结算的定价基础。而在铁矿石衍生品市场,普氏能源资讯旗下TSI指数在铁矿石指数期货和掉期合约中被广泛使用。普氏能源资讯形成了对铁矿石指数市场的实质性垄断,而我国铁矿石期货市场对外开放度不高、国际投资者无法便利地参与是其主要限制性因素,中国铁矿石价格指数(CIOPI)和上海钢联铁矿石价格指数(MyIpic)等中国铁矿石指数想要撼动普氏指数在铁矿石上的地位,难度很大。因此要想增强铁矿石上的话语权,我国只能从铁矿石期货着手,先增强铁矿石期货价格的国际影响力。

中国铁矿石期货市场于2018年5月正式引入了境外交易者。2019年2月起,境外个人客户可以参与中国铁矿石期货交易。在国际化业务实施初期,境外个人客户暂不允许开户交易。与境外铁矿石衍生品多采用现金结算方式不同,我国铁矿石期货的重要特点之一就是采用实物交割。保税交割制度设计是铁矿石期货引入境外交易者的重要组成部分。引入境外交易者后铁矿石期货合约不变、计价币种保持人民币不变，价格含税，境外交易者通过保税交割参与铁矿石期货实物交割。

铁矿石期货引入境外交易者与原油期货在跨境交易的不同之处是，交易所暂时没有设置境外特殊参与者，境外交易者和境外经纪机构均需通过境内期货公司会员参与铁矿石期货结算。交易所作为中央对手方，统一组织期货交易的结算、负责期货交易的保证金管理、风险准备金管理及结算风险的防范。其中，风险防范实行分级负责制，交易所防范会员风险，会员防范其客户及境外经纪机构风险，境外经纪机构防范其客户风险。铁矿石期货国际化的推出，将使铁矿石期货市场由局域性变为全球性市场，境内外衍生品市场间联动性更强，跨市场交易更为便利，同时保税交割将使境内外现货市场更为统一。届时，铁矿石市场定价将更为公平透明，行业发展将更趋平稳、有序。同时，铁矿石期货国际化也能为其他品种做铺垫，使中国在原油期货之后，再增加一项大宗商品国际定价标准。

参考文献

[1] 高承志等.境外期货市场跨境监管比较研究[J]，中国期货，2019(3)：13—17.
[2] 贺涛.大宗商品与国际经济竞争[J]，上海商业，2018(10)：10—17.
[3] 李彦等.原油期货交割模式国际化比较与研究[J]，中国期货，2019(2)：16—20.
[4] 美国期货协会(FIA). Annual Volume Survey 2018[R], March 2019.
[5] 美国商品期货交易委员会[OL].http：//www.cftc.gov/index.htm.
[6] 杨琪.2018年美国期货佣金商发展概况[J]，中国期货，2019(1)：178—180.
[7] 芝加哥商业交易所集团(CME)[OL].http：//www.cmegroup.com/cn-s.
[8] 中国期货行业协会[OL].http：//www.cfachina.org.

本章撰写：姚恒美

第七章　世界现代物流业发展动态

一、世界现代物流业总体发展态势

近期,世界现代物流业发展继续受挫,航空、海运、铁路和第三方物流的货运年增长率皆不同程度下滑。其中,欧洲国家的物流发展水平总体较高,体量仍以中美等大国为多。物流企业的兼并活动数量减少,但交易总额却反超以往,企业客户更加倾向于长期稳定的合同关系。而从技术角度来看,物流行业的技术更迭和创新一直不断,区块链、人工智能、物联网等都被长期看好,并有部分尝试和应用。

(一) 总体:全球经济动荡致物流业发展降速

2018年至今,全球经济格局的急剧变化给世界物流业发展带来了深远影响,英国脱欧、中美贸易紧张局势升级、阿根廷和土耳其的宏观经济承压、德国汽车产业出现中断、中国信贷政策收紧等大事件,使得全球扩张显著减弱。根据国际货币基金组织(IMF)的统计和预测,全球增长在2017年接近4%的峰值,2018年放缓至3.6%,而2019年70%的全球经济体增速将会下降,预计2019年全球经济增速将进一步降至3.3%。波动的世界格局给物流业发展带来了诸多不利影响。

航空货运方面,国际航空运输协会(IATA,以下简称"国际航协")发布的全球航空货运定期数据显示,2018年全球航空货运需求(按照货运吨公里计算)同比增长仅3.5%,与2017年增长率(9.7%)相比明显下降。其中,2018年12月,全球航空货运需求同比下降0.5%,是自2016年3月以来的最低水平。12月货运运力增长3.8%,货运运力增长连续10个月超过需求增长。

海运方面,受全球经济下滑影响,全球海运业前景亦不乐观。以集装箱运输为例,2018年全球集装箱海运贸易出现小幅下滑,全年集装箱海运量为2.01亿TEU,年度增速降至4.5%,较2017年下降一个百分点。2018年度中国出口集装箱运价指数(CCFI)持续稳定在740~850点,平均值为818点,同比微降0.2%,其中,欧洲航线、北美航线以及南美航线的运价指数平均值分别为1 050、691和629点,同比分别下滑4.3%、0.3%和16.5%。①

铁路与第三方物流方面,根据国际铁路联盟(UIC)的数据,全球铁路货运量一直在逐年下滑,2017年全球铁路运输吨公里数(tonnes kilometres)为8 715 260,较2016年的9 915 058吨公里继续下滑。而根据Armstrong & Associates公司的数据显示,2017年,全球第三方物流业总收入为8 700亿美元,较2016年的8 022亿美元增长了8.45%,较2016年的年增率(11.26%)下降了近3个百分点。

(二)区域:发达地区领跑、拉美发展迅速

从世界物流水平的区域发展来看,欧洲发达国家依旧保持较高的物流整体水平。根据世界银行发布的2018年物流表现指数(LPI指数)排名,2018年,LPI指数排名前10位的国家依次是德国、瑞典、比利时、奥地利、日本、荷兰、新加坡、丹麦、英国和芬兰。其中,日本、丹麦和芬兰排名上升明显(表7.1)。

表7.1 2018年LPI指数排名前十国家及历年情况

国家	2018年		2016年		2014年		2012年	
	排名	分值	排名	分值	排名	分值	排名	分值
德国	1	4.20	1	4.23	1	4.12	4	4.03
瑞典	2	4.05	3	4.20	6	3.96	13	3.85
比利时	3	4.04	6	4.11	3	4.04	7	3.98
奥地利	4	4.03	7	4.10	22	3.65	11	3.89
日本	5	4.03	12	3.97	10	3.91	8	3.93
荷兰	6	4.02	4	4.19	2	4.05	5	4.02
新加坡	7	4.00	5	4.14	5	4.00	1	4.13
丹麦	8	3.99	17	3.82	17	3.78	6	4.02
英国	9	3.99	8	4.07	4	4.01	10	3.90
芬兰	10	3.97	15	3.92	24	3.62	3	4.05

资料来源:世界银行

---

① 数据来源:国际船舶网。http://www.eworldship.com/html/2019/container_market_0211/146790.html

不过从体量上来说，则以中美等大国为主。根据 Armstrong & Associates 的数据，2017年物流成本占比最大的依然是中美两国（中国含中国内地和中国香港），分别占全球总成本的20.24%和18.17%，两国的第三方物流收入分别占全球的21.09%和21.18%。从第三方物流收入年增速来看，美洲地区发展较快，南北美年增率分别达到了12.37%和10.22%，亚太地区一些发展中国家也在高速发展，其中，阿根廷、巴西、秘鲁、印度等国的年增速都达到了15%以上（表7.2）。

表7.2 2017年全球物流成本及第三方物流收入情况

区域	国家/地区/总计	2017年物流总成本/10亿美元	2016—2017物流总成本年增长率/%	2017年物流成本全球占比/%	2017年第三方物流收入/10亿美元	2016—2017第三方物流收入年增长率/%	2017年第三方物流收入全球占比/%
北美地区	加拿大	148.7	8.07	1.70	15.3	9.29	1.76
	墨西哥	137.9	9.88	1.58	14.5	10.69	1.67
	美国	1 590	4.42	18.17	184.3	10.49	21.18
	区域总计	1 950.9	5.10	22.29	220	10.22	25.29
欧洲地区	法国	245.1	4.88	2.80	26	6.12	2.99
	德国	324.7	6.28	3.71	34.4	7.17	3.95
	意大利	188	4.68	2.15	20.1	5.79	2.31
	荷兰	68.8	7.00	0.79	9.9	6.45	1.14
	西班牙	127.2	6.62	1.45	12.8	7.56	1.47
	英国	230	−0.17	2.63	24.4	0.83	2.80
	欧洲其他地区	576.1	8.15	6.58	56.5	10.14	6.49
	区域总计	1 759.9	5.67	20.11	184.1	6.85	21.16
亚太地区	澳大利亚	118.6	9.51	1.36	12.2	10.91	1.40
	中国内地	1 742.1	7.09	19.91	180.3	8.16	20.72
	中国香港	29	6.62	0.33	3.2	6.67	0.37
	印度	339.1	15.69	3.87	24.1	17.56	2.77
	印度尼西亚	233.5	4.33	2.67	17.3	6.13	1.99
	日本	414.1	−1.36	4.73	43.9	−0.45	5.05
	马来西亚	40.9	6.23	0.47	2.9	7.41	0.33
	菲律宾	40.7	2.78	0.47	2.9	3.57	0.33
	新加坡	27.5	9.13	0.31	3.2	10.34	0.37

续表

区域	国家/地区/总计	2017年物流总成本/10亿美元	2016—2017物流总成本年增长率/%	2017年物流成本全球占比/%	2017年第三方物流收入/10亿美元	2016—2017第三方物流收入年增长率/%	2017年第三方物流收入全球占比/%
亚太地区	韩国	138.3	8.98	1.58	15.5	9.93	1.78
	中国台湾	52.3	9.64	0.60	5.8	11.54	0.67
	泰国	68.3	11.97	0.78	5.1	13.33	0.59
	越南	44.1	9.43	0.50	3.4	13.33	0.39
	亚洲其他地区	118.1	11.00	1.35	9.5	15.85	1.09
	区域总计	3 406.6	6.97	38.92	329.3	7.97	37.85
南美地区	阿根廷	76.5	16.97	0.87	6.9	18.97	0.79
	巴西	238.4	14.29	2.72	21.7	15.43	2.49
	智利	31.9	12.32	0.36	3	11.11	0.34
	哥伦比亚	38.6	9.35	0.44	3.2	10.34	0.37
	秘鲁	26.9	10.25	0.31	2.3	15.00	0.26
	委内瑞拉	25	−26.90	0.29	1.8	−25.00	0.21
	南美其他地区	36.5	5.80	0.42	2.9	11.54	0.33
	区域总计	473.8	9.98	5.41	41.8	12.37	4.80
其他地区和国家		1 160.7	6.55	13.26	94.8	−100.00	0.00
全球总计		8 751.9	6.39	100.00	870	8.45	100.00

资料来源：Armstrong & Associates公司，2018年。上海科学技术情报研究所(ISTIS)分析整理

（三）企业：兼并量少价高、客户合同期延长

全球物流企业的兼并活动继续保持量少价高的趋势。根据Thomson Reuters的数据，2018年全球物流企业的兼并交易额较2017年增长了13%，但是全年共完成交易240起，较2017年下降了18%。从2018年整年发展变化来看，这些交易大部分是在前半年完成，而后半年交易额较前半年减少了超过40%，有兼并活动趋缓的趋势。其中，最大的一笔兼并案是由意大利高速公路和机场运营商Atlantia公司、西班牙建筑公司ACS和德国建筑公司Hochtief共同发起的对西班牙高速公路运营商Abertis的并购，交易金额达到了225.3亿美元(表7.3)。

表7.3　2018年全球运输与物流业大额并购交易案一览

宣布收购日期	收购对象	收购对象所在国家/地区	收购者	收购者所在国家/地区	交易状态	交易金额/亿美元	行业
2018年3月	Abertis Infraestructuras SA	西班牙	Atlantia、ACS、Hochtief	意大利西班牙德国	已完成	225.3	地面客运
2018年8月	West Connex Motorway	澳大利亚	投资集团	澳大利亚	已完成	67.5	地面客运
2018年6月	招商局港口控股有限公司	中国香港	深圳赤湾港航股份有限公司	中国	待定	42.8	航运
2018年12月	盖特威克机场有限公司（Gatwick Airport Ltd.）（50.01%股份）	英国	万喜集团（Vinci Airports SAS）	法国	待定	41.3	航空客运
2018年5月	福冈机场特许经营权	日本	Fukuoka International Airport Co Ltd.	日本	待定	39.9	航空客运
2018年3月	4项菲律宾国际机场特许经营权	菲律宾	Aboitiz InfraCapital Inc	菲律宾	拟定	28.5	航空客运
2018年2月	北京京邦达贸易有限公司	中国	投资集团	中国	待定	25.0	物流/货运
2018年2月	意大利铁路(Italo SpA)	意大利	Global Infrastructure Partners	美国	已完成	24.5	铁路
2018年7月	中国东方航空公司（12.9%股份）	中国	投资集团	中国	待定	22.4	航空客运
2018年12月	Travelport Worldwide	英国	Travelport Worldwide SPV	英国	待定	20.9	其他
2018年4月	满帮集团	中国	投资集团（日本软银和谷歌的金融投资者及子公司）	中国	已完成	19.0	物流/货运
2018年12月	GrainCorp Ltd.	澳大利亚	Long-Term Asset Partners Pty Ltd.	澳大利亚	待定	17.4	物流/货运
2018年11月	Capital Product Partners 油轮业务	美国	DSS Holdings LP (Diamond S)	美国	待定	16.5	航运
2018年2月	深圳赤湾港航股份有限公司	中国	投资集团（国有企业中国招商局集团旗下子公司）	中国	已完成	14.8	航运
2018年6月	Worldwide Flight Services	法国	Cerberus Capital Management LP	美国	待定	13.9	航空客运

续表

宣布收购日期	收购对象	收购对象所在国家/地区	收购者	收购者所在国家/地区	交易状态	交易金额/亿美元	行业
2018年5月	中通快递(10%股份)	中国	阿里巴巴集团/菜鸟(阿里巴巴物流子公司)	中国	待定	13.8	物流/货运
2018年3月	Scandlines GmbH	德国	金融投资集团	英国	待定	13.6	航运
2018年7月	Simply Self Storage-2 REITS	美国	NSA HHF JV LLC	美国	待定	13.3	物流/货运
2018年3月	Aero 1 Global & International Sarl	卢森堡	Atlantia SpA	意大利	待定	13.0	铁路
2018年4月	UN Ro-Ro Isletmeleri AS	土耳其	DFDS A/S	丹麦	已完成	11.7	航运
2018年10月	Ceva Logistics AG	瑞士	CMA CGM SA	法国	待定	11.1	物流/货运

注：大额是指金额在10亿美元以上的并购案

资料来源：普华永道，2019年

此外，近期，物流企业还表现出追求更稳定长期合作的特点。根据EFT公司（Eyefortransport）发布的物流企业调研报告，2013年，ET的问卷调查显示，当问及物流企业与客户合同的期约时长时，45%的受访者表示为1~2年，另有45%的受访者表示为3年。而到2018年，当这个问题被再次提及的时候，有22%的受访者表示为5年甚至更长，而1~2年和3年的比重分别下降至37.68%和22.54%（图7.1）。

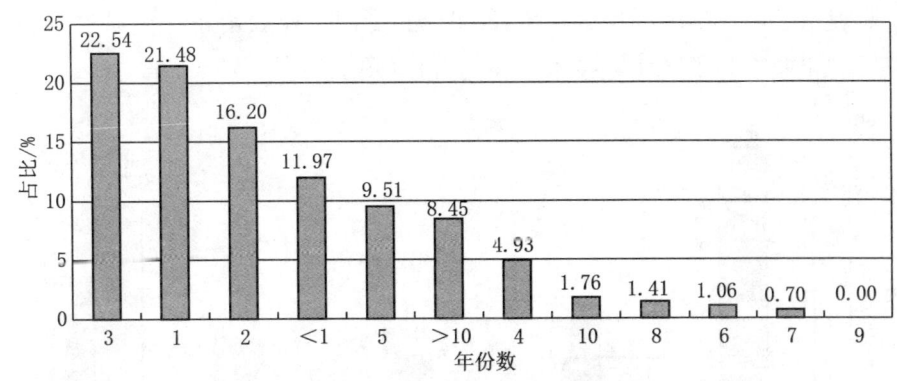

图7.1　2018年物流受访企业的客户合同年限分布

资料来源：EFT，2019年

（四）技术：人工智能、区块链、物联网等被看好

物流领域的新技术仍在快速发展，区块链、人工智能、物联网、自动化等都被物流

市场所看好。根据 EFT 公司发布的《2019 年供应链热点趋势》报告,其物流企业受访者中,有 55.3% 的公司正在进行有关仓储自动化的技术投资,分别有 47%、41% 和 39.6% 的物流企业在进行预测分析、物联网和云物流领域的技术投资(图 7.2)。

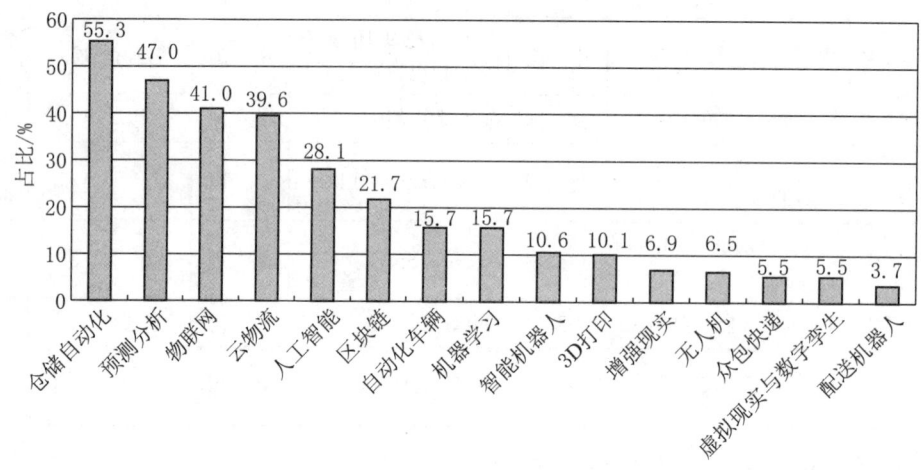

图 7.2　受访物流企业的技术投资分布

资料来源:EFT,2019 年

其中,曾只是概念的"区块链"技术已逐渐在物流领域展开各种尝试。在零售商、品牌和制造商中,大多数企业目前仍只是了解和在探索这项技术,只有约 10.5% 的受访企业表示正在实施区块链技术,50% 的受访企业表示在此领域完全没有行动。而在物流服务企业中,对区块链技术感兴趣的企业比重明显增加,有 19.2% 的受访物流服务企业表示已经在实施区块链技术,21.3% 的受访企业表示正在测试这项技术,还有 17.7% 的企业参与了区块链技术方面的合作(图 7.3)。

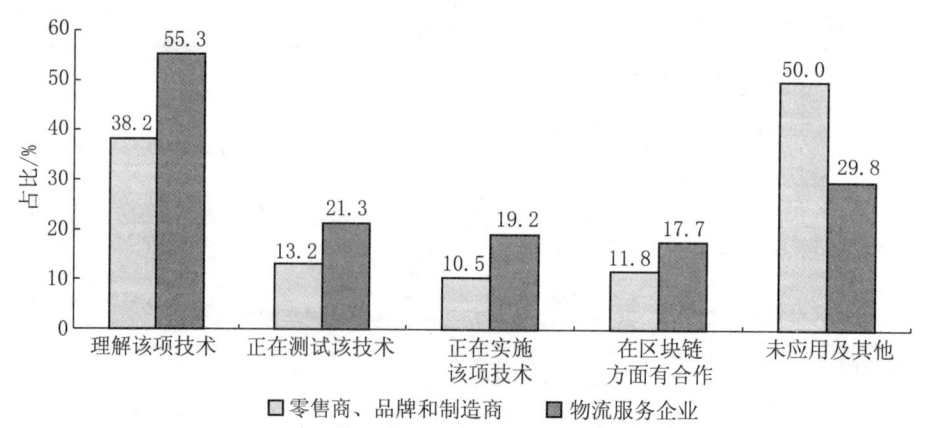

图 7.3　企业参与区块链技术的情况

资料来源:EFT,2019 年

二、主要第三方物流企业发展动态

全球第三方物流企业发展平稳,前50强企业多数在发达国家。本章节还将介绍德铁信可、罗宾逊全球货运、得夫得斯三大企业的发展现状及举措。

(一) 全球主要第三方物流企业排名及分布

1. 概况:年收入增长明显

JOC期刊(*The Journal of Commerce*)的年度报告显示,2017年,全球前50强第三方物流企业的总收入为2 531.74亿美元,较前一年增长了10.3%。其中,只有法国的Gefco和英国的Wincanton公司呈现负增长。该年业绩较前一年18家企业负增长有了明显好转。其中,大部分企业的收入年增长都在5%以上,主要集中在5%~10%(图7.4)。

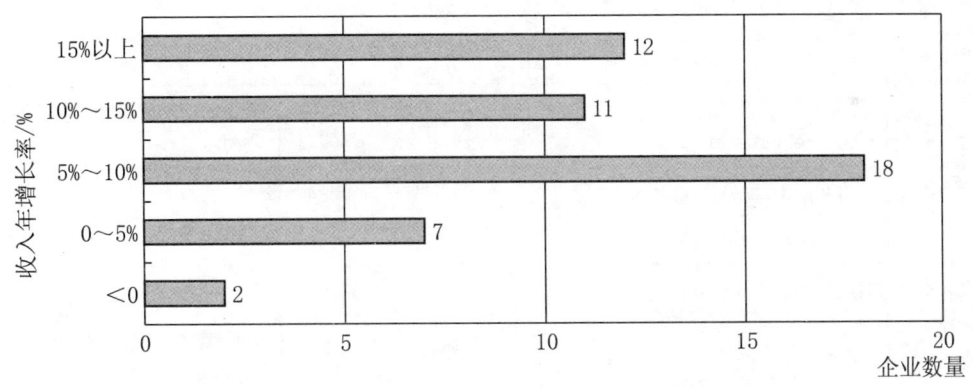

图7.4 2017年全球3PL50强企业的年收入增长率分布

资料来源:JOC杂志,2018年。上海科学技术情报研究所(ISTIS)分析整理

2. 排名:发达国家地位稳固

全球大型第三方物流企业的格局在2017年格局极其稳定。根据JOC杂志的排名,2017年全球20强3PL企业中,只有1家企业(美国枢纽集团公司)为新上榜,其他19家公司皆为前一年20强企业。在排名上,大部分公司列位没有变化,只有7家公司排名有所调整(表7.4)。这些企业主要分布在美、德、日等发达国家中(图7.5)。

表 7.4 2017 年全球前 20 大第三方物流企业排名及其收入情况

排名	排名变化	公 司 名	总部所属国	2017 年收入/100 万美元	2017—2016 年增长率/%	说 明
1	不变	敦豪供应链和全球货代公司(DHL Supply Chain & Global Forwarding)	德 国	30 775	5.53	
2	不变	德迅(Kuehne+Nagel)	瑞 士	22 572	11.29	于 2017 年 3 月收购了 Zet Farma 公司和 Ferlito Pharma Logistics 公司,于 2017 年 7 月收购了 Commodity Forwarders 公司
3	不变	德铁信可(DB Schenker)	德 国	17 783	10.95	
4	不变	罗宾逊全球货运(C. H. Robinson)	美 国	13 503	15.36	于 2016 年 8 月收购 APC 物流公司,于 2017 年 8 月收购 Milgrom and Co 公司
5	不变	得夫得斯国际货运(DSV)	丹 麦	11 355	12.84	
6	不变	XPO 物流(XPO Logistics)	美 国	10 352	10.03	
7	不变	联合包裹速递(UPS Supply Chain Solutions)	美 国	7 981	17.49	于 2016 年 12 月收购 Marken 公司
8	不变	基华物流(CEVA Logistics)	荷 兰	6 994	5.24	
9	↑	康捷空(Expeditors)	美 国	6 920	13.50	
10	不变	JB 亨特(J.B. Hunt)	美 国	6 828	10.47	
11	↓	德莎(DACHSER)	德 国	6 826	8.09	于 2017 年 4 月收购 Johnson Logistics 公司
12	↑	中国外运(Sinotrans)	中 国	6 622	26.91	数据统计的是该公司货代部门的收入
13	↓	乔达国际集团(SNCF GEODIS)	法 国	5 761	3.76	
14	不变	泛亚班拿(Panalpina)	法 国	5 620	6.58	于 2017 年 5 月收购 Carelog Freight Service 公司,于 2017 年 9 月收购 Air Connection 公司
15	↑	近铁国际物流(Kintetsu World Express)	日 本	4 747	8.83	
16	↓	捷富凯物流(GEFCO)	法 国	4 495	−3.85	

续表

排名	排名变化	公 司 名	总部所属国	2017年收入/100万美元	2017—2016年增长率/%	说 明
17	不变	日邮物流(Yusen logistics)	日 本	4 183	4.11	于2017年2月收购Tranfreight公司,于2017年11月收购Tibbett Logistics公司
18	不变	雷诺斯公司(Rhenus & Co.)	德 国	4 060	6.39	于2016年3月收购ALS Allgemeine公司
19	↑	枢纽集团公司(Hub Group)	美 国	4 035	12.90	于2017年5月收购Estenson Logistics公司
20	不变	亚致力物流(Agility Logistics)	科威特	3 909	9.28	

资料来源:JOC杂志,2018年。上海科学技术情报研究所(ISTIS)分析整理

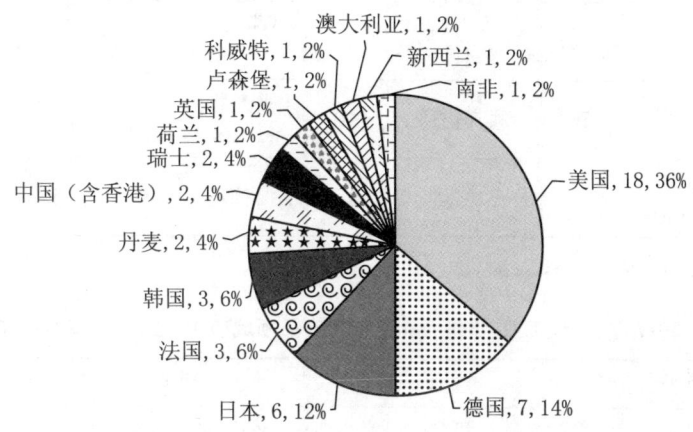

图7.5 2017年前50第三位物流企业的区域分布

资料来源:JOC杂志,2018年。上海科学技术情报研究所(ISTIS)分析整理

3. 客户:欧美企业掌握较多

从领域排名来看,欧美企业的稳定客户数量远超其他国家企业,尤其一些综合性物流公司在各领域都占据了重要地位,例如美国的 XPO 物流和荷兰的基华物流在汽车、消费品、零部件、工业、零售、高技术产品物流领域都进入了全球10强,而丹麦的得夫得斯国际货运(DSV)则在汽车、消费品、零部件、医疗保健、工业、高技术产品领域处于领先地位。在各领域排名前十的企业中,只有南非的 Imperial 物流公司在零部件领域的客户数能与欧美企业相抗衡(表7.5、7.6)。

表 7.5　2017 年汽车、消费品、零部件、食品百货领域前 10 强企业（按客户数排名）

排名	汽车类		消费品类		零部件		食品百货	
	公司名	客户数	公司名	客户数	公司名	客户数	公司名	客户数
1	基华物流	49	XPO 物流	34	XPO 物流	36	XPO 物流	64
2	XPO 物流	35	弗玛物流	27	敦豪	24	罗宾逊全球货运	41
3	得夫得斯国际货运	32	乔达国际集团	16	得夫得斯国际货运	19	创思普（Transplace）	35
4(3)	敦豪	28	基华物流	15	Imperial 物流	19	Wincanton 公司	35
5	Logwin 公司	27	罗宾逊全球货运	14	基华物流	18	莱德物流（Ryder）	29
6(5)	捷富凯物流	26	敦豪	13	创思普（Transplace）	18	弗玛物流	27
7(6)	德铁信可	25	莱德物流（Ryder）	13	ADS 物流	16	美冷	26
8	德迅	22	得夫得斯国际货运(DSV)	10	Wincanton 公司	14	德迅	25
9	潘世奇物流（Penske）	20	联邦快递	10	普及物流（Logwin）	13	敦豪	24
10(9)	鲁道夫物流集团	20	德迅	10	德迅	12	Imperial 物流	23

资料来源：Armstrong & Associates，2018 年

表 7.6　2017 年医疗、工业、零售业和高技术产品领域前 10 强企业（按客户数排名）

排名	医疗保健		工业产品		零售业		高技术产品	
	公司名	客户数	公司名	客户数	公司名	客户数	公司名	客户数
1	敦豪	47	XPO 物流	40	XPO 物流	68	敦豪	68
2	联邦快递	33	创思普（Transplace）	38	敦豪	54	XPO 物流	55
3	Imperial 物流	23	罗宾逊全球货运	31	德迅	40	德迅	46
4	德迅	20	Logwin 公司	26	Wincanton 公司	39	基华物流	28
5	得夫得斯国际货运	19	基华物流	22	联邦快递	31	联合包裹速递	27
6(5)	XPO 物流	18	得夫得斯国际货运	19	日邮物流	31	德铁信可	26

续表

排名	医疗保健		工业产品		零售业		高技术产品	
	公司名	客户数	公司名	客户数	公司名	客户数	公司名	客户数
7(6)	联合包裹速递	14	莱德物流(Ryder)	19	丹马士物流	29	得夫得斯国际货运(DSV)	26
8	无	无	敦豪	18	乔达国际集团	26	乔达国际集团	25
9(8)	无	无	乔达国际集团	18	Toll集团	26	ModusLink物流	25
10(8)	无	无	德迅	18	基华物流	24	联邦快递	20

注：Armstrong & Associates 公司对于医疗保健领域的物流企业排名只排到第七位，故此处未显示 8/9/10 位的企业名。

资料来源：Armstrong & Associates，2018 年

（二）主要第三方物流企业发展动态

1. 德铁信可(DB Schenker Logistics)

（1）公司概况

德铁信可(DB Schenker Logistics)是德国铁路旗下主要负责铁路货运的全资子公司，具有 140 多年历史的全球物流供应商，在全球约 2 000 处设有机构，员工多达 75 800 人。提供陆运、全球空运和海运、合约物流和供应链管理服务，在汽车、高科技产品、消费品、会展货代、特殊运输以及特殊活动物流服务方面具备优势。

陆运方面，其主要业务在欧洲地区，在欧洲设有 430 个办事处，拥有约 21 500 名员工，是欧洲陆运的领头羊。其陆运业务部门在欧洲 40 多个国家的重要经济区拥有密集的运输网络，每周约提供 3.2 万次定期运输服务，主要运送一般货物。空运和海运方面，德铁信可在全球设有 800 个办事处，有近 1.3 万名员工为德铁信可物流服务。每年约有 1 200 架优质航空公司的包机航班承载德铁信可的货物往返于各大洲的物流枢纽。合约物流方面，其在全球 50 多个国家设有近 750 个办事处，雇佣约 24 500 名员工，仓储空间多达 800 万平方米，能够为工业和贸易提供定制化的物流解决方案，在汽车、消费品、电子产品、工业产品和医疗产品方面具备业务优势，能提供采购、生产、分销到售后的全方位服务。

而在中国，德铁信可自 1966 年在香港成立分公司，一直稳健发展，在中国国内也已由一家航空货运代理发展成为多式联运及综合物流服务供应商，提供空运、海运、

陆路运输、供应链管理、会展服务、搬迁及移民托运服务、项目工程物流及国际体育盛事物流服务等。其于20世纪70年代末进军中国内地市场，成为首批在中国开设办事处的主要国际货运代理供应商，并于1981年在广州成立了办事处。迄今，德铁信可已在中国超过60个主要城市设立了办事处及仓储物流设施，员工逾5 000名，建立起了一个跨越全中国的综合物流服务网络。

（2）营收状况

德铁信可是德铁集团（DB Group）的全资子公司之一，根据德铁集团的财报，2018年上半年，德铁信可的总收入为83.33亿欧元，较上一年同期增长2.8%，占集团总收入的38.67%（表7.7）。2018年前半年，德铁信可的毛利率与2017年同期持平，皆为34.7%，陆运、航空货运、海运业务量都较前一年有所增长，但收入有增有减，分别达到了35.56亿欧元、18.06亿欧元和14.20亿欧元，较前一年同比分别增长6.9%、9.5%和减少2.6%。而其合同物流方面，2018年上半年收入为12.65亿欧元，较前一年同比下滑了2.8%（表7.8）。

表7.7　2018年上半年德铁集团各公司总收入情况

公　　司	总收入/100万欧元			
	上半年		同比变化	
	2018	2017	绝对值	增长率/%
德铁长途运输（DB Long-Distance）	2 255	2 107	148	7
德铁区域运输（DB Regional）	4 376	4 304	72	1.7
德铁 Arriva 公司（DB Arriva）	2 706	2 662	44	1.7
德铁货物（DB Cargo）	2 255	2 306	−51	−2.2
德铁信可（DB Schenker）	8 333	8 103	230	2.8
德铁网络通路（DB Netze Track）	2 720	2 652	68	2.6
德铁网络客栈（DB Netze Stations）	668	635	33	5.2
德铁网络能源（DB Netze Energy）	1,83	1 416	−33	−2.3
其他（Other）	2 274	2 154	120	5.6
创立合并（Consolidation）	−5 422	−5 269	−153	2.9
德铁集团（DB Group）	**21 548**	**21 070**	**478**	**2.3**

资料来源：德铁集团官网

表 7.8 2018 年上半年德铁信可收入和利润情况

项　目	上半年		同比变化	
	2018	2017	绝对值	增长率/%
陆路运输/1 000 吨	52 522	50 751	1 771	3.5
陆路运输收入/100 万欧元	3 556	3 326	230	6.9
航空货运(出口)/1 000 吨	649.4	613.1	36.3	5.9
航空货运收入/100 万欧元	1 806	1 649	157	9.5
海洋货运(出口)/1 000 TEU	1 087	1 063	24	2.3
海运货运收入/100 万欧元	1 420	1 458	−38	−2.6
合同物流收入	1 265	1 301	−36	−2.8
德铁信可总收入/100 万欧元	**8 333**	**8 103**	**230**	**2.8**
毛利率/%	34.7	34.7	—	—
税息折旧及摊销前利润(EBITDA)/100 万欧元	314	305	9	3
息税前利润(EBIT)/100 万欧元	216	208	8	3.8
资本支出总额/100 万欧元	78	76	2	2.6
员工全时当量(FTE)	74 104	69 370	4 734	6.8

资料来源：德铁集团官网

(3) 发展举措

为继续保持德铁信可在物流业的行业优势，近期，其采取了如下多个举措。

1) 建立企业实验室等促进研发创新

早于 2015 年，德铁信可就在德国的多特蒙德与德国著名研究机构 Fraunhofer IML 建立了重要的战略合作，共同创立了德铁信可物流与数字化企业实验室，目标是开发下一代物流产品、服务和商业模式。

目前，德铁信可在物流技术研发领域已经取得了不少成果。它是最早测试和应用无人驾驶与车队的物流公司之一，并积极合作参与 3D 打印的研究与应用，以及尝试运用智能算法和大数据来处理优化客户供应链和使用大数据集中识别模式来完善预测供应链动态。2019 年 5 月，由德铁信可、曼恩商用车和费森尤斯应用科学大学共同完成了物流行业的"列队行驶"试点项目，这是全球首次在实际物流操作中进行列队行驶实地测试。术语"列队行驶"是指车辆在道路行进中使用的一种系统，在驾驶技术协助和控制系统的支持下，有两辆或以上的卡车在高速公路上紧密有序的列队行驶。列队中所有的车辆都通过电子设备相互链接。前面的卡车设定速度和方向，后面的卡车紧随其后。作为联邦运输和数字基础设施部（BMVI）赞助研究项目的一部分，整个试点项目历时 7 个月，由专业司机们驾驶两辆电子互联车辆，行驶在德铁信可的纽伦堡和慕尼黑分公司之间的 9 号高速公路上。试验显示，使用列队行驶系统可以确保更有效地利用高速公路上的空间，减少拥堵并提高道路安全性，该技术的应用或将开启物流行业新数字商业模式。

2）积极寻求发展合作伙伴关系

德铁信可一直积极保持和拓展其合作伙伴，以求在业界保持地位和竞争力。一方面，其继续维持已有合作方的伙伴关系，追求稳定发展。例如 2019 年 5 月，它宣布与航空货运领域集成 IT 解决方案的主要供应商之一 CHAMP 签署协议，将继续使用 Traxon cargoHUB 解决方案，继续通过主机对主机的解决方案来实现自动化的电子数据交换。在此之前，双方已有超过 25 年的合作关系。Traxon cargoHUB 是一个拥有全球最大规模的航空货运社区的平台之一，提供超过 100 家航空公司和 3 000 家货运代理商的电子访问通道，在全球范围内设有 9 000 个分支机构。德铁信可决定继续使用 CHAMP 的 Traxon cargoHUB 解决方案，主要考量该系统的有效性和适应时代变化的能力，进一步提升其全球航空货运网络效率、提高生产率和降低成本。

另一方面，它在积极拓展新的合作机会。例如，2019 年 1 月，德铁信可宣布与 Magento 合作加强电子商务服务，期望通过 Magento 市场，以快速、方便和经济高效的方式来连接网络商店和仓储服务。此合作提供的解决方案包含所有相关的仓储活动，特别是拣配和包装及整个供应链的交货状态更新，以期为全球供应链管理建立新的标准，支持德铁信可客户的电子商务业务。客户将能运用德铁信可共享设施网络来实现一流的电子商务订单。而作为战略合作伙伴，Magento 将为商户提供基于开源技术的商城系统。同时，它还与领先的 SaaS 平台供应商 ChannelAdvisor 进行合作，期望通过 ChannelAdvisor 提供的综合电子商务平台，开拓新的地区和市场，寻找新的产品渠道。

3）努力扩张业务服务区域和模式创新

德铁信可的主营区域在欧洲，但一直在努力延伸其服务范围。例如，2018 年 2 月，它借助自身物流网络及铁路运输优势，开启了首辆中国至莫斯科的生鲜蔬果专列。这辆农产品出口专列，满载 11 个冷藏柜货柜的新鲜农产品从成都青白江国际口岸出发，历经 16 天，途经内蒙古二连浩特口岸出境，最终抵达莫斯科沃尔西诺车站，全程 9 000 多千米。德铁信可由此成为首家在中国为中国领先的农产品国际贸易公司 Rollink 操作生鲜农产品货物出口专列的第三方物流企业，双方的合作还包括中国出口至俄罗斯的空运生鲜货物以及中国香港、澳大利亚和新西兰的航线业务。

此外,德铁信可一直在提升创新自身的物流服务模式。例如,它曾为知名奢侈品品牌 Prada 快闪店提供全程物流服务。这 2 家快闪店分别位于上海的环贸 iapm 商场和西安的 SKP 百货,店铺面积达 100 平方米。整个物流项目持续了 5 天 5 夜,德铁信可通过卡车先把店铺的各种部件送往市中心的商场,将部分单件重达 500 千克总重量约 20 吨的展品部件送到商场指定地点,以确保店铺的正常上线营业。同时,它还积极发展绿色物流,例如自 2018 年 12 月起,为瑞典知名快时尚品牌 H&M 提供绿色物流店铺配送服务,使用绿色概念电动货车将 H&M 的服饰及配件从昆山仓库配送至上海的 44 家门店,覆盖 90% 的城市门店,并用这些环保电动货车为 H&M 提供退货物流服务。

2. 罗宾逊全球货运(C.H. Robinson Logistics)

(1) 公司概况

罗宾逊全球货运成立于 1905 年,是全球最大的第三方物流供应商之一,公司总部设在美国明尼苏达州。2018 年的毛收入达到了 166 亿美元。能够提供货物运输与物流、外包解决方案、产品采购和信息咨询等多种服务,涉及机动车合同物流、铁路、航空货运、海运等多个领域。它在全球总共设立了 280 个分公司,与 7.3 万个供应商有合作关系,业务遍及北美、南美、欧洲、亚太地区,客户数量多达 12.4 万,员工规模达到 1.5 万人。它在全球范围内采用单一的由其内部研发的 Navisphere 技术平台来提供覆盖全球的与业务有关的所有供应链信息。

在亚洲地区,罗宾逊全球货运已在大中华、印度和东南亚等 11 个国家开展了业务,是从中国到北美航线货运量最大的无船承运商(NVOCC),也是服务于亚洲、东南亚和印度次大陆的前五大 NVOCC 之一。在中国,它于 2003 年在香港设立第一家亚太区办事处,总办事处位于中国上海,提供的服务包括:货运代理,无船承运人(NVOCC)整柜(FCL)装载和拼箱装载(LCL)服务,全球海、空运服务,清关服务,供应商和采购订单管理,整车货运,零担货运,温控卡车,平板卡车,项目物流,Managed TMS® 服务,外包解决方案,供应链咨询,Navisphere® 技术,新鲜果蔬采购服务,仓储服务,铁路服务等。

它旗下有两大重要的子公司,分别是罗宾逊鲜果蔬(Robinson Fresh)和 TMC 公司。其中,前者提供全系列优质水果和蔬菜,同时还提供新鲜农产品供应链解决方案,帮助零售商、餐馆、种植者和食品服务公司满足消费者对新鲜食品的需求;后者为罗宾逊全球货运公司提供全球运输管理系统(TMS)的技术与咨询服务。

(2) 营收状况

2018 年全年,罗宾逊全球货运公司发展业绩突出,年总收入增长 11.8% 至 166 亿美元;净收入增长 14.2%至 27 亿美元;运营收入增长 17.7%至 9.221 亿美元;摊薄后每股盈利增长 32.5%至 4.73 美元;运营现金流增加 106.5%至 7.929 亿美元,实现了净收入和营业收入的创纪录水平①(表 7.9)。

表 7.9　罗宾逊全球货运公司 2018 年财务报表(单位:千美元)

项　　目	截至 12 月 31 日的 3 个月/1 000 美元			截至 12 月 31 日的 12 个月/1 000 美元		
	2018 年	2017 年	增长率/%	2018 年	2017 年	增长率/%
总收入	4 137 908	3 959 786	4.5	16 631 172	14 869 380	11.8
净收入	—	—	—	—	—	—
运输	—	—	—	—	—	—
整车	395 611	342 134	15.6	1 445 916	1 229 999	17.6
零担运输	117 326	105 306	11.4	471 275	407 012	15.8
联运	8 595	5 867	46.5	32 469	29 145	11.4
海洋	82 234	73 135	12.4	312 952	290 630	7.7
空运	30 761	27 595	11.5	120 540	100 761	19.6
海关	23 761	21 142	12.4	88 515	70 952	24.8
其他物流服务	30 603	29 554	3.5	122 077	117 117	4.2
总运输	688 891	604 733	13.9	2 593 744	2 245 616	15.5
采购	24 892	27 116	(8.2)	111 491	122 434	(8.9)
总净收入	713 783	631 849	13.0	2 705 235	2 368 050	14.2
营业费用	458 266	420 973	8.9	1 793 152	1 592 931	12.6
经营收入	255 517	210 876	21.2	912 083	775 119	17.7
净收入	187 150	152 556	22.7	664 505	504 893	31.6

资料来源:亿欧物流、罗宾逊全球货运公司官网,2019 年

(3)发展举措

罗宾逊全球货运的营运模式具有独到之处,其近期发展主要举措如下。

1)实施强物流系统的轻资产模式

1988 年开始,罗宾逊就把在海运服务领域的"无船承运人"理念移植到公路货运服务领域,向"无车承运人"转型,建立了整合社会运输商的信息系统。次年,企业收入不但没有因放弃自有车辆降低,反而同比增长 11%,利润增加近 3 倍。此后,罗宾

---

① 资料来源:亿欧物流。https://www.iyiou.com/p/91384.html

逊开始呈现跨越式发展，在营业收入上远远超越耶路全球、世能达等美国传统公路运输巨头。1994—2014年，罗宾逊的毛利和营业利润年均分别增长14.4%和15.7%，远高于行业增速。直至目前，这种"轻资产模式"仍在继续运作，助力其发展。

罗宾逊的运作核心是其自建的货运网络信息系统。该系统分为两个平台：一是TMS平台，用来连接运输商；二是"导航球"Navisphere平台，用来连接货主企业。只要货主企业在Navisphere信息平台的导航球上注册账号，填写货运信息，导航球就能把信息传递给TMS，TMS根据客户对服务价格、时间等需要，提出各种可供选择的优化物流解决方案。海量的运力和高度整合的运输服务，使罗宾逊在服务与价格方面有着极大的掌控力和时效性。同时，罗宾逊不向平台上的用户收取加盟费，而是通过服务费盈利。向货主企业承诺服务、向供应商承诺价格，赚取运费差价。此外，罗宾逊还能够基于大数据和分析工具，帮助用户优化供应链管理，获取增值服务收入①。

2）积极并购，拓展业务区域

为扩大全球网络，罗宾逊全球货运公司一直在积极并购其他公司。其于2012年收购Phoenix公司和2014年收购Freightquote公司为其奠定了亚洲区域快速发展的基础。2016年完成了对澳大利亚本土企业APC Logistics公司收购。2017年9月，罗宾逊以约6 200万加元（约合5 000万美元）的价格对加拿大货运公司Milgram & Company Ltd.进行现金收购，用以拓展其在加拿大地区的业务范围。2019年3月，它又出资约4 800万美元，现金收购了西班牙货代企业The Space Cargo Group，期望融入Space Cargo全球货运部门和技术平台，扩展其在欧洲的业务②。罗宾逊全球物流全球货运亚洲区副总裁陈源汉表示，未来更多的收购机会将会放在处于罗宾逊网络发展中的国家和地区，被收购的企业须满足自身发展良好和在本土市场非常成熟两大原则。

3）大力发展跨境电子商务及卡车、铁路运输

罗宾逊全球货运公司正积极发展跨境电商物流，并针对电商领域设有专门的服务平台。近期，它正为寻求把货物卖到海外的电商平台上的中国卖家提供一站式服务，并有一套专门的一站式定价机制，没有任何隐藏费用，覆盖全球市场。与此同时，它还在大力发展卡车和铁路运输。罗宾逊全球物流全球货运亚洲区副总裁陈源汉表示，卡车服务网络的布置是罗宾逊全球物流接下来的工作重点之一，不管是整车或是

---

① 资料来源：航运交易公报. http://info.chineseshipping.com.cn/cninfo/News/201510/t20151023_1262067.shtml
② 资料来源：国家邮政局. http://www.chinarta.com/html/2019-3/201931192632.htm

零担,跨境或是本地的方案都会继续加强建设。同时,它近期还开始启动整个跨亚欧大陆的国际铁路服务,共有9个铁路起运站覆盖全中国,横跨8个欧洲目的地城市,通过在中国本地也布设卡车物流网络,由卡车运输到铁路,再通过铁路运输到欧洲的各个目的地①。

3. 得夫得斯(DSV)

(1) 公司概况

得夫得斯(DSV)公司成立于1976年,是一家丹麦上市的国际化货运及物流集团公司。目前,DSV公司拥有员工约4.7万名,在全球75个国家和地区设立了1 000多个办公室、仓库等。起初,DSV公司仅提供承运服务,并且业务领域局限在建筑行业内。从20世纪80年代中期开始,其业务迅速扩展到丹麦国内及国际的其他类型运输和物流活动中。从2000年起,DSV公司通过收购DFDS Dan Transport Group、Frans Maas、ABX和UTi Worldwide等公司,一跃成为全球货运代理商。主营业务包含海陆空运输以及物流仓储、咨询服务等。

而在亚洲,其目前已在11个国家和地区设立了63个分支机构,雇佣员工2 000多名,拥有仓储20万平方米。其中,在中国,就拥有约1 000名员工,仓储基地30个,面积15万平方米,服务种类繁多,包括航空货运(如航空快递服务、一日达服务、全租或半租机服务、紧急配送、多式联运服务等);海运(如整箱运输、拼箱运输、特殊装备运输、件杂货运输、多式联运服务等);海、空相关服务(如物流跟踪服务、冷链服务、清关服务、货物保险);物流解决方案服务(如入境运输管理、仓储、分拣与包装、增值服务(如贴标签、修理、集成、再包装、测试、订制等)、货运电子综合服务CargoWRITE系统(包含仓储管理系统、尽职管理系统、集成门户和可视化系统));配送管理服务等。

(2) 营收状况

2018年,DSV公司全年收入达到790.53亿丹麦克朗,较2017年增长5.54%;2018年全年毛利润达到174.89亿丹麦克朗,较2017年增长5.32%。整体发展态势良好。其中,海运和空运部门、陆路运输部门、物流解决方案三大业务部门的毛利润分别达到91.93亿丹麦克朗、53.08亿丹麦克朗和30.35亿丹麦克朗,较前一年分别增长6.60%、0.40%和16.43%,由此可见,物流解决方案服务部门是该公司近期发展最好的业务部门,而海运和空运业务则发展平稳,是DSV公司的中流砥柱,相较而言,陆路运输的发展不甚乐观(表7.10)。

---

① 资料来源:第一财经.http://baijiahao.baidu.com/s? id=1603408652474580013&wfr=spider&for=pc

表7.10 2018—2017年各季度DSV公司的营收情况

单位:100万丹麦克朗

项目	2018年					2017年				
	Q1	Q2	Q3	Q4	全年	Q1	Q2	Q3	Q4	全年
收入情况										
收入	18 380	19 491	20 237	20 945	79 053	18 223	18 924	18 735	19 019	74 901
毛利润	4 120	4 450	4 472	4 447	17 489	4 220	4 217	4 114	4 054	16 605
未扣除特殊项目前的息税前利润(EBIT)	1 156	1 449	1 507	1 338	5 450	1 129	1 240	1 313	1 196	4 878
特殊项目(净成本)	—	—	—	—	—	160	88	123	154	525
财务项目(净成本)	155	−120	94	120	249	94	182	149	131	556
税前利润	1 001	1 569	1 413	1 218	5 201	875	970	1 041	911	3 797
营业利润率	6.3	7.4	7.4	6.4	6.9	6	7	7	6	7
部门收入情况(单位:100万丹麦克朗)										
海运和空运										
收入	8 414	9 095	9 625	9 838	36 972	8 470	8 873	9 044	8 817	35 204
毛利润	2 145	2 387	2 359	2 302	9 193	2 116	2 217	2 199	2 092	8 624
未扣除特殊项目前的息税前利润(EBIT)	795	988	1 013	897	3 693	690	843	903	789	3 225
陆路运输										
收入	7 676	7 862	7 812	7 893	31 243	7 633	7 684	7 514	7 796	30 627
毛利润	1 306	1 318	1 373	1 311	5 308	1 433	1 316	1 279	1 259	5 287
未扣除特殊项目前的息税前利润(EBIT)	241	322	345	239	1 147	378	281	311	231	1 201
物流解决方案										
收入	2 848	3 111	3 417	3 853	13 229	2 678	2 913	2 757	3 014	11 362
毛利润	699	741	758	837	3 035	671	690	646	723	2 730
未扣除特殊项目前的息税前利润(EBIT)	127	175	184	223	709	66	128	115	185	494

资料来源:DSV公司2018年财报

（3）发展举措

得夫得斯（DSV）公司近期主要的发展举措如下。

1）依靠收购不断扩张

DSV公司的发展史是一条不断并购扩张的发展之路。1989年至今，DSV共进行了超过10次收购合并，将至少16家企业收入囊中，强化了全球网络，在海、陆、空三大领域均有突破。1989年，其收购了两家出口公司Borup Autotransport A/S和Hammerbro A/S-Bech Trans。1997年，收购Samson Transport Co. A/S。2000年，收购DFDS Dan Transport Group A/S，成为北欧最大运输公司。2005年，收购J.H. Bachmann GmbH，加强了空海运业务模块。2006年，收购Koninklijke Frans Maas Groep N.V.，成为整个欧洲陆运强企。2008年，收购ABX LOGISTICS，业务覆盖六大洲。同年收购Roadferry Ltd.。2009年，和LOS INKAS Group of Companies创建合资公司DSV-GL Latin America S.A，加强了拉美市场。2012年，收购DSV-GL Latin America S.A剩余股权，在巴西建立分公司。同年，收购Swift Freight Group of Companies。2013年，收购Seatainers Group A/S、SBS Worldwide Holdings Ltd、Airmar Cargo、Ontime Logistics AS。2016年，收购UTi Worldwide Inc，提升了它在汽车、零售、保健等领域的份额，并由此正式跻身全球第五大货运代理企业。根据Transport Topics发布的2018年全球海运货代公司排名，DSV以接近139万箱量的规模排名第六，在空运领域，则以63.5万吨的货量排名第九[1]。2019年4月，丹麦DSV Air & Sea Ltd.（DSV）与瑞士Panalpina Inc.（泛亚班拿）分别发表公告称，二者就公开要约收购的条件与条款达成一致。泛亚班拿主要股东——Ernst Ghner Foundation（持10 910 750股，份额45.9%）、Cevian Capital（持2 915 802股，份额12.3%）及Artisan Partners（持2 372 562股，份额9.99%）等，已决定将其股份出售给DSV公司。由此，DSV公司又完成了一次重大的战略性并购[2]。

2）发展全球IT战略

DSV公司目前正在致力于发展标准化、集中化和可持续可扩展的全球IT战略，以期增加业务增长和提高用户效率。DSV公司在之前的业务管理中发现，其大部分IT支持是由48种不同语言的本地业务参与团队处理的。这意味着公司的IT支持本质上是基于当地知识进行的本地事务处理，不利于公司的集中管理和高效运营。为此，近期它正在努力建设具有创新能力的全球IT支持中心，在知识管理、频道组合

---

[1] 资料来源：腾讯网.https://new.qq.com/omn/20190216/20190216A0OY9S.html
[2] 资料来源：中国水运网.http://www.zgsyb.com/html/content/2019-04/02/content_956078.shtml

(Channel mix)、全自动聊天翻译等方向进行升级完善。截至2019年6月,该中心已经组建运行了近6个月,并取得了一定成效——部分物流方案的结局时间显著减少;系统可视化分辨率提高了10%;在系统转化期间,保持了高用户满意度,并且支持系统支持设置从本地转变为全球;已经建立起了一个知识库雏形。该中心下一步的计划是继续完善知识库,并将其命名为"WeKnow",试图通过高效且可搜索的自助服务门户将其提供给客户使用。

3) 加强海外物流业务

DSV公司一直在不断开疆辟土,在全球部署其物流网络和拓展业务。例如,2018年5月,它在巴拿马设立了第一个办事处,从而推进其海空网络在中美洲和加勒比海地区的发展。同时,DSV公司正在加拿大安大略省弥尔顿(Milton)建设新工厂。该工厂已于2018年11月开工建设,面积达110万平方英尺(约10.2公顷),计划于2019年秋季开业,将成为DSV未来在加拿大的总部。2019年4月,DSV公司在土耳其伊斯坦布尔的新物流设施投入使用,开放式和封闭式仓储面积共计4.5万平方米(包括2000平方米办公区),适用于汽车、快消品、航空航天和时尚产品等多种行业,将进一步整合该地区DSV公司的仓储业务。2019年6月,DSV公司又和芬兰高端品牌Marimekko开展合作,一同拓展在中国的电商业务,将为Marimekko公司在中国的网上商店提供物流和仓储服务。Marimekko公司的电商服务覆盖全球31个国家/地区,但是在中国尚处于起步阶段。DSV公司将利用其与腾讯微信、阿里巴巴等中国第三方电子商务平台建立合作伙伴关系的优势,帮助Marimekko公司开展在华的最终消费者交付、仓储等核心业务,并提供增值服务。

三、区块链物流

近年来,区块链技术的发展已从理论概念转向了实际应用,其具有开发、去中心、交易透明、可追溯等优点,在物流领域有很大的潜在应用空间,理论上能够保证货物安全、优化货物运输路线和解决物流中小企业的融资难问题。目前已经有不少企业开展了在物流领域的区块链试点,如马士基与IBM合作研发了TradeLens平台,以提高整个行业的运输效率、实现精益物流;又如沃尔玛已参与了Food Trust区块链平台,具有农产品追溯功能,加入了MediLedger区块链联盟以进行药物产品的追踪;ShipChain等公司则在致力于区块链技术在智能合同方面的应用,并取得了一定进展。

（一）区块链物流的含义

1. 区块链的含义及特点

（1）区块链的含义

区块链最早于2008年由中本聪第一次提出，是比特币的一个重要概念，在随后的几年中，成了电子货币比特币的核心组成部分。狭义来讲，区块链是一种按照时间顺序将数据区块以顺序相连的方式组合成的一种链式数据结构，并以密码学方式保证的不可篡改和不可伪造的分布式账本。广义来讲，区块链技术是利用块链式数据结构来验证与存储数据、利用分布式节点共识算法来生成和更新数据、利用密码学的方式保证数据传输和访问的安全、利用由自动化脚本代码组成的智能合约来编程和操作数据的一种全新的分布式基础架构与计算方式①。

（2）区块链的技术创新及特点

区块链主要解决交易的信任和安全问题，其在技术上有如下四大创新②。

1) 分布式账本技术

分布式账本，即交易记账由分布在不同地方的多个节点共同完成，而且每一个节点都记录的是完整的账目，因此它们都可以参与监督交易合法性，同时也可以共同为其作证。

跟传统的分布式存储有所不同，区块链的分布式存储的独特性主要体现在两个方面：一是区块链每个节点都按照块链式结构存储完整的数据，传统分布式存储一般是将数据按照一定的规则分成多份进行存储。二是区块链每个节点存储都是独立的、地位等同的，依靠共识机制保证存储的一致性，而传统分布式存储一般是通过中心节点往其他备份节点同步数据。

没有任何一个节点可以单独记录账本数据，从而避免了单一记账人被控制或者被贿赂而记假账的可能性。也由于记账节点足够多，理论上讲除非所有的节点被破坏，否则账目就不会丢失，从而保证了账目数据的安全性。

2) 非对称加密和授权技术

存储在区块链上的交易信息是公开的，但是账户身份信息是高度加密的，只有在数据拥有者授权的情况下才能访问到，从而保证了数据的安全和个人的隐私。

---

① 资料来源：袁勇，王飞跃.区块链技术发展现状与展望[J].自动化学报，2016，42(04)：481—494.
② 资料来源：百度百科

3) 共识机制

所谓区块链的共识机制，是指所有记账节点之间怎么达成共识，去认定一个记录的有效性的认定手段和防篡改手段。区块链提出了4种不同的共识机制，适用于不同的应用场景，在效率和安全性之间取得平衡。

区块链的共识机制具备"少数服从多数"以及"人人平等"的特点，其中"少数服从多数"并不完全指节点个数，也可以是计算能力、股权数或者其他的计算机可以比较的特征量。"人人平等"是当节点满足条件时，所有节点都有权优先提出共识结果、直接被其他节点认同后并最后有可能成为最终共识结果。

以比特币为例，采用的是工作量证明，只有在控制了全网超过51%的记账节点的情况下，才有可能伪造出一条不存在的记录。当加入区块链的节点足够多的时候，这基本上不可能，从而杜绝了造假的可能。

4) 智能合约

智能合约是基于这些可信的不可篡改的数据，可以自动化的执行一些预先定义好的规则和条款。以保险为例，如果说每个人的信息（包括医疗信息和风险发生的信息）都是真实可信的，那就很容易在一些标准化的保险产品中，去进行自动化理赔。

综合上述技术创新，区块链的应用呈现出以下优势[①]。

1) 开放，共识

任何人都可以参与到区块链网络，每一台设备都能作为一个节点，每个节点都允许获得一份完整的数据库拷贝。节点间基于一套共识机制，通过竞争计算共同维护整个区块链。任何一个节点失效，其余节点仍能正常工作。

2) 去中心，去信任

区块链由众多节点共同组成一个端到端的网络，不存在中心化的设备和管理机构。节点之间数据交换通过数字签名技术进行验证，无须互相信任，只要按照系统既定的规则进行，节点之间不能也无法欺骗其他节点。

3) 交易透明，双方匿名

区块链的运行规则是公开透明的，所有的数据信息也是公开的，因此每一笔交易都对所有节点可见。由于节点与节点之间是去信任的，因此节点之间无须公开身份，每个参与的节点都是匿名的。

4) 不可篡改，可追溯

单个甚至多个节点对数据库的修改无法影响其他节点的数据库，除非能控制整

---

① 资料来源：搜狐财经，http://www.sohu.com/a/227186729_100137839

个网络中超过51%的节点同时修改,这几乎不可能发生。区块链中的每一笔交易都通过密码学方法与相邻两个区块串联,因此可以追溯到任何一笔交易的前世今生。

2. 区块链物流在理论上的优点

区块链被认为最有助于改善的商业领域之一就是供应链和物流。国内外均出现了专门研究区块链与物流业融合发展的组织,如欧洲最大港口鹿特丹港与荷兰银行、代尔夫特理工大学、荷兰国家应用科学研究院、德斯海姆应用科学大学鲜花交易中心Royal FloraHolland等组成区块链物流研究联盟;由中国区块链技术企业、物流企业及金融企业联合发起成立的中国物流与采购联合会区块链应用分会等。

理论上说,应用区块链对物流业具有以下好处[①]。

(1) 保证货物安全,避免快递爆仓丢包

依靠区块链技术,能够真实可靠地记录和传递资金流、物流、信息流。物流行业利用区块链基础平台,可优化资源利用率、压缩中间环节、提升行业整体效率。

(2) 优化货物运输路线和日程安排

区块链技术可用于货物的运输路线优化。例如利用区块链可以进行集装箱的智能化运输,把集装箱信息存储在数据库里,区块链的存储解决方案会自主决定集装箱的运输路线和日程安排。这些智能集装箱还可对过往的运输经验进行分析,不断更新自己的路线和日程设计技能,使效率不断提高。对收货人来说,不但能从货物离港到货物到达目的港为止全程跟踪其物流消息,并且还能随时修改优化货物运输的日程安排。

(3) 解决物流中小微企业融资难问题

区块链技术在物流行业的应用,使得物流商品具备了资产化的特征。由于区块链技术所记载的资产不可更改、不可伪造,这使得物流商品有了唯一所有权,使得所有物流链条中的商品可追溯、可证伪、不可篡改,实现物流商品的资产化。利用区块链基础平台,可使资金有效、快速地接入到物流行业,从而解决众多物流中小企业因信用等级评级低而难以获得融资贷款的困境,改善他们的营商环境。

(二) 区块链在物流领域的应用场景及案例

目前,已有不少企业开始尝试在物流领域应用区块链技术,并取得不少进展。本小节将对一付诸应用的区块链在物流领域的应用场景进行介绍,并选取部分应用案例供参考。

---

① 资料来源:搜狐财经.http://www.sohu.com/a/227186729_100137839

1. 提高运输效率,追求精益物流

全球贸易的物流活动错综复杂,涉及多方利益和优先事项,对货物运输的跟踪往往使用不同的系统来进行。区块链技术可以帮助减轻全球贸易物流中的许多摩擦,包括采购、运输管理、追踪和溯源、海关合作以及贸易融资。其中,海运贸易过程中的物流活动已成为区块链技术应用最具潜力的领域之一。跨境海运物流非常复杂,例如,从东非到欧洲的冷藏货物的简单运输需要经手近 30 人或组织,并在这些缔约方之间进行 200 多种不同的交互和通信,提高效率迫在眉睫。而区块链技术给予了海运各相关利益方这种契机。目前,马士基和 IBM 已经合作推出了名为"TradeLens"的区块链平台,以促进货物的有效跟踪和海关效率。以色列最大远洋运输公司的以星航运(ZIM)也已开展了一项试点工作,试图利用区块链 eB/Ls 平台将纸质提单数字化,并取得进展,例如一批货物从越南运往美国东海岸,利用 ZIM 的区块链系统,其原始提单在船舶离开后两小时内就可被转移到接收方,所有文档流程(包括背书、所有权转移等)均通过基于区块链的平台执行,而之前这个过程通常需要数天甚至数周[1]。啤酒酿造商百威英博、咨询公司埃森哲、海运服务商 APL、物流公司德迅集团和一家欧洲海关组织,也于 2018 年宣布成功试验了一项区块链解决方案,能够消除货运和物流行业对纸质货运单证的依赖,并期望由此每年节约数亿美元开支[2]。

案例:马士基与 IBM 的 TradeLens 平台

TradeLens 平台是马士基与 IBM 合作开发的一个区块链系统,于 2018 年初开始设计运行,其间虽遇到质疑和困难,但目前来看已逐渐取得规模效应,取得长足进步。

(1) 建设初衷:提高运输效率

为了提高海运运输效率,马士基与 IBM 正在合作尝试应用区块链技术。2018 年 1 月,马士基集团和 IBM 宣布组建一家合资公司,通过区块链技术为开展全球贸易提供更为高效、安全的方式,并于 3 月获得欧盟委员会的批准通过。这家合资公司的主要任务就是建设一个名为"Tradelens"的区块链平台,用于数字化贸易流程和端到端的货物跟踪。根据马士基的官方声明,参与者应用该区块链解决方案可以跟踪船舶到港时间和集装箱进堆场时间,同时处理海关放行、商业发票、提单等,平台已捕捉的前述货物运输信息超过 1.54 亿个。TradeLens 平台旨在让所有的参与方——托运

---

[1] 资料来源:搜航网.https://baijiahao.baidu.com/s?id=1622722673309494817&wfr=spider&for=pc
[2] 资料来源:埃森哲官网.https://www.accenture.com/cn-zh/company-shipping-industry-blockchain-development

人、船公司、货代、港口和码头运营商、内陆运输和海关可以更加高效地交流,通过物联网、传感器数据进行温度控制、集装箱称重等,让相关利益方获取实时数据和运输单证。除了处理海运单证,TradeLens 平台还在试验贸易单证模块"ClearWay",旨在让进出口商、海关经纪人、海关和其他政府机构共同协作单证相关事宜。不同于比特币区块链或者是无须许可(permissionless)的去中心化加密货币 Zcash 和以太坊,IBM 和马士基将对加入 TradeLens 分布式账本的成员收取费用,虽然还没敲定具体的收费方式,但很可能遵循行业惯例,以每个集装箱为收费基准①。

(2) 推广效果:已有百家入驻

建设至今,TradeLens 平台已取得了显著成果,但其间并非一帆风顺。

早在 2018 年 8 月,就已有 94 家企业或积极参与或同意加入了 TradeLens 平台早期使用者计划。其中包括:新加坡港务集团、鹿特丹港、香港现代货箱码头、哈利法克斯港、毕尔巴鄂港等 20 多家港口和码头运营商;基华物流、Holt Logistics、Agility、Kotahi、PLH Trucking Company、Ancotrans、WorldWide Alliance 等物流服务提供商;Ransa、Güler & Dinamik 等海关经纪公司;荷兰、沙特阿拉伯、新加坡、澳大利亚、秘鲁等多家海关机构。

虽然机构众多,然而参与其中的船公司却寥寥无几。除了马士基自身的航运公司以及已被马士基收购了的汉堡南美,真正同意加入 TradeLens 系统的船公司只有太平船务一家。由于马士基集团拥有丹马士、APM Terminals 等物流和码头公司,以其为主导的平台中立性确实是船公司甚至是整个业界最为顾虑的关键问题。不少船公司担心,马士基会借助平台掌握区块链的主导权,并有船公司提出,标准应该由独立的个体而非行业内主要的竞争者来制定。

为赢得更多船公司的信任,马士基和 IBM 逐步调整了进入市场的策略,双方更像是一种联合协作关系,而不是合资企业关系,以此向业界透露,TradeLens 平台不仅仅为马士基航运、丹马士和 APM Terminals 服务。这一举措取得了成效。2019 年 5 月,全球第二大航运公司瑞士地中海航运公司(MSC)和第四大集装箱运输公司法国达飞海运集团(CMA-CGM)确认加入区块链平台 TradeLens。这意味着 TradeLens 平台已经拿下了整个货物运输行业的半个市场。未来,该平台将如何运作值得关注。

2. 提高透明度和追溯性

许多项目正在使用区块链技术来改善供应链透明度并监控出处。这些举措汇集

---

① 资料来源:航运界.http://www.ship.sh/news_detail.php?nid=30247

了有关商品如何制作,来自哪里以及如何管理的数据,这些信息存储在基于区块链的系统中。这意味着数据变得永久且容易共享,从而为供应链运营商提供了比以往更加全面的追踪与跟踪功能。公司可以使用这些信息为药品运输中的产品提供合法性证明,并提供奢侈品真伪证明等。这些举措还可以带来消费者的好处,使人们可以找到更多关于他们购买的产品的信息,例如产品是否符合道德标准,是否是原装产品,是否是在正确的生产条件下生产。已有不少企业在此领域展开了试验。例如,联合利华正参与一个为媒体购买设计的区块链解决方案试点,针对广告支出中约20%带有欺诈性的现状,该项目旨在通过跟踪数字广告的地理数据及人口统计等信息,为媒体提供透明可追溯的信息,在整个数字广告购买生态系统中建立信任关系。该项目平台由数据技术公司Blis运营,联合利华是其试点伙伴,另外还得到了投资方Endeit和Beringea的支持,将在IBM区块链平台上运行;沃尔玛则参与组建了Food Trust区块链平台和MediLedger平台等,致力于蔬菜鲜果和药品溯源;京东则与蒙牛、澳大利亚肉类产品领先出口商InterAgri等合作,进行奶制品、肉制品等的防伪追溯。

案例:沃尔玛的区块链应用

沃尔玛公司对于区块链技术应用非常重视,自2017年开始,沃尔玛申请了多项有关区块链技术的专利,根据IPRdaily发布的2018年全球区块链专利企业排行榜显示,沃尔玛以21项专利申请位列34位,其中公开的专利中有多项与物流相关。近期,它在食品安全以及药品追溯方面的应用值得借鉴。

(1) 基于Hyperledger区块链技术的农产品追溯试点

早在2016年,沃尔玛就与IBM以及清华大学合作开始在中国进行猪肉的区块链追溯联合试验研发,通过使用物联网传感器收集供应链信息。该试点项目开始时间是2017年第1季度,为期4个月,之后由零售商和合作伙伴IBM以及清华大学联合评估试点结果。此次项目除了中国市场猪肉供应,还包括美国食品生产加工。在这次试验成功之后,沃尔玛扩大了试验范围,追踪了墨西哥的芒果,然后与肉类供应Cargill合作追踪火鸡。试验系统采用Hyperledger区块链技术,能够精确地记录农场原始数据、区块编号、工厂和加工数据、保质期、贮存温度、物流信息等数据。尽管这些项目的追溯范围有限,但是结果是有价值的,实验证实原来需要7天的食品追溯通过区块链可以在2.2秒实现①。

---

① 资料来源:简书。https://www.jianshu.com/p/e19b070f9f41

2018年初,与长叶莴苣有关的大肠杆菌爆发蔓延到美国36个州,导致5人死亡,农民和供应商们为此扔掉数百万袋的生菜。最后人们花了7天的时间找到疫情来源于一个种植芒果的农场。疾病暴发加剧了消费者对食品安全的担忧,也迫使沃尔玛进一步加快应用区块链的食品追溯解决方案。2018年年中,沃尔玛、雀巢、联合利华、都乐食品公司、崔斯克斯(Driscoll's)浆果公司、金州食品和克罗格公司等9家公司利用IBM的技术成立了一个食品安全联盟(Food Trust),旨在将区块链技术应用于食品供应链中。沃尔玛还宣布,从2019年9月开始,沃尔玛超市以及山姆会员店的新鲜绿叶蔬菜供应商要使用IBM开发的数字分类账技术,以实现产品的实时、端到端的可追溯性。根据授权,100多家公司被要求使用IBM的区块链技术。

(2) 加入区块链联盟MediLedger追踪药品来源

在坚持其绿叶蔬菜供应商整合IBM区块链的同时,沃尔玛又于2019年加入旨在追踪药品来源的区块链联盟MediLedger。截至2019年6月,MediLedger的成员已包括辉瑞(Pfizer)等制药商,以及三大制药批发商——麦克森(McKesson)、美源伯根(Amerisource Bergen)和嘉德诺(Cardinal Health)。根据沃尔玛的年度报告,在截至2019年1月31日的财年中,沃尔玛公司包括药品和非处方药在内的"健康与保健类药品"在美国的销售额为350亿美元,占公司总销售额的10%。因此,加强药品的追溯对沃尔玛来说也非常重要。

与Food Trust联盟不同,Mediledger联盟使用企业版以太坊区块链,该区块链由经修改的Parity客户端版本和称为权威证明(proof of authority)的共识机制构建。该联盟由总部位于旧金山的区块链公司Chronicled公司牵头,该公司已于2019年初完成了一轮1 600万美元的融资。沃尔玛加入之际,正值MediLedger联盟准备与美国食品药品管理局(FDA)在2019年6月初启动一个试点项目。该机构正在测试各种方法,以创建一个可互操作的数字化系统来跟踪和验证处方药,国会已要求该系统在2023年前交付①。

3. 通过智能合同实现物流商业流程自动化

敦豪的研究报告指出,目前所有的运费发票中约有10%包含不准确的数据,从而引起物流行业中的争议并导致流程的低效。这个问题非常普遍,埃森哲公司估计,仅在石油和能源行业,通过提高发票准确性和减少超额支付,就可以减少至少5%的年

---

① 资料来源:凤凰网.http://tech.ifeng.com/a/20190604/45602312_0.shtml

运费支出。区块链在整个物流和结算流程(包括贸易融资)方面具有提高效率的巨大潜力,并有助于解决物流行业的争议。随着数字化文档和实时货件数据嵌入区块链系统,这些信息可用于启用智能合同。这些合同可以在商定的条件得到满足时,实现商业流程的自动化①。目前,已有些许物流相关企业或联盟在智能合同领域开展尝试。例如,澳大利亚国家区块链(ANB)于 2018 年宣布,将采用 Data61、IBM、Herbert Smith Freehills 律师事务所联合研发的智能法律合同系统,来为本地公司提供具备法律效力的智能合约合同。其中,Data61 是英联邦科学与工业研究组织(CSIRO)旗下的项目,即将试行的智能法律合同系统主要面向流程自动化的场景,如共享租车,用户缴纳押金后触发智能法律合同系统,系统可对合同的生命周期,包括谈判、签署到执行进行数字化管理。由来自麻省理工的校友、企业家共同创立 SciDex 团队也在为公司提供具备法律效力的智能合约服务。Scidex 面向的是数据 B2B 交易场景,其合同模板由来自新加坡的一家律所提供。作为回报,Scidex 将向该律所提供智能合同生产系统,以便其提供低成本、自动化的合同拟定服务②。此外,初创企业 Shipchain 也在致力于物流领域的智能合约应用。

案例:ShipChain 的智能合约应用

ShipChain 是一家基于区块链的运输和物流解决方案提供商,是最早在物流行业追求智能合约应用的初创公司之一。ShipChain 是 UPS 和 DHL 系全球区块链货运联盟(Blockchain in transport Alliance,BiTA)成员,BiTA 成员包括京东物流、联邦快递、UPS、DHL、SAP 及沃伦·巴菲特的 BNSF 铁路等数百家世界巨头企业,总体营收超 1 万亿美元;同时,也是微软系企业以太坊联盟(Enterprise Ethereum Alliance,EAA)成员,EAA 成员包括摩根大通、微软、英特尔、瑞士银行、芝商所、ING、万事达、汤森路透、思科等。

该公司设计了一个全面的基于区块链的系统来跟踪产品从离开工厂到客户家门口的最后交付。该系统被设计成包含所有货运方法,并计划包含一个开放的 API 体系结构,可以与现有的货运管理软件集成。所有相关的供应链信息都记录在一个不可变的基于区块链的数据库中,一旦条件满足,该数据库就可以执行智能合约。该公司实现自动化结算流程的一个关键要素是通过 ShipChain 的数字货币"SHIP 代币"

---

① 资料来源:DHL 发布的报告"Blockchain in Logistics"、HiBlock 区块链社区
② 资料来源:星球日报,https://baijiahao.baidu.com/s?id=1610118361931714872&wfr=spider&for=pc

(SHIP tokens)。ShipChain平台的参与者购买这些代币,以支付运费并在平台上结算交易。用户可以从ShipChain.vip购买代币。

在推广"SHIP令牌"的过程中,ShipChain公司遇到了不少阻力。例如,美国南卡罗来纳州证券监管机构曾于2018年5月ShipChain发布了业务终止令,禁止其在该州开展业务,原因是南卡罗来纳州总检察长办公室认为ShipChain发售的代币属于未经注册的证券。经过一番交涉,南卡罗来纳州最终解除了禁令。

目前,ShipChain公司的智能合约业务已逐渐走上正轨。例如,该公司已经与斯堪的纳维亚物流公司Scanlog开展了合作,以帮助Scanlog在货运领域跟踪整个公司的全球物流网络。ShipChain平台可以帮助监控Scanlog的卡车从接送点到目的地,其软件可以与市场上的大多数运输管理软件(TMS)系统完全集成,并且可以跨任何运输方式无缝跟踪货物。ShipChain的位置传感器将被安置于Scanlog参与运输的卡车驾驶室里,向Scanlog的现场办公室发送实时加密货币的GPS数据,生成存储在以太坊区块链上的独特数据签名。ShipChain的智能合约使Scanlog的货运业务不再需要第三方作为其与托运客户之间达成合约的中间人。这些智能合约核心的区块链在代码中蚀刻法规并将其存储在区块链框架中,使其对交易中的所有利益相关者都不可变和透明化①。此外,它还与位于阿肯色州Fayetteville的供应链管理服务提供商CaseStack建立合作关系。CaseStack是世界上最大的零售商之一,与"财富50"、Target、Duracell、亚马逊(Amazon)等品牌皆有合作。CaseStack宣布,他们将开始整合流程接受SHIP代币支付他们的服务费,并以购买SHIP代币作为第一步②。

(三)当前的瓶颈

虽然区块链技术在物流领域的应用潜力巨大,然而在现实实施中,却遇到如下阻碍。

1. 需要行业内的信任和支持

能够在行业内准确安全地交换信息是区块链的一个关键优势,并且,当该区块链应用包含的相关成员越多,各方受益也越多,其价值才更能够体现,从而在供应链间触发强大的网络效应。然而,要获得利益相关者的信任和参与非常困难。由于各方数字准备程序和初始要求不同,业界各方在管理业务的各个方面的遗留流程各有差

---

① 资料来源:OX资讯.https://0xzx.com/201906040911104966.html
② 资料来源:区块天地.https://baijiahao.baidu.com/s?id=16060733672545932338&wfr=spider&for=pc

异,例如法规、法律等,这些在实施区块链技术前都需要统一和协调,并且需要利益相关方承担从遗留系统迁移并与新系统相适应所产生的成本。例如,马士基在推广 TradeLens 平台时就受到了相关阻碍,在最初阶段得不到多数船公司的信任和支持。因此,这是影响区块链应用的首要问题。

2. 标准和技术上的瓶颈

区块链的技术应用往往不局限于一个区块或系统,在此过程中,由于各相关利益方还存在业务上的竞争关系,可能还需要设置多个私人许可的区块链。这就需要有组织机构来确定区块链之间的互操作性标准和协议,来减少争端。目前,物流领域的首个大型区块链联盟已经产生——全球区块链货运联盟(Blockchain in Transport Alliance,BiTA),已包括 UPS、FedEx、PENSKE、C.H.Robinson、SAP、京东等超过 200 家国际物流与技术企业的加盟。但其实际作用是否能达到预期尚需时日。

同时,区块链技术本身还需进一步完善。一些区块链项目在实施时,出现扩展性差、延迟等方面问题,在一些大规模的公共加密货币网络中还存在能耗和计算能力要求方面的问题,致使区块链在理论上的高效和安全性在实际操作中却显现出低效率和不确定性。技术的成熟度依旧是个问题。

3. 需要监管机构的协调和认同

新兴技术产业的发展往往先于监管部门的认知。由于目前区块链技术衍生市场混乱,还存在不少哗众取宠的项目甚至存在欺诈。有些监管机构可能在此领域采取较为严格的管理模式。ShipChain 公司遭受南卡罗来纳州证券监管机构的禁令便是一例。这需要各方,包括监管机构在内对技术有更为深入的理解和鉴别,需要行业与政府间的良性沟通互动,才能使该技术产业在物流领域的发展更加顺畅和快速。

参考文献

[1] cft. Supply Chain Hot Trends 2019[R]. 2019.

[2] The World Bank Group. 2018 Trade Logistics in the Global Economy—The Logistics Performance Index and Its Indicators[R]. 2018.

[3] 得夫得斯(DSV). Annual report 2018[R]. 2019.

[4] 德铁集团(Deutsche Bahn). Integrated Interim Report January-June 2018[R]. 2018.

[5] 敦豪公司(DHL). Blockchain in Logistics[R]. 2018.

[6] 国际铁路联盟(UIC). Railway Statistics2017 [R]. 2018.

［7］联合国贸易和发展会议（UNCTAD）. 50 Years of Review of Maritime Transport 1968—2018［R］. 2018.

［8］罗宾逊全球货运（C.H. ROBINSON WORLDWIDE）. ANNUAL REPORT ON FORM 10-K For the Year Ended December 31，2018［R］. 2019.

［9］普华永道. 运输与物流业并购交易［R］. 2019.

本章撰写：汪逸丰

第八章 世界外商直接投资发展动态

一、世界外商直接投资总体发展态势

(一) 世界外商直接投资流量下降

2017年全球外商直接投资流量呈现总体下降趋势。UNCTAD发布的《2018世界投资报告》数据显示,全球外商直接投资流量为1.43万亿美元,比2016年的1.87万亿美元减少了23%。全球外商直接投资流量的下降态势与国内生产总值和贸易等的加速增长形成了鲜明的对比。下降趋势产生的部分原因为跨国并购净额减少了22%。但是即使不考虑2016年的大型一次性贸易和企业重组因素,2017年全球外商直接投资流量降幅依然十分明显。2017年对发展中经济体的外商直接投资流量为6 710亿美元,与2016年相比没有呈现出复苏态势。

从流入上看,不同区域发展中经济体的外商直接投资流量有所差异,其中流入非洲的外商直接投资流量持续下滑,流入亚洲发展中地区的外商直接投资流量保持稳定,流入拉丁美洲和加勒比地区的外商直接投资流量则小幅度增加,而流入发达经济体的外商直接投资流量大幅下跌,减少了37%,仅为7 120亿美元。其中流入美国的外商直接投资流量2 750亿美元,减少40%,流入英国的外商直接投资流量150亿美元,减少92%。流入转型期经济体的外商直接投资流量470亿美元,减少27%,这反映了地缘不确定性和对自然资源投资的疲弱态势。

由于发展中经济体外商直接投资流量保持稳定,而发达经济体和转型期经济体外商直接投资流量的下降,发展中经济体在全球外商直接投资流入量中所占份额增加47%。美国仍然是全球最大的外商直接投资接受国,总量达2 750亿美元,中国为第二大外商直接投资接受国,总量达1 360亿美元。此外,2017年已宣布的绿地投资值较2016年下降14%(图8.1)。

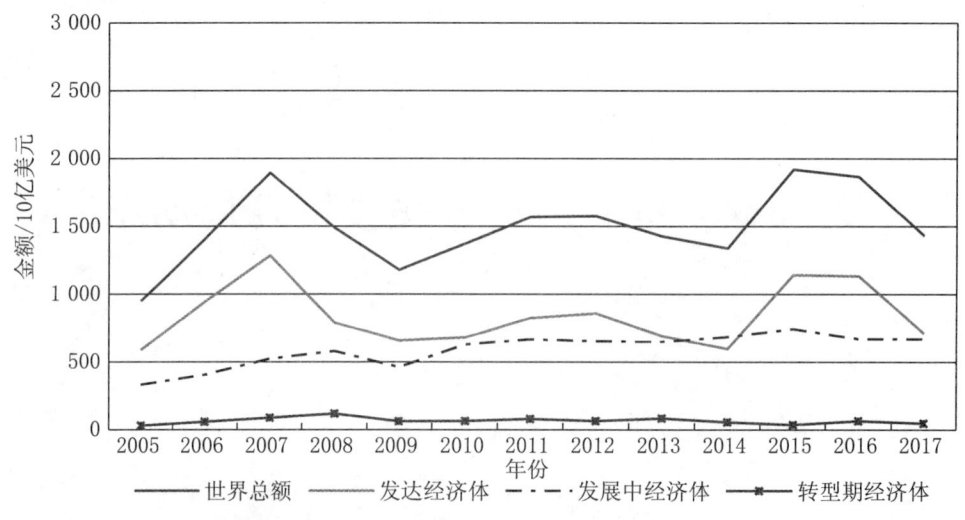

图8.1　2005—2017年全球FDI流量变化趋势

资料来源:UNCTAD, World Investment Report 2018

从流出上看,2017年,发达经济体的对外投资流量为1万亿美元,下降3%。发展中经济体的对外投资流量为3 810亿美元,下降6%。转型期经济体的对外投资流量为400亿美元,增加59%。2017年对外投资流量中发达经济体占比最大,占全球外商直接投资外向流动量的71%,发达经济体国家中多国企业海外投资仅略有减少。

(二)亚洲发展中经济体保持外商投资吸引力

2017年,不同国家和区域之间的世界外商直接投资流量总体呈现低迷态势。多重因素综合造成了投资流量低迷的态势,其中一个主要原因是外商直接投资的结构性转变,这是轻资产形式的海外业务导致的;另一个主要原因是过去5年里外商直接投资的投资收益率显著下降,例如2017年非洲的投资收益率降至6.3%,远低于2012年的12.3%。这种明显的下滑说明结构性因素也同时在发挥作用,主要为国际业务中财政套利和劳动力成本套利的机会减少(图8.2)。

发达经济体外商直接投资流入流出均下降。2017年,流入发达经济体的外商直接投资流量减少了1/3以上,降至7 120亿美元。在2015—2016年度,流入发达经济体的外商直接投资流量超过1万亿美元,主要归因于跨国并购和公司重组,而2017年的投资流量下降可以解释为2015—2016年度这部分高投资流入量的降低。其中,

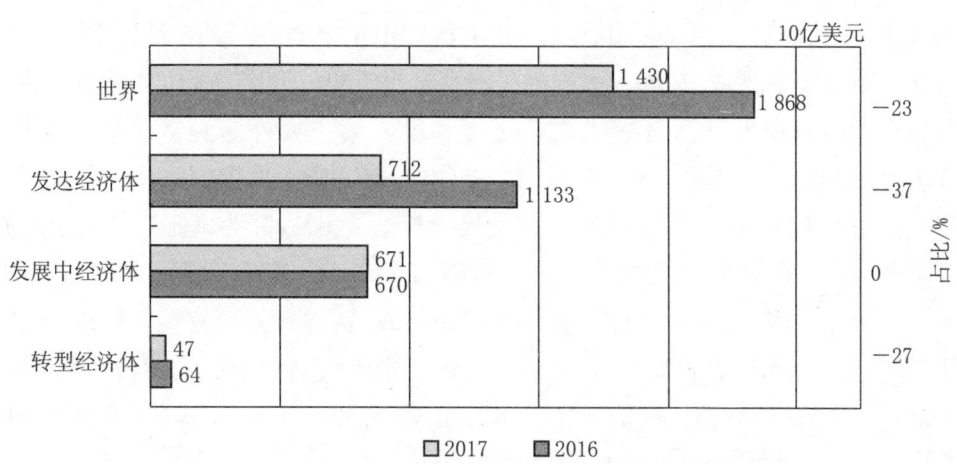

图 8.2　2016—2017 年按区域分列的外商直接投资流入量

资料来源：UNCTAD，World Investment Report 2018

该类投资流量的降低导致流入美国的投资流量降低了 40%，从 2015 年的 4 660 亿美元和 2016 年的 4 570 亿美元降到 2017 年的 2 750 亿美元。同样，流入英国的外商直接投资流量也由 2016 年的异常高值降至 150 亿美元。美国跨国企业受汇回资金减税预期影响，再投资收益增长了 26%。其他发达经济体外商直接投资流量增长了 7%。美国继续作为世界最大的外商直接投资流入国，达到了 2 750 亿美元。

2017 年，流出发达经济体的外商直接投资流量降为 1 万亿美元，减少了 3%。但流出发达经济体的投资流量占世界外商直接投资流量的份额保持稳定，为 71%。欧洲跨国企业对外投资流量降低 21%，降至 4 180 亿美元。主要原因为荷兰和瑞士对外直接投资额大幅减少。作为 2016 年度欧洲对外投资的最大来源国，荷兰对外直接投资由 1 490 亿美元降为 230 亿美元，这主要是由于并购交易减少。瑞士对外直接投资则由 870 亿美元变为净撤资 −150 亿美元。但是，也有一些地区的对外投资增加，如英国的对外直接投资由 2016 年的 −230 亿美元增长为 1 000 亿美元。这主要归因于总部在英国的跨国企业的大宗商品购买交易。德国的对外直接投资增长了 60%，增至 820 亿美元，主要归因于再投资收益和公司内部贷款。北美洲的对外直接投资增长了 18%，增至 4 190 亿美元。北美洲对外投资主要来源于美国的留存收益。

发展中经济体外商直接投资流入保持稳定，流出则下降。2017 年，流入发展中经济体的外商直接投资流量接近 2016 年的水平，为 6 710 亿美元。流入亚洲发展中地区的外商直接投资保持稳定，为 4 760 亿美元。亚洲发展中地区恢复成为最大外商直接投资接受区域。在世界范围内外商直接投资下降的背景下，亚洲发展中区域外商直接投资在世界投资份额中的比例由 2016 年的 25% 增至 2017 年的 33%。亚洲最大的3个接受区域为中国、中国香港和新加坡。根据报告,尽管在2017年上半年外商直接投资流入明显放缓,流入中国的外商直接投资仍达到空前高度,使中国继续保持为发展中国家最大外商直接投资接受国和世界第二大外商直接投资接受国,为1 360亿美元,仅次于美国。十大东道国经济体中,有一半是发展中经济体。

2017年,流出发展中经济体的外商直接投资减少6%,降为3 810亿美元。流出亚洲发展中区域的外商直接投资减少9%,降为3 500亿美元,主要归因于流出中国针对2015—2016年资本大量外流实施了限制性政策,导致外商直接投资减少36%,降为1 250亿美元,这是自2003年来首次降低。中国大陆和中国台湾(减少36%,降至110亿美元)的外商直接投资下降抵消了印度(上升123%,增至110亿美元)和中国香港(上升39%,增至830亿美元)的外商直接投资增长。

转型经济体外商直接投资流入下降,流出恢复。2017年,流入东南欧和独联体中转型经济体的外商直接投资减少了27%,降至470亿美元,与全球低迷的形势一致,这是自2005年以来的第二低水平。主要原因是流入4个主要独联体国家(俄罗斯联邦、哈萨克斯坦、阿塞拜疆和乌克兰)的外商直接投资不景气。由于这些地区性的变化,发达经济体的外商直接投资份额在世界范围内占比降低到50%。中国成为转型经济体投资流量的主要来源国。中国在该区域持有的股份由2011年的80亿美元增至2016年的230亿美元,这使得中国成为该区域第四大投资来源国。

2017年,流出转型经济体的外商直接投资流量增加了59%,达到了400亿美元,这是经历了2014—2016年经济不景气后的首次上升。但是2017年的投资流量仍旧比2013年的高纪录(760亿美元)低了47%。与往年一样,转型经济体中大部分的投资来自俄罗斯跨国企业。2017年转型经济体投资活动增加了34%,主要归因于两宗大型交易:俄罗斯和印度间接近130亿美元的石油交易,以及埃及和意大利间11亿美元的天然气田相关交易。绿地项目是投资流出量恢复的动力,并显示出未来继续增长的潜力,2017年已宣布绿地投资达到350亿美元。

拉丁美洲和加勒比地区外商直接投资流入6年来首次上升。2017年,流入拉丁美洲和加勒比地区的外商直接投资6年来首次上升,增加了8%,增至1 510亿美元。但投资流量仍旧远低于2011年商品繁荣时的峰值。虽然商品仍然支撑该地区的外商直接投资,但已经开始向其他行业转移,如基础设施(尤其是公共事业和能源)、金融、商业设施、信息和通信技术,以及一些制造业。非洲以及拉丁美洲和加勒比地区的外商直接投资的投资收益率降幅为全球最大,这影响了外商直接投资的长期前景,预计流入拉丁美洲和加勒比地区的投资将停滞或小幅度下滑。

2017年，流出拉丁美洲和加勒比地区的外商直接投资增长了86%，达到了173亿美元，这是因为拉丁美洲的跨国企业重新开始了国际投资活动。但是流出的投资流量仍然明显低于大宗商品价格暴跌之前水平。2016年该区域最大的对外投资国智利和哥伦比亚，在2017年对外投资水平减少了18%，分别降至51亿美元和37亿美元，这是两国股本流出收缩造成的。流入巴西的外商直接投资保持低迷，为14亿美元。

非洲外商直接投资流入暴跌。2017年，流入非洲的外商直接投资暴跌，是外商直接投资10年来的最低水平，较上一年度减少21%，降至420亿美元。这主要是因为油价疲软和初级商品泡沫破裂的持续影响，特别是在初级商品出口大国，如埃及、莫桑比克、刚果、尼日利亚和安哥拉。流入南非的外商直接投资减少了41%。流入以埃塞俄比亚和摩洛哥为首的多样化出口国的外商直接投资具有较强的韧性。世界范围内，非洲以及拉丁美洲和加勒比地区的外商直接投资的投资收益率降幅最大，其中非洲投资收益在2012年为12.3%，但是在2017年则降至6.3%。

2017年，流出非洲的外商直接投资小幅上涨，增加了8%，达到121亿美元。这主要反映了南非公司（增加64%，为74亿美元）和摩洛哥企业（增加66%，为9.6亿美元）的外商直接投资。南非零售商持续将业务拓展到纳米比亚，此外标准银行也在纳米比亚开设了许多分行。

（三）多因素影响全球投资收益下降

2017年，全球所有地区外商直接投资收益均出现不同程度下滑。全球外商直接投资的下降趋势是由多种因素综合造成的。其中一个主要因素是轻资产形式企业的海外业务，引起了外商直接投资模式的结构性转变；另一个主要因素是，在过去的5年里外商直接投资的全球收益率出现了明显下降。2017年，流入全球各地区的外商直接投资收益率降至6.7%，延续了过去5年投资收益率持续下降的趋势。发达经济体的投资收益率在这一时期有下降的趋势，但目前仍然较稳定。虽然发达经济体和转型期经济体的平均投资收益率仍然很高，但是大部分区域未能避免收益率降低的趋势。例如在非洲，投资回报率从2016年的12.3%降至2017年的6.3%。这在一定程度上可以解释为受这一时期初级商品价格下降的影响。但是在2016年商品价格稳定时，亚洲西部石油藏量丰富地区的投资收益率并没有如同非洲一样大幅下降。这说明结构性因素也在发挥作用，主要是国际性业务中财政套利和劳动力成本套利的机会在减少（表8.1）。

表 8.1　2012—2017 年向外商直接投资收益率

区　　域	收益率/%					
	2012 年	2013 年	2014 年	2015 年	2016 年	2017 年
世界	8.1	7.8	7.9	6.8	7	6.7
发达经济体	6.7	6.3	6.6	5.7	6.2	5.7
发展中经济体	10	9.8	9.5	8.5	8.1	8
非洲	12.3	12.4	10.6	7.1	5.4	6.3
亚洲	10.5	10.8	10.6	9.9	9.5	9.1
东亚和东南亚	11.5	11.8	11.7	11	10.3	10.1
南亚	7.2	6.7	6.1	5.5	6.4	5.7
西亚	5.5	5.4	4.9	4.6	4.6	3.4
拉丁美洲和加勒比	7.9	6.7	6.6	5.2	5.3	5.6
转型期经济体	14.4	13.9	14.6	10.2	11.1	11.8

资料来源：UNCTAD，World Investment Report 2018

（四）绿地项目减少，制造业持续低迷

2017 年，所有行业的外商直接投资活动均出现降低。初级、制造和服务行业的并购值均降低。宣布的绿地项目降低 14%，降至 7 200 亿美元，下降集中于服务业。虽然在化学品和电子产品等部分制造业投资活动有所增加，但从长远看，制造业涉及的绿地项目仍旧低迷。2013—2017 年，非洲、拉丁美洲和加勒比地区，以及亚洲发展中地区的制造业投资活动始终低于上一个 5 年期水平（表 8.2）。

表 8.2　2017 分行业外商直接投资

行业/其他/总量	项目数	增长率/%
软件和 IT 服务	2 237	5
商业服务	1 430	−7
金融服务	856	8
工业机械、设备和工具	841	−6
通信	684	−14
运输	634	−3
房地产	630	16
食品和烟草	575	8
汽车零部件	486	−14
化工	456	−2
其他	4 371	−1
总量	13 200	−1

资料来源：The fDi Report 2018

（五）国际生产和全球价值链增长放缓

虽然国际生产速度在增长但增长速度却在减缓，跨界交易以及商品、服务和生产要素交换的方式正在转变。过去 5 年里，外国分公司销售额、增加值和就业的年增长率全低于 2010 年前的同期水平。轻资产的国际生产趋势继续延续，外国分公司的销售增长速度是资产和员工增长速度的两倍。商品贸易和外商直接投资增长不到 1%，过去 5 年里特许权使用费和许可证费年均增长率近 5%，表明国际生产正在从有形的跨境生产网络转向无形的价值链。这种情况可能对发展中国家吸引生产能力投资产生不利影响。

全球价值链的增长同样出现停滞。贸易中的外国附加值在持续 20 年的增长后，似乎在 2010—2012 年达到峰值。UNCTAD 的全球价值链数据显示，2017 年外国附加值在贸易中比重减少 1%，降至 30%。发达国家和发展中国家全球价值链增长率均出现大幅度下降（图 8.3）。

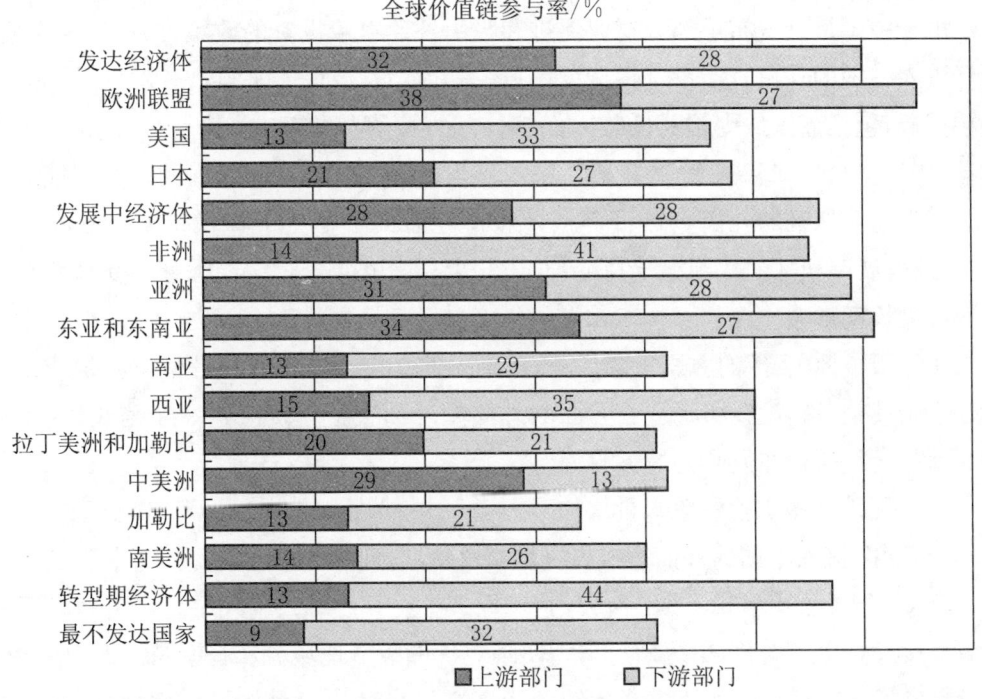

图 8.3　2017 年按区域分列的全球价值链参与率

资料来源：UNCTAD，World Investment Report 2018

二、主要国家和地区外商直接投资发展动态

(一) 亚洲

2017年,流入亚洲发展中地区的外商直接投资总体保持停滞,为4 760亿美元,这主要是由于对中国的高科技行业的投资,对印度尼西亚投资的回升,以及对东盟国家投资的增长,抵消该区域其他外商直接投资接受经济体出现的下滑,包括中国香港、新加坡、印度和沙特阿拉伯。该区域恢复为外商直接投资最大接受区域,占世界外商直接投资的比例从2016年的25%增长为2017年的33%,高于欧盟和北美洲。

2017年,流出亚洲发展中地区的外商直接投资下降9%,从2016年的3 850亿美元降至3 500亿美元,占全球总量的24%。流出中国的外商直接投资自2003年来首次出现大幅度减少。亚洲发展中地区继续保持为世界外商直接投资主要来源地,仍占全球份额的1/4。

由于中国最近宣布了部分行业促进和吸引外商直接投资的政策,如汽车和金融,预计流入中国的外商直接投资将持续增长。其他增长源可能来自增长的区域内外商直接投资,包括该区域内相对低收入经济体的外商直接投资,尤其是对CLMV国家(柬埔寨、老挝、缅甸和越南)的投资。来源于东盟、中国、日本和韩国的投资可能会继续。流入南亚地区的外商直接投资预计保持停滞或小幅度下降。在美国退出TPP后,亚洲发展中地区伙伴国家选择继续CPTPP。这可能会对这些国家接受外商直接投资产生长期影响。

在经历了2017年的急剧下降后,流出中国的外商直接投资预计保持稳定或出现回升。尤其是基础设施和制造业方面的外向型外商直接投资会进一步增长,这主要是受到"一带一路"加强推进的影响。

1. 东亚地区多国投资流入量增加

2017年,流入中国的外商直接投资增长2%,达到1 360亿美元。这主要是由于2017年,外国子公司增长了28%,大约有35 650家子公司。流入中国自由贸易区的外商直接投资出现增长,中国政府努力实现更优的投资地域分布,使得流回华中地区的投资增长迅速。高附加值投资活动的增多进一步助长了总体投资额增长;对高技术行业(如电子产品制造、医疗器械、通信设备、计算机、医药产品,以及数字经济)的投资增长显著,增长62%,达到400亿美元,占总体投资额的29%。2017年,流入香港(中国)的外商直接投资连续两年出现下滑,减少11%,为1 040亿美元,但下滑幅

度较 2016 年出现缓和。

2017 年,流入韩国的外商直接投资增长 41%,达到 170 亿美元,主要原因为国内显著增加的跨国企业并购销售。2017 年,流入蒙古国的外商直接投资出现增长,达到 15 亿美元,这是自 2011 年投资额连续下滑以来,首次出现逆转。商品价格的提高对该国的投资影响巨大。2016 年,由于采矿业的外国跨国企业通过公司内部贷款进行资金转移,造成了消极的外商直接投资流量(-40 亿美元)。2017 年,由于金属矿物价格触底并保持稳定,外商直接投资开始向积极方向转变。

流出中国的外商直接投资下降约 36%,约降至 1 250 亿美元。过去的 5 年里,投资额从 2012 年的 880 亿美元增至 2016 年的 1 960 亿美元。中国对外向型外商直接投资的政策限制导致了这次投资额下滑,这是为了应对 2015—2016 年的大量资本外流。在 2016 年底,中国政府确定多个领域出现"非理性投资",并开始在某些行业控制海外投资(尤其是并购),包括房地产、酒店、电影、娱乐和体育俱乐部。因此,2017 年,这些产业流出的外商直接投资减少了超过 4/5。

总的来说,流出东亚地区的外商直接投资减少了 17%。流出中国的投资额明显减少,部分抵消了流出中国香港的外商直接投资增加,从 2016 年的 600 亿美元增至 2017 年的 830 亿美元。此外,流出韩国的外商直接投资增长 6%,增至 320 亿美元,这主要使受领先的跨国企业影响,如三星电子和 LG。东亚地区的跨国企业大量投资该区域的低收入国家,包括 CLMV 国家。美国为日本流出投资的最大接受国,随后为英国。日本外向型投资流入拉丁美洲和加勒比地区合计 40 亿美元,流入非洲合计 18 亿美元。

2. 东南亚整体投资额保持强劲

东盟内部投资保持强劲,占流入东盟总额的 1/4。这体现出该区域的投资机会的增加,东盟内部跨国企业的财政实力,以及加大的国际化力度。

总的来说,印度尼西亚成为亚洲发展中地区外商直接投资增长最大的国家,增长了 5 倍,达到 230 亿美元。然而,这次投资额反弹的规模,是反映了 2016 年的低基准,40 亿美元。2017 年外商直接投资的增长横跨了多个行业,包括农业、制造业(汽车和电子行业)、金融和贸易。中国企业在东南亚市场的扩张,也为跨境企业并购贸易的显著增长起到了一定作用。由于欧盟投资的增加和日本以及东盟强劲的投资,流入泰国的外商直接投资增长了 3.7 倍。相比之下,流入子区域最大外商直接投资接受国的新加坡,投资额降低了 20%,降为 620 亿美元,这主要是因为对金融行业的外国投资出现明显下滑。

流入 CLMV 国家(柬埔寨、老挝、缅甸和越南)的外商直接投资达到新高,增长 16%,为 220 亿美元。越南外商直接投资达到历史最高,为 140 亿美元,这是因为在公共事业设施(电力)和房地产行业投资的显著增长。尽管对制造业的投资出现下滑,工业仍保持为最大的投资接受行业,接受到来自日本和韩国的积极投资。流入缅甸的外商直接投资出现显著增长,增加45%,达到40亿美元。这是由于缅甸的制造业吸引了大量外国跨国企业的绿地投资,尤其是该区域内部的投资。对缅甸的通信行业和房地产行业的投资同样出现了显著增长。流入柬埔寨的外商直接投资增长12%,对金融行业和房地产行业的外商直接投资增长,总体流入量达到30亿美元。仅老挝的外商直接投资出现轻微下滑,减少18%,为8亿美元。

流出东南亚地区的外商直接投资增加41%。作为东盟内外商直接投资的主要来源国,流出新加坡的外商直接投资降低了12%,降至250亿美元。泰国成为东盟第二大投资国,流出泰国的外商直接投资增长了55%,达到190亿美元,主要由于泰国跨国企业的地区内投资。

3. 南亚地区各国投资出现分化

2017年,流入印度的外商直接投资从2016年的440亿美元降至400亿美元。然而,跨境并购贸易从80亿美元增长到了230亿美元,这主要由于几宗采掘与科技相关产业的大型交易。流入伊朗伊斯兰共和国的外商直接投资增长了约50%,达到50亿美元。自从2015年解除制裁后,伊朗伊斯兰共和国丰富的储藏量吸引了大量外资投入到石油和天然气的勘探与生产。然而,美国决定退出伊朗核协议使得这些投资的前景出现不确定性。巴基斯坦仍然吸引了中国"一带一路"相关投资,外商直接投资从2016年的25亿美元增至2017年的28亿美元。流入尼泊尔的外商直接投资几乎翻倍,达到历史最高,为1.98亿美元。

流出南亚地区的外商直接投资增加了111%。作为南亚地区的主要投资来源国,流出印度的外商直接投资增长了不止一倍,达到110亿美元。印度国有石油和天然气公司ONGC近年来积极的投资国外资产。直至2017年年底,ONGC在18个国家已有39个项目,每天生产28.5万桶石油和石油等价物天然气。

4. 西亚地区总体投资额持续下滑

自从2008年达到峰值850亿美元后,流入西亚地区的外商直接投资几乎持续下滑。流入西亚地区最大外商直接投资接受国沙特阿拉伯的外商直接投资下滑4/5,降至14亿美元,这是由于外国跨国企业重大资产剥离和公司内部负贷款。由于全球经济危机,流入沙特阿拉伯的外商直接投资大量收缩,在西亚地区所占比例从2009年的53%暴跌至2015年的27%,直至2017年,仅占6%。对西亚地区另一个大规模接受外商直接投资的国家土耳其,从2007年到2015年投资额占总体比例多于1/4。然而,从2016年7月开始,政治不稳定性对土耳其经济和外商直接投资产生了负面影响。主要的评级机构降低了对土耳其的主权信用评级,为土耳其进行国际借贷和外国投资流入国内制造了障碍。2017年,流入土耳其的外商直接投资降至110亿美元。

流入六国(巴林岛、约旦、黎巴嫩、阿曼、卡塔尔和阿拉伯联合酋长国)的外商直接投资出现增长,但还不足以克服该区域的下降趋势。流入阿拉伯联合酋长国的外商直接投资增长 8%,增至 104 亿美元,部分原因使跨境企业并购增长。流入约旦和卡塔尔的外商直接投资分别增长 7%和 27%,达到将近 20 亿美元和 10 亿美元。

2017 年,流出西亚地区的外商直接投资从 2016 年的 370 亿美元降至 330 亿美元。2017 年,作为该子区域最大外商直接投资来源国,流出阿拉伯联合酋长国的外商直接投资增加了 8%,达到 140 亿美元,但这不足以抵消其他西亚主要经济体外向型外商直接投资的下滑。

(二)北美洲

流入北美洲的外商直接投资出现下滑,降低 39%,约降至 3 000 亿美元,部分原因是加拿大和美国的跨境并购下降,分别降至 220 亿美元和 540 亿美元。流出北美洲的外商直接投资增长 18%。

1. 美国投资信心指数依然领先

流入美国的外商直接投资出现大幅度减少,美国官方取缔税收倒置是这次急剧下降的主要原因。企业撤资是流入美国外商直接投资减少 40%的一个因素,并购交易导致 2017 年撤资大幅上涨(增长 65%,达到 490 亿美元)。公司内部贷款的减少促进了外商直接投资流入进一步减少,2016 年公司内部贷款合计 1 170 亿美元,而 2017 年暴跌至−70 亿美元。

流出美国的外商直接投资出现增长,这是受再投资收益的影响。流出美国的外商直接投资合计 3 420 亿美元,其中再投资收益占 3 240 亿美元。

美国跨国企业因税制改革汇回的累积利润,可能对美国的外向型外商直接投资产生负面影响,并在欧洲产生镜像影响。

美国连续 6 年保持全球投资信心指数第一名。此外,美国 2018 年的得分要高于 2017 年,这表明投资者对向美国市场投资有更多的信心。这种持续的信心可能是由于大规模市场、强劲和持续的经济增长,以及最近的税制改革造成的。2017 年,经济增长 2.3%,国际货币基金组织预期今年美国经济增长 2.9%。投资者同样呈现上涨趋势,44%的投资者表示看好美国未来 3 年的经济展望。

特朗普政府努力减少规章条例和简化免税代码,很可能使美国对投资者更有吸引力。然而,很多政府政策在起到相反的作用。正在进行的北美自由贸易协定谈判的不确定性,增加了投资者对美国退出该协定的担忧。这会导致新的关税壁垒,从而增加生产成本、更低的生产率,可能会对未来的投资造成障碍。被提议的美国外国投资委员会可能会根据美国国家安全问题,减少核准的对美国商业的外国并购。在过去的几年里,美国外国投资委员会已经阻止了一些中国对美国技术企业的兼并尝试。

根据去年的投资信心指数,尽管投资者对美国投资意向很强,UNCTAD 估计 2017 年流入的外商直接投资降低 23%,降为 3 110 亿美元。然而,这仍然是世界上所有国家投资金额的最大值,且比流入排名第 2 位的中国的外商直接投资多 1 500 多亿美元。根据 UNCTAD 数据,这次减少的部分原因是缺乏最近几年增长外商直接投资的大宗交易,以及离岸金融中心外商直接投资的锐减。流入美国的外商直接投资的最大来源地是大型发达国家市场,尤其是加拿大、英国和日本。根据美国经济分析局数据,接收外商直接投资的主要行业是制造业、批发贸易和金融服务(图 8.4)。

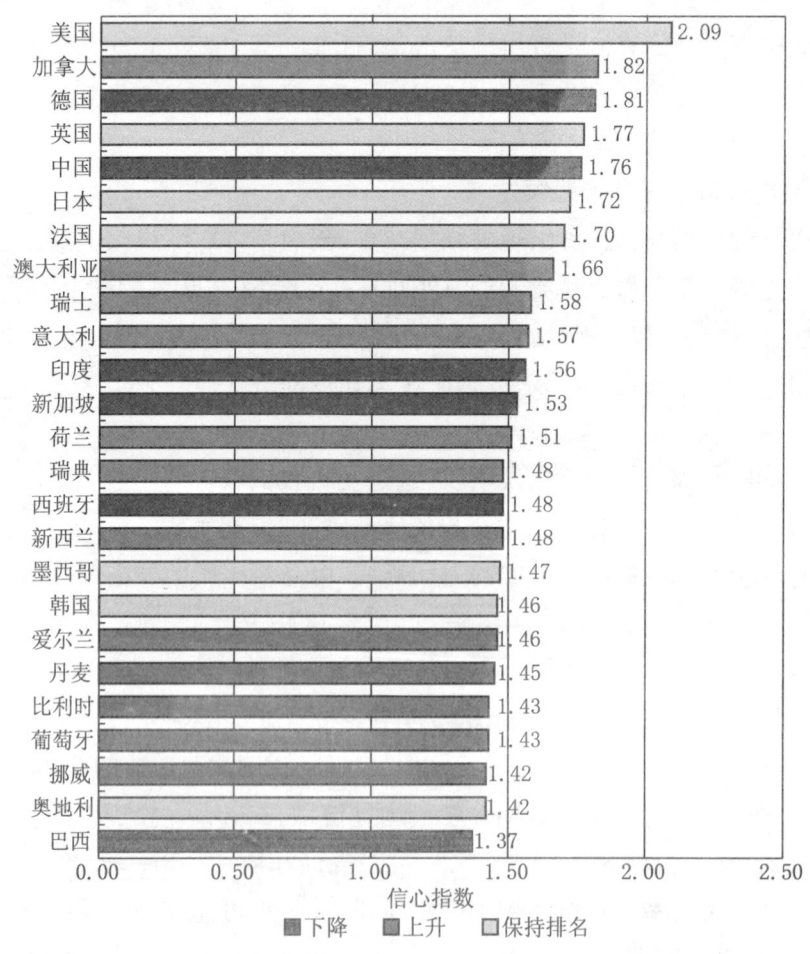

图 8.4 2018 年投资信心指数

资料来源:A.T.Kearney 外商直接投资信心指数 2018

2. 加拿大外商直接投资信心指数上升

加拿大外商直接投资信心指数比去年上升三名，达到第二名，这是加拿大历史排名最高的一次。IT 投资者、美洲和欧洲对加拿大投资特别有信心。这些强劲的投资意向会是反弹的一个信号。然而，根据加拿大统计局数据，2017 年流入加拿大的外商直接投资达到 8 年来最低，为 260 亿美元。大多数减少的外商直接投资是因为在石油和天然气方面投资的减少，反映全球对加拿大重质原油需求的变弱。

未来，加拿大外商直接投资前景不太明朗。2017 年，加拿大经济显著增强，扩张了 3%。加拿大统计局报告显示，失业率降到了 40 年来最低点。然而，国际货币基金组织曾预测加拿大 2018 年经济增长会降低 2.1%，同时信贷放松导致房地产市场过热。家庭债务和企业债务都超过了加拿大 GDP 的 100%。此外，加拿大南方邻国强大的贸易紧张趋势（北美自由贸易协定会谈，加拿大出口商品，如软木和奶制品）会抑制加拿大外商直接投资和经济增长的前景。

为此，加拿大政府已经在提升国家投资环境上采取了一些措施，支撑更强劲的外商直接投资流量。在 2017 年中期，政府完善了《加拿大投资法案》，还新设立了一个投资促进机构加拿大投资局。该机构将会与国家和地方机构合作，使得在加拿大的投资更为容易。预计美国仍然保持为加拿大最大的外商直接投资来源地，欧洲流入加拿大的外商直接投资期望增长，这是由于临时实施的加拿大-欧洲全面经济贸易协定。该协定建立一个"投资法院系统"来减少争执，并增加欧洲投资者的投资审查阈值。

（三）欧洲

流入欧洲的外商直接投资总体出现下滑，降低 41%，降至 3 340 亿美元，这是因为在 2016 年英国出现一系列大额交易后，流入英国的外商直接投资恢复正常。2017 年，流入欧洲 32 个经济体中 15 个经济体的外商直接投资出现增长，而在 2016 年则是 14 个经济体出现增长。2017 年，欧洲内部跨境并购从 2016 年的 2 300 亿美元降至 250 亿美元。与日本跨国企业进行的资产交易净销售额由 380 亿美元降至 170 亿美元，与中国跨国企业的并购交易净销售额价值 660 亿美元。流出欧洲的外商直接投资减少 21%，降至 418 亿美元。

1. 西欧发达经济体投资情况差异较大

在经历了 2016 年异常高额的并购后，流入英国的外商直接投资出现大幅度减少，降低 92%，降至 150 亿美元。2016 年流入英国的外商直接投资达到 2 550 亿美元，而 2011—2015 年平均值为 450 亿美元。2016 年英国 4 个最大的交易总额达到

2 240亿美元,相比之下2017年最大的交易额远低于这个数额。2017年,流入法国和德国的外商直接投资出现反弹。流入德国的外商直接投资增长超过一倍,达到350亿美元,这是由于针对资产的跨境并购增长至230亿美元。流入法国的外商直接投资增长42%,从350亿美元增至500亿美元,主要由于大型并购交易。流入比利时、卢森堡公国和荷兰的外商直接投资出现大幅下滑。

作为2016年最大的外向型外商直接投资来源国,流出荷兰的外商直接投资从1 490亿美元降至230亿美元。并购购买在2016年合计达到1 200亿美元,而如今转变为净撤资83亿美元,这导致荷兰的股本流出从1 320亿美元变为净撤资52亿美元。流出瑞士的外商直接投资也出现了大幅下降,从870亿美元变为-150亿美元。流出英国的外商直接投资从-230亿美元增至1 000亿美元。总部设在英国的跨国企业净并购价值从1 100亿美元增至1 280亿美元。流出德国的外商直接投资增长60%,达到820亿美元。近年来,流出德国的投资流量波动较大,主要原因是公司内部贷款的不稳定流动。法国保持了较高的外向型外商直接投资流量,为580亿美元。

2. 东南欧转型期经济体投资回升

2017年流入东南欧转型期经济体和独联体的外商直接投资合计降低27%,降至470亿美元,这是自2005年以来的第二低水平。主要原因是流入独联体4个主要投资接受国(俄罗斯、哈萨克斯坦、阿塞拜疆和乌克兰)的投资流量萧条。相比之下,格鲁吉亚、黑山共和国和塞尔维亚纷纷大幅上涨。在18个转型期经济体中,最高的5个(俄罗斯、哈萨克斯坦、阿塞拜疆、塞尔维亚和土库曼斯坦)接受了占总额81%的投资流量。

在经历了2016年的下降后,流入东南欧的外商直接投资恢复了20%,达到55亿美元。作为子区域内最大的经济体,流入塞尔维亚的外商直接投资增长22%,达到29亿美元。作为子区域最小经济体,流入黑山共和国的外商直接投资几乎翻倍,达到5.46亿美元。意大利是投资流量最大接受国,主要以子公司贷款形式接受。流入波斯尼亚和黑塞哥维那的外商直接投资增长40%,从3.03亿美元增至4.25亿美元,主要由于翻倍的再投资收益(从1.09亿美元增至2.21亿美元)。流入阿尔巴尼亚的外商直接投资小幅增高2%,为11亿美元,达到历史第二高水平。虽然大部分投资流量来自欧洲,但中国公司同样在银行业、航空业和旅游业开始了投资。

在经历了2016年的回升后,流入独联体和格鲁吉亚的外商直接投资降低31%,降至410亿美元。政治不确定性很高导致了投资流量减少,尤其是俄罗斯,降低了32%,降至253亿美元。新项目中的股本投资几乎降低一半,为88亿美元。自然资源仍主导该国的投资流入量。流入乌克兰的外商直接投资减少33%,降至22亿美元,主要由于政策和政治不确定性。

流出东南欧转型期经济体和独联体的外商直接投资回升59%,达到400亿美元,这是由于大量绿地投资和总部位于俄罗斯的跨国企业的几次大规模收购。流出俄罗斯的外商直接投资增加34%,达到360亿美元。流出阿塞拜疆的外商直接投资保持原来水平,为26亿美元,占区域总额的6%。流出哈萨克斯坦的外商直接投资从2016年的负52亿美元恢复到7.87亿美元,占区域总额的2%。

(四)拉丁美洲和加勒比地区

2017年,流入拉丁美洲和加勒比地区的外商直接投资增加了8%,增至1510亿美元。受到该地区经济复苏的影响,这是6年来首次出现增长,虽然仍远低于2011年大宗商品繁荣时的峰值。全球经济稳定,国内需求以及大宗商品价格(尤其是大豆、金属、石油)上升推动了这一转变。良好的金融环境同样起到了一定作用。虽然大宗商品仍然支撑着该区域的投资,但已经开始转向基础设施(尤其是公共事业设备和能源)、金融、商业服务、信息和通信技术,以及一些制造业。

2017年,流出拉丁美洲和加勒比地区的外商直接投资反弹86%,达到173亿美元。这是因为拉丁美洲跨国企业开始了新一轮的国际投资活动。但是投资流量仍然远低于商品价格暴跌之前。墨西哥跨国企业的交易使得国内外向型投资超过50亿美元。作为2016年最大的投资流出国,2017年流出智利和哥伦比亚的外商直接投资均减少18%,分别为51亿美元和37亿美元,这是因为股本外流已经枯竭。2017年,流出巴西的外商直接投资仍旧保持消极,约为-140亿美元。

由于宏观经济和政策不确定性的影响,UNCTAD预计这一区域的经济增长将保持不温不火。受到下行风险的挑战,包括几个较大经济体(如哥伦比亚、墨西哥和巴西)即将举行选举,与之相关的经济和政策存在不确定性,以及可能受到国际金融市场动荡的负面溢出效应影响。发达国家紧缩的货币政策会造成债务担忧和汇率压力。该区域的许多经济体正在寻求于贸易伙伴的多样化商务关系并加深区域一体化。

1. 南美洲

由于阿根廷经济复苏,引入吸引投资的新政策,以及对基础设施的升级,流入阿根廷的外商直接投资增长超过3倍,达到119亿美元。阿根廷政府还计划增加可再生能源在国际电力供应中的比例,以吸引国际投资者。现今,阿根廷已经为可再生能源提出了一个新的法律框架,包括财政激励和竞争,以及透明的市场规则。现在,对外商直接投资的预期高度依赖于投资者信任。

流入巴西的外商直接投资增长了8%,达到627亿美元。巴西是该区域最大的经济体,吸引了超过拉丁美洲总额40%的投资额。在该区域,10个较大的外国公司兼并中,有9个是在巴西,其中7个涉及中国买家。兼并包括电力、石油、基础设施(输气管线)和农业公司。电力等方面的兼并促使流入能源行业的外商直接投资增长超过3倍,达到126亿美元。流入运输和贮藏行业达到四倍,66亿美元。在制造业,流入化工产品和食品行业的投资额增长了1倍,分别达到32亿美元和26亿美元,流入冶金行业的投资额增长了45%,达到31亿美元。这些大规模的增长在一定程度上抵消了采掘行业(降低约33%)、金融和房地产(降低20%~25%)和汽车行业(-40%)的投资下滑。2017年,石油行业吸引外商直接投资出现下滑,但石油行业仍期望在国家经济复苏中起关键作用。

流入智利的外商直接投资降至67亿美元。铜矿品级的逐渐降低,紧张的工业关系和高劳动力成本导致对新项目的投资出现停滞。但是由于铜价格恢复和政府推动采矿领域减少对外国投资的障碍,流入的外商直接投资预期出现回升。除了铜外,智利还保有超过一半的世界已探明锂存储量。

流入秘鲁的外商直接投资稳定在68亿美元。随着矿业大宗商品价格回升,出口量增加,以及公共和私人开销增加,秘鲁的经济开始复苏。秘鲁成立国家投资促进机构,2018—2020年,该机构有望吸引超过200亿美元的项目,占总投资额的2/3,其中水利灌溉占11%,采矿占10%,健康占6%,其余的则投资于能源、房地产开发、通信和教育。

流入哥伦比亚的外商直接投资增长了5%,达到145亿美元。这是由于年终油价回升,基础设施投资和国内需求的增长。流入石油行业的投资增长45%,达到35亿美元。流入运输、贮藏和通信行业的投资增长超过1倍。流入制造业的投资增长23%,达到23亿美元。委内瑞拉玻利瓦尔共和国经历了达-6 800万美元的净撤资。面对严峻的经济形势和社会危机,许多跨国企业(包括美国的通用磨坊、通用汽车和金佰利公司)放弃了该国业务。流入多民族玻利维亚国的外商直接投资增至116%,达到7.25亿美元。

2. 中美洲

流入中美洲的外商直接投资增长2%,达到420亿美元,主要由于哥斯达黎加经济的强劲增长。流入哥斯达黎加的外商直接投资增长18%,达到30亿美元,投资主要流向制药和医疗器械制造业。2016年,流向哥斯达黎加自由贸易区的投资(14亿美元)几乎占总投资额的一半,超过5年前总接受额的3倍。流入旅游业的投资虽然数额不大,但增加了超过3倍,达到4.4亿美元。流入萨尔瓦多的外商直接投资增长了1倍,为7.92亿美元,达到了历史新高。这次增长主要来源于留存收益的增加。流入墨西哥的外商直接投资保持稳定,为297亿美元。尽管北美自由贸易协议的重新谈判结果存在不确定性,但投资流量明显保持了稳定。流向传统强劲行业汽车行业的投资达到新高,增长32%,为70亿美元。流向建筑和运输行业,以及通信行业的投资几乎翻倍,分别达到30亿美元和32亿美元,流向商业部门的投资增长65%。相比之下,流入采掘行业、公共事业设施(电力和水利)和制造业的投资出现下滑。流入能源行业的投资预计在未来几年可以回升,因为2017年外国企业在可再生能源行业宣布的投资达到了创纪录的50亿美元。作为中美洲第二大经济体,流入巴拿马的外商直接投资增长2%,达到53亿美元,主要是由于巴拿马运河扩建,以及国家位置作为物流枢纽和金融中心。

3. 加勒比地区

流入加勒比地区的外商直接投资增加到50亿美元,主要受到对多米尼亚共和国投资增长的影响。作为加勒比地区最大的外商直接投资接受国,流入多米尼亚共和国的外商直接投资增长48%,增至36亿美元。这是由于贸易行业投资激增(增长超过1倍,达到14亿美元)和流向通信和能源行业的投资增长。流入自由贸易区的投资在缓慢回升,2017年增长18%,但是仍相对较少,为2.63亿美元。相比之下,通常占主导地位的旅游业投资减少了11%,降至7.04亿美元。流入海地共和国的外商直接投资增加了3倍,达到了历史最高,为3.75亿美元。中国宣布计划投资300亿美元发展海地共和国的基础设施,包括发电厂、环境卫生工程、供水系统、铁路、经济适用房和集贸市场。

(五)非洲

2017年流入非洲的外商直接投资减少21%,降至420亿美元。油价疲软和初级商品泡沫破裂持续的负面影响导致资金流收缩,对初级商品出口大国影响尤甚。初级商品价格回升,签署《非洲大陆自由贸易区协定》促进了区域间的合作,预计流入非洲的外商直接投资会出现增长。

1. 非洲不同区域间投资额一致下滑

流入北非的外商直接投资减少4%,降至130亿美元。埃及仍为非洲最大的外商直接投资接受国,但2017年投资流量出现下滑。流入摩洛哥的外商直接投资增加23%,增至27亿美元。流入中非的外商直接投资减少22%,降至57亿美元。流入西非的外商直接投资减少11%,降至113亿美元。这是由于流入尼日利亚的外商直接投资低迷,减少21%,降至35亿美元。作为非洲经济增长最快的地区,流入东非的外商直接投资比2016年减少3%,为76亿美元。其中,埃塞俄比亚接受额约占总投资额的一半,为非洲接受外商直接投资第二多的国家。流入肯尼亚的外商直接投资增长71%,增至6.72亿美元。流入非洲南部的外商直接投资减少66%,降至38亿美元。由于政治不确定性和初级商品表现不佳,流入南非共和国的外商直接投资减少41%,降至13亿美元。由于对铜矿投资的增加,流入赞比亚的外商直接投资有所增加。

2. 非洲最不发达国家投资流入仍然不足

流入非洲最不发达国家和海地的外商直接投资合计减少31%,流入安哥拉和莫桑比克的投资流量出现大幅度下滑。2017年,流入非洲最不发达国家外商直接投资中占比最多的几个国家是:埃塞俄比亚、莫桑比克、刚果民主共和国、坦桑尼亚和赞比亚。在这几个国家中,只有流入刚果民主共和国和赞比亚的外商直接投资分别增长11%和65%,然而投资流量只有2012—2013年峰值时的一半。在经历了2016年的高投资流量记录后,流入埃塞俄比亚的外商直接投资增长减速,但仍保持强劲,为36亿美元,比2015年高10亿美元。流入莫桑比克的外商直接投资出现萧条,为23亿美元。流入坦桑尼亚的外商直接投资进一步减少,为12亿美元。2017年,流入安哥拉的外商直接投资出现大幅度波动,从2016年的41亿美元变为-23亿美元。

3. 非洲内陆发展中国家投资小幅增长

流入16个非洲内陆发展中国家的外商直接投资增长4%,达到82亿美元,使流入非洲投资流量比例从2016年的15%增至20%。流入博茨瓦纳、布基纳法索、中非共和国、乌干达和赞比亚的外商直接投资稳定增长。相比之下,由于政治不确定性,流入马里、斯威士兰和津巴布韦的外商直接投资受到了抑制。赞比亚成为非洲内陆发展中国家中第二大投资接受国。

三、外商直接投资政策发展趋势

(一)新政策以投资自由化和减少监管为主,聚焦国家安全

2017年新制定的国家投资政策呈现投资自由化和投资促进趋势。UNCTAD数据显示,有65个国家和地区投资政策出现变化,至少通过了126项对外商直接投资产生影响的政策,其中投资自由化和投资促进政策占84%。这是过去10年里国家数目以及政策变化数量最多的一次。其中93项政策涉及投资自由化和投资促进,18项涉及限制或监管政策措施,剩下的15项为中性政策措施。

包括运输、能源和制造业在内的多个行业放松了对外国投资的准入限制,其中亚洲发展中经济体在投资自由化方面尤为积极。2017年,简化行政手续、提供激励措施和设立新经济特区成为许多国家鼓励投资的重要内容。同时,一些国家改革了国内投资争议解决机制(图8.5)。

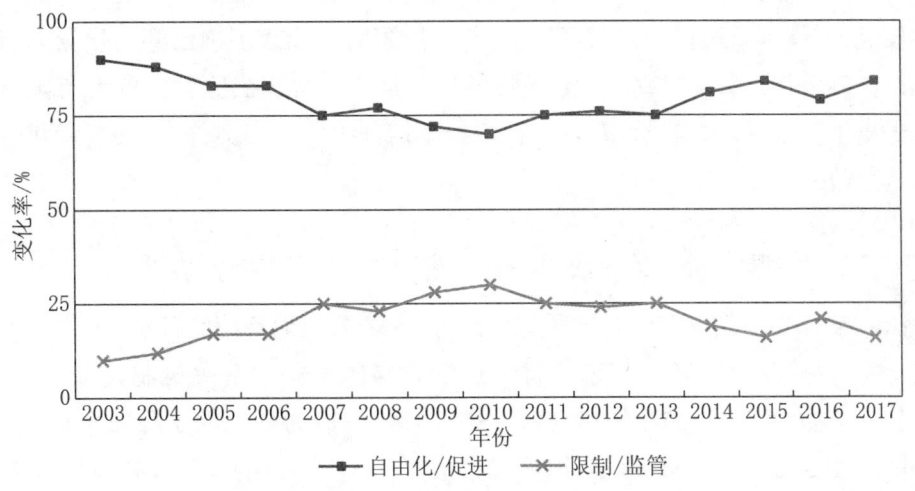

图 8.5　2003—2017 年国家投资政策变化

资料来源:UTCTAD

国家安全方面,对外资拥有本国土地和自然资源的担忧,是新的投资限制和监管的主要涉及方面。自 2017 年 10 月至 2018 年 4 月,限制性或监管性措施占新出台政策措施的 30%。许多国家出台了新的投资限制或规定,主要反映了对国家安全的考虑或外国对战略性产业投资的担忧。许多发达国家已考虑或拟定对国家安全的投资审查程序做进一步修改。在对外国收购方面,尤其涉及国家安全事务或战略性国有资产和技术公司时,一些国家执行了更为严苛的立场。

(二) 投资条约的制定到达拐点,国际争端案件居高不下

2017 年全球缔结的国际投资协定达到了 1983 年来的最低水平。各国总共缔结了 18 项新国际投资协定,包括 9 项双边投资条约和 9 项含投资条款的条约。土耳其缔结了 4 项条约,成为 2017 年最活跃的经济体,其次是中国香港,缔结了 2 项条约。在 2018 年 1 月至 3 月,又新缔结了 3 项国际投资协定。2017 年新缔结的国际投资协定首次低于有效终止的条约数目(22 项)。其中,终止条约最活跃的是印度和厄瓜多尔。目前为止,国际投资协定总共包含 2 946 项双边投资条约和 376 项含投资条款的

条约,合计3 322项。2017年底,有效条约数约为2 638项。大型区域协定的谈判保持强劲势头,尤其在非洲和亚洲。欧盟与日本等国家继续进行自由贸易协定的谈判。北美自由贸易协定中关于投资的部分已经开始重新谈判。另外,一些国际集团正在制定不具约束力的投资决策指导原则。

2017年,基于条约的投资者与国家争端解决案件总数达到855起,其中2017年至少发起了65起新案件。目前,已有113个国家对一项或多项已知的投资者与国家争端解决诉求作出答复。2017年,投资者与国家争端解决法庭就投资者与国家之间争端做出了至少62项实质性裁决。在根据案情裁决的已知案件中,投资者获胜的案件约占总数的60%。

(三)改善国内外政策一致性和协同性,投资改革走向新阶段

国际投资协定改革在所有地区顺利进行,大多数现代条约制订中,包含了可持续发展导向、保护监管空间和改进或省略投资者与国家争端解决机制。自2012年以来,150多个国家已采取步骤,制定新一代可持续发展为导向的国际投资协定(国际投资协定改革第一阶段)。例如,这些国家根据UNCTAD的国际投资制度改革一揽子方案,对各自的条约网络进行了审查,并修订了条约模式。与千年之交缔结的条约所不同的是,新缔结的所有条约中,都含有至少6项"改革特征",同时在2010年前制定的国际投资协定中被视为创新的条款,如今经常会出现。

在国际投资协定改革第二阶段,各国对现存的老一代条约现代化。例如,目前数量较少,但是持续增加的国家正在发布对老一代协定的解读或进行更替。各国还在进行包含投资者与国家争端解决的多边改革讨论。迄今为止,第一代条约约占国际投资协定总数的90%,超过3 000项,这为国际投资协定的第二阶段改革行动提供了更多机会。

目前,国际投资协定改革进入第三阶段,确保国内投资政策与其他国际法的统一,不同的政策领域和法律应能够协同工作,需要在国内法律中采取平行步骤,以有效地改革国际投资协定。各国可以加强国家和国际投资决策者之间的合作,以及澄清两种制度间的相互作用,从而改善两者的协同作用。各国还可以减轻与监管空间受限和争端解决有关的风险,降低行政程序对国际和投资者的复杂度。

(四)可持续发展成为重要投资领域

为了促进对可持续发展企业投资以及实现可持续发展目标的资本市场政策和工具,是投资领域日益重要的特征。证券交易所、机构投资者以及证券市场监管机构是

推动新政策和新工具的关键因素。资本市场的投资链能够为跨国企业及其国际活动提供资金。以可持续发展为主题的产品的良好记录,使得资产管理人更加认同环境、社会和治理问题对长期投资业绩至关重要的观点,有助于组合投资者保持对可持续发展相关市场的创新兴趣。可持续投资不断发展的趋势,可能会对跨国企业与其股东间的关系产生更大的影响,从而对跨国企业与可持续发展相关的经营政策和做法产生影响。

在以环境、社会和治理为重点,对全世界证券交易所相关工具进行研究后发现,54家证券交易所至少具备一项促进企业环境、社会和治理实践的机制。约有40家证券交易所提供可持续指数,39家证券交易所提供环境、社会和治理相关的培训。直到2018年第1季度末,全世界提供关于环境、社会和治理披露正式指导的证券交易所有38家,而在2015年只有13家,到2017年第1季度末有32家;提供环境、社会和治理披露作为强制性规则的证券交易所有14家,多于2017年的12家。迄今联合国可持续证券交易所倡议有72家,而在2017年第1季度末有63家;合计约有4.5万家公司在这些证券交易所上市,总市值超过80万亿美元。

参考文献

[1] A.T. Kearney. 2018 Foreign Direct Investment Confidence Index[R], 2018.
[2] fDi Intelligence. The fDi Report 2018:Global greenfield investment trends[R], 2018.
[3] UNCTAD. World Investment Report 2018[R], 2018.
[4] UNCTAD. Global Investmet Trends Monitor[R], 2018-01-21.
[5] UNCTAD. Global Investmet Trends Monitor[R], 2018-10-15.

本章撰写:张敬茂

第九章　贸易摩擦背景下全球贸易治理机制的变革与影响分析

近年来,全球贸易摩擦频发,贸易保护主义甚嚣尘上,单方面及报复性关税壁垒以及非关税壁垒等非常措施,导致消费品市场价格异常上升,出口产品竞争力下降,全球贸易体系受到冲击,世界经济整体迎来新的风险和不确定性。但是,在全球范围内,以规则为基础,支持开放的双边、多边贸易体制的经济体毕竟占绝大多数。在当前贸易摩擦背景下,如何推动全球贸易治理机制变革,如,完善全球多边贸易体系、加强区域贸易合作、重构全球贸易规则等,无疑是一个非常重要的课题。

一、现有全球贸易治理机制的一些表征

(一) 全球贸易治理体系进入重构期

国际金融危机以来,贸易全球化的外部环境不断变化。新兴经济体及发展中国家在全球经济贸易中的影响不断提升,对发达国家在全球贸易中的话语权产生冲击。发达国家和发展中国家均希望通过贸易规则的调整,实现利益诉求,WTO多边贸易规则面临调整压力。发达国家希望通过促成高标准、对等性及互惠的贸易协议等,巩固话语权和地位;发展中国家则希望进一步融入全球价值链,推动世界经济贸易分工体系重塑。目前,以美国为首的发达国家认为贸易自由化的利益没有被公平共享,特别在知识产权保护、技术转让、产业补贴、国企行为等方面要求规则更新。2019年以来,美国在其发布的《无差别化的WTO:自我声明式的发展中国家资格威胁制度相关性》《强化WTO谈判功能的步骤》《2019贸易政策议程及2018年度报告》等多个文件

中表达了WTO改革意见。与此同时,发展中国家则认为应当坚持贸易自由化为核心,坚持互利平等的总体方向和合理诉求。全球贸易制度的博弈反映了发达国家和发展中国家经济贸易地位和实力的变化。

目前全球贸易规则已进入重构期,贸易规则重构也必然给全球经济带来更多不确定性。受贸易摩擦升级等因素影响,2018年全球贸易增长3.0%,而2019年全球贸易增长预期下调至2.6%。贸易规则重构过程中,新兴经济体和发展中国家在"高标准、宽领域"的新规则压力下,面临改革调整、价值链攀升的挑战,避免被边缘化。

2018年全球贸易摩擦密集爆发,特别是美国的贸易政策加剧了全球经济的下行风险。国际货币基金组织(IMF)曾预计美国关税政策在糟糕的情况下可能致使全球经济增长率至2020年下降15%。2017年8月,中美贸易摩擦触发,美国对中国进行301调查,后对中国商品加征关税,并在短时间内不断升级,经中国强硬回应以及多次磋商后终于释放缓和信号,并仍在寻求解决方案。除此之外,美国针对欧盟、日本、韩国、加拿大、墨西哥等国家和地区也发起了贸易战争,加征进口钢铁铝关税和汽车关税等,他国之间的贸易关系也受波及,各国贸易关系处于颠簸之中。进入2019年,类似的贸易制裁行动并未停止。面对争端,触发多国的报复性措施,全球经济为贸易摩擦付出代价,全球贸易呈放缓趋势,从而加速推进全球贸易规则重构。如果不能化解分歧并制定出符合全球贸易发展需求的多边贸易规则,将导致贸易壁垒的增加,削弱商业投资,破坏全球价值链,抑制全球经济增长。

联合国贸发会《世界投资政策监测报告》显示,全球投资保护及相关监管大幅提升,2018年11月至2019年2月,全球35个国家共推出42项投资限制性政策,占到全部投资政策的34%,达到2003年以来最高水平。新投资限制性政策主要集中于关键设施、核心技术、防御及敏感领域。与此同时,其间全球共签署6个双边投资协定及2个包含投资内容的贸易协定,截至2019年2月,全球国际投资协定(IIA)达3 318个。贸易及投资便利化和自由化诉求仍是主流,更多的意见认为,贸易摩擦及贸易保护带来的巨大成本,相比碎片化的双边贸易体制,基于规则的多边贸易体系应更利于全球经济和各国自身利益。

(二)双边自贸协定与经贸合作加快

在世界贸易组织(WTO)全球多边贸易谈判推进缓慢,全球经济治理滞缓的情况下,多个国家纷纷通过双边自由贸易协定,探索符合各自发展需求的新经济贸易合作规则,维护和推进全球经济的自由开放,以积极行动推动全球贸易向开放合作、共赢包容、平衡普惠的方向发展。全球已向世界贸易组织（WTO）通报且生效的区域贸易协定（RTAs）近 300 个，其中欧洲是参与贸易协定最多的国家（图 9.1）。2017 年至 2019 年 2 月生效的双边、诸边区域贸易协定共计 13 个（表 9.1）。

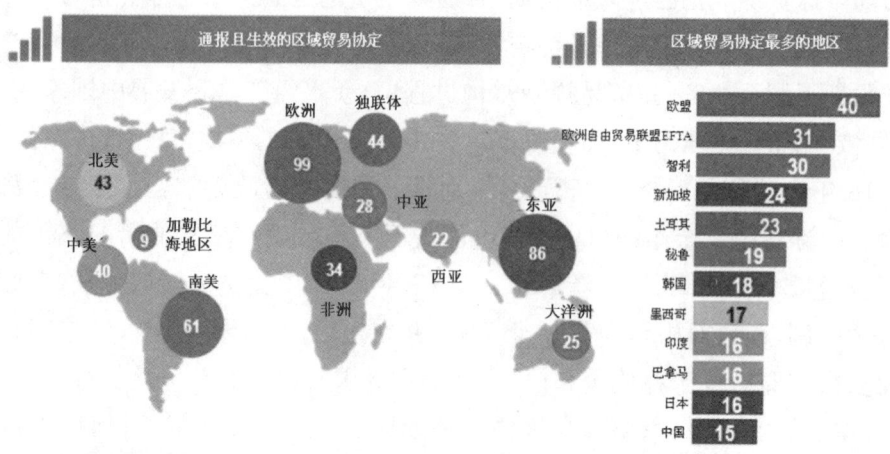

图 9.1　全球通报且生效的区域贸易协定及地区分布

资料来源：WTO，Facts & Figures Recent Developments Regional Trade Agreements，https://www.wto.org/english/tratop_e/region_e/rtadec-jul18_e.pdf

表 9.1　向 WTO 通报的区域贸易协定（2017 年—2019 年 2 月）

RTA Name 区域贸易协定名称	Coverage 范围	Date of notification 通报日	Date of entry into force 生效日
Hong Kong, China-Georgia 中国香港-格鲁吉亚	商品 & 服务	2019 年 2 月 12 日	2019 年 2 月 13 日
EU-Japan 欧盟-日本	商品 & 服务	2019 年 1 月 14 日	2019 年 2 月 1 日
Comprehensive and Progressive Agreement for Trans-Pacific Partnership（CPTPP）全面与进步的跨太平洋伙伴关系协定（CPTPP）	商品 & 服务	2018 年 12 月 20 日	2018 年 12 月 30 日
EFTA-Philippines 欧洲自由贸易联盟（EFTA）-菲律宾	商品 & 服务	2018 年 10 月 26 日	2018 年 6 月 1 日
China-Georgia 中国-格鲁吉亚	商品 & 服务	2018 年 4 月 5 日	2018 年 1 月 1 日
Hong Kong, China-Macao, China 中国香港-中国澳门	商品 & 服务	2017 年 12 月 18 日	2017 年 10 月 27 日
Turkey-Singapore 土耳其-新加坡	商品 & 服务	2018 年 9 月 14 日	2017 年 10 月 1 日
EU-Canada 欧盟-加拿大	商品 & 服务	2017 年 9 月 19 日	2017 年 9 月 21 日

续表

RTA Name 区域贸易协定名称	Coverage 范围	Date of notification 通报日	Date of entry into force 生效日
Southern Common Market (MERCOSUR)-Egypt 南方共同市场-埃及	商品	2018年2月19日	2017年9月1日
EFTA-Georgia 欧洲自由贸易联盟(EFTA)-格鲁吉亚	商品&服务	2017年8月29日	2017年9月1日
Canada-Ukraine 加拿大-乌克兰	商品	2017年9月13日	2017年8月1日
Peru-Honduras 秘鲁-洪都拉斯	商品&服务	2018年10月11日	2017年1月1日
EU-Colombia and Peru-Accession of Ecuador 欧盟-哥伦比亚和秘鲁 厄瓜多尔加入协定	商品&服务	2017年3月2日	2017年1月1日

资料来源：WTO, Recent Notifications, http://rtais.wto.org/UI/PublicMaintainRTAHome.aspx#

  2018年以来，全球范围内签署了多个较大且极具里程碑意义的双边自贸协定。2018年7月，日本和欧盟签署的一项广泛的自由贸易协定——《欧盟-日本经济伙伴协定》，覆盖全球国内生产总值(GDP)近1/3、6亿人的市场，被认为是目前全球最大双边贸易协定。2019年2月协定正式生效后，欧盟对99%的日本商品取消关税，日本则对94%的欧盟商品取消关税，并逐步提升至99%。2018年10月，欧盟与新加坡正式签订自贸协定，这是欧盟首次与东南亚经济体签订自贸协定，被认为是欧盟与东盟自由贸易合作的试金石。同月，《越南-欧盟自由贸易协定》由欧洲理事会批准。

  其次，随着全球经贸发展与时俱进的新需求，双边贸易协定逐步升级。例如，2018年11月，中国和新加坡签署《自由贸易协定升级议定书》，对原协定的原产地规则、海关程序与贸易便利化、贸易救济、服务贸易、投资、经济合作6个领域进行升级，并新增电子商务、竞争政策和环境3个领域。又如，欧盟与墨西哥达成原则性协议，更新双边贸易协定，以及北美升级《北美自由贸易协定》。

  另外，各国还通过其他一些协议，积极寻求经贸合作契机。例如，2018年，日本与中国、印度等签署大规模货币互换协议，印尼、泰国、马来西亚、菲律宾4国央行签署了《本币结算框架系列协议》，促进各国间贸易使用各自本币交易，东南非共同市场与欧盟签署贸易便利化协议，东盟国家签署东盟电子商务协议等，共同促进地区间的贸易往来。2017年12月WTO第十一届部长级会议上，WTO成员就电子商务、国内服务监管、微小中心企业问题以及投资便利化达成4项联合诸边协议，有协作意愿的成员国在部分领域寻求新合作机制，且不被其他尚未准备好的成员阻碍。

当然,也有一些不和谐的现象,表现为全球范围内多个贸易协定谈判走向发生变化。例如,随着美国的退出,跨太平洋伙伴关系协定(TPP)签约国已由12国变成11国,跨大西洋贸易与投资伙伴关系协定(TTIP)搁置。目前,美国更多绕开WTO多边体制,在区域合作方面试图建立新的规则和标准。2018年,美国与韩国签署美韩双边贸易修正后协议,并与墨西哥、加拿大签署《美国-墨西哥-加拿大协定》,以及启动与日本、欧盟、中国等国家和地区进行双边贸易谈判,从而试图大幅缩小贸易逆差,谋求全球贸易制高点和规则话语权。

(三)贸易区域化与集团化趋势深化

全球经济贸易区域化趋势进一步深化,且具有跨区域的特征。全球范围内,新的大型自贸协定以其庞大的经济体量将可能影响全球经济贸易格局,推动国际经贸区域化、集团化趋势进一步深化。在美国退出跨太平洋伙伴关系协定(TPP)后,澳大利亚、文莱、加拿大、智利、日本、马来西亚、墨西哥、新西兰、秘鲁、新加坡和越南11个原TPP成员国决议将TPP更名为"全面且进步的跨太平洋伙伴关系协定"(Comprehensive and Progressive for Trans-Pacific Partnership,CPTPP),并于2018年12月末正式生效。此外,由东盟10国发起,加上中、日、韩、印、澳、新共16国构成的"区域全面经济伙伴关系"(Regional Comprehensive Economic Partnership,RCEP)谈判正不断深入,一旦达成,将成为世界上覆盖人口最多、成员构成最多元的自由贸易区。

由此可见,地区经贸合作及区域一体化呈现力量分散和交叉重叠的特点。全球范围内,虽然各国实力不均,等级秩序仍然存在,但国际力量分布呈分散状,各国之间合作并相互依赖,呈现多层次的治理结构。从目前的全球贸易合作结构来看,不会出现单一国家的全球贸易霸权,新兴国家经济快速发展、话语权不断增强,出现复杂而激烈的博弈,全球贸易结构和版图正在发生变动。

与此同时,地区经贸合作和一体化出现相互重叠和竞争的态势,各组织间存在壁垒。例如,亚太地区目前现已形成了东盟,中国-东盟自贸区,RCEP,CPTPP,中国倡议的亚洲基础设施投资银行AIIB及"一带一路"倡议,澳大利亚倡导建立的APEC等多个地区合作机制。

(四)规则标准提升,合作领域不断拓展

目前,新国际贸易规则诉求更强调便利与自由,多个新协定涉及大量贸易新规则和议题,已超出目前WTO框架下的承诺,向更高标准、更高水平的方向提升。

刚刚生效的CPTPP首次将国有企业、劳工权利、政府采购、数据流通等纳入国际

贸易协议中,为亚太地区积极打造经济发展条件,为新国际贸易规则走向树立榜样。而日本与欧盟最新签署的《欧盟-日本经济伙伴协定》,其协议内容涉及货物贸易、原产地规则、海关和贸易便利化、贸易救济、技术性贸易壁垒、服务贸易及投资自由化和电子商务、资本移动和支付及转移、政府采购、反垄断、补贴与反补贴、国有企业、知识产权、贸易与可持续发展、监管合作等 20 余项,不仅协议涉及议题范围广,深化了全球贸易自由化、全球化的内涵,且提升了标准。如在知识产权领域,涉及专利、商标、工业设计、商业秘密等条款,其中版权保护期延长至 70 年,并加强了对农产品、酒类、医药专利等的保护,设立商业秘密盗窃惩罚条款等。

其次,还加强了劳工和环境保护,加强了双方监管合作。《欧盟-日本经济伙伴协定》不仅实施高标准关税削减,宣布对工业产品等实施有条件的零关税,还积极消除非关税壁垒。《美国-墨西哥-加拿大协定》在覆盖传统议题的同时,深化了数字贸易、跨境金融等新贸易议题,并在知识产权保护、劳工标准、国有企业等领域设置了更高标准的规则,以期获得国际贸易规则制定制高点,同样给 WTO 改革施加了压力。

第三,数字贸易成为国际贸易规则制定中的重要新议题。2017 年 12 月,WTO 第十一届部长级会议发布《关于电子商务的联合声明》,希望推进电子商务议题的谈判。会后,多个成员国递交电子商务谈判探索性文件,其中,美国提出了信息自由流动、数字产品公平待遇、机密信息保护、数字安全、促进互联网服务、竞争性电信市场及贸易便利化 7 项议题,其以数字贸易为核心,进一步拓展电子商务、传统货物贸易的概念,且议题大部分超出 WTO 有关货物贸易、服务贸易、知识产权等协定覆盖范围。2018 年 9 月,美欧日发表《美欧日贸易部长三方会议联合声明》,共同商讨数字贸易和数字经济合作,以促进数据安全,改善商业环境。美欧日计划共同推进跨境数据流通规则的制定和立法,以实现三方区域内的数据共享,进而推动人工智能等技术及产业发展。目前,欧盟也已经认可了日本对数据的保护标准,日本相关企业可自由在欧盟和日本之间传递欧盟居民的个人信息等。WTO 作为国际贸易规则制定的中心,在 2019 年 1 月的达沃斯全球经济论坛上,欧盟 28 国和其他 47 个世贸组织成员也已决定启动电子商务规则的正式谈判。

二、全球多边贸易体制的变化与影响

(一)世界贸易组织面临的危机与挑战

世界贸易组织(WTO)成立于 1995 年,前身是成立于 1947 年的关贸总协定,是当代最重要的国际经济组织之一。几十年来,WTO多边贸易体系为全球提供了稳定的贸易环境,开创了全球经济商贸合作的新模式,在其规则作用下,全球关税水平整体下降,贸易自由化明显加快。

WTO作为全球经济治理的重要机构,其规则体系构建了国际经济贸易领域的上层建筑,但随着全球价值链的深化与扩展,部分国家在推动市场开放的同时,未能履行承诺及遵守规则,漠视其他国家的发展诉求,率先启动了利益制衡的调整措施,全球贸易规则体系与经济基础之间的不协调和冲突逐步扩大,国家间利益及全球经济失衡。由此而产生的全球价值链布局的急转,导致东亚等贸易战对象国的价值链弱化脆化,因而亟需WTO通过现代化改革抑制此类情况的演进,以促进全球经济贸易的均衡发展。

随着全球贸易格局的变化,WTO多边贸易规则作用被弱化。一方面其规则体系更新滞后,另一方面契约性弱化,致使其运转正慢慢陷入停滞和严重危机。当前,WTO正面临的危机首先是其贸易争端机制,作为影响国际竞争公平公正的重要机制,目前,由于美国否决法官任命,上诉机构现任两名法官任期到后,争端解决机制上诉机构将可能无法正常运作,成为WTO启动改革议程的重要原因。其次,WTO个别成员利用世贸规则安全例外条款增加关税,如对钢、铝加征关税,并启动对汽车等产品的调查,以及对部分国家产品征收惩罚性关税。再次,部分成员国无视WTO多边规则,采取单边措施,如美国对古巴、委内瑞拉和伊朗等国采取单边制裁措施,挑战WTO维护多边贸易体制的核心价值。

同时,全球贸易发展出现了新的动向,谈判的议题正不断拓展,超过了WTO谈判现有的范围,如电子商务、投资便利化、数据保护、竞争政策等,这些议题恰恰体现了全球价值链发展的要求,反映了21世纪国际贸易的新问题。全球价值链发展对WTO多边贸易体系的影响及变革要求还体现在,随着全球价值链的扩展,中间品贸易规模迅速扩大,对全球经济稳定性带来巨大影响,需要进一步消减中间品贸易壁垒以促进贸易便利化,缓和跨境贸易过程中的成本叠加。另外,还是亟需深化服务贸易。服务贸易的发展促进了价值链环节与环节之间的连接,促进了生产环节的切分和生产率的提升。目前,服务贸易占到世界贸易的近一半,但同时却设置了非常高的贸易壁垒。由于多哈回合谈判自2001—2013年仍无法就服务业市场开放达成具体共识,少数世界贸易组织成员组成次级团体——服务业之友集团(Real Good Friends of Services,RGF),启动国际服务贸易协定(Trade in Service Agreement,TISA)的谈判。在多哈回合谈判启动后,类似顺应全球价值链发展并未得到重视,全球价值链与多边贸易现有规则之间的冲突未能缓解。

（二）世界贸易组织改革建议与分歧

面对危机，WTO成员积极参与改革，主要就WTO争端解决机制、透明度、特殊与差别待遇等议题提出改革方案，但至今并未合议出有效的应对方案。

1. 提案回应改革诉求

2018年，多国先后发表及提交了世界贸易组织系统现代化改革立场性文件和改革提案。

9月，欧盟委员会发布《WTO现代化：欧盟未来方案》，加拿大提交WTO现代化讨论文件，美国、欧盟及日本发表《美欧日贸易部长三方会议联合声明》。10月，加拿大与12个WTO成员发表联合公报就如何强化世界贸易组织体系现代化展开讨论并发表联合公报。11月，就争端解决上诉机制，中国及欧盟等40多个WTO成员提交了两份联合提案。2019年，中法发布关于《共同维护多边主义、完善全球治理的联合声明》（2019.3），中欧发表《第二十一次中国-欧盟领导人会晤联合声明》（2019.4），均表达了推进WTO改革的立场。2019年5月，中国正式向世贸组织提交《中国关于世贸组织改革的建议文件》。

就WTO目前所面临的危机，从各国提案及研究来看，全球针对WTO现代化改革聚焦：一是增强作为全球贸易治理组织的时代适应性，引入新规则。二是增强多边贸易体制约束性、契约性，强化规则的稳定性及其协调及治理能力。

欧盟的《WTO现代化》是全球首个公开发布的WTO改革方案，其提出了三方面的改革初步建议。

一是要求WTO更新现行国际贸易规则，以满足全球经济发展需要，一方面，建议强化WTO的规则以推进公平竞争和系统平衡，推动国际社会可持续发展，解决服务与投资等方面的障碍，具体解决透明度、国有企业、工业补贴、强制性技术转移等问题。另一方面，就增强WTO多边贸易规则制约性，欧盟建议增加谈判的灵活性，实施开放的谈判模式，对于无法达成一致的领域，在基于WTO基本原则的基础上，探索实施有限多边谈判，类似内部"诸边协议"，即率先形成部分或一定范围内的新规则，并随时开放接纳其他成员的加入，从而推动有限多边谈判与多边贸易谈判共同发挥推动贸易自由化的作用。

二是加强WTO的监督智能，增强各国贸易政策的透明度，要求各国严格遵守规则要求，履行通报义务，实施激励、制裁、反通报等举措，并强化贸易政策审议机制。

三是完善争端解决机制的建议。针对WTO争端解决机制面临的僵局，欧盟建议实施上诉机构成员过渡规则、加强90天诉讼审理期限的规定，提高争端解决中上诉机构调查报告的针对性、制定上诉机构成员交接规则、改革上诉机构成员任期规定、搭建上诉机构与成员国之间的沟通渠道等。欧盟建议上诉机构人数增至 9 名,并由兼职转为全职,增长任期至 6~8 年,以提高上诉机构的稳定性和独立性。

加拿大于 2018 年 9 月提交的改革方案同样涉及 WTO 监督职能、争端解决机制(DSB)、WTO 谈判等方面,基本改革方向与欧盟一致。其中,就谈判规则方面,提出应继续完成多哈回合未完成的重点议题,增加数字贸易、中小企业等新规则,解决扭曲性竞争问题。10 月,加拿大邀请 12 个 WTO 成员发布联合公报《WTO 十二国和欧盟联合声明》,提出了三大改革动议,强调争端解决制度是世贸组织的中心支柱,强调须重振 WTO 谈判职能并采取灵活开放谈判方法,以及强化成员国贸易政策监督及透明度。

中欧等成员国联合提案则重点就争端解决机制并聚焦上诉程序性、上诉机构成员过渡规则、上诉程度上诉机构成员独立性、上诉机构报告效率及能力提升、自动启动上诉机构遴选程序等方面提出适当解决方案。就上诉成员过渡原则,提案提出离任上诉机构成员应继续履行职责直到职位获得填补,但不得超过任期届满 2 年,以及提出应当不迟于离任上诉机构成员任期届满前 X 个月自动启动遴选程序。

中国提交的独立改革提案重点聚焦 WTO 生存关键问题、WTO 全球经济治理相关性、运营效率的提升及多边贸易体制包容性问题。

2. 各方分歧难以调和

尽管 WTO 试图推进改革,解决困境,但是成员国之间的分歧仍难以调和。

特殊及差别待遇是发达国家与发展中国家成员之间的重大分歧。在新一轮全球化浪潮中,发展中国家的 GDP 总额、进出口额、投资等在全球的比重上升,改变了过去以发达国家为主的贸易、投资格局。2017 年,新型市场和发展中经济体占全球 GDP 比重近 40%。部分发达国家认为,发达国家目前处于不利的竞争环境之中,发展中国家更加受益于全球化发展,因而须制定新的规则,退出发展中国家承担特殊待遇身份,重新对 WTO 成员进行划分,让其承担相较之前更多的社会责任,以保障发达国家在技术、产业等领域的优势。美国提出包括 OECD 国家、G20 国家、世界银行认定的高收入国家、货物贸易总额占全球比例大于 0.5% 的国家,不能在未来 WTO 谈判中要求享受特殊和差别待遇。欧盟和加拿大在改革提案中提出重新制定"发展中国家"标准和待遇方案,认为部分成员应当"毕业",并设置待遇"时限",根据具体分析决定是否给予特殊和差别待遇等建议,但此类提议就如何保障发展中国家利益及提升话语权等方面未有提及。发展中国家成员则认为在清晰发展中国家事实情况的基础上,应当共同承担但仍有区别的国际责任,确保在全球化中不处于不利地位。中国、印度、南非、委内瑞拉等发展中成员国强烈主张继续对发展中国家实施"特殊和差别待遇",并提交了名为《为促进发展和确保包容性、支持发展中国家享有特殊和差别待遇的相关性》的文件,反对仅凭借GDP等经济和贸易数据否认发达国家与发展中国家之间的分歧,在考虑到产业结构、贫困人口、研发能力等方面,发展中国家与发达国家之间的差距并未缩小,且部分领域仍有所扩大。而与此同时,巴西则宣布放弃"特殊与差别待遇",从而为发展中国家争取相关权益带来了负面的影响。

各方的争端解决机制改革提案也始终存在分歧。美国自2016年起开始阻挠WTO争端解决机制上诉机构成员新任命。尽管WTO多国成员积极就美国关切问题进行回应,针对上诉机构独立性、可持续性提出建议,但是美国始终认为都未能彻底解决其担忧,认为在WTO谈判职能修复、规则更新及解决不正当竞争等问题之前,仍将不被国际规则约束。2019年3月,美国贸易代表办公室发布《2019年贸易政策日程与2018年工作报告》,继续坚持争端解决机制改革立场,不接受履行本国贸易政策以外的各种义务,为世界贸易组织改革带来了巨大的阻碍。

WTO现代化改革重点是遏制全球贸易保护主义的扩延,维护多边贸易体制开放公平的核心价值,并构建符合现代世界经济贸易发展的新规则,从而尽可能保障各国的发展利益,保障发展中成员国的特殊及差别待遇,尊重各成员国的发展模式,发挥其在全球经济治理中的重要作用。

(三) 各类国际治理组织共同推动多边贸易机制

在WTO和全球贸易面临困境的同时,全球范围内,针对世贸组织改革,已成为二十国集团(G20)、联合国贸发会议(UNCTAD)、经合组织(OECD)等会议的重要议题,强化多边贸易体制建设为核心的呼声和建议行动高涨。

2018年9月,在阿根廷举行的G20贸易部长会议上,呼吁加强对话和采取行动,推进世贸体系更新,控制风险,确保经济可持续增长。2018年11月,G20领导人第十三次峰会通过了《二十国集团领导人布宜诺斯艾利斯峰会宣言》,就维护多边贸易体制、世贸组织改革等问题达成共识。

2018年5月亚太经合组织(APEC)贸易高管会议通过了《第24届APEC贸易部长会议声明》《支持多边贸易体系主席声明》,就促进多边贸易达成广泛共识,强调了成员应致力于自由、开放、公正及基于规则的多边贸易,推进贸易自由化和便利化。2018年11月的APEC峰会,由于持续的贸易战导致29年来首次未能发表联合公报,凸显了目前全球贸易局势确实剑拔弩张。

2018年9月，UNCTAD发布《2018年贸易和发展报告：权力、平台和自由贸易之谬》，分析当前经济形势和国际政策问题，认为关税上调等正在破坏日益以价值链为中心的贸易体系，贸易战显示经济体系和多边架构的退化等，报告建议回到倡导多边贸易体系的《哈瓦那宪章》，提出了将贸易讨论与充分就业和提高工资的承诺联系起来等建设性建议。

2019年4月，UNCTAD和波士顿大学全球发展政策研究中心联合发布名为《新型多边主义：创造共享繁荣》的报告，针对多边体制提出建议，推出"全球绿色新政至日内瓦原则"，推动建立新型多边主义贸易和投资体制。其提出的新多边主义原则包括：全球规则须以实现社会和经济稳定、共同繁荣和环境可持续性为总体目标进行调整，并保护其不被最强大的参与者所控制；各国在为促进全球公共商品发展和保护全球公共资源而建立的多边体系中承担着共同但有区别的责任；各国拥有在一定的政策空间实施国家发展战略的权利须纳入全球规则之中；全球规则的设计应既加强国际分工的动态性，同时防止具有破坏性的、妨碍他国实现共同目标的单边经济行动；全球公共机构应当对其正式的成员负责，开放接受各种观点，认识新的声音并建立平衡的争端解决系统。

三、区域贸易合作的变化及其影响

（一）区域贸易协定和特惠贸易协定的变化

在2001年多哈发展议程启动以来，世界贸易组织对全球多边贸易体系的实质性影响仅在少数领域获得明显成果，全球价值链与世界贸易组织多边贸易体系产生冲突，促使区域贸易自由化谈判发展蓬勃，达成了众多包括互惠互利的双边、诸边区域贸易协定（RTAs，主要包括自由贸易协定、经济一体化协定、关税同盟、局部自由贸易协定），以及非互惠、单边的特惠贸易协定（PTAs, Preferential Trade agreements）。

截至2019年4月2日，向WTO通报并生效的区域贸易协定（RTAs, Notification of RTAs in force）共472个，实际生效协定数（Physical RTAs in force）294个，以及23个国家或地区对外提供单边特惠贸易优惠（PTAs）共计29个（表9.2）。从区域来看，欧洲地区、东亚地区是区域贸易协定最多的两大区域，截至2019年5月，这两个区域分别有实际生效的区域贸易协定93个和86个。全球范围内，所有WTO成员国都至少参与一个区域贸易协定（图9.2）。

表 9.2　向世贸组织(WTO)通报并生效的全球区域贸易协定(RTAs)情况

类　型	数　量
关税同盟	30
经济一体化协定	158
自由贸易协定	260
局部自由贸易协议	24
总　计	472

注1：数据截至 2019 年 4 月 2 日
注2：自由贸易协定的数据按照通报数计算，即商品、服务、加入协定均分别计算，实际生效协定(Physical RTAs in force)，指商品、服务、加入协定合并计算
资料来源：WTO，Figures on Regional Trade Agreements notified to the GATT/WTO and in force，http://rtais.wto.org/UI/publicsummarytable.aspx

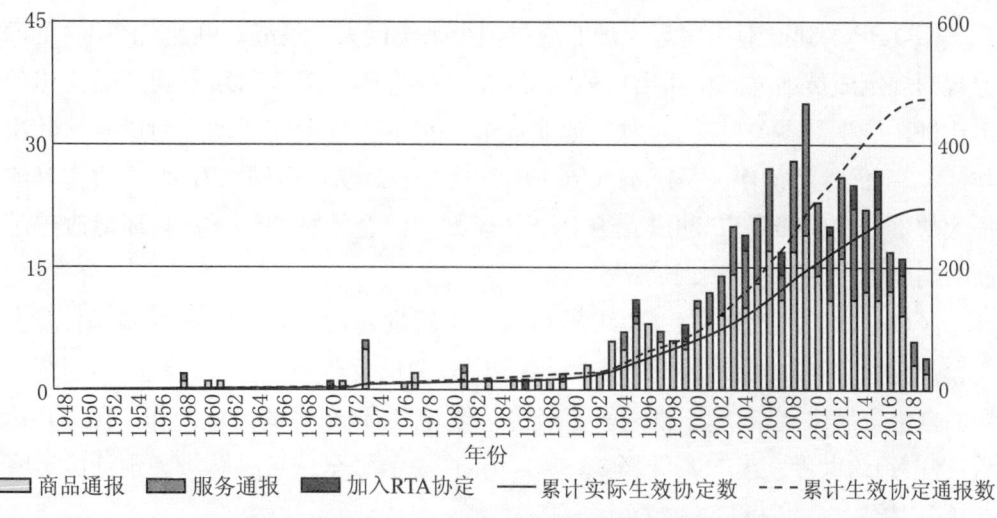

图 9.2　1948—2019 年全球生效区域贸易协定趋势

资料来源：WTO，RTAS currently in force，1949—2019，http://rtais.wto.org/UI/charts.aspx

（二）区域自由贸易协定的新趋势

许多世贸组织成员国正在参与建立新区域贸易协定的谈判。像现行协议一样，大多数新的谈判是双边的。近期发展趋势出现了越来越多的多成员国之间的大型诸边谈判。这些诸边协议一旦生效，将可能缓解区域贸易协定的 RTA 的意大利面碗现象，特别是如果它们取代现有的双边协议，并制定由协议各方适用的共同规则。

《全面与进步跨太平洋伙伴关系协定》(CPTPP)于2018年12月30日正式生效,CPTPP的成员包括澳大利亚、文莱、加拿大、智利、日本、马来西亚、墨西哥、新西兰、秘鲁、新加坡和越南,约占全球国内生产总值(GDP)13%。未来,CPTPP成员可能从11个增加到16个,韩国、泰国和菲律宾等也有意参与。据彼得森国际经济研究所的预测,CPTTP每年将为全球收入带来1 470亿美元的增长。

CPTPP是亚太地区首个大型自由贸易协定,其庞大的经济总量将对全球经济贸易格局产生重要的影响,进一步推动及强化国际经贸合作区域化、集团化发展,有望与欧盟、北美自贸区形成三足鼎立的世界经贸格局。据预计,CPTPP可能带来贸易转移,从而影响美国等国的出口,例如该协定内日本进口牛肉关税将逐步降至6%,从而澳大利亚有望占有美国牛肉的市场份额。据彼得森国际经济研究所的预测,留在TPP(CPTPP的前身),美国将可能每年增加1 310亿美元的收入,或使得GDP增长5%,退出后则可能损失20亿美元。

CPTPP的建立对中国等亚洲非成员国带来了巨大的挑战。例如CPTTP的原产地规则规定成员国之间相互出口的产品,在该国生产费用总和须占到产品价格的一定比例才能享受零关税,从而对其他非成员国在生产链中的活动产生影响。其次是与《区域全面经济伙伴关系协定》(RCEP)形成竞争。从成员国来看,两个协定其实有很大的重合性。CPTTP的成立给RCEP谈判中国企补贴、劳工待遇、环境改善等方面的制度和规则要求带来了挑战。

区域全面经济伙伴关系(RCEP)由东盟十国发起,邀请中国、日本、韩国、澳大利亚、新西兰、印度共同参加("10+6"),通过削减关税及非关税壁垒,建立16国统一市场的自由贸易协定,有利于推进东亚经济一体化,加强东盟的区域合作。RCEP达成后,将占到约世界一半的人口、全球1/3的生产总值和全球贸易总量。预计协定将于2019年内签署。

2018年7月,太平洋联盟和南方共同市场签署共同宣言和《巴亚尔塔港行动计划》,内容主要包括促进贸易便利、推进中小企业走向国际市场以及促进知识经济等,共同推动拉美地区自由贸易和地区一体化。太平洋联盟成员国包括智利、秘鲁、墨西哥和哥伦比亚,创始成员国包括阿根廷、巴西、巴拉圭和乌拉圭。两个组织成员国人口约占拉美地区总人口的80%,国内生产总值占拉美地区总量的80%以上。2012年成立至今,太平洋联盟不断扩大对外合作,并在与澳大利亚、加拿大、新西兰和新加坡谈判,以及评估韩国、厄瓜多尔等国加入联盟的可能性。

2018年3月21日,44个非洲国家在卢旺达首都基加利举行的非洲联盟(非盟)首脑特别会议上,签署成立非洲大陆自由贸易区协议(AFCFTA)。截至2019年4

月,批准该协定的成员国数量已增至 22 个,获得生效的最低门槛而即将生效。根据成员数量,AFCFTA 将成为自世界贸易组织成立以来成员国最多的自由贸易区,覆盖 12 亿人口及 3 万亿美元市场,区域内将逐步取消 90% 的商品关税,区域内贸易比重至 2022 年有望提升至 52%。

2019 年 4 月,东盟经济部长非正式会议上,签署了《东盟服务贸易协议》(ATISA)和《东盟全面投资协议》(ACIA)第四次修正协定书两项重要文件,积极降低服务贸易壁垒,创造投资环境,进一步促进区域一体化,吸引区域内投资。2018 年 11 月 12 日,东南亚国家联盟各国在新加坡签署东盟电子商务协议,是全球首个签署电子商务协议的地区。2015 年底东盟共同体成立,推进区域一体化,目前已经是世界第六大经济体,世界第四大进出口贸易地区。

2013 年,中国提出"一带一路"倡议,积极发展与沿线国家的经济合作伙伴关系,并已与部分国家签署"一带一路"合作备忘录。截至 2018 年底,已有 122 个国家和 29 个国际组织与中国签署 170 份"一带一路"合作文件,合作伙伴遍布亚洲、非洲、欧洲、大洋洲和拉丁美洲,对沿线国家贸易和投资快速增长。2019 年 3 月 23 日,中意签署"一带一路"合作谅解备忘录,成为首个签署合作谅解备忘录的 G7 国家。2018 年 11 月,中国与东盟发布了《中国-东盟战略伙伴关系 2030 年愿景》。在中国"一带一路"沿线国家十大贸易伙伴中有 6 个是东盟国家。东盟在共建"一带一路"的作用不断提升,将成长为更为紧密的中国-东盟战略伙伴和命运共同体。

日前,中日韩三国正加紧自由贸易协定(FTA)谈判,三方在共同参与的 RCEP 达成共识的基础上,进一步推进贸易和投资自由化水平,制定及采用高标准规则,打造"RCEP+"自贸协定。相较于欧盟经济一体化、北美自由贸易区的发展,以中日韩为领头的亚洲区域一体化将推动全球经济及贸易均衡发展,贸易合作和产业互补空间较大,且区域内正在探讨以人民币、日元等作为互通货币,以提高资金融通的安全性和便利性,未来中日韩及东盟区域一体化将走向深入。

美国选择和不同的经济体进行一对一的贸易谈判,以达成更有利于美国的双边或诸边协定。2018 年 9 月,特朗普和韩国总统文在寅签署美韩双边贸易修正后协议,美国汽车、农产品更加容易进入韩国市场。美国与墨西哥、加拿大达成《美国-墨西哥-加拿大协议》(USMCA)协议,增加了数字贸易发展等协议内容以及新的限制,从而可能影响全球贸易及投资转移。有意见认为,《美墨加协定》阻碍了区域贸易和投资的新措施,遏制了经济增长潜力,尤其在汽车领域。另外,2019 年 1 月,美国与欧盟、日本在华盛顿举行会议推进三边世贸组织改革倡议,主要聚焦工业补贴、国有企业、强制技术转让等政策。

（三）区域贸易协定对多边贸易的影响

区域贸易规则与多边贸易规则既是协同也是博弈。区域合作在一定程度上是多边贸易的补充，包括互补的制度和法律框架，以及促进了多边贸易体制的完善。部分意见认为，大型自贸协定将会成为多边贸易规则的主要力量。在多哈回合谈判失败后，世界贸易组织全球贸易治理多方面滞后的情况下，区域贸易协定快速增加，推动了贸易合作，但区域贸易协定虽然推进了区域合作和价值链的完善，但对全球贸易平衡并未给出根本性的解决方案，从而面对这样的发展诉求，需要 WTO 与时俱进，实施改革。

区域贸易协定与多边贸易体制又互相竞争，不受管制和监督的区域经济合作则给多边贸易体制带来一定的影响。一方面，区域合作一定程度干扰多边贸易职能，打破了多边贸易体制中非歧视性的原则，使得部分规模小的国家被排除在贸易合作及优惠之外，影响了全球贸易自由化和贸易体系的平衡，可能使多边贸易进一步弱化和边缘化。多边贸易和区域贸易协定贸易自由化产生较为不同的经济效果。一般来说，贸易自由化的经济效益来自消除关税和非关税壁垒，这使得各国能够专门从事具有比较优势的商品和服务生产。生产转移应该在国家内部和国家之间最有效地分配资源，从而降低价格，惠及消费者，因此，非歧视性贸易自由化（即多边关税削减）通常会使全球总体福利增长。但由于区域贸易协定具有歧视性，其贸易自由化对经济的影响并不明显。区域贸易对内自由、对外保护，降低区域内合作伙伴之间的贸易壁垒，既可以增加贸易，也可能导致贸易转移，区域协议外的国家面临负贸易转移影响，可能会带来贸易摩擦与冲突。另一方面，交错重叠的区域贸易增加了贸易合作成本。区域贸易协定设立各自独立的关税、原产地规则等，使得全球贸易碎片化发展，增加了全球贸易治理的不稳定性。

双边、诸边与区域贸易规则不能替代多边贸易规则。一些意见认为，推动诸边行动将利于多边贸易规则。一方面，理想状态下，区域贸易规则有利于缓解"意大利面碗"现象；另一方面则利于倒逼多边规则的制定。在东京回合谈判后，制定的诸边贸易协议中有许多协议最终也都演变成为多边贸易协定。如果成员国能够就一部分问题达成诸边协议，那么这些协议日后有望逐渐向多边规则扩展。

以美国为例，不到一半的美国贸易产生于美国与其自由贸易协定伙伴国之间，而绝大多数贸易是在多边贸易体系内成员国之间产生的。2016 年，99% 的美国贸易是与世贸组织成员国之间产生的，39% 的美国出口和 32% 的进口是与美国自由贸易协定伙伴国之间产生的（图 9.3）。

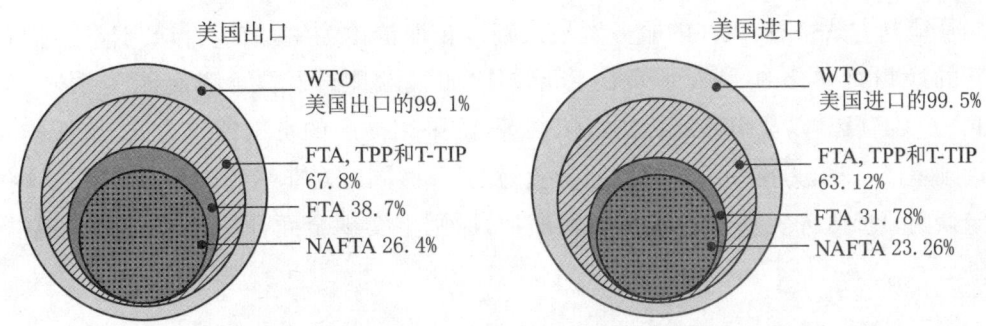

图 9.3 美国与 WTO 伙伴及自由贸易协定伙伴国之间的进出口贸易比重

资料来源：CRS, Bilateral and Regional Trade Agreements: Issues for Congress, https://fas.org/sgp/crs/row/R45198.pdf

四、全球贸易规则重构的重点领域

（一）服务贸易规则

WTO 框架下于 1995 年发布的《服务贸易总协定》(GATS)是世界上第一套规制服务贸易的多边协定，但其承诺已经与快速发展的现代化贸易需求脱节。在近年签署的各个区域贸易协定(RTAs)中，服务贸易规则出现了新的发展动向。

服务贸易规则重构的挑战包括数字经济发展需求、国内规制的配合与协调等，促进全球服务贸易的进一步开放。在《全面与进步的跨太平洋伙伴关系协定》(CPTPP)、《区域性全面经济伙伴关系协定》(RCEP)等谈判中均体现了服务贸易进一步自由化的诉求和改革趋势。

新的服务贸易规则谈判从边境措施向边境后措施深入拓展，除了边境政策，更多要求缔约方实施国内政策配合及协调，涉及产业、知识产权、环境、劳工、投资、竞争等政策领域，这些边境后措施的实施影响了服务贸易开放的程度。目前的服务贸易谈判，正推动边境后国内规制与国际规则标准、竞争和监管一致的方向改变，力求实现接轨或兼容。例如，多个自贸协定中，设置不设立权、禁止强制性技术转让等规则，设置行政审批和许可程序透明化、便利化等制度，改善服务及相关投资的市场准入壁垒，消除歧视性待遇和扭曲政策，为其他缔约国参与全球价值链竞争提供条件。协定条款对于服务贸易管理能力提出了更高的要求。如《美国-墨西哥-加拿大协定》(USMCA)就跨境服务贸易国内管理规制设置了规则，要求缔约方实施基于客观和透明的管理标准，以及设置了扶持中小企业参与跨境服务贸易竞争的规则。

从谈判方式来看,以往的服务贸易谈判以正面清单为主,或混合谈判模式,而目前新的谈判则更多地引入了负面清单。比如,《欧盟-日本经济伙伴关系协定》(EPA)、CPTPP 以及中韩自贸协定谈判等,均采用彻底的负面清单方式,依托较高的规则承诺水平,力求缔约国之间服务贸易的流动,同时对非缔约国形成排斥。这些协定谈判要求服务贸易开放水平大大增加,原则上实现全面开放,积极减少限制与例外。

(二)知识产权规则

近年,知识产权保护规则要求提升。世界贸易组织下影响力最大的有关知识产权的多边条约是《与贸易有关的知识产权协定》(TRIPS)。该协定为成员国知识产权提供最基本的保护标准,而研发水平高、创新能力强的国家则正在寻求超 TRIPS 协定,随着 WTO 谈判陷入僵局,这些国家制定设置更加严格和具体的知识产权保护标准,新一代知识产权规则正逐步形成,并出现一些源于部分国家或区域的内部知识产权法律及规则标准的输出与移植。

在原 TPP 谈判(现 CPTPP)中,美国曾在知识产权应用、保护期限、保护措施等方面提高保护力度,比如延长知识产权保护期,重点保护作品、表演以及录音制品的版权,以及药品和生物制剂的版权两个领域。美国退出 TPP 谈判后,现 CPTPP 协议对知识产权保护对象、保护期、保护措施 3 个方面作了暂停执行的处理,反映了协议成员国对知识产权保护、技术传播、技术生产与使用之间的平衡等方面的诉求。尽管美国退出 TPP 谈判,但其有关知识产权的条款在 USMCA 等自由贸易协定中继续得以体现,例如 USMCA 延长版权保护期至创作者逝世后 70 年,版权保护期不以自然人生命计算的作品的保护期为作品自首次发行后至少 75 年,延长生物制剂数据保护期等。《欧盟-日本经济伙伴关系协定》中就版权保护期也延长至 70 年。

除了延长保护期,新知识产权规则还体现了新技术发展下的知识产权保护需求,如加入了对数字贸易等新型贸易方式下的知识产权产品的保护,譬如对作品在网络等媒体使用上进行保护。

新知识产权规则同时显示出严格详细的保护及执法的发展趋势。包括提高处罚力度,扩大边境措施实施范围,扩大处罚范围等。特别是针对特殊战略领域,欧美部分自由贸易协定中纳入了更加详细相关执行措施。如《欧加全面经济贸易协定》(CETA)就药品专利做了详细的规定,设置特殊权利保护期限等制度,并将专利保护延伸到诊断、疗法等环节。又如,《美国-墨西哥-加拿大协定》中就商标侵权制定了严格的"预设赔偿金"的措施,以防止商标侵权。

在欧盟签订的多个自由贸易协定中,提高了地理标志保护的标准,如 CETA 中设置了详细的地理标志保护规则,《欧盟-日本经济伙伴关系协定》地理标志条款也强化了对农产品、酒类等产品的相互保护。

此外,未公开数据条款、商业秘密盗窃惩罚条款等措施也都是贸易协定知识产权保护规则新趋势。

(三)国有企业规则

近年,有关"竞争中立"的讨论升温。"竞争中立"是指国有企业同时从事商业经营和公共服务职能时须清晰功能区分,避免不公平竞争。目前,随着国有企业全球商业及投资活动比重上升,越来越多的自贸协定中出现国有企业规则。如 EPA、CPTPP、USMCA 等协定中都有所体现。这些自贸协定及 WTO 改革提案中有关国有企业竞争中立规则基本覆盖了商业考量、非歧视、非商业援助及透明度等方面,超出了 WTO 规则的内容范畴和约束力度。

例如,CPTPP 在第 17 章专门对国企做出了严格规定,对国有企业政府补贴行为做出了规则限制,限制行政干预,禁止为国有企业境外商品及服务销售提供非商业援助,要求缔约国之间相互公开国有企业信息。与此同时,CPTPP 国有企业章节中也设置了对收入低于一定水平的国有企业的豁免和特定国家的豁免规则。相对于发达国家,相对落后的发展中国家的国有企业承担着一定的经济和社会发展责任,竞争中立规则将会对这些国家参与国际竞争产生影响,同样也激励其国有企业进行"竞争中性"改革。又如,USMCA 明确禁止缔约方给信用不佳的国有企业提供担保或贷款,为没有详细重组计划的破产或濒临破产的国有企业提供非商业援助等。同样 EPA 也就国有企业提出非歧视性、商业考量等要求,国有企业须在市场上与私营企业一样不享有特权,一方若认为自己利益受损,则有权要求另一方提供相关国有企业商业信息等。

(四)数字经济规则

数字贸易快速发展,成为多边、双边贸易协定中积极推动制定规则的重要领域。2017 年,在阿根廷布宜诺斯艾利斯举行的世界贸易组织第十一届部长级会议上,WTO 发布了《电子商务联合声明》,该声明重申了电子商务的重要性及其对包容性贸易发展的作用。2019 年初,76 个 WTO 成员在瑞士达沃斯举行的电子商务非正式部长级会议上签署《关于电子商务的联合声明》,确认启动电子商务议题的谈判。

2018 年,欧盟《通用数据保护条例》(GDPR)生效,覆盖所有 28 个欧盟成员国,积极促进欧盟"数字单一市场"的建立和数字经济发展。2019年,欧盟与日本之间达成数据流动"适当性决议"。

顺应全球数字经济发展趋势,近期签署的多个贸易协定均新增了数字贸易章节。EPA中制定了确保电子商务安全性和可靠性的规则,如禁止对电子传输征收关税,禁止强制披露源代码等。USMCA同样制定了数字化产品非关税、非歧视、国内法、网络消费者保护、个人信息保护、网络安全、电子认证和电子签名、无纸化贸易、数字贸易互联网接入及使用原则、以电子方式的跨境信息传递、源代码等规则。USMCA和CPTPP均设置了较为严厉的规则,如禁止要求数据本地化,要求任何一方不得将使用该缔约方领土内的计算设施或将设施设置于该领土作为开展经营的条件,不得禁止或限制以电子方式跨境传输包括个人信息在内的信息,提高了对源代码的保护力度,禁止一方要求转让或访问另一方拥有的软件源代码或源代码所表示的算法,并将该要求作为在其领土内进口、分销、销售或使用的条件,USMCA还要求公开政府数据,并确保信息以机器可读和开放的格式能够被搜索、检索、使用、重用和再分配等。

参考文献

[1] EU-Japan Economic Partnership Agreement: texts of the agreement[EB/OL]. http://trade.ec.europa.eu/doclib/press/index.cfm?id=1684.

[2] 白洁,苏庆义.CPTPP的规则、影响及中国对策:基于和TPP对比的分析[J].国际经济评论,2019(1).

[3] 彼得森国际经济研究所(PIIE)Why the CPTPP Could Be the Answer to the US-China Trade War[EB/OL]. https://piie.com/commentary/op-eds/why-cptpp-could-be-answer-us-china-trade-war.

[4] 波士顿大学全球发展政策研究中心.GDP中心《新型多边主义:创造共享繁荣》报告华盛顿发布会[EB/OL]. http://www.bu.edu/gdp-cn/gdp-dctrip-newmultilateralismreport.

[5] 陈靓,黄鹏.WTO现代化改革——全球价值链与多边贸易体系的冲突与协调[J].国际展望,2019(1).

[6] 陈德铭.全球化下的经贸秩序和治理规则[J].国际展望,2018(6).

[7] 加拿大政府网[OL].http://www.canada.ca.

[8] 柯静.世界贸易组织改革:挑战、进展与前景展望[J].太平洋学报,2019(2).

[9] 利亚姆·福克斯(Liam Fox).维护自由贸易,坚持多边贸易体制,并积极推进

WTO改革[J].国际展望,2019(1).

[10] 联合国贸发会.世界投资政策监测(Investment Policy Monitor)(No.21)[EB/OL].https://unctad.org/en/PublicationsLibrary/diaepcbinf2019d2_en.pdf.

[11] 联合国贸发会.贸发会议:贸易战是经济重症的表象[EB/OL].https://unctad.org/en/PressReleaseLibrary/PR18025_ch_TDR.pdf.

[12] 刘志中,崔日明.全球贸易治理机制演进与中国的角色变迁[J].经济学家,2017(6).

[13] 马俊炯.全球贸易规则重构的演变趋势及潜在风险[J].中国国情国力,2018(12).

[14] 美国贸易代表办公室[OL].http://www.ustr.gov.

[15] 美国-墨西哥-加拿大协定(USMCA)[EB/OL].https://usmca.com.

[16] 日本外务省[OL].http://www.mofa.go.jp.

[17] 石岩.欧盟推动WTO改革:主张、路径及影响[J].国际问题研究,2019(2).

[18] 王衡,肖震宇.比较视域下的中美欧自贸协定知识产权规则——兼论"一带一路"背景下中国规则的发展[J].法学,2019(2).

本章撰写:朱荪远

第十章 世界级都市圈市场一体化发展研究

在中央政策的推动下,长三角地区开启了全面对接融合的新征程,但在利益协调与政策协调机制、运作和保障机制等方面遭遇重重挑战。本章节从全球具有代表性的3个都市圈——美国纽约都市圈、德国首都地区、日本首都圈入手,以覆盖区域全局到专门事项的广域视角,解析其各自在市场一体化中的举措,为长三角区域一体化提供有益参鉴。

一、都市圈与城市群的概念

2019年国家发展改革委员会发布的《关于培育发展现代化都市圈的指导意见》指出,城市群是新型城镇化主体形态,是支撑全国经济增长、促进区域协调发展、参与国际竞争合作的重要平台。都市圈是城市群内部以超大特大城市或辐射带动功能强的大城市为中心、以1小时通勤圈为基本范围的城镇化空间形态。但从官方资料上看,"城市群"的提法被国际社会采用的不多,各国最为常用的是"都市圈"。实际上,在一些国家内部,政府对"都市圈"这一概念的表述不尽相同,甚至有些国家按照不同的划分标准,制定了多个统计意义上的单元,都体现了"都市圈"的内涵。

为了对都市圈的地域给出清晰的界定,进而对都市圈市场一体化举措的实施给出具象的空间概念,本章依据各国对都市圈的定义,选取纽约都市圈、日本首都圈、德国首都地区作为长三角的对标,剖析世界级都市圈的发展态势。

1. 美国:纽约都市圈

美国和众多国际主流咨询研究机构所采用的"都市圈"提法,实际上是美国白宫预算办公室(OMB)定义的"大都市统计区"。从美国白宫预算办公室2010年出台的划分标准来看,大都市统计区由一个或多个有5万以上人口的城市地区及周边与该核心区在社会经济方面有高集成度的地区所构成。截至2018年,全美共有394个大都市统计区,即394个都市圈。其中,纽约-纽瓦克-泽西市大都市统计区,简称"纽约都市圈",包含25个县,12个位于纽约州、12个位于新泽西州、1个位于宾夕法尼亚州,全域面积约8 293平方英里(约21 478.8平方千米)。

2. 日本：首都圈

都市圈概念在日本的提出,源自统计局对人口普查的需要,由核心城市和周边地区两部分构成。总务省统计局给出的定义是:"大都市圈"的核心城市应为日本政府认定的大城市,假如核心城市互相邻近的话,则合并为一个大都市圈;"都市圈"的核心城市应为人口达50万人以上的城市,且不位于任何一个"大都市圈"内。都市圈的周边地区应为对核心城市的通勤及通学者(15岁以上)比例达到该地区常住人口1.5%以上,且与核心城市邻接或其他周边地区邻接的地区。目前,日本共有11个大都市圈和3个都市圈。其中,最具代表性的关东大都市圈以东京都区部、横滨市、埼玉市、千叶市、川崎市、相模原市为核心城市,覆盖超过1.3万平方千米的区域。但是,国土交通省综合政策局在大都市公共交通调查中将包含东京都在内的都市圈范围扩大至"一都七县",即东京都及周边的埼玉、千叶、神奈川、茨城、栃木、群马及山梨7个县,总面积3.69万平方千米。统观东京都及周边区域的发展历程,这里采用国土交通省划定的都市圈范围,使用学界、政界更为通用的"首都圈"的提法。

3. 德国：首都地区

德国对于都市圈并无明确定义。1997年,由各联邦州主管空间规划事务的州部长组成的"空间规划部长级会议"(MKRO)首次通过都市圈空间发展决议,即《德国的欧洲都市圈》,决议根据较大的人口数量、较高的人口密度、重要的经济能力和对外经济的重要性等指标,明确了7个具有欧洲影响力的德国都市圈,包括柏林-勃兰登堡、汉堡、慕尼黑、莱茵-美因、莱茵-鲁尔、斯图加特和德国中部都市圈等。2005年,为了平衡联邦州之间的利益,以及更好地突显新都市圈的发展潜力,MKRO决定新增4个都市圈。目前,德国共有都市圈11个。其中,德国的首都、直辖市柏林和四周包围柏林的联邦州勃兰登堡州,共同组成了柏林-勃兰登堡州都市圈,又称为"首都地区",面积超过3万平方公里。在全德所有都市圈中,首都地区地域最广,在区域一体化发展中最具实质性进展。

二、世界级都市圈市场一体化的重要举措

（一）专门机构对都市圈进行统一规划

统一的战略规划是都市圈协调发展的必备要素。纽约都市圈、日本首都圈和德国首都地区均注重区域整体规划的制定。尽管三地负责规划编制的机构性质不同、权限有别，但都对各自都市圈在一定时期内的未来走向阐明了发展思路，对功能的空间分布、资源的联合调动、设施的有效对接、地区间的竞合关系做出设计安排。

1. 纽约都市圈

纽约都市圈并不具备一个对区域发展进行顶层设计的权力机构，而是由"第三部门"——"纽约区域规划协会"（Regional Plan Association，RPA）来发挥类似的作用。RPA成立于1922年，是依托会员会费和支持者捐赠获取运作资金，面向纽约州、康涅狄格州、新泽西州31个县的非营利性区域规划组织。其成员来自商业领袖、社会团体、社区组织、市民等，完全没有官方支持。RPA在对现实困境和威胁进行充分评估的基础上，于1929、1968、1996、2017年对纽约都市圈进行了4次大规模的区域规划。由于RPA是非营利、非政府组织的性质，其编制的规划并不具有法律强制力。因此，在规划的制定和推进过程中，该协会注重将不同地区空间、不同类型的组织用共同的规划目标联系起来，设置各负其责、各得其利的规划措施，发挥不同地域空间上各利益相关者的积极性和主动性，既包括州、市政府，又包括区域内外相关联的企业，也包括各种形式的社会组织，以及市民的参与力量，从而推动区域性整合规划的实现。由于第四次区域规划出台不久，效果尚未显现，但从前三次规划的内容和落实情况上看，都有力促进了纽约都市圈当时所面临的现实问题的缓解和解决。第一次规划所面对的问题是城市区域过度蔓延、交通拥堵、社区及乡村状况恶化。规划有效推动了都市圈对于城市建设项目和基础设施的巨额投资，为城市的未来发展奠定基础。第二次规划强调老城市中心的复兴，提高对环境问题的关注。第三次规划侧重在全球经济放缓的情况下维持竞争力并保持增长，同时兼顾社会公平和环境质量，平衡城市群的各利益主体。

2. 日本首都圈

"二战"结束之后，作为中央集权的单一制国家，日本政府将东京都的城市建设和规划管理上升到国家政策层面，并于1950年设立了"首都建设委员会"，作为中央一级规划统筹机构。1956年，"首都建设委员会"改组成为"首都圈整备委员会"，即由

一个实行合议制的独立性议事机构转变为总理府直属、委员长由建设大臣兼任的中央直属办事机构,促进跨区域的开发建设协调。首都圈整备委员会在1958、1968年独立制定了两轮"首都圈整备规划"。从1976年第三轮规划起,规划决策权力进一步上移,规划主体被纳入新成立的中央机构——国土综合开发厅下属的"都市圈整备局",强调要从整个国土开发框架中来定位首都圈发展。都市圈整备局在1976、1986、1999年对首都圈相继制定了3轮"首都圈整备规划"。从这5轮的规划行动上看,间隔时间大约为10年,保持了良好的连贯性。从内容上看,后一轮规划是基于前一轮规划的实施基础来进行编制的,并结合首都圈所处阶段的历史需求和时代背景的变化,对部分内容做出适时调整,进而形成本轮规划的主体,体现了规划工作良好的衔接性。例如,在第一轮规划中要求建成区周围设置绿带的基础上,第二轮规划进一步提出了设立近郊整备地带。第三轮规划提出建设商务核心城市,第四轮规划进一步要求构建以商务核心城市为中心的自立都市圈,而第五轮规划更是提出了"环状节点都市群"的建设构想。日本将这套规划视作区域空间布局调控的重大公共政策,以期借此解决区域经济一体化过程中的空间结构、功能布局和因人口、资源和城市功能过度密集所引发的各类区域性问题。为了保证"首都圈整备规划"的权威性和顺利实施,日本政府还相继制定了包括《首都圈建设法》《首都圈整治法》在内的十多部相关法律。

3. 德国首都地区

在德国首都地区,柏林和勃兰登堡州政府在两市/州平等合作、相互制衡的基础上,共同成立了"柏林-勃兰登堡联合区域规划部"。联合区域规划部既是主持首都地区全域空间的联合发展规划与程序、制定共同的架构思路和发展理念的顶层设计者和最高决策机构,也是在国内外都市圈事务中代表德国首都地区利益的行政实体机关。联合区域规划部同时作为两市/州主管空间规划事务的最高级别政府部门,即柏林"城市发展与住房部"和勃兰登堡州"基础设施和区域规划部"的组成机构,其工作人员与经费开支均来自这两个州级政府部门。联合区域规划部自成立以来,制订、颁布、更新了《柏林-勃兰登堡州发展程序》,以此作为首都地区联合规划工作的总纲,明确了空间功能布局、经济发展原则、交通设施分布、文化景观保护等原则,并倡导通过市政合作激发首都地区的发展潜力。以发展程序为指导,联合区域规划部相继出台了《柏林-勃兰登堡州发展规划》《勃兰登堡州发展规划》《柏林及近郊地区的州联合发展规划》《远郊地区的州联合发展规划》《机场地区的州联合发展规划》等。这些联合发展规划又成为下层级规划——《勃兰登堡州次区域规划》和《柏林土地利用规划的区域性规划原则》的编制依据。地方政府则在遵循这些规划的基础上,进一步完成各自的土地利用和部门规划。

（二）交通体系的一体化

完备、便捷的交通是都市圈形成的基础条件。同时，都市圈的快速、可持续发展，很大程度依赖于区域交通体系的建设和发展。为了资源协同融合、集约共享发展，纽约都市圈、日本首都圈和德国首都地区都建设了快捷高效的区域交通体系，便利人员、物资等要素在区域内部及对外的流通转移。

1. 纽约都市圈

密歇根大学交通研究所的最新调查显示，2016年美国人均拥有汽车0.766辆，家庭平均拥有汽车1.968辆。尽管美国的汽车保有量很高，但是从纽约市民的出行情况看，公共交通是他们的首选。美国人口普查局2017年的数据显示，在纽约全部的工作出行中，公共交通（不含出租车）占55.8%，私人汽车出行占26.9%（22%以上为单人驾驶），有4.3%的人在家办公，其余13%为步行、出租车、摩托车、自行车以及其他出行方式。由此也可看到，公共交通体系是纽约都市圈交通功能的重要承载。

纽约都市圈的交通规划，在不同的地域范围层级由不同的主体承担。在都市圈级，由前文提到的纽约区域规划协会（RPA）为规划方，但其执行力与政府机构不可相比。在都市圈内的区域级别，纽约市大都会交通署和大都会交通局起到了相对比较重要的作用。其中，纽约市大都会交通署负责纽约市、长岛和哈德逊谷区域的交通规划和项目协调，统一工作方案。大都会交通局是北美最大的公共交通运营者，其下属的纽约市分局承担着统一纽约市公共交通政策，制定纽约市地铁与公共汽车的运营和调度规划的职能。

轨道交通系统是整个纽约都市圈公共交通体系的主干，可分为纽约市地铁、PATH和连接纽约市外部其他都市圈区域的通勤铁路。纽约市地铁共有26条线路，共计468个车站。车站位置的安排充分考虑了乘客抵达和出发的便捷性，大部分乘客可以在5分钟内抵达最近的地铁站。PATH又称纽新捷运，共4条线路（夜间3条），是连接曼哈顿、泽西市及霍伯肯的大众交通运输系统，从哈德逊河下方穿过。PATH主要服务居住在新泽西的哈德逊河岸需到纽约市上班的通勤人群，其站点的设置同样非常便利。PATH的车站位于曼哈顿的第六大道与世贸中心以及纽瓦克，并与纽约地铁及新泽西多数重要交通枢纽有转乘连接，它和纽约市地铁一样，全天候运营。通勤铁路由纽约大都会运输署负责运营和维护，主要包括大都会北方铁路和长岛铁路。其中，大都会北方铁路是为纽约州上州与康涅狄格州的居民往返纽约提供服务的通勤铁路，共有8条线路，其中5条为主线，3条为支线。长岛铁路则为美国纽约州长岛及纽约市居民提供铁路服务，以位于曼哈顿的宾夕法尼亚车站为主要端点，总站向东延伸，目前总有8条支线。长岛铁路年客运量过亿，是全美最繁忙的通勤铁路。

2. 日本首都圈

日本首都圈的人口总量突破4 000万,人口密度也远大于纽约都市圈和德国首都地区。其发达的轨道交通体系为首都圈的高效运行、可持续发展提供有力支撑。和纽约都市圈不同,日本城市交通的管理权归属国土交通省。从东京都特别区部[①]到东京都,再到东京都外围的7个县,首都圈的地域范围层层扩展。与之匹配的,是首都圈在中央政府政策指引下建立起来的梯度有序、层级分明的交通圈层结构。

东京首都圈由内向外来看,位于最核心东京都内的是城市轨道交通系统。该系统主要由地铁和深入市区的国家铁路(JR)与私营铁路构成。JR和私营铁路系统总长466千米。地铁密布于市中心区承担市内客运,共有13条线路,278个站点,总长超过304千米,时速约60千米。轨道交通站点及各线路相交的换乘节点星罗棋布,地铁平均站距约1千米。不需出站、站内直接换乘,在东京的地铁站已经十分普遍,并且东京绝大部分地铁线路直接与通往郊区的私人铁路连接。在东京都向外至首都圈的区域内,则由JR和私营铁路构成轨道交通系统,连接首都圈内各城镇和远郊地区。其线网形态呈多环加放射状。各圈层射线均大于25条,且利用一定的切向线路将放射线与环向线路进行局部的联络,提高线网可靠性和分布均衡性。区域性线路总长度达到2 368千米,占都市圈轨道交通总里程的76%,站距为5~15千米,运营速度60~90千米/小时,线网密度6.6千米/100平方千米。区域性轨道交通系统主要服务都市圈内的节点城市、新城到东京市中心的通勤客流,构成了城际联系的主轴,促进了东京世界级城市群的形成和发展。东京都市圈对外轨道交通依赖新干线系统,由东海道新干线、东北新干线、上越新干线、北陆新干线组成。新干线站距30~50千米,最高运营速度240~320千米/小时。这几条新干线与日本其他新干线相连接,形成纵贯日本的轨交系统,有力推动形成了以东京为核心、辐射全国、联通各地的国土开发空间格局。

3. 德国首都地区

为了促进人口、商品、服务、资金、信息等要素在联邦州之间和城市之间实现快速流动,进而为区域合作与一体化发展创造条件,德国首都地区同样通过大规模推进高速铁路建设的方式,形成集城际高速铁路、区域快速火车、地铁系统及轻轨系统为一体的综合轨道交通系统,使城市公共交通扩展至都市圈范围。

不同于纽约都市圈和日本首都圈,德国首都地区在都市圈交通一体化方面走出了自己的路——政府出面组建专门协会,由其代行政府职责,协调统筹都市圈内的交通事务。

---

① 东京都特别区部是指日本东京都辖下的23个特别区,也是东京都三大构成区块之一(其余为多摩地域与岛屿部),也称东京都区部、东京都23区或东京都内。总务省在划分大都市圈时,将东京都特别区部列为关东大都市圈的核心城市。

柏林-勃兰登堡交通协会（Verkehrsverbund Berlin-Brandenburg，VBB）成立于1999年，是首都地区承担政府在公共交通领域统筹、管理、协调职责的协会。VBB致力于推进首都地区的交通一体化，实现公交、轨交、渡船，以及跨行政区划的公共交通系统互联互通，让首都地区的人民获得标准化的客运服务，提高首都地区各类公共交通服务企业的竞争力。

VBB的注册资本为32.4万欧元，其中1/3来自柏林市政府，1/3来自勃兰登堡州政府，余下1/3由勃兰登堡州下属18个县级行政单位（即14个县、4个非县辖市）平均分摊。与此同时，这20个不同级别的政府机构派出其最高决策人或交通事务负责人组成监事会，VBB重大事项和决策由其制定并宣布。可以看到，VBB是政府意愿的代表，受其委托，代行职责——向公营/私营公共交通运输公司订购交通服务，满足首都地区居民的出行需要。VBB下设4个委员会：股东咨询委员会、运输服务企业咨询委员会、乘客论坛以及SPNV①咨询委员会。各委员会汇集所属类别的代表和相关人士，汇集意见、交流情况，或对共同问题展开研讨，并将商议结果递交监事会，由其裁夺（VBB的组织架构如图10.1所示）。

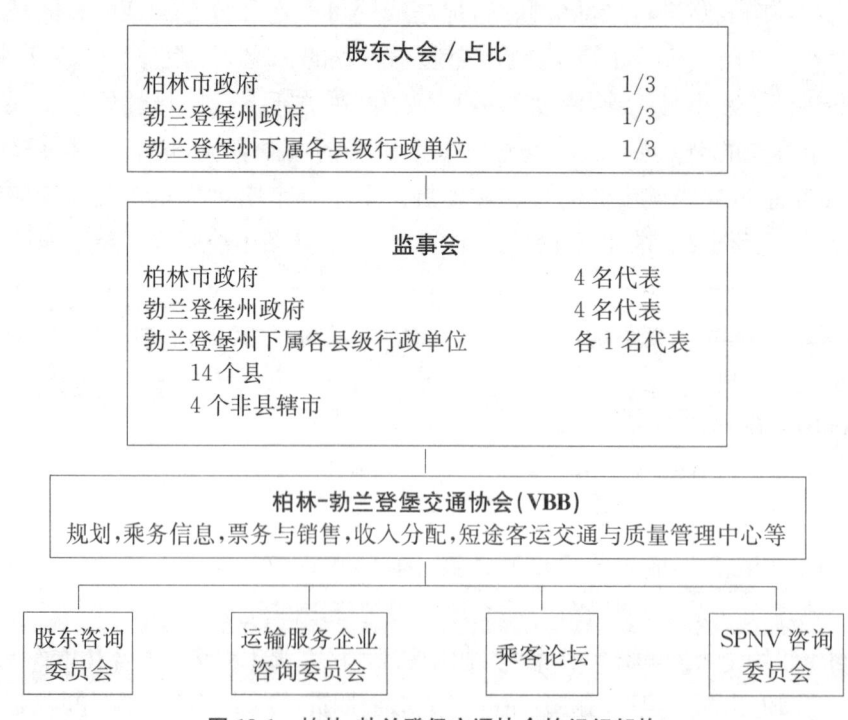

图10.1　柏林-勃兰登堡交通协会的组织架构
资料来源：VBB官网，上海科学技术情报研究所（ISTIS）整理绘制

---

① Schienenpersonennahverkehr的缩写，意为铁路短途客运交通。

可见，VBB是协调首都地区居民、公交服务企业和政府的枢纽，肩负完善首都地区公共交通网络，提高公交服务水平，保障居民出行便利，进而推动区域经济发展的重大责任。VBB通过以下3个抓手来履行职责。

➢ 开展铁路运输服务的招投标，既减轻政府的财政压力，又让乘客获得尽可能优质的出行服务。对于公共运输服务供应商，VBB的立场是既要促进市场竞争，因为价格和服务只有在竞争之下才能达成良好的匹配，但也要保证政府的掌控力，因为没有政府力量干预出现的市场垄断会让价格肆意上涨。因此，除巴士交通和有轨电车交通由本地区的公营企业承包外，依据公共采购相关法律规定，同时明确时间表、车次安排、准点性、票价、乘客服务、清洁卫生等要求，VBB向全国的铁路运输企业发起招标。如有必要，VBB随后会与投标单位就报价进行商谈。除价格外，VBB重点评估投标单位所提出的超出招标最低要求的服务配置。最终，由最具综合优势的投标单位中标；

➢ 建立"一票即达"的统一票价系统，既让乘客得实惠，又提升公交吸引力，并有助环保。为了能在整个首都地区建立统一的票价制度，在面对地区差异显著的交通流量时又兼顾整体的公平性，VBB对首都地区的公交票价设计，摒弃了以往按路程距离收费的标准。VBB将整个首都地区划分成"蜂巢网络"——覆盖全境的约1 500个面积相同的等边六边形，采取按路线跨过的蜂巢个数计费，实现不同交通工具的复合使用，即乘客只需购买一张票，在从出发地到目的地的方向上可以任意乘坐交通工具。与此同时，VBB对首都地区主要城市的公共交通实行"按区收费"。以柏林为例，VBB将柏林全城以轻轨环线为界划分为A、B两区，即A区为轻轨环线内部的内城区，轻轨环线至柏林地界为B区。此外，VBB将柏林地界向外约15千米的环状范围定位C区，同时将舍讷费尔德国际机场和距柏林不足30千米的波茨坦也纳入C区范围。乘客可以选择购买AB、BC或ABC区的车票。乘客凭票可在规定时间内沿同一方向使用任意公共交通工具，且无限次换乘，实现"一票即达"。此外，票价系统还设计了多日票、月票、年票，以及多人、携带自行车和宠物等多元化的票制，以优惠的价格吸引公众乘坐公共交通。进入千禧年以来，首都地区公共交通的客运总量实现年均2%的稳步增长，柏林成为全德私家车保有量最低的城市——每千人拥有汽车仅324辆；

➢ 四位一体的公交服务质量评估体系，既帮助公交企业赢得忠实用户群体，满足公众获得可信赖服务的诉求，又对公交服务合同实现有效管理。首先，VBB依据合同要求，设计一套评估标准，涵盖乘客出行的全部环节。该项具体评估工作由公交服务公司自行完成，记录在案，并受VBB监督。其次，VBB开展公交乘客的满意度调查，其调查结果计入公交服务合同资金结算的考量标准中。再次，VBB招募300多名质量观察员志愿者，对乘客出行的各项细节以亲身体验的方式进行评测，向VBB提出具有建设性的改进建议。最后，VBB设立了"乘客论坛"，由来自社会各界的16名普通乘客代表，8名来自环境、交通、旅游、消费者协会的代表组成，每年至少会晤4次，讨论日常出行中发现的问题与不足，对未来首都地区的公共交通建设畅谈看法。

（三）实现产业分工协作，激发协同效应

城市间形成产业分工，构建产业协同格局，能大大提升区域经济一体化的发展效率。纽约都市圈、日本首都圈和德国首都地区采取了不同的方式路径，来追求都市圈内的产业协作，提升产业链的控制力，打造有后劲的增长极，强化都市圈的整体竞争力。

1. 纽约都市圈

美国是市场主导、政府干预相对较弱的国家，都市圈内各地方政府之间联系较为松散，政策的引导在纽约都市圈中发挥的作用相对较小，政府只是通过出台相关地方法规对产业转型升级加以适度引导，并没有发挥实质性的规划职能。由于美国政府制度的无力，城市化发展过于随意，导致了纽约都市圈形成初期，城市中心区不断向郊区蔓延、建设无序，出现了郊区化过度的现象，造成了土地资源严重浪费、环境破坏日益加剧、资源得不到充分利用、产业结构无序等一系列与经济有关问题。整个都市圈空间结构问题越来越明显，城市与郊区间的差距逐渐在缩小。纽约都市圈通过市场机制的调节作用，更多地借助民间组织及微观经济活动进行都市圈内各城市产业分工的深化与细化，发挥其地理位置的优势，充分利用全球资源、发达国家的先进技术等，并且通过区域合理的分工、市场的重新组合以及产业结构的调整，不但解决了土地资源严重浪费、环境破坏日益加剧等问题，而且迅速发展成为区域经济发展的核心力量，有效地调节了区域内资源的配置、加强了城市功能的互补性、加快了生产要素的自由流动，增加区域发展的收益，促进了都市圈经济的发展(表10.1)。

表10.1 纽约都市圈五大核心城市的产业状况

城　市	主　要　产　业	核　心　职　能	美　誉
纽　约	金融、商贸、生产性服务业	全美的金融中心、商贸中心	"银行之都"
华盛顿	信息、金融、商业服务、健康和教育服务、休闲旅游业、生物科技、国际商务	全美政治中心	
波士顿	高科技产业、金融、商业、教育、医疗废物、建筑、运输服务	都市圈的科技中心	"美国东海岸硅谷""美国雅典"
费　城	清洁能源、制药业、制造业、教育服务、交通运输	都市圈的交通枢纽和全美重要的制造业中心	"美国的鲁尔"
巴尔的摩	工业制造业、商贸、服务业	制造业和进出口贸易中心	

资料来源：冯奎，郑明媚.《中外都市圈与中小城市发展》

2. 日本首都圈

相较于纽约都市圈,政府在日本首都圈的产业协同发展中发挥了更重要的作用。日本政府在东京都市圈产业发展的整个过程中起到了强势的引导作用,政府制定的关于产业发展的规划对东京都市圈的产业方向与布局起到了举足轻重的作用。首先,为了确保都市圈内各城市间的战略性协作,日本政府从1959年起至1999年,每隔10～15年对首都圈制定一次规划,每一次都对产业做出了相当篇幅的具体布置,并且根据变化的产业情况及市场环境对规划做出相应调整。同时政府为了避免决策主体和利益主体的矛盾以及对某一地区的倾向性,往往是从都市圈的大局出发,基于宏观角度下进行的决策。其具体措施包括交通、环境、信息共享平台的建立,产业一体化与行政体系的改革等,并且区域规划强调,这些区域政策的实施不受行政区划的限制,且不划分具体的城市等级,而是适用于整个都市圈内的所有成员城市。其次,日本政府相继出台法律、法规支持首都圈规划的落实与建设。其中,《首都圈整备法》《首都圈建设法》《首都圈市街地开发区域整备法》《首都圈建成区工业限制法》《多极分散型国土形成促进法》《工厂限制法》《工厂再置促进法》《工厂设立法》等多部法律对首都圈的发展起了很大的作用。同时,日本政府根据首都圈的不同发展阶段,通过立法将权力下放至都市圈内各个城市,使得这些城市能够根据自己的历史特点、地理特征等,进行区域功能的定位、城市的合理分工,充分地发挥城市的比较优势,大力加快都市圈的发展。最后,政府利用财政税收职能,引导都市圈产业的发展。一是通过国家项目对地方基础设施进行直接投资,对一些边远、落后地区的城市发展提供贷款支持。二是政府通过政策性银行进行专项贷款和导向贷款。三是政府通过财政转移支付,补贴都市地域发展项目。四是政府采取财政补贴等优惠措施,促进新兴产业城市的开发(表10.2)。

表10.2 日本首都圈产业分布情况

地　区	核心城市	产　业　与　职　能
东京中心部	区部	国家政治、行政、金融、信息、经济、文化中心
多摩地区	八王子市、利川市	高科技产业、研究开发机构、大学集聚地
神奈川地区	横滨市、川崎市	工业集聚地,日本最重要的外贸港——横滨港是部分企业总部、国家行政机关的聚集地
埼玉地区	大宫市、浦和市	接纳从东京转移出来的政府职能,成为政府机构和居住生活商务的聚集地

续表

地　　区	核心城市	产　业　与　职　能
千叶地区	千叶市	国际空港、港湾、国际物流和临空产业工业集聚地
茨城南部地区	土浦市、筑波地区	以筑波科学城为主体的大学和研究机构集聚地

资料来源：卢明华,李国平,孙铁山.东京大都市圈内各核心城市的职能分工及启示研究[J].地理科学,2003

3. 德国首都地区

德国首都地区着眼于技术开发应用的一体化,来激发都市圈的产业协同效应,进而提高整个区域在国际竞争中的地位和实力。为此,柏林市与勃兰登堡州政府在2011年联手推出了"柏林-勃兰登堡联合创新战略",确立了5个两地共建的创新集群:①生命科学集群;②ICT、媒体和创意经济集群;③交通、汽车与物流集群;④能源技术集群;⑤光学集群。战略的核心理念是,实现区域资源共享,依托集群的业务分工,优化集群中的资源投入,让企业更专注于核心业务。

在5个集群的建设过程中,由柏林市和勃兰登堡州两地政府中管辖科技与产业相关事务的国务秘书共同组成最高督导委员会,进行顶层设计与整体协调;其下在每个集群设立管理团队(一般由政府特意成立的下属机构联合科研机构共同组成),为集群的未来发展掌控方向,制订具体的发展举措,提供服务与支持。这样的组织安排,不仅有助于协调跨地区性的联合项目和资助计划,也有利于集群内合作的深入和项目的战略性拓展。

以光学创新集群为例。鉴于柏林的光学产业发展根基更为深厚,产业实力大幅领先于勃兰登堡州,该集群管理团队主要由"柏林伙伴有限公司"(柏林市政府旨在促进经济社会发展而成立的一个专门机构)牵头,并获得同类性质的勃兰登堡州经济发展局有限公司和坐落于柏林的柏林-勃兰登堡光电协会的从旁协助。其规划不仅强调了技术和应用上的"交叉创新",更强调了柏林发展光电产业的区域化和差异化发展思路,指出勃兰登堡州里光学发达的地区和产业门类,提出了强化优势、补足短板的有益做法。比如,整合勃兰登堡-柏林光学联盟与勃兰登堡-柏林光子学协会的力量,促进与中小企业的合作,巩固勃兰登堡州小城拉滕诺作为德国眼科光学精密仪器产值最高地区的地位,提高波茨坦、泰尔托、维尔道等拥有国际声誉的光学技术教育科研机构的地区在光学集群中的参与度等。

回顾战略多年来的推进情况,柏林市与勃兰登堡州政府都认为成效显著,首都地区的创新势头进一步抬高,技术转移与联合项目激活了价值链中的研发潜力。

（四）都市圈内小尺度区域问题的联合管治

都市圈市场一体化发展中所遭遇的问题,很多情况下只涉及部分地区或边界地带。这类小尺度区域的问题,往往需要联合管治才能得以解决。其联合管治是否得法,往往关乎区域融合良好与否,合作机制建设能否顺利推进。

1. 纽约都市圈

美国比较强调区域自治。同时,纽约都市圈并不存在一个统管都市圈发展方方面面事项的机构。因此,解决都市圈内跨区域问题的方式,更多的是采用"哪里有问题,就成立专门的组织机构或制订专门办法来解决"的路子。其中,纽约-新泽西港口事务管理局(Port Authority of New York and New Jersey)(简称"纽新港务局")就是非常典型的案例。

纽新港务局的设立,起源于纽约州与新泽西州在哈德逊河驳运费用上的纷争。纽约港口区域因哈德逊河南北贯穿而分属纽约和新泽西两个州。20世纪初,港口的码头设施基本设置在纽约市,而铁路终端大多设在新泽西州。货物必须经由驳船装卸,往返于哈德逊河和纽约湾。"一战"期间,人员流动和货物吞吐量的骤增,让纽约港地区条块分割的管理弊端愈发明显。1916年,新泽西州向州际商业委员会提出诉讼,状告纽约州。当时,纽约的公司向其州政府缴纳的税金里,不含哈德逊河的驳运费用。新泽西州政府认为,这样的收费制度对新泽西州的公司不公平。两州的公司一直存在竞争关系,常因此类争端产生摩擦。为了化州际争端为合作,经过多方斡旋协调,美国历史上第一个通过州际协议成立的两州联合管理机构——纽新港务局在1921年应运而生,专门负责管理和促进纽约港的发展。目前,其管辖区域是以自由女神像为中心、方圆25英里(约40千米)、共约1500平方英里(约3885平方千米)的港口区域,涵盖纽约州中的纽约市、扬克斯市和新泽西州的大部分地区。

纽新港务局的使命是保护和促进港区的商业活动;改善私营企业或单一州府无法投资完成的区域性交通;建设大型基础设施,包括港口码头的现代化改建、联结两州的隧道与桥梁,以及关系到港区福祉的贸易和运输项目等。经过近百年的运转,纽新港务局已经发展成了面向纽约大都市圈的融海陆空交通为一体,集设计规划、发展建设、运营管理于一身的跨州公共机构。

纽新港务局在管理体制和财政模式上具有鲜明的去政治化、企业化运作的特征,形成了利用市场机制驱动公共机构为都市圈提供公共服务的独特运营机制。在行政上,纽新港务局只对纽约州和新泽西州的两位州长负责,由港务局管理委员会进行管理。每位州长经州参议院批准,各自任命6名港务局委员会委员,任期6年,12名委员的任期相互交叉。同时,州长保留否决该州所任命委员的行动的权力。需要特别指出的是,委员身份实际上是荣衔性质——虽为公共官员,但不受薪。委员在港务局之外有自己的本职工作。这样的安排,能最大限度地减少各种政治团体对跨区管理和经济规划的干预。在财政上,纽新港务局实现自给自足、自负盈亏,既不得接受州政府的财政拨款,也不能征税。其资金主要来自对所建设施使用者的收费,如桥梁和隧道的通行费、对机场和海港用户的收费、轻轨系统的车票费、写字楼物业的租金等,以及发行债券的收益。这使得纽新港务局的存亡与港区的发展程度直接挂钩,最大限度地保证其提供公共服务的高效率和专业性。

在成立之初,纽新港务局专注于管理港区交通。鉴于豁免于各种政治团体的压力,其管理一直保持着较高的效率和专业度。纽新港务局管理运营纽约和新泽西之间的4架收费桥梁和2条贯穿哈德逊河的隧道,实现财政盈余。从20世纪40年代开始,港务局从政府手中接管整合了区域内的主要机场,包括纽瓦克机场、拉瓜迪亚机场、肯尼迪机场等,逐步促进纽约大都市圈中机场群的协同发展。"二战"后,曼哈顿的写字楼群密度不断增加,这使得疏导纽约市内交通成为纽新港务局的新任务。20世纪50年代,纽新港务局承建了曼哈顿的两座大型公交客运站。但由于在预算和开支上小心谨慎,纽新港务局至今都坚定地拒绝涉足庞大的纽约地铁系统。此后,港务局将业务范围相继扩展到商业不动产、废物处理、城市更新运动等多个领域。20世纪六七十年代,港务局投资承建世贸中心建筑群,为纽约当时的城市商业中心增添了1 000万平方米的商用空间,成为纽约的地标。到80年代,纽新港务局在区域发展上大展拳脚:为了盘活布鲁克林区,港务局设立了名为"渔港"的鱼类产品贸易中心;在纽瓦克,建设了一座垃圾回收焚化厂;在纽约和杨克斯的3个萧条地带,接连建设了3个工业园;在伊丽莎白、新泽西及布朗克斯南部,以低于市场价的租金向中小型企业出租办公室。纽新港务局在设立了纽约港自由贸易区的同时,还在新泽西州的贝永市设立了汽车港,促进新泽西的汽车零件进出口贸易。1986年,纽新港务局与私营开发商共同建设了史坦顿岛的卫星电信港项目,以吸引来自世界各地的高新科技企业进驻。港务局还成立了自己的贸易公司,并在海外设立9个办公室,专门帮助美国的中小型企业拓展国际贸易市场。

而今,纽新港务局是美国最富有的公共机构:2017年,港务局净营收约为20.8亿美元,金融净收益(可用作债务偿还和储备金)为26.58亿美元,资产总额达667.78亿美元,总债务为282.32亿美元。

此外,纽约都市圈就交通税收、环境保护、资源使用等订立了多项政府间协议,例如纽约州、新泽西州、特拉华州、宾夕法尼亚州以及联邦政府于1961年联合签订的《特拉华河流域协议》,纽约州、新泽西州和康涅狄格州在2000年签署的《州际环境协议》等,有效强化了不同地区政府间在一些跨区域重大事务上的协调与合作,理顺了在区域经济发展、污染共同防治、资源合作开发等方面共建、共管、共享的关系。

2. 德国首都地区

为了有效解决柏林市和勃兰登堡州毗邻地带的城乡发展问题,首都地区建立了非正式的对话协作平台——邻里论坛(das Kommunale Nachbarschaftsforum)。

邻里论坛建于1996年,是柏林市各区和来自勃兰登堡州邻近柏林的城市、县乡镇以及协会、机构基于自愿参与原则,以伙伴关系开展信息和意见交流的非正式对话机制。邻里论坛的主体成员和发起者便是与勃兰登堡州接壤的9个柏林市区和勃兰登堡州70多个邻近柏林的城市、县乡镇的政府长官。此外,柏林-勃兰登堡联合区域规划部、区域规划部门、地区工商会、柏林-勃兰登堡交通协会等机构也是论坛的参与嘉宾。开展对话的目的在于强化参与论坛的政府与机构决策者相互间的信任,增进自己负责部门对空间整体发展所负职责的理解。不难看到,邻里论坛虽然在性质上是一个成员自愿参与的非正式的交流平台,但它的举办更是一项政治性任务——地方和城市的行政官员就负责领域的有关问题进行磋商。

邻里论坛按照东南西北4个方向分成4个工作组(论坛标志及各工作组覆盖区域如图10.2所示),各论坛成员按照自身区位分别划分入4个工作组,而机构和协会嘉宾在4个工作组中皆有参与。各工作组自行投票推选出组内主席和副主席,由其

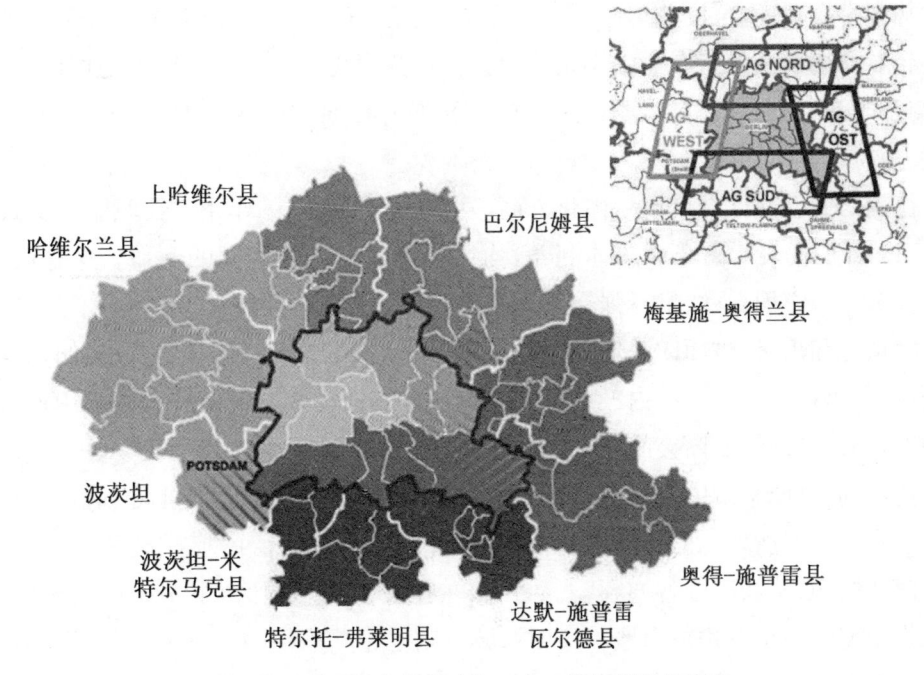

图10.2 邻里论坛的标志与4个工作组的覆盖范围

资料来源:德国首都地区"邻里论坛"官网

组成邻里论坛的核心组织。该主席团于每年年初召开会议,在联合区域规划部的参与下,与柏林市相关事务主管部门交换意见,同时制订论坛的年度计划、工作重点和日程安排。各工作组每年会晤3次,会晤地点不固定,在议题相关的地方举行,就当前的工作计划和实施项目进行交流外,同步开展实地考察活动。议题包括交通、住宅与基建、零售与综合体、区域空间与架构发展、文化休闲旅游等诸多方面。此外,4个工作组每年召开一次联合专题年会,并邀请业界专家出席,就区域规划、合作项目、空间架构等重大事项进行磋商,并形成决议,提交给柏林和勃兰登堡州政府主管部门,以兹决策参考,同时也向公众发布。

(五)发挥区域经济利益代表的作用——商会

德国有两大商会组织,分别是德国工商大会和德国中小企业联合总会。他们都是依据联邦法律建立的公法法人。需要特别指出的是,德国的商会是按照地区组织起来的。其中,德国工商大会在德国共有79个地方工商会,分布于全国16个联邦州。在德国首都地区,共有4个地方工商会,分别是柏林工商会、波兹坦工商会、东勃兰登堡州工商会以及科特布斯工商会。类似地,德国中小企业联合总会在德国共有53个地方中小企业商会。在德国首都地区,同样设立了4个地方中小企业商会,分别是柏林中小企业商会、波兹坦中小企业商会、奥德河畔法兰克福(东勃兰登堡州地区)中小企业商会以及科特布斯中小企业商会。这些商会一方面代表同一地区的企业利益,与政府沟通,向外开拓市场;另一方面,开展各类面向企业的服务,提升企业的经营能力。

德国的商会在区域市场一体化方面,发挥着不可替代的作用。其职能主要如下。

(1)真正代表所属企业总体利益,均衡商会会员派别之间的利益。这是商会的核心任务。一方面,立法推行强制入会义务,由商会全面掌握企业信息,了解经济界的真实情况和需求,进而向政府就经济政策问题提出建言。另一方面,例如,德国有关法律规定,在某个商会区内准备开发某些地方或把农业土地扩展为建筑用地,筹建大型项目时,必须听取商会的意见。比方说建一个大型火车站或飞机场,可能形成新的商业区,而对原来市中心的商业区形成冲击,影响到一些中小企业的利益。商会的任务就是预先对所在地的选择进行表决,不让新的购物中心的形成破坏市中心已形成的商业结构,从而照顾各方利益。另外,在扩展工商用地时,中小企业商会也会注意到为小型中小企业预留用地。即便在城市以外建立购物中心,也要听取商会意见,以避免太多的购买力转移出该城市,影响市中心的中小企业生存。

(2)职业培训。这是德国商会的另一个重要任务。德国实行"双元制"职业培训体系,把教育与就业紧密结合。其实施方法是,实践培训部分在企业中进行,职业理论课程和普通教育课程的重点是在职业学校中进行,其目的在于提高经济效率。在德国,商会是职业培训的主管机关。其工作范围包括:企业培训条件的审查(企业设备的配置能否满足培训年轻人的需要)、学徒合同的登记(在德国,参加培训的学徒都有合同关系,登记在主管商会的目录中)、培训的监督以及向企业和学徒提供中立的咨询。

(3) 为企业提供咨询,包括创业咨询和技术咨询。咨询内容涉及融资、企业领导、技术、革新性工艺、市场营销和人事等问题;也有涉及企业建立、收购、审计企业的支付能力等特别咨询;还有涉及企业运输能力、生产能力规划、工作岗位和工作场地构建、劳动安全、环保及设备维修等单项题目的咨询;再就是企业车间设置、交接收购企业的设备评估等技术咨询。另外还有出口咨询,包括直接出口及间接出口的办理、新采购来源的开拓、在国外的装配、合资企业的建立、许可证的领发、出口合作、出口程序、关税程序、外贸统计的商品目录、来源地规定、来源地证书及批准程序等,还有出口的融资及国家促进项目的利用等,也都需要商会提供咨询和信息。为了做好咨询服务,德国的中小企业商会聘用了近千名企业顾问。顾问的密度为每个顾问对应上千家企业。

(4) 监督企业主有序竞争的遵守情况。这是从整体上维护会员企业经济利益的一种措施。另外中小企业商会对其区域内的地方同业商会也有监督任务。

(5) 充当其会员与客户之间的调解人。比如说一个企业主是否按规定提供了服务、价格是否合理等,在这些问题上与顾客发生争执,商会可以主持调解会谈,争取在上告法庭之前得到解决。如果调解成功,就要比上告法庭更快捷、更经济。

(6) 受国家委托聘请专家就商品、服务和价格等编制鉴定报告,并且为此宣誓负责。另外,法院在澄清某些专业问题时,也邀请专家参与,这种聘用是带有权威性和国家性的。

(7) 支持企业参加全国范围的博览会活动,并组织合作和洽谈会,促进企业间的沟通和合作。

(8) 对专事经济问题的商业事务法庭的名誉顾问人选有建议权。这是基于商会具有这方面的实际知识和对各企业比较了解。

三、 世界级都市圈市场一体化对长三角一体化的启示

(一) 由统管长三角一体化的领导班组共同制定统一的区域规划

目前,江浙沪皖省级政府已抽调发改委和重点关注领域的主管人员专门组建了

"长三角区域合作办公室",作为长三角一体化进程中第一个跨行政区划的官方常设机构。未来需要该部门在坚持"充分平等、利益共享、成本共担"的原则,了解把握三省一市实际情况的基础上,从整体利益出发,重点考虑各城市、地区需共同解决的问题,制定科学的区域规划,并且建立协调与解决冲突的制度,并最大限度地促进各界对话。此外,还应当重视社会各个阶层的意见,完善公共政策的制定机制,尤其是涉及民众切身利益的产业升级转移、交通一体化、环境保护与治理等重大政策时,应在条文的起草和修订阶段广泛借助短信、门户网站、新媒体、手机APP、听证会等多种形式,让更多的公众知晓并参与讨论,使政策内容更加完善合理。

(二)推进基础设施一体化,增强市场要素流动

快速铁路、地铁、轻轨等轨道交通网络和快速道路系统保障了大都市的运转效率,使都市圈内城市间通勤成为可能,使市场要素的远距离流通便捷高效。作为成熟的都市圈,其内部的区域性通勤、商务、休闲的客流出行量很大。首先,长三角地区应积极推进区域性轨道交通建设,例如上海至南通、宁波,杭州至苏州、南通,以及次级城市之间的城际轨道交通建设,提供差异化、多样化的轨道交通出行选择,分流客运量。其次,都市圈的对外骨干线、区域城际线、市郊铁路线、市区轨道线等各种轨道类型,应当理清各自的功能定位和适用模式,在功能运力匹配的通道上各司其职、相互衔接,充分发挥一体化轨道网络的综合效益。再次,提升轨道交通枢纽建设水平。各级轨道站点应该深入城市中心区和新城核心区,并以轨道站点为核心,通过便捷、立体的交通联系,将站点与其周边一定范围内的区域融合、成片、整体开发,逐步形成集交通枢纽、商业服务、居住、文化交流、娱乐休闲于一体的高品质空间。

(三)依托价值链分工、创新协作,提升区域产业协同效应

从目前长三角地区的产业发展情况上看,一方面,城市群内部存在着产业同构现象,而且在选择未来优先发展的产业上具有较大的一致性;另一方面,城市群内部各地区间产业发展也存在明显的梯度势差,发展并不平衡。因此,其一,可以面向长三角制定产业协同发展规划、产业转移指南等产业规划,明确长三角城市群各城市的产业定位,强化错位发展,发挥各自竞争优势,在产业链不同位置分工协作,形成优势互补、各具特色的产业协同发展格局。其二,构建产业跨区域转移利益分成机制建设,例如上海毗邻地区在吸收上海向外疏解的城市功能过程中,建立并完善区域利益分成机制,协调与上海的税收分成工作;在园区合作当中,同样出台相对应的利益共享机制,按照事先约定比例进行税收分成,从政策层面探索如何突破GDP核算属地原

则等。其三,可以考虑依托技术创新协作,来激发主体活力。首先是空间布局上注重差异与联动相统一,在区域整体上打造创新网络,建设以上海为中心,南京、杭州及合肥为支点,其他城市为节点的网络化产业创新体系。其次,长三角城市群在区域内培育壮大产业主体,延伸产业链。建立健全企业主导产业技术研发创新的体制机制,促进创新要素向企业集聚,又以产业链汇集创新要素,使企业与创新要素形成良性互动。

(四)完善长三角小尺度区域问题的协商、解决机制

省市交界地带通常是问题集中、突出的地区。解决好交界地带的"条块分割"问题,对消除跨区域合作间的障碍有显著的推动作用。因此,要加强上海与毗邻地区之间发展的工作协调。一方面,明确毗邻区接轨上海发展,不仅是毗邻区单方面的举措,还应该成为上海转型发展中的一项内容,上海应当以此为契机,思考在更大空间范围内的资源配置问题。另一方面,毗邻地区间应当加强与上海以及各自之间的工作协调,建立长效工作机制,在实践上可以参考长三角市长联席会议的方式,成立上海毗邻区县(市、区)长联席会议制度,或者就专门问题制定专门办法,加快建立完善小尺度、跨区域、因地制宜的协商解决机制,进而协调好与上海融合发展的重大问题。

(五)让地区性商会更好地帮助本地企业成长与发展

我国拥有工商联、贸促会以及进出口商会等多个商会系统,但并不存在涵盖所有经济领域、实行强制入会义务的德国意义上的商会。我国的商会系统之间、商会与(政府部门下属的)大行业协会之间存在着交叉、重叠,进而出现了竞争。因此,可以借鉴德国模式——德国的商会具有区域性特征,而协会则出现在各个层面和行业。为了提高商会对全体经济利益的代表性,为了保证商会在履行政府委托的任务上能有效行使行政职权,可以考虑以立法的形式,实行强制入会义务。目前,我国的工商联(商会)虽然依据章程可以吸收不同所有制形式的企业,但其吸纳会员还是面向民营企业。因此,商会应该打破所有制界限,涵盖整个经济领域,代表整体经济利益。为了增强商会运作的有效性,商会层级不宜过多。德国只有地方商会和全国总商会两个级别,我国存在县商会、市商会、省商会、全国总商会等多个层级。不仅出现不同层级商会争夺会员的尴尬局面,也不利于基层商会独立地开展活动。此外,商会还需进一步肩负起信息服务、咨询服务等更多功能和任务,改变目前服务内容单一、随意和被动的局面。

参考文献

[1] Anisa Jibrell. Study shows rise in U.S. vehicle ownership per person, household [EB/OL]. https://www.autonews.com/article/20180123/MOBILITY/180129900/study-shows-rise-in-u-s-vehicle-ownership-per-person-household,2018-01-23.

[2] Initiativkreis Europäische Metropolregionen in Deutschland. Europäische Metropolregionen in Deutschland [R/OL]. http://www.deutsche-metropolregionen.org/fileadmin/ikm/IKM-Veroeffentlichungen/IKM_Broschuere_2006.pdf.

[3] Office of Management and Budget. 2010 Standards for Delineating Metropolitan and Micropolitan Statistical Areas [R/OL]. https://www.govinfo.gov/content/pkg/FR-2010-06-28/pdf/2010-15605.pdf,2010-06-28.

[4] Port Authority of New York and New Jersey. Breaking New Ground-2017 Annual Report [R/OL]. https://corpinfo.panynj.gov/documents/2017/,2019-05-17.

[5] U.S. Census Bureau. Means of Transportation to Work American Community Survey 1-year estimates [DB/OL]. https://censusreporter.org/data/table/?table=C08301&geo_ids=16000US3651000&primary_geo_id=16000US3651000,2019-05-12.

[6] 柏林-勃兰登堡交通协会官网. https://www.vbb.de/.

[7] 柏林-勃兰登堡联合创新战略官网. http://www.innobb.de/.

[8] 德国地方工商会官网. https://www.ihk.de/.

[9] 德国地方中小企业商会官网. https://www.handwerkskammer.de/.

[10] 德国工商大会官网. https://www.dihk.de/.

[11] 德国首都地区"邻里论坛"官网. https://kommunalesnachbarschaftsforum.berlin-brandenburg.de/.

[12] 德国中小企业联合总会官网. https://www.zdh.de/.

[13] 东京地铁官网. https://www.tokyometro.jp/.

[14] 东京都交通局官网. https://www.kotsu.metro.tokyo.jp/.

[15] 冯怡康,马树强,金浩.国际都市圈建设对京津冀协同发展的启示[J].天津师范大学学报(社会科学版),2014(06):7-12.

[16] 郭大海.美国最富有公共机构百年:跨区划管理纽约湾区从行之有效到进展不力[EB/OL]. http://finance.jrj.com.cn/2018/02/06020824066190.shtml,2018-02-06.

[17] 荷尔格·施旺内克.德国政府与商会的运作关系[J].湖北社会科学,2000(11):30-31.

[18] 寇俊,黄靖宇,顾保南.东京都市圈郊区圈层轨道交通供需特征分析及其对上海的启示[J].城市轨道交通研究,2015(9):4-8.

[19] 卢明华,李国平,孙铁山.东京大都市圈内各核心城市的职能分工及启示研究[J].地理科学,2003(02):150-156.

[20] 纽约-新泽西港口事务管理局.http://www.panynj.gov/.

[21] 日本旅游与生活指南官网.https://www.japan-guide.com/.

[22] 日本総務省統計局.平成20年住宅·土地統計調査用語の解説《地域》.https://www.stat.go.jp/data/jyutaku/2008/1-5.html,2019-05-12.

本章撰写:陆颖

第十一章　全球数字贸易：现状及规则应对

一、数字贸易的兴起

（一）数字贸易的基本内涵

尽管当下全球已经逐渐进入了数字贸易时代，但截至目前仍然不存在针对"数字贸易"的统一定义，学术界的数字贸易研究还处于起步阶段，从现有文献看，主要集中在数字产品和数字贸易的概念讨论，数字贸易在国家贸易中的归类等方面。总体而言，不同的国家或国际组织对数字贸易的范围和定义也不相同。狭隘的定义是将数字贸易定义为数字化产品的贸易，而更广泛的数字贸易定义包括利用数字技术（ICT）所进行的商业活动。

1. 数字产品概念

数字产品一般被理解为信息内容基于数字格式的交换物，不同研究人员对数字产品的定义存在一定区别，例如在学术界，周荫强（Patrick Y.K.Chau）和许佳龙（Hui Kai-Lung）就将数字产品定义为"任何能被数字化（转换成二进制格式）的商品或服务"，把数字产品分为内容类、工具类和在线服务类三类（表11.1），并指出不同

表 11.1　不同类型数字产品的基本特征

产品类型	交付方式	产品的分割	可试性	示例
内容类	下载	高	低	电子书、电子音乐
工具类	下载	中	高	各种软件、平台
在线服务类	交互	低	中	在线翻译、在线交付

资料来源：Kai Lung Hui，Patrick Y.K.Chau(2002)，"Classifying digital products"，Communications of the Acm，2002，45(6):73

数字产品在交付方式、产品的分割和可试性方面存在很大差异。但此定义实际上是从产品属性角度进行的定义和分类,并没有从国内商业和国际贸易角度考虑跨境传输问题。

在世界贸易组织于1999发布的《电子商务工作方案》中,"数字产品"的定义为:通过网络进行传输和交付的内容产品。这些产品是由传统或核心版权产业创造,通过数字编码并在互联网上进行电子传输,且独立于物理载体,分类如下:电影和图片;声音和音乐;软件;视频、电脑和娱乐游戏。这一定义将数字产品分为四类,限定通过电子传输方式进行交易,不过,以该概念为基准的数字贸易规则尚未在多边层面上达成一致规则。

在美国与其他国家签订的双边/区域贸易协定中,数字产品是指以数字化编码存在的计算机程序、文本、视频、图像、音频和其他产品,而不管它们是否固定在有形载体或者是否以电子形式传输。这些产品既可能是货物的组成部分,也可能以提供服务的形式使用,或者单独存在,但不包括用以支付或者转账所使用的金融工具。这一规定没有区分在线或离线方式的数字产品,体现了技术中立原则在自由贸易协定中的运用。

在具体操作层面,美国在自由贸易协定中,专门针对货物和服务设立了"电子商务章",为数字传输的内容产品提供自由贸易待遇,扩大了数字产品的范围,同时明确了数字产品贸易既不是货物贸易,也不是服务贸易,关于"数字传输的内容产品是适用货物贸易的规定还是服务贸易的规定,还是二者的规定均适用"的规定并不清晰,出现这一复杂局面的原因在于数字产品本身较为复杂,且许多数字服务提供商不仅提供一种数字产品,而且为数字产品提供服务或者提供数字化服务,例如阿里巴巴、谷歌等平台型数字服务商,他们都既提供工具类产品,同时又有大量的个人数据,可以提供内容类和服务类产品。

2. 数字贸易概念

数字贸易是一个极具挑战性的新议题,其内涵和外延还在演变中,至今尚未得到一个非常明确、得到公认的数字贸易定义。"数字贸易"这一概念是在美国国际贸易委员会(USITC)于2013年正式发布的《美国与全球经济中的数字贸易Ⅰ》一文中正式提出来的,随后该机构又于2014年发布的《美国与全球经济中的数字贸易Ⅱ》报告中对"数字贸易"这一概念进行了修改,定义为"互联网和互联网技术在订购、生产以及递送产品和服务中发挥关键作用的国内商务或国际贸易活动",突出强调了互联网对其他工业的工具属性,体现了互联网在经济部门中的影响和价值。此外,美国的其他机构也根据自身的需要,给出了"数字贸易"的相关定义,例如,在2017年,美国贸易代表办公室(USTR)发布《数字贸易的主要障碍》,认为"数字贸易"应当是一个广泛的概念,不仅包括个人消费品在互联网上的销售以及在线服务的提供,还包括实现全球价值链的数据流、实现智能制造的服务以及无数其他平台和应用。

经济合作与发展组织(OECD)和国际货币基金组织(IMF)对数字贸易的维度从性质、产品和行为主体进行了分析,列举了16种数字贸易类型(表11.2)。

表11.2 数字贸易分类举例

性质			产品	主体	说明
是否数字订购	是否使用平台	是否采用数字方式交付			
是	否	否	货物	B2B	位于A国的企业直接从位于B国的供应商处通过供应商的网店或"电子数据交换"(EDI)在线购买货物(如产品上使用的组件)
是	否	否	货物	B2C	位于A国的消费者(为了最终消费)直接从位于B国的供应商处通过供应商的网店在线购买货物(如衣服)
是	是	否	货物	B2B	位于A国的企业通过位于A国、B国或其他任何地点的在线平台向位于B国的供应商购买货物(如通过eBay订购办公家具)
是	是	否	货物	B2C	位于A国的消费者(为了最终消费)通过位于A国、B国或其他任何地点的在线平台向位于B国的供应商购买货物(如在亚马逊订购一本书)
是	否	否	服务	B2B	位于A国的企业向位于B国的供应商直接在线购买服务,但该服务需要以现实方式交付(如运输服务)
是	否	否	服务	B2C	位于A国的消费者直接从位于B国的供应商处在线购买服务,该服务需要以现实方式交付(如通过宾馆自身的线上预定系统在线预订宾馆客房)
是	是	否	服务	B2B	位于A国的企业通过位于A国、B国或其他任何地点的在线平台向位于B国的供应商购买服务,该服务随后以现实方式交付(如标准化的维护与修理服务)
是	是	否	服务	B2C	位于A国的消费者通过在线平台向位于B国的供应商购买服务,该服务随后以现实方式交付(如旅游者预定的驾驶服务)
是	否	是	服务	B2B	位于A国的企业直接从位于B国的供应商处在线购买服务,该服务随后以数字方式交付(如标准化的维护与修理服务)
是	否	是	服务	B2C	位于A国的消费者直接从位于B国的供应商处购买服务,该服务随后以数字方式交付(如保险)
是	是	是	服务	B2B	位于A国的企业通过位于A国、B国或其他任何地点的在线平台向位于B国的供应商购买服务,该服务以数字方式交付(如公司通过平台订购的logo设计服务)

续表

性质			产品	主体	说明
是否数字订购	是否使用平台	是否采用数字方式交付			
是	是	是	服务	B2C	位于 A 国的消费者通过位于 A 国、B 国或其他任何地点的在线平台向位于 B 国的供应商购买服务,该服务以数字方式交付(如订购音乐)
否	否	是	服务	B2B	位于 A 国的企业向位于 B 国的供应商购买服务,但该服务以数字方式交付(如定制咨询服务、BPO)
否	否	是	服务	B2C	位于 A 国的消费者从位于 B 国的供应商处在线购买服务,该服务随后以数字方式交付(如在线讲座)
是	是	否	服务	C2C	位于 A 国的消费者通过位于 A 国、B 国或其他任何地点的在线平台向位于 B 国的另一个消费者购买服务,该服务以现实方式交付(如分享住宿 Airbnb)
是	是	否	货物	C2C	位于 A 国的消费者通过位于 A 国、B 国或其他任何地点的在线平台向位于 B 国的另一个消费者购买货物,该服务以现实方式交付(如二手货物交易)

资料来源:OECD,IMF(2017),"Measuring Digital Trade:Results of OECD/IMF Stocktaking Survey",BOPCOM-17/07

整体来看,"数字贸易"这一概念正在不断拓宽,相比前期的通过数字化方式传输的贸易,目前,只要在订购、生产以及递送等一个或多个环节中互联网或互联网技术起到了关键性的作用,就可将其视为数字贸易。

(二)数字贸易测度面临诸多挑战

数字贸易测度问题目前仍处于探讨之中,各国际组织和各主要经济体尚未形成统一观点,整体来看,数字贸易的测度难度要比货物贸易大很多,主要是由于许多数字贸易具有非货币特征,例如跨境数据消费是免费的,那么在计算过程中是采用贸易值还是流量值这一问题就引起了很大的争议。如果采用贸易值,那么数字贸易具体包括哪些贸易,现行统计制度是否已经涵盖这些贸易数据都是亟待解决的问题,一方面需要尽快确立数字贸易概念框架,另一方面需要统计部门采用新的统计办法来获取数据。如果采用流量值,主要面临两个难题,一方面是如何将该数据纳入总数据框架中,另一方面是国际上没有公认的数据价值评估和数据分类的方法。

在具体实施层面上,2017 年 3 月,OECD 的一个统计工作小组提交了一份阶段性研究成果——《测度数字贸易：走向概念性架构》。该研究认为要实现对数字贸易的测度，需要先开发出一个关于数字贸易的概念性架构。2017年10月，IMF国际收支委员会发布了《测度数字贸易：OECD/IMF存货调查结果》，对现有的数字贸易测度情况进行了回顾。OECD计划于2019年发布一份数字贸易手册白皮书，在现有的会计标准下，对数字贸易的测度提供改进建议。

二、数字技术全面进入全球价值链

数字化和新技术改变了我们的交易方式，虽然贸易本身依然受到比较优势的影响，然而，新技术降低了分享意见的成本，将价值链上的不同参与者连接在了一起，事实上，全球价值链也是这些新技术以及数字化不断推动的成果。数字技术不仅对货物贸易有利，还促进了服务贸易便利化、催生了新的服务业态，如物联网、人工智能、3D打印和区块链可能深刻改变传统贸易的组成结构、模式等多个方面。

（一）数字技术正在改变贸易的组成结构

数字技术使国内外经济活动都产生了变革，其中尤为值得注意的是，数字技术的广泛采用改变了货物、服务以及其他不同类别贸易的构成。

以服务贸易为例，技术进步和跨境可交易性的提高导致服务贸易的构成发生了重大变化。世界贸易组织公布的数据显示，从2005年到2017年，运输服务占世界服务贸易的比重从23.3％下降到19.9％，旅游服务占比从28.9％下降到27.5％，而以通信、计算机和信息服务、金融、保险、专有权利使用费和特许费为代表的其他服务类型占比则从47.8％逐步增长到53.9％，其中，金融、知识产权使用费、电信信息计算机服务等应用了大量数字技术的服务出口的贡献率分别为6.5％、7.6％、9.8％，呈现逐年稳定增长态势。

货物贸易也不例外。随着数字技术的不断普及，一些商品的国际贸易不断增加，而一些商品的国际贸易呈下滑态势，甚至存在消失的可能。产品从贸易成本降低中受益的程度取决于贸易成本的结构及数字化降低成本的减少量，数字技术应用增多将推动在运输、监管合股、信息和交易方面成本更高的传统商品贸易因成本降低而增加。与此同时，可数字化的商品贸易量可能会继续下降，如书籍、报纸、录像带、DVD和音乐唱片等现在逐渐被电子书、新闻应用、内容流媒体或下载服务取代。随着3D打印成本的下降，这一趋势可能会扩展到新的产品类别，麦肯锡全球研究所在2019年发布的《转型中的全球化：贸易和价值链的未来》报告中估计，3D打印在模型、替换零件、玩具、鞋子和医疗设备上的吸引力将会越来越浓厚,可能会导致某些商品的贸易量大幅降低。

(二)数字时代贸易模式的改变

贸易模式的决定因素通常是在产品或行业特征、国家特征相互作用下,以使某个国家在生产这些产品时相对于其贸易伙伴具有相对成本优势,即比较优势。随着数字技术的高速发展,贸易模式的决定因素正在其影响下发生变化。传统上,贸易模式是由各国在劳动力和资本禀赋、相对生产率、生产设施、基础设施或制度因素方面的差异决定的,数字技术有可能从各个角度对既定的贸易模式产生多种影响。

第一,物质性基础设施和地理因素的重要性发生变化,推动新兴贸易节点形成和贸易网络分化。当前,随着数字时代的到来,经济学家们普遍认为,拥有高技术劳动力和资本供应的国家可能在某些数字密集型行业中占据比较优势,进一步强化拥有技能和资本的重要性,物质性基础设施(不包括电信和能源基础设施)、通关手续和地理因素可能变得不那么重要,因为越来越多的产品以数字形式供给,使贸易对公路、港口、机场或铁路的依赖性降低,这对偏僻和内陆型经济体以及物质性基础设施和通关手续不完善的经济体有利,令一些非传统贸易节点城市崛起成为新兴的贸易中心城市。然而,新技术使得物流和运输愈发高效的同时,也有可能会导致不同贸易网络的新分化,当新技术能够进一步强化传统贸易中心优势时,物质性基础设施和地理因素仍然很重要。

第二,市场规模在数字贸易中的重要性日益突出。另一个对数字时代的贸易模式产生重要影响的因素是市场规模,数字密集型行业需要规模经济。同时,数字技术,特别是人工智能,得益于海量信息的获取,来自较大国内市场的这类公司进入出口市场时,其竞争力将超过那些来自较小市场的竞争伙伴,这一点可以解释中美在数字密集型行业中的主导地位,这也是大的发展中国家进军数字密集型行业的优势所在。

第三,制度因素在贸易数字化时代的作用值得进一步探究。贸易数字化很有可能会放大正式和非正式制度因素对比较优势的重要性。数字时代对数据隐私和知识产权监管都有赖于可靠执法,同时,获取资金,对必要的基础设施和设备进行投资离不开完善的金融体系。但与此同时,新一代数字技术的应用也很有可能会降低制度对比较优势的作用,如区块链能绕过贸易中的中介方,降低对传统合约执行监督制度的需求,形成贸易链发展的自我监督闭环,数字技术提供的标准化信息可以在网上交易中可以降低传统信任和声誉体系的重要性。

(三)新一代数字技术对全球价值链贸易的影响尚处于不确定状态

全球价值链贸易在过去的几十年里呈高速发展态势,中间品贸易在全球贸易中已经占据了绝对主导地位,2008年国际金融危机后全球价值链贸易增速放缓,呈平稳上升态势。

一方面,数字技术有可能能够推动未来全球价值链贸易增长,主要包括以下两个方面:其一,全球价值链贸易对通信、运输、物流成本,以及匹配与核查成本特别敏感,这些成本的升高会直接导致协调地理分散任务的难度加大,而数字技术能够降低这些成本,便于人们运作更长、更复杂的价值链;其二,数字技术能够增加和提高大量中间服务的数量和质量,比如计算机、研发、广告、电信、金融和专业服务,从而通过服务推动全球价值链,在其他条件相同的情况下,制造业出口增加值比重的不断提高和更加便利的远程供应服务将导致未来出现更多的价值链贸易。

另一方面,智能自动化和3D打印可能鼓励企业回流,即企业把生产或其他业务从国外转回母国,智能制造弥补了不同国家之间的工资差距,减少了企业离岸外包的动力,推动全球价值链和贸易链的重塑。以美国为例,一些美国企业相继将海外生产线迁回美国本土,或在美国投资兴建新厂,福特、通用电气、马斯特锁、卡特彼勒和惠而浦等美国公司正开始逐步将原本放在中国等发展中国家的生产线迁移回美国本土。但目前,这种回流整体呈非常缓慢的态势,在发达国家中,国外增加值在各国最终需求中的所占比例在2011—2017年依然呈增长态势,唯一一个下降的是日本。回流缓慢存在多方面原因,一是国际总需求疲软,二是发达国家缺乏一些发展中国家补充装配活动的供应商网络,三是当下公司决定生产地的主要考虑因素还包括市场规模和增长速度。

整体来看,数字技术可能影响生产国际分工,但对全球价值链贸易的影响难以预测,一方面有利于地理上协调任务的技术可能会促使更长、更复杂的价值链的不断成长;另一方面,降低国内相对生产成本的技术可能会导致全球价值链贸易减少和贸易网络重构。

三、各国政府积极应对数字贸易

目前出台数字贸易战略的国家大多是发达国家与一些发展较快的发展中国家,而且发达国家的战略相对具体。OECD发布的《OECD数字经济展望2017》中显示,收到问卷调查的32个OECD国家和6个伙伴经济体都有数字经济相关的战略、议程或者项目出台,其中大约 2/3 是单独的数字战略,剩下的是作为国家整体战略的组成部分出现。同时,中国、俄罗斯、巴西等金砖国家成员也紧跟时代步伐,积极发展数字经济,但大多数发展中国家对这一发展契机的认识和把握还稍显不足,与发达国家有较大差距。

(一)美国:推动全球互联网自由开放,聚焦数字经济

美国是数字经济最为发达的国家,政府已经开始着手建立面向数字贸易挑战的新架构。根据美国商务部经济分析局所公布的数据,最近 10 年,美国的数字经济已经成为美国经济最主要的驱动力,平均增速高达 5.6%,是 GDP 增速的 3 倍以上,有效地缓解了经济危机对美国经济的不利影响。根据麦肯锡的相关研究显示,目前美国是全球最大的数字内容供应国,除欧洲外,世界其他地区网络用户消费的数字内容有超过一半来自美国,同时美国数字化的经济潜力尚未得到完全发挥,预计到 2025 年,数字化可以帮助美国国内生产总值每年提高 2.2 万亿美元。

为了维护美国在数字贸易领域的领先地位,美国商务部确定了数字经济日程的四大支柱,分别为:推动全球互联网的自由和开放,目前这一目标主要面临的障碍包括各国政府设置的数据本土化要求、平台监管以及安全政策等;推动网络信任,美国企业需要一套能够增进全球信任的框架,以及对美国企业公平的国际规则;确保民众、家庭和企业获得网络入口,目前美国的宽带基础设施布局不均,超过 1/4 的美国家庭还不能从家里上网,企业需要完善的宽带基础设施和熟练的劳动力;创新和新兴技术,商务部致力于推动新技术,如自动驾驶汽车和无人机,在产品生命周期的早期就打破壁垒,解决好长期的政策问题。

此外,美国还聚焦发展前沿数字技术,在《数字经济议程》中强调要通过数字技术释放数字经济的潜能,并发布了《联邦云计算战略》《联邦大数据研究和发展战略计划》等一系列政策文件来鼓励支持前沿数字技术的发展,为数字贸易提供更为全面的技术支撑。

(二)英国:强化数字战略,完善相关立法

根据英国经济与商业研究中心的最新统计显示,数字经济已经超越制造业、采矿、发电等工业部门,成为英国最大经济部门,由媒体、互联网和电影、音乐、广告等创意产业所构成的数字经济占 2017 年英国经济增加值总额的比例达到 14.4%。在此背景之下,英国不断升级数字经济战略,先后出台"数字英国""英国信息经济战略 2013""英国数字经济战略 2015—2018""英国数字战略 2017"等战略,大力推动数字

经济创新发展,打造数字化强国。

具体而言,英国的数字战略可以解构成七大子战略,每个战略之下包含一揽子举措和推进方案。一是连接战略,致力于打造世界级的数字基础设施,为所有英国人提供更好的网络连接,加快推进网络全覆盖、全光纤、5G建设,采取更加有效的监管措施促进电信竞争。二是数字技能与包容性战略,大力推进全民数字素养和数字技能培训,为每个人提供所需的数字技能,为数字经济发展培育数字技能人才,探索建立培育数字技能的更好模式,意味着将对既有科技教育模式进行大刀阔斧的改革,为数字技能培养探索一条更加合作、协调、有针对性的路径。三是数字经济战略,投入资金和政策,支持创新和数字企业,跟随技术发展探索、调整技术友好型的监管制度,促进数字经济增长和创新发展。四是数字转型战略,英国政府将通过多种形式帮助、支持每一个英国企业实现数字转型,提高生产效率。五是网络空间战略,增强网络安全能力,加强网络安全领域人才培养和稳定输出,关注儿童网络安全。六是数字政府战略,深入推进政府数字转型,打造平台型政府,更好地为民众提供公共服务和政务。七是数据经济战略,多种举措释放数据在英国经济中的潜力,提高公众对数据使用的信心,同时加强数据保护和数据开放共享。

此外,英国《数字经济战略2015—2018》指出,要加紧完善相关的规定以促进市场开放与自由贸易。2016年,英国政府启动了新一轮的5年"国家网络安全战略"。2017年,英国颁布了新版《数字经济法》,该法律重点关注通信基础设施特别是宽带的建设,建立了数字版权保护的法律和管制框架,保护在线著作权等。

(三)各国政府在面对数字贸易浪潮时可参考的几点建议

数字技术将为世界经济贸易带来机遇和挑战,改变跨境交易模式,各国需要做好软硬基础设施建设、人力资本投资、贸易政策措施、国内法律法规和知识产权保护方面的工作,根据商务部和世界贸易组织(WTO)发布的《2018年世界贸易报告》,在面对数字贸易浪潮时,世界各国政府应采取积极措施,鼓励本国企业抓住这一发展机遇,政府可以采取的相关措施如下。

首先,政府可以支持私有资本,或者与其共同努力,开发建设人们负担得起的数字基础设施及服务。政府应采取措施,鼓励相关方利用数字技术降低贸易成本,但同时也需要注意:贸易成本降低可能会导致进口产品价格低于国内同类产品,国内生产商将面临进口竞争,二者之间必须注意平衡。其次,数字技术可能使得本身存在优势的企业或地区的优势得到进一步增长,例如偏远地区的公司能够在全世界范围内销售数字产品,高收入国家的企业可以将某些业务转移回本国实现盈利,发达国家和经济欠发达国家之间的数字鸿沟是该问题的重要组成部分。最后,政府还需要解决与数字贸易相伴而生的一系列问题,包括消费者保护、网络安全、数据隐私和竞争等。

此外,该报告还指出政府之间建立国际合作的重要性。政府既要单独,还需要与其他政府合作,来应对数字贸易带来的机遇和挑战。政府在单独应对时可以采取的措施包括投资基础设施、贸易政策措施和国内监管变革。而在大多数领域,国际合作正在帮助政府从数字贸易中更多获利并可能实现更有益的国际合作。

四、数字贸易国际规则的发展情况

近年来全球数字贸易发展迅猛,但数字贸易规则的制定及实施远远滞后于实践的需求,这一问题日渐受到发达经济体重视,数字贸易规则制定出现诸多新动向。根据美国战略与国际研究中心的相关研究可以发现:美、欧、中分别是自由主义者(liberalizers)、监管者(regulators)和重商主义者(mercantilists)的代表。自由主义者的主要目标是确保互联网的自由和开放,并旨在预防和消除数字贸易壁垒,强调数字流动对经济增长的重要性,并担心外国政府会对这些方面造成不利影响,此外,其还重视跨境自由流动数据的价值,数据本地化的成本,以及避免不必要的安全措施等。监管者在一定程度上认可自由主义者的目标,但呼吁政府加大干预力度,以保护个人隐私。重商主义阵营则优先考虑产业政策和安全,对数据流进行限制,强制要求数据本地化,并要求技术转让和源代码披露以及其他保护主义措施。这些法规通常以国家安全为理由,并且具有防止外国竞争的效果。

总的来看,当前围绕数字产品贸易的国际规则是初步的、不成熟的。很多专家认为,这一领域还有很多共性规则需要探讨,如个人隐私保护、互联网安全、知识产权和电子支付相关的数字货币等。即使在每个数字产品部门的个性规则,例如3D打印、社交网络和工业互联网等相关的跨境交付规则等方面,仍有很多值得讨论的细节。可以预见,数字贸易规则制定将是一个异常复杂的过程,背后不仅是围绕商业利益的谈判,还涉及了大量复杂的公共问题、技术问题和商业问题,势必面临更多的激烈博弈。

(一) WTO在数字贸易规则制定上起步艰难

数字贸易是一种新兴业务,在WTO服务贸易基本规则制定之时尚不存在。世贸组织服务贸易总协定(GATS)的词汇表中没有"平台""搜索引擎""数据可移植性"

之类的词语。在数据保护法规中,也不存在任何有意义的贸易非法限制的通用规则。在过去几年中,数字服务在贸易、产出和生产力方面的作用在呈指数级增长。虽然现有贸易规则的一些方面可以适用于数字贸易,但世贸组织的数字贸易缺乏自由化和具体规则的事实反映出现代商业现实与旧贸易协定之间的差距。

从2001年至今,WTO成员针对电子商务进行了多次专题讨论会议(dedicated discussions),但却始终未达成一致,未取得任何实质性成果。美国主张适用GATT和"零关税"原则遭到了以欧盟为代表的一些国家和地区的强烈反对,欧盟主张适用GATS,并提出了"文化例外"(culture exception)原则。为了使该原则能够得到更广泛的认可,在欧盟的推动下,联合国教科文组织还于2005年通过了《保护和促进文化表现形式多样性公约》。

2017年12月,在阿根廷首都布宜诺斯艾利斯召开的世界贸易组织(WTO)第十一届部长级会议上,71个WTO成员方共同发布了《关于电子商务的联合声明》(以下简称《联合声明》),宣布为将来在WTO谈判与贸易相关的电子商务议题共同启动探索性工作,自此之后,参与发布了《联合声明》的成员方陆续向总理事会提交了电子商务谈判探索性文件,文件中的议题主要涉及4个领域:贸易便利化,例如无纸化贸易、提升法规政策透明度、政府数据信息公开等;协调监管框架,例如电子认证和电子签名互认、消费者保护和个人信息保护等;增加市场准入,例如电子传输永久免关税、增加服务贸易开放部门等;数据自由流动,例如限制信息设施本地化要求、对数字产品予以非歧视待遇等。可见,发布《联合声明》、准备参与电子商务谈判的WTO成员各方的具体关注点仍存在较大差异,反映了不同成员方在全球电子商务中处于不同的分工角色和发展阶段,具有各自的利益诉求。如果启动谈判,弥合数字鸿沟的难度可想而知。

在2019年1月举办达沃斯世界经济论坛期间,有76个WTO成员在1月25日就着手制定电子商务领域的国际规则达成共识,并力争在2020年开始执行。中国也宣布参与该项工作。但与数字经济霸权争夺相关的各国和地区在想法上互有交错,磋商进程势必举步维艰。报道称,规则制定工作力争在2019年夏天启动。与跨境电商活动相伴而来的企业和消费者活动产生的数据跨境流动将成为最大的争论点。日美原则上主张自由流动,同时禁止由国家强迫企业公开机密数据。此外,磋商的主要议题还包括为促进电影和音乐等内容产业的交易取消关税、推进电子签名的普及,以便在跨境交易规模扩大的同时提高通关效率。经由各方达成共识后制定的规则最快将在2020年开始执行。

（二）美国在自由贸易协定制定过程中不断完善相关规则

美国通过自由贸易协定的形式推行其政策立场。在自由贸易协定中设立"电子商务章"，以有别于货物贸易和服务贸易；在跨境服务章中采用限制性清单的方法，力争为数字产品贸易提供较大程度的自由化。美国的自由贸易协定开创了以国际性法律文件规制数字产品贸易的先河。在最新签订的一份《美国-墨西哥-加拿大协定》(USMCA，2018年9月30日)中，将TPP的电子商务章节变更为数字贸易章节，突出对数字贸易和跨境数据流动的重视。USMCA除了重申对数字产品免征关税与禁止歧视性措施，还有确保数字跨境流动、取消数据存储地点要求、限制政府要求披露原代码与算法的权力、保护消费者隐私等规定。此外，除了专门的数字贸易章节，第7章海关与贸易便利化中，三国承诺对一定数额以下的电子商务产品免征关税和国内税。

同时，美国发展数字贸易面临着众多的潜在挑战与风险。一是数字贸易本地化措施阻碍数字贸易市场开放，本地化措施给美国国际数字贸易市场的拓展构成潜在威胁。二是分歧的数据隐私保护措施。目前，已经有超过60个国家采取了数字本地化做法，其目的主要包括对隐私的担忧、对国家安全的担忧或者发展经济的考虑，具体做法一般是要求在境内设立数据中心或者要求数据存储在境内。三是非中性的审查措施，构成数字贸易市场准入壁垒。为了应对这些挑战，2016年7月美国贸易代表办公室(USTR)成立数字贸易工作组(DTWG)，以快速识别数字贸易壁垒，制定相应政策规则，从2016年开始，USTR把数字贸易的主要障碍作为《国家贸易评估报告》的重要内容。

总体来看，美国通过双边和区域贸易协商以及其强大的实力，已经在数字产品的自由化方面取得了丰硕的成果。但是美国这种自下而上的方法在多边的层面能带来多大的效果充满着不确定性。目前，与美国协商的贸易伙伴在数字内容产品方面并没有明确的立场，但要想进一步在地理范围上扩张可能会遇到越来越多的阻力，尤其像欧盟这样的明显持反对意见的地区。

（三）欧盟在数字贸易规则制定上的立场非常坚定

欧盟内部对文化保护行业的要求强烈，而在数据内容领域欧盟企业明显弱于美国。在已经停滞的跨大西洋贸易与投资伙伴协议谈判中，美欧就数字贸易规则中的一些问题展开了激烈争锋，其中最具代表性的就是个人信息保护领域。早在2000年，为保障欧盟个人数据安全，欧盟就与美国签署了安全港(Safe harber)协议，要求美国企业满足欧盟的《个人数据保护指令》。但2013年斯诺登事件激发了欧盟对个人隐私和国家信息安全问题的关注。2015年10月6日,欧洲最高法院裁定美国商务部与欧盟在2000年签订的跨大西洋数据传输协议——安全港协议无效,必须予以撤销。按照这一裁定,美国的大型科技公司再也不能随便把欧洲客户资料转到美国,而只能在欧洲设立数据中心,对中小科技公司而言影响就更大。基于企业对客户资料的需求,美欧进行了跨境数据传输方面的重新谈判。2016年2月2日,欧盟和美国就两地公司之间传输个人数据涉及的隐私保护问题达成新的框架协议——《隐私盾协议》(EU-U.S. Privacy Shield),新协议要求美国公司履行更加严格的义务来保护欧洲的个人数据,承诺关于个人数据如何处理和个人权利得到保障的"稳健义务"。近期,欧盟《通用数据保护条例》在欧盟全体成员国正式生效,以欧盟法规的形式确定了个人数据保护原则和监管方式。这一新条例被认为是"世界史上最严格的个人数据保护条例"。

欧盟与其他国家的双边贸易协定以服务贸易总协定为基础,在这个基础上以服务贸易总协定深化条款为主,特别是在基础电信和增值电信领域,积累了相当多的制定规则经验。目前欧盟的相关条款还没有得到其他国家的仿效,但要与欧盟签署区域贸易协定,电子商务规则就必须按照欧盟类型设置。

(四)区域数字贸易规则的"碎片化"

根据WTO有关统计,在目前生效并向WTO通报的286个区域贸易协定中(截至2018年8月),共有217份协定中包括了与数字技术有关的条款。这些条款的内容纷繁复杂,涉及贸易规则和市场准入承诺、通信和数字监管框架、知识产权保护、电子政务管理(即公共行政部门利用信息及通信技术提供服务)、无纸化贸易以及在数字技术和电子商务等方面的合作和技术援助,其中最常见的是电子政务管理、电子商务合作和暂缓对电子传输征收关税。虽然一些条款复制或澄清了WTO中的现有条款或承诺,但其他条款却扩大了原有条款的内容或做出了新的承诺,再加上大多数条款并不遵循特定的模板,即使是同一国家对外商签的区域贸易协定中的相关条款也不尽相同。这种情况导致了区域贸易电子商务规则的"碎片化"以及数字化"意大利面条碗"效应。而且,鉴于区域贸易协定的动态性和增长趋势,这种情况会愈演愈烈。

参考文献

[1] Kai Lung Hui, Patrick Y.K.Chau. Classifying digital products[J]. Communications of the Acm,2002,45(6):73.

[2] López González, J. and M. Jouanjean. Digital Trade: Developing a Framework

for Analysis[R]. OECD Trade Policy Papers, No. 205, 2017, OECD Publishing, Paris.

[3] OECD, IMF. Measuring Digital Trade: Results of OECD/IMF Stocktaking Survey[R]. 2017, BOPCOM-17/07.

[4] 党世丽.浅析 TiSA 谈判中电子商务议题所涉相关问题——基于美国、欧盟 FTAs 中所涉电子商务议题的分析[J].经营管理者,2015(6):186—187.

[5] 沈玉良,金晓梅.数字产品、全球价值链与国际贸易规则[J].上海师范大学学报:哲学社会科学版,2017(1):90—99.

[6] 沈玉良,李海英,李墨丝,弓永钦.数字贸易发展趋势与中国的策略选择[J].全球化,2018,(07):29—41+135.

[7] 世界贸易组织.2018 年世界贸易报告[M].上海:上海人民出版社,2018.

[8] 王晶.互联网背景下的全球贸易治理困境及应对[J].国际经济合作,2016(8):20—27.

[9] 赵骏,干燕嫣.变革中的国际经贸规则与跨境电商立法的良性互动[J].浙江大学学报(人文社会科学版),2017,v.47(06):90—104.

本章撰写:温一村

第十二章　国际消费城市的发展现状与趋势研究

一、国际消费中心城市的基本特征

目前,国际上对国际消费中心城市的认定尚缺乏一定的理论共识。在众多理论中,美国城市经济学家提出的消费城市理论,与国际消费中心城市的内涵更为接近,也为不少专家学者所引用。此外,也有一些与国际消费中心城市有关联的理论研究值得关注。除对国际消费中心城市的理论研究外,一些国际知名研究机构,从实践上为重要的国际大都市在消费领域进行了排名和比较,这也成为总结国际消费中心城市基本特征的重要依据。

(一)"消费城市"理论中消费型城市的特征

进入21世纪后,美国城市经济学家爱德华·格莱泽(Edward Glaeser)等提出了"消费城市(consumer city)"理论。他们认为,如果某城市能够提供丰富的服务和商品,有宜人的环境和富有美感的建筑,能提供良好的卫生和教育等公共服务,那么该城市将承担更多的消费功能。未来城市的成功将取决于城市作为消费中心的角色。总的来说,在"消费城市"理论中,消费城市具有四大特征:一是令人愉悦的社会交往;二是种类繁多的商品和服务;三是丰富的基础设施和文化设施;四是良好的城市风貌。这四大因素互相作用,最终形成了一座适合消费的城市。

(二)其他理论研究成果

除了"消费城市"理论,也有其他学者对国际消费中心城市有过论述。如国务院发展研究中心刘涛所给出的定义:国际消费中心是全球化时代国际大都市重要的核心功能,是具有丰富消费内容、高端消费品牌、多样消费方式、优越消费环境、吸引全球消费者的高度繁荣的消费市场,是全球消费资源的配置中心以及引领全球消费发展的创新高地。国际消费中心具有三大基本特点:一是全球消费市场的制高点,具有强大的消费能力;二是全球消费资源的集聚地,具有高效的消费配置和带动能力;三是全球消费发展的风向标,具有突出的消费创新和引领能力。河北经贸大学卢嘉瑞从消费环境的角度进行了论述,认为所谓消费环境,就是人们进行消费活动时的周围情况和条件,是外在的、客观的,对消费行为有重要影响。和谐的消费环境应包括自然环境、基础设施环境、网络环境、社会环境和国际环境5个方面。

(三)国际认可的国际消费型城市的评判标准

一些国际知名的企业或研究机构,针对国际大都市在零售领域的表现,从不同角度有多个榜单进行排名比较。如仲量联行(JLL)的《零售目的地》(*Destination Retail*),万事达信用卡组织(Mastercard)的《全球目的地城市指数》(*Global Destination Cities Index*)以及世邦魏理仕(CBRE)的《全球零售业》(*How Global is the Business of Retail*)等。通过研究这些榜单的指标体系,可以发现,在消费城市排行榜前列的国际大都市,普遍具有以下的特征:一是城市本身具有很强的经济实力;二是社会消费总额高,居民有较强的消费能力;三是能够吸引大量的外国游客,游客消费总额高。

(四)国际消费中心城市的基本特征总结

综合国际上的理论研究成果和公认的消费相关排名来看,国际消费中心城市需要具备以下特征。

1. 具备强大的经济和产业实力

国际消费中心城市的发展离不开经济和产业的进步。一方面,产业是城市财富的来源,没有城市财富的积累,消费也就成了无源之水,难以长久持续。经济实力强大的城市,居民收入普遍较高,是消费不断发展的基础。另一方面,消费的发展与产业的发展具有一定的同步性,尤其是消费会带动服务业的发展。服务业中商贸流通产业发达程度与零售也直接相关,发达的商贸流通业支撑着城市居民的消费,而城市居民的消费又促进了商贸流通产业的发展。此外,服务业中旅游业能够给城市带来大量的非本地消费群体,这些消费群体同样能够带来大量的消费。

2. 具备面向周边区域乃至全球的消费辐射和引领能力

辐射能力是"中心城市"的应有之义,它包含信息流、物流、资金流和潮流这"四流"的引领和辐射能力。首先,消费者做出消费决定,依据的是各种与消费相关的信息,信息越丰富,越有利于做出合理的消费决策。国际消费中心城市往往是各类消费信息的集散地,对周边区域乃至全球都能产生影响。其次,物流所带来的丰富消费对象,是国际消费中心城市构成的基础。这些城市往往也是区域或是全国性的商品集散中心。再次,消费行为是伴随着资金流动一同出现的,因此国际消费中心城市常有着发达金融产业,是资金的集散地,天生具有金融辐射能力。最后,对消费潮流的引领能力是国际消费中心城市的核心竞争力。潮流的物质载体是国际高端知名品牌的店铺、时装周等节庆活动以及时尚媒体、时尚人士等,国际消费中心城市往往聚集了大量与潮流相关的资源,因而具有引领国际时尚消费潮流的能力。

3. 具备良好的消费环境

消费环境是消费行为得以实现的外部条件,它包括自然环境与社会环境两个部分,它和消费的品质直接相关。其中,自然环境既包括城市气候、自然风光等,也包括城市中人造的自然景观、城市绿化等。社会环境包括当地政府相关的行政效率、消费服务水平、社会治安以及社会风俗习惯等。国际消费中心城市普遍具有良好的消费环境,让消费者能够在舒适的环境中进行消费。

4. 提供卓越的消费体验

消费体验是消费对象(商品与服务)、消费基础设施、消费服务设施以及消费服务水平的综合互动结果。其中,消费对象的丰富与多元是消费体验的关键,国际消费中心城市应该拥有丰富、多元和快捷的消费产品及服务的供给。消费基础设施和消费服务设施则是消费体验赖以提高的前提,包括高端商场、超市、购物中心、各类娱乐场所、高级餐厅以及便捷的交通设施等。消费服务水平的提高当然是消费体验提升的中心环节,一个拥有高水平消费服务的城市,才能够长久地对消费者产生吸引力。

5. 大量的社交相关消费

城市是社会的产物,它不仅是人类集聚的空间,更是维系人类情感和社交需要满足的基本纽带。情感和社交需要的满足和消费行为有着紧密的联系。首先,消费成为情感和社交需要满足的媒介工具,如餐饮消费、旅游消费、文化娱乐消费等。其次,情感和社交需要的满足对消费媒介工具的要求也越来越高,要选择舒适的消费空间、优质的消费服务和高品质的消费享受等。最后,情感和社交需要的满足同商业和科技的结合愈发显著,进而衍生出同情感和社交相关的消费。例如,互联网时代的社交离不开各类移动设备、数据流量和增值服务的消费。国际消费中心城市人口众多,有着庞大和多元的社交需求。同时,大量的商务活动同样衍生出了丰富的社交消费。

根据以上几条标准,本章节选择伦敦、纽约市、东京这三座顶尖的国际消费中城市作为研究的对象城市。其中,纽约市具有引领北美洲乃至全球消费潮流的能力,伦敦主要面向欧洲,而东京对亚洲尤其是周边国家具有较大的消费吸引力。这三座城市都具备以上国际消费中心城市的基本特征。

二、 伦敦消费中心城市的发展现状与趋势

伦敦是一个全球性大都市,是世界上最重要的商业中心之一,对英国、欧洲乃至全球经济都有很大的影响力。伦敦也是对国际零售商极富吸引力的城市,凭借其独特的市场规模、成熟度和高透明度,持续吸引着各类新品牌。许多零售商将伦敦视为进入欧洲的第一站。

(一) 伦敦的零售业发展现状

1. 伦敦的基础经济数据和零售业数据

伦敦作为英国的政治、经济和文化中心,吸引各类资源在此集聚。伦敦的GVA[①]为5 520.4亿美元,占英国全国的23.3%,人均GVA为62 813美元,是英国人均的1.76倍。伦敦的人均可支配收入达到35 673美元,远高于英国其他地区,是第二位东南地区的1.23倍,是英国全国平均的1.42倍。此外,据统计,伦敦2016年的GVA和人均GVA增速均高居英国各地区榜首(表12.1)。

表12.1 伦敦基础经济数据

GVA/亿美元	人口/万人	人均GVA/美元	人均可支配收入/美元	进出口总额/亿美元
5 520.4(2016年)	878.8(2016年)	62 813(2016年)	35 673(2017年)	1 376.2(2018年)

资料来源:上海科学技术情报研究所(ISTIS)分析整理

零售业GDP占伦敦整体GDP的4%左右,从业人员占伦敦整体就业总人数的15%左右。虽然面临着脱欧带来的各种不确定因素,但凭借伦敦购物的品牌效应以及不断增长的海外游客,零售业在伦敦仍维持着良好的经济表现。伦敦的零售业从业人员年龄结构整体较为年轻,英国国家统计局的调查显示,54%的伦敦零售业从业者年龄低于34岁,仅有11%年龄高于55岁。但另一方面,伦敦零售业从业人员收入较低,53%的从业者收入低于伦敦最低生活工资,零售业是伦敦倒数第二低收入的行业,仅比住宿餐饮行业的收入略高(表12.2)。

---

① GVA是英国计算经济总增加值的方法,GVA-生产税收-生产补贴=GDP。

表 12.2　伦敦零售业数据

零售业 GVA/亿美元	零售企业数/万家	零售业雇佣人数/万人	零售总额/亿美元
222.6(2017 年)	5.3(2017 年)	69.9(2017 年)	1 206.9(2017 年)

资料来源：上海科学技术情报研究所(ISTIS)分析整理

2. 主要购物区情况

伦敦最著名的购物街区是西区购物区（the West End），包括牛津街（Oxford Street）、摄政街（Regent Street）、邦德街（Bond Street）和考文特花园（Covent Garden），这几条主要街道构成了欧洲最大的零售集中地。其中，牛津街主要是百货商场和一些大众品牌的旗舰店，而邦德街则集中了一批奢侈品牌的商店。由于零售面积供应有限，西区购物区已经成为全球租金最高的商业街区之一。在这一背景下，国际零售商越来越多地从西区向外扩散，并瞄准了如芒特街（Mount Street）、阿尔伯马尔街（Albermarle Street）和多佛街（Dover Street）以及肖尔迪奇（Shoreditch）等新区域。由于伦敦消费者强劲的购物需求，新的购物街区正在这些区域形成（图 12.1）。

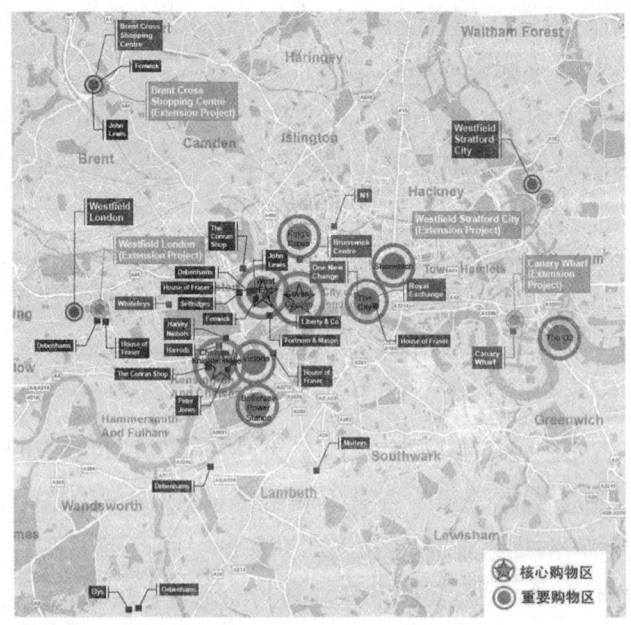

图 12.1　伦敦主要购物街区

资料来源：2018 年《全球零售城市简介》，仲量联行

伦敦近些年鲜有超大规模的购物中心建成，较大的 5 家购物中心都是在 2011 年之前建成的，其中最大的是 Westfield Stratford，面积为 17.5 万平方米。伦敦西区的

购物中心面积比起迪拜、上海等新兴城市的新建大型购物设施而言相差较大,但仍不妨碍伦敦西区成为全球最成功和租金最昂贵的购物街区之一(表 12.3)。

表 12.3 伦敦较大的 5 所购物中心

	购物中心	面积/万平方米	开业时间
1	Westfield Stratford	17.5	2011 年
2	Bluewater	17.1	1999 年
3	Westfield London	16.7	2008 年
4	intu Lakeside	13.4	1990 年
5	Brent Cross	8.5	1976 年

资料来源:2018 年《全球零售城市简介》,仲量联行

(二)伦敦国际消费中心城市发展趋势特点

1. 伦敦对国际知名品牌有很大的吸引力

伦敦对国际知名品牌有很大的吸引力,是国际品牌进入欧洲的首站。仲量联行于 2017 年发布的数据显示,在国际大众品牌、高档品牌和奢侈品牌眼中,虽然伦敦都不是吸引力最强的城市,但是每一项都排名前列,是对国际品牌综合吸引力最强的城市。而构成伦敦对国际品牌吸引力的因素包括以下 3 点。

(1)品牌文化理念更易得到接受

国际品牌大多来自欧美国家,对欧美文化更为熟悉。伦敦作为老牌西方国家的首都,是许多西方文化的发源地,其城市风貌与文化更便于国际品牌的融入,伦敦本地消费者对西方品牌的价值观念也更容易接受。

(2)伦敦有着大量的富裕阶层和高学历人群

根据 World Atlas 公布的百万富翁人数排行榜,伦敦以 357 200 人高居榜首,紧随其后的是纽约市(339 200 人)和东京(279 800 人),百万富翁人口占到伦敦总人口的 4%。同时,伦敦为数众多的大学,以及对英国其他地区高学历人群的就业吸引力,加上来自全球各地的留学生,也为伦敦带来了大量高学历人口。这些富裕阶层和高学历人群,为伦敦的中高端品牌消费带来了持续的活力。

(3)时尚资源的集聚

伦敦是全球公认的四大时尚之都之一,众多明星与时尚界人士定居与此。每年两季的伦敦时装周向全球发布时尚信息,引领全球时尚潮流。此外,世界六大时装学院之一的伦敦时装学院(London College of Fashion),为这座城市不断输送着高端的

服装设计师。明星、时尚品牌、时装周以及时尚学院等各类时尚资源的集聚,将伦敦打造成了时尚之都,具备了向全球辐射时尚影响力的能力,吸引着全球品牌落户伦敦(图12.2)。

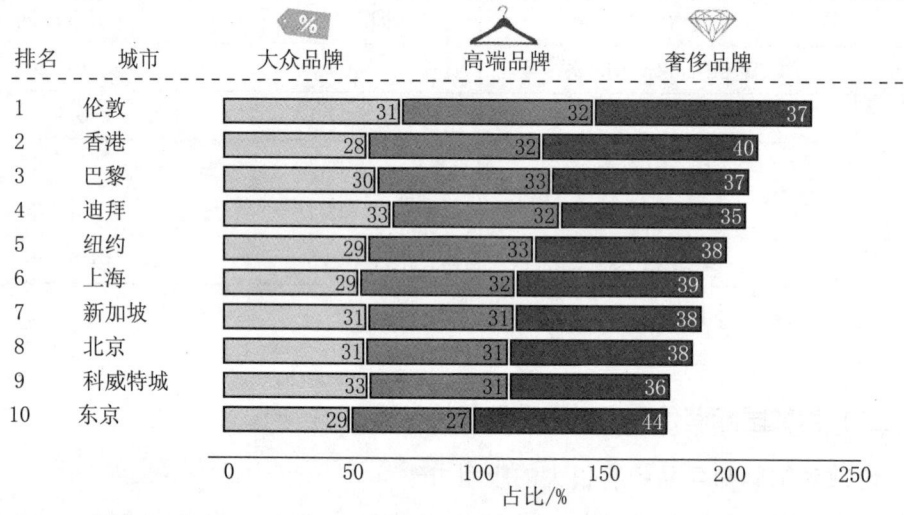

图 12.2　国际大都市对各类国际品牌的吸引力比较

资料来源:2017年《零售目的地》,仲量联行

2. 创意阶层带动伦敦的消费升级

英国是最早提出"创意产业"概念的国家,在创意产业的发展过程中,培养了一批创意阶层。创意阶层主要由两种成员组成:一种是超级创意核心阶层,包括科技、建筑和设计、教育、艺术、音乐以及娱乐等领域的工作者,主要经济职能是创造新理念、新技术和新的创意内容;另一种是围绕创意核心周围的创造性专业人员,如金融、法律、卫生保健等相关领域的专家。一方面,创意阶层由于其职业特性以及教育背景,对多样性的文化消费以及高端的休闲消费有着较大的需求。随着创意阶层的不断壮大,这些文化与娱乐消费的需求也同步扩大,最终对社会的消费导向产生了显著影响——文化、休闲、创意类的消费占据了重要地位,例如伦敦西区戏剧产业的持续火热就是很好的证明。另一方面,创意阶层本身就能够生产大量的、高品质的创意产品和创意服务,随着这些产品和服务的大量供给,也为伦敦的消费升级奠定了良好的基础。

3. 国际游客数量不断增长带来可观的消费能力

随着发展中国家的崛起,这些国家有越来越多的国民开始海外旅游,而购物消费是他们旅游的重要目的之一。伦敦良好的国际城市声望、丰富的旅游资源以及出色的购物环境,吸引了大量的海外游客前来旅游及购物消费。万事达卡组织公布的全球旅游及消费数据显示,2017年共有1 983万海外游客来到伦敦旅游过夜,仅次于曼谷的2 005万人,排名全球第二。这些游客一共为伦敦带来了174.5亿美元的消费,其中购物消费达到85.4亿美元,比前一年大幅增长13.6%。平均每位国外游客在伦敦的花费中,47%为购物消费,在全球主要消费城市中占比最高。根据万事达卡组织的预测,伦敦2018年的国际游客总消费还将继续增长13.7%,发展势头十分强劲。国际游客带来的消费,除增加了大量就业岗位外,还推动了伦敦的旅游、零售、酒店、休闲娱乐、交通等各行各业的进步,为城市经济发展注入了活力。

表12.4 国际大都市国际过夜旅客消费情况

城 市	过夜游客人数/万人	城 市	总消费金额/亿美元	城 市	购物消费金额/亿美元
曼 谷	2005	迪 拜	297	迪 拜	89
伦 敦	**1983**	麦 加	185	**伦 敦**	**85**
巴 黎	1744	伦 敦	**175**	麦 加	58
迪 拜	1579	新加坡	170	东 京	51
新加坡	1391	曼 谷	164	新加坡	47
纽约市	1313	纽约市	161	曼 谷	38
吉隆坡	1258	巴 黎	131	首 尔	34
东 京	1193	帕尔马	120	纽约市	34
伊斯坦布尔	1070	东 京	119	吉隆坡	27
首 尔	954	普 吉	105	巴 黎	24

说明:帕尔马指西班牙马略卡岛首府帕尔马。
资料来源:2018年《全球目的地城市指数》,万事达卡组织

(三)案例研究:伦敦夜间经济带动新的消费增长

随着社会经济发展,白天工作、晚间休息的传统城市作息模式已悄然改变,夜晚也成为居民消费的重要时段。经济的快速发展使个人收入大幅提高,人们有了更高的消费能力,城市快节奏和高压力的生活模式使人们需要更多的时间和空间进行休闲娱乐。由于白天忙于工作,因而城市人群的主要消费以及娱乐休闲行为大多发生在夜间,夜间经济成为城市复兴、经济增长与文化创新的新引擎。夜间经济的出现和繁荣,是一个国家或一个城市市场经济发展到一定程度的自然产物。

1. 夜间经济的概念

夜间经济(night-time economy)是源自20世纪70年代英国为改善城市中心区

夜晚空巢现象提出的经济学概念,是指发生在当日晚6时到次日凌晨6时之间,以本地市民和外地游客为消费主体,以商场、酒吧、咖啡馆、餐馆、电影院、剧场、运动场馆等为载体,以休闲、旅游观光、购物、健身、文化、餐饮等为主要形式的现代城市消费经济,是与"日间经济"截然不同的经济消费模式。

2. 夜间经济为伦敦带来多方面的收益

作为英国的第一大城市,伦敦在发展夜间经济方面有着较为丰富的实践经验,夜间经济也为伦敦带了显著的收益——增加了工作岗位,为企业和政府带来了经济收入,丰富了人们的精神文化生活,并提升了城市的形象。

(1)不断增加的工作岗位

根据2018年11月公布的一份关于伦敦夜间经济的市长报告显示,伦敦的夜间经济共计提供了约162万个工作岗位,约占伦敦全部工作岗位的1/3,这个比例在近10年间呈现逐步上升的趋势,相比2011年增长了27%。伦敦将夜间工作的岗位分为五大类,分别是:文化休闲娱乐(如酒店、餐饮、艺术等)、与文化休闲娱乐相关的辅助工作(如零售、交通等)、24小时健康及个人社会服务(如医疗、看护等)、支持广义社会与经济活动的工作(如法律服务、教育、批发等)以及其他(表12.5)。

表12.5 伦敦及英国其他地区夜间经济提供工作岗位情况

项 目	伦 敦		伦敦以外地区	
	提供岗位数/万个	占比/%	提供岗位数/万个	占比/%
文化休闲娱乐	33.8	20.8	152.6	19.5
与文化休闲娱乐相关的辅助工作	33.2	20.5	157.5	20.1
24小时健康及个人社会服务	18.6	11.5	140.7	18.0
支持广义社会与经济活动的工作	23.8	14.7	150.4	19.2
其 他	53.0	32.6	181.8	23.1
总 计	162.2	100	783.0	100

资料来源:《夜伦敦》,2018年11月,大伦敦政府

(2)对经济总增加值(GVA)的贡献

由于在统计学上难以精确界定夜间经济的具体范围,因此对夜间经济所带来的经济贡献进行准确测算较为困难,一般而言只能得出大致的范围。对于夜间经济给伦敦带来的经济贡献,有数家咨询机构曾给出过测算,其中得到最广泛引用的要数伦敦优先(London First)和安永(E&Y)联合推出的报告《伦敦24小时经济》。该报告认为,2014年夜间经济为伦敦带来的经济总增加值在177亿英镑至263亿

英镑之间,约占当年伦敦总经济规模的 5% 至 8%。而根据 2012 年大伦敦政府公布的经济报告显示,在夜间经济中每投入 1 英镑成本,可以获得 5.5 英镑至 8.8 英镑的经济收益。

(3) 丰富精神文化生活,帮助打造城市特色文化,提升对游客的吸引力

对国际大都市而言,市民的主要经济生产活动集中在白天,在夜晚才有闲暇时间享受文化生活。一方面,繁荣的夜间经济,为市民提供了更多精神享受和文化活动的选择,增加了人与人之间交流的机会。另一方面,在全球城市文化逐步趋同的当下,夜间经济因其与本地居民较强的精神文化联系而成为保留和传承的城市特色文化的重要渠道,一些著名的夜市街区和夜间城市节庆甚至成为城市的代名词。而随着城市特色文化影响力的逐步扩大,将吸引更多的国内外游客前来"一探究竟",在提升城市品牌形象的同时,也带来了可观的经济效益。

3. 伦敦发展夜间经济的主要措施

(1) 制定夜间经济的发展规划

为了让伦敦的夜间经济有更明确的发展方向,伦敦市长萨迪克汗于 2017 年 7 月公布了名为《让夜晚变得更好》的夜间经济展望,其中提出了伦敦打造夜间经济的 10 项原则(表 12.6)。这些原则为伦敦夜间经济的发展奠定了基调。

表 12.6 伦敦发展夜间经济的 10 项原则

1	伦敦应以成为全球夜间经济的领先者为目标
2	为所有伦敦居民提供各种参与的机会,不论男女老少,何种信仰,以及残障人士
3	推动所有形式的文化、休闲、零售和服务等活动
4	增进所有居民、从业人员和游客的安全和福祉
5	提高参与夜生活的便利度和舒适度
6	提升和保护各类投资、活动和企业家精神
7	吸引更多的国内外游客到访伦敦
8	利用伦敦的城市地位,提供更多的发展机会,并减少负面影响
9	打造一座 24 小时的城市,融合不同的生活方式
10	应综合考虑国内外未来的休闲、移民、科技、雇佣和经济发展趋势

资料来源:《让夜晚变得更好》,2017 年 7 月,大伦敦政府

(2) 成立委员会,任命专业人士进行管理

2016 年,伦敦政府成立了专门机构,负责管理和促进夜间经济的发展。"夜皇(night czar)"作为伦敦夜生活的大管家,负责领导夜生活自治网络(Night Time Borough Champions Network)执行伦敦夜间经济规划的各项内容;而夜间委员会(night-time commission)则作为独立机构,负责评估与监督伦敦夜生活的发展情况。这些职位绝大多数由专业人士担任,尤其是夜皇。现任夜皇曾经当过 DJ,经营过酒吧,对伦敦的夜生活有深刻的理解。交由专业人士管理,并由专业人士监督评估,成为伦敦夜间经济发展的一大法宝。

(3) 丰富夜间公共交通,释放城市夜间活力

不论是顾客、工作人员还是游客,是否有便利的夜间交通,对于他们是否参与夜生活的意愿有重要影响。伦敦于 2016 年 8 月起,每逢周五和周六,有 5 条途径主要区域的地铁线路实行 24 小时运营,夜间时段的票价采用非高峰时段票价,运营间隔为 10 分钟至 20 分钟。超过 10 条公交线路实现 24 小时运营,市内的地面轨道交通同样实行 24 小时运营。这些途径主要夜生活区域的公共交通,大大方便了晚归的市民和游客,也为伦敦夜间经济的蓬勃发展提供了坚实基础。

三、东京消费中心城市的发展现状与趋势

(一)东京的零售业发展现状

东京是全球最大的都市区之一,其庞大的城市规模为城市提供了众多消费区域,每个区域都拥有引人注目的购物中心、百货商店和由顶级设计师创建的时尚精品店。银座是东京最知名的高端消费街区,也是租金最高的地方,是日本高端购物的代名词。

受益于以中国游客为首的大量国际游客的涌入以及经济形势的逐渐好转,东京的购物消费始终保持着旺盛的活力。而即将到来的 2020 年东京奥运会,预计将会使东京的零售消费到达一个新的高度。

1. 东京的基础经济数据和零售业数据

近年来,日本全国少子高龄化现象愈发严重,许多县市呈现人口负增长,年轻人越来越少。与此同时,由于日本经济又长期呈现单极化现象——东京不断地吸收全国的各类经济资源,一城独大。不仅经济规模越来越大,还是少数几个人口净流入的区域之一,人口年龄结构相对全国也更加合理,许多年轻人愿意到东京来工作。在此背景下,东京的 GDP、人均收入等各项经济指标常年排名日本第一,并且与其他区域的差距有逐步扩大的趋势。在多种内因以及不断扩大的海外游客群体等外因共同作用下,东京的消费始终保持着旺盛的活力(表 12.7)。

表 12.7　东京基础经济数据

GDP/亿美元	人口/万人	人均 GDP/美元	人均可支配收入/美元	进出口额/亿美元
9 531(2017 年)	1 375.6(2017 年)	69 286(2017 年)	50 630(2016 年)	1 565.8(2017 年)

资料来源：上海科学技术情报研究所(ISTIS)分析整理

零售业 GDP 约占东京整体 GDP 的 4% 左右，从业人员数量占东京全体的 11% 左右。近年来，日本全国的百货商店销售额不断下降，而便利店的店铺数量和销售额则持续上升，东京也呈现同样的情况。但从现状来看，百货商店和大型超市的总销售额仍是各零售业态中最高的。电话、电视购物是销售额仅次于百货超市的零售业态，近 10 年来发展迅速，东京更是日本的电话、电视购物中心城市，销售额占日本全国的 30%（表 12.8）。

表 12.8　东京零售业数据

零售业 GDP/亿美元	零售企业数/万家	零售业从业人数/万人	零售总额/亿美元
363.5(2015 年)	8.9(2016 年)	89.6(2016 年)	1 834.2(2016 年)

资料来源：上海科学技术情报研究所(ISTIS)分析整理

2. 主要购物区情况

东京作为全球最大的都市区之一，拥有主要国际大都市中最高的人口密度[①]。由于人口的集聚以及政府的城市规划，东京形成了多个规模庞大的城市中心，这些城市中心最终都演变成了重要且各具特色的购物街区。其中最著名的要数银座和表参道。银座以奢侈品店和各大旗舰店而著称，也是名表、高级珠宝店和高级画廊的集聚地。表参道则汇集了众多精品店，许多小众、时尚及引领潮流的商店遍布表参道周围的支马路，是年轻人逛街购物的首选。此外，涉谷和新宿区域吸引着大量年轻消费者，是日本时尚向全球传播的发源地。而在东京湾的台场地区则吸引着家庭消费者（图 12.3）。

"城市生活综合体"是东京大型商业中心的主要特色。许多知名的商业设施与其说是购物中心，不如说是各类生活功能的集聚地——居住、办公、休闲、餐饮、购物、交通等，日常生活的各种功能都能在此实现。以六本木新城为例，该街区由森大厦公司统一开发，在不大的区域内集中了酒店、住宅楼、办公楼、商场、电视台、公园、公共广场等建筑，多条地铁线路穿过该区域，使得各类访客都能在此找到自己所需。同时，六本木新城十分注重艺术文化氛围的打造，除引入电影院、画廊、艺术中心等文化设

---

① 森纪念财团的统计数据显示，东京 2015 年人口密度为 14 554 人/平方公里。

施外,在公共区域设置了为数众多且由名家打造的公共艺术作品,提升了街区的整体品质。此外,六本木新城还引入了屋顶绿化理念,甚至还开辟了一处屋顶农场,供市民游客体验自然。

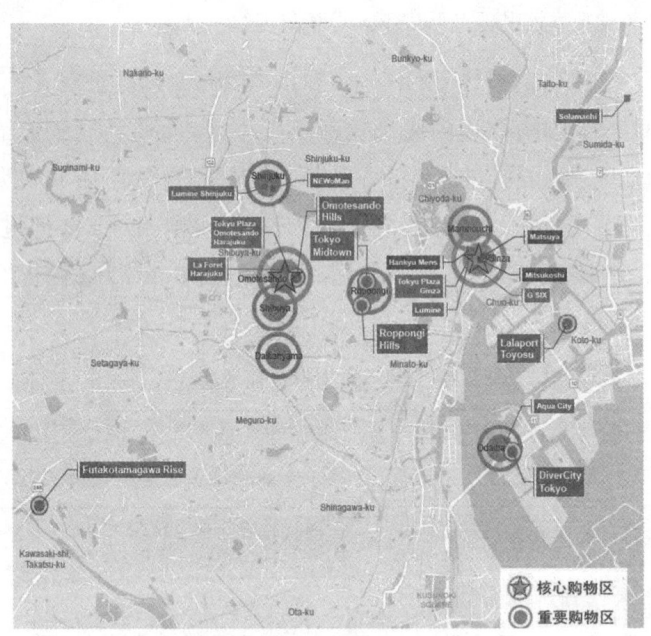

图 12.3 东京主要购物街区

资料来源:2018 年《全球零售城市简介》,仲量联行

表 12.9 东京较大的 5 所购物中心

	购物中心	面积/万平方米	开业时间
1	Lalaport Toyosu	6.2	2006 年
2	DiverCity Tokyo	4.5	2012 年
3	Roppongi Hills	3.8	2003 年
4	Futakotamagawa Rise	3.2	2011 年
5	Omotesando Hills	2.5	2006 年

资料来源:2018 年《全球零售城市简介》,仲量联行

(二)东京国际消费中心城市发展特点

1."美食之都"——东京

自 2007 年 11 月第 1 版《米其林指南东京篇》发布以来,东京已连续多年超越了

米其林的大本营巴黎,成为拥有最多的米其林星级餐厅的"世界美食之都"。2019年,东京以 229 家米其林星级餐厅蝉联这一殊荣(纽约 76 家,伦敦 70 家,巴黎 113 家)。多样化以及国际化的餐饮选择,为东京本地居民的社交活动提供了绝佳的场所,也大大提高了游客的旅游消费体验。

从行业分类来看,餐饮与购物分属不同行业,但实际上,餐饮业与购物消费有很强的互动关系,繁荣的餐饮业对消费购物的推动作用不容忽视。首先,高品质和独具特色的餐厅为购物消费带来了良好的购物体验和购物环境。这点尤其体现在以"一站式服务"为特色的购物中心里,选择广泛、口味上佳的餐厅,为延长消费者的逗留时长、保持积极的购物情绪带来了助力。其次,发达的餐饮行业为城市居民走上街头开展社交活动提供了优良的场所,而街头源源不断的人流则是商店客源的保证。此外,美食对一些"吃货"而言本身就是一种吸引,不少游客出游的主要目的之一就是"探访美食",尤其是对以旅游为特色的城市而言,更需要高品质餐饮业以吸引更多的游客。

2. 便利的公共交通体系

东京市内公共交通发达,轨道交通密布,仅市内私营和公营地铁的总长就达到 300 公里,车站超过 300 个(不计算经过市区的 JR 铁路①)。这些轨道交通线路为市民和游客购物出行带来了巨大的便利。

首先,车站为商场的建造提供了绝佳的场所。东京市内中大型的轨道交通站点上,绝大多数以"地铁上盖"的模式建起了商场或商业综合体,有些由轨交运营公司自己建造,有些则是和大型商业地产企业合作建造。这些商场提供了大量的商用物业面积,为繁荣东京消费市场奠定了基础。

其次,轨道交通的完备为商业设施集客提供了便利。市民或游客能够更方便快捷的到达想去的商场或商业街,降低了购物出行的时间成本,增加了购物出行的意愿,为各大商场和购物街(尤其是临近轨道交通站点的商业设施)聚集客流提供了便利。

此外,便利的公共交通体系增强了商业设施的辐射能力。随着东京城市交通范围的不断扩大,周边城市的交通网络通过 JR 铁路等直接连入东京市区,方便了周边城市的居民前往东京购物消费,扩大了东京商业设施的客源,提升了东京各大商场及商业街的辐射能力。

3. 丰富的商品选择

丰富的商品选择也是一座购物城市的重要特征,尤其在生活水平和人均收入到

---

① JR 即日本铁路公司,属于全国性的铁路运输企业,有多条线路经过东京市区,并且部分站点和地铁线路重合。

达一定阶段之后,居民对于商品的需求就会呈现个性化与多样化的趋势。为满足不同的需求,需要提供种类丰富且高品质的商品供选择。统计数据显示,东京的批发业销售额占到日本全国的41%,货物进口额占到日本全国的33.9%,许多商品都通过东京口岸进入日本,随后再转往日本各地。同时,东京的零售业销售额在全国占比超过13%,是日本最重要的零售城市。其中,零售额最高的是饮料食品类,其次是机械器具和服装饰品。可以说,东京就是日本的商品集散枢纽。这样特殊的地位,使得东京的居民和游客在本地就可以买到来自日本各地以及全球的高品质商品,满足不同人群的多样化消费需求。

4. 批发零售业效率高

从产业角度来看,批发零售行业的效率,反映了一个城市在购物消费领域的物资集散、终端销售、企业经营等各领域的综合实力。从部分国际消费城市批发零售行业每万名从业人员创造的GDP数据可以发现(图12.4),东京为15.1亿美元/万人,高于新加坡、中国香港、伦敦等城市,而上海仅为2.7亿美元/万人。这一数据表明东京在购物消费的上下游领域已经形成了较为完善以及高效的产业链条,从商品采购到终端销售,乃至批发零售企业的内部管理以及员工培训,各方面都达到了较高水准,从而支撑了东京成为一座高效的购物消费城市。

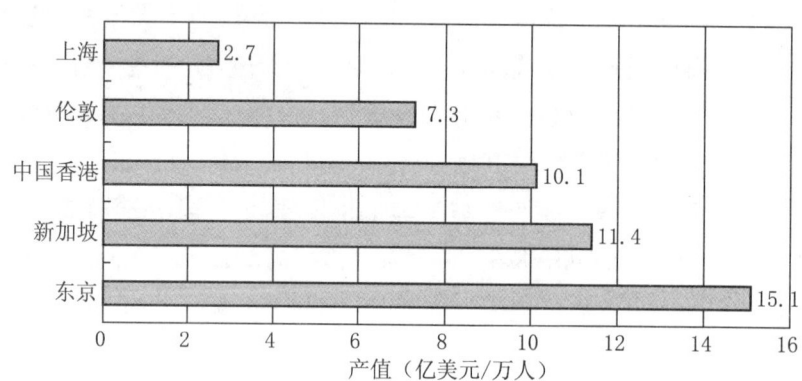

图12.4　部分国际消费城市批发零售行业每万人创造GDP比较

说明:上海与东京为2017年数据,中国香港为2015年数据,新加坡与伦敦为2016年数据;中国香港数据中包含进出口贸易;伦敦数据中包含机动车修理业

资料来源:上海科学技术情报研究所(ISTIS)分析整理

(三)案例研究:东京的老字号缘何经久不衰

日本素有"长寿企业大国"之称。与世界各国相比,日本的老字号企业(指经营超过100年的企业)数量最多,并且每年仍以超过1 000家的速度不断增长。在经历了

战争、金融危机以及严重的自然灾害之后,日本的老字号依然生意兴隆,长盛不衰。

1. 东京的老字号占日本全国的 1/10,以中小型企业为主

日本"帝国数据银行"2019 年进行的一项关于"老字号"的调查显示,截至 2018 年 11 月,日本共有企业约 147 万家,其中老字号企业 33 259 家,占比为 2.27%,平均每 44 家企业中就有一家超过 100 岁。在这些老字号中,制造业有 8 344 家(占比 25.1%),其次为零售业 7 782 家(23.4%)和批发业 7 359 家(22.1%)。

在日本 47 个都道府县中,东京以 3 363 家老字号企业排名第一,占日本全国老字号总数的 10.1%,远超第二名大阪府(1 909 家),是日本老字号最多的城市。从产业类别来看,批发类企业占比最高(25.3%),其次为制造类(24.5%)、零售类(13.1%)、建筑类(7.4%)和不动产类(7.2%)。从企业规模来看,近半数企业的资本金在 1 000 万日元至 5 000 万日元之间(48.4%),过半数企业员工人数不超过 20 人(54.4%)。

2. 东京老字号持续经营的秘诀

虽然东京三千多家老字号分布在各个不同的行业,其经营理念、经营方法也不尽相同,但是根据东京都劳动产业局于 2018 年针对东京老字号企业实际经营者进行的一项调查内容,可以发现东京老字号企业普遍有五大特点。

(1) 多样化的经营策略

对于大部分老字号企业而言,常见的经营策略是"利基战略",即根据企业自身的特点,确定一个其他企业难以进入的狭窄市场并进行深耕,不断增强企业在这一细分领域中的技术实力或市场存在感。此外,在市场环境剧烈变化时,部分企业及时开拓了新市场并取得了成功,当然这样的市场切换也离不开企业原先的技术积累。此外,老字号企业在经营中普遍秉持"服务至上"的理念,这点对于中小型的老字号企业尤为重要。

(2) 在特定领域拥有较强的技术实力

这一点对于制造类企业尤为重要。几乎每一家制造类老字号都会有几项"拳头技术",这些技术有的靠拥有几十年的老匠人传承了下来,有的则是依靠先进的计算机系统实现了传承。不少企业在传承老技艺的同时,还积极对其进行革新以适应新的市场需求,并不断追求与其他企业的"差别化",以保持企业持久的竞争力。

(3) 强调与贯彻企业的经营理念

企业的经营理念或是"社训",是老字号数百年经营过程中的"灵魂",尤其在企业规模扩大、不断有新鲜血液加入时,让新员工明确企业经营理念、企业上下同心"不忘初心"更为重要。不过,也有企业在中途根据企业发展情况更改过经营理念,但即便如此,在经营过程中不偏离经营理念依旧是日本老字号企业生存发展的原因之一。

(4) 保持稳健的财务状况

调查发现,东京的老字号普遍认为,持续稳定的经营需要企业拥有健康稳定的财务体系。部分企业坚信"利润比营业额更重要",甚至有企业奉行"无负债"或"少负债"的财务方针,即使在经历大的经营危机而不得不负债经营后,一旦经营状况好转立刻又恢复到无负债的状态。这样的财务策略虽然不利于企业迅速扩大经营规模,但是确保了企业能够长期存活,传承传统。

(5) 注重人才的继承与培养

老字号的精神和手艺是需要由人来传承的,人才的流失往往是老字号消亡的征兆。对于老字号来说,由于难以开出很高的薪酬,因此在招收新员工方面并不具备优势,因而日本的老字号企业十分注重对已有人才的培养。有的企业在内部设立"课堂",由老师傅和中高级管理人员进行授课;有的企业则是举全公司之力培养人才,每个人都参与到年轻员工的培养中;有的企业则选择将员工以脱产的方式送到公司外去参加培训,提升职业技能以及待人接物的能力。在招收员工时,也很看重"吃苦耐劳""对公司的传统技术有执着的追求"等方面,认为只有这样的员工才能在金钱至上的社会环境下沉下心来,磨炼技艺,为自己成为"百年老店"的一分子而感到骄傲。

四、纽约市[①]消费中心城市的发展现状与趋势

(一) 纽约市的零售业发展现状

纽约市可以说是世界上最具代表性的购物之都。纽约市每年有超过5 200万游客,人口超过800万,每日通勤人数达到1 000万,每年零售额超过了许多国家的零售总额。纽约市拥有强大的国内消费市场、众多知名的百货商店以及广受欢迎的消费品牌。许多国际消费品零售商以纽约市为起点,进而扩展到更广泛的地区。纽约市的平均商铺租金领先全球,也代表着全球最旺的消费人气。

1. 纽约市的基础经济数据和零售业数据

纽约市是美国的经济中心,也是美国最大的城市经济体。人均GDP和人均可支配收入均高于美国平均水平。同时,纽约市也是重要的航运港口,是美国东北部的货物运输枢纽,来自全球各地的货物在此装卸转运,为纽约市繁荣的消费市场提供了物

---

① 本节所采用数据及论述对象除特别注明外均为纽约市(New York City),而非纽约州(New York State)。

质保障。而更为重要的是,纽约市的金融业发达,银行众多,是最重要的国际性金融中心。发达的金融体系为纽约市庞大的消费市场提供了支撑(表12.10)。

表 12.10　纽约市基础经济数据

GDP/亿美元	人口/万人	人均 GDP/美元	人均可支配收入/美元	进出口额/亿美元
6 783(2016 年)	862(2017 年)	78 689(2016 年)	58 256(2018 年)	2045.4(2017 年)

资料来源:上海科学技术情报研究所(ISTIS)分析整理

纽约市作为纽约州的核心区域和人口最多的城市,占据了纽约州各零售业数据的大部分比例。在这些数据的背后,是纽约市零售业正在发生的深刻变化。在高租金的压力下,一些传统零售企业正被逐渐挤出最繁华的购物街区,取而代之的是诸如亚马逊、谷歌等互联网公司的体验门店,这意味着线上销售正在逐渐和实体销售实现融合,体验式消费已经在纽约市兴起。目前,这一趋势正在向全球扩散,再一次印证了纽约市消费对全球的引领作用(表12.11)。

表 12.11　纽约州零售业数据

零售业 GDP/亿美元	零售企业数/万	零售业从业人数/万人	零售总额/亿美元
729.8(2018 年)	7.7(2016 年)	94.1(2016 年)	2 511.7(2012 年)

说明:本表采用纽约州的数据,而非纽约市数据

资料来源:上海科学技术情报研究所(ISTIS)分析整理

2. 主要购物街区

纽约市的核心消费区域包括第五大道(Fifth Avenue)、时代广场(Time Square)、联合广场(Union Square)、34 街(34th Street)和 SOHO 等。其中最知名的是第五大道,这里也是全球商业街的标杆。第五大道曾经是全球租金最贵的商业街,但近些年租金有所下滑。同时,高租金挤走了部分商铺,导致第五大道在 2018 年初有大约 25%的沿街店面出现了空缺,但这些空缺很快又有其他零售企业来接手。由于帝国大厦、洛克菲勒中心、麦迪逊广场等知名地标建筑以及大量的高端品牌商铺的存在,第五大道成了全球高端零售的代名词,许多时尚风向都从这里开始向全球传播(图 12.5)。

最近两年来,纽约市新建了一批大型的商业设施,其中以美国梦(American Dream)以及哈德逊城市广场(Hudson Yard)为代表,这两个商业设施合计提供了 53.9万平方米的零售面积,体量惊人。这也显示了,零售业在纽约市仍有上升空间,尚未达到饱和(表12.12)。

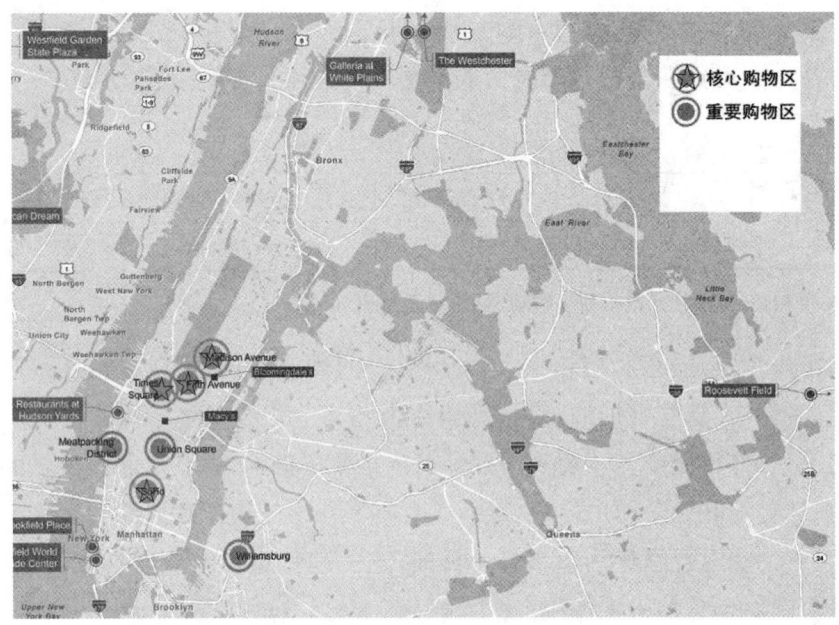

图 12.5　纽约市主要购物街区

资料来源:2018 年《全球零售城市简介》,仲量联行

表 12.12　纽约市较大的 5 所购物中心

	购物中心	面积/万平方米	开业时间
1	American Dream	44.6	2019 年
2	Roosevelt Field	20.6	1956 年
3	Westfield Garden State Plaza	19.7	1957 年
4	Hudson Yards	9.3	2018 年
5	Galleria at White Plains	8.4	1980 年

资料来源:2018 年《全球零售城市简介》,仲量联行

(二)纽约市国际消费中心城市发展趋势与特点

1. 文化消费是纽约市的一大特色

纽约市作为全球文化大都市,拥有包括大都会博物馆在内的 2 000 多所博物馆以及闻名全球的百老汇剧场群,每年都吸引大量国际游客前来参观。文化消费已经成为纽约市各类消费中的重要组成部分。

纽约市文化消费的"招牌"是百老汇剧场群所代表的戏剧产业。纽约市百老汇联盟的统计数据显示,2017—2018 演出季,百老汇的门票收入达到 17 亿美元,比上一个年度增长17.1%;观众数量高达1 376.9万人次,增长3.9%。这两项数据均创下历史新高。从百老汇历年的收入与观众变动情况来看,百老汇目前仍处于增长期,未来将继续引领纽约市的文化消费领域(图12.6和图12.7)。

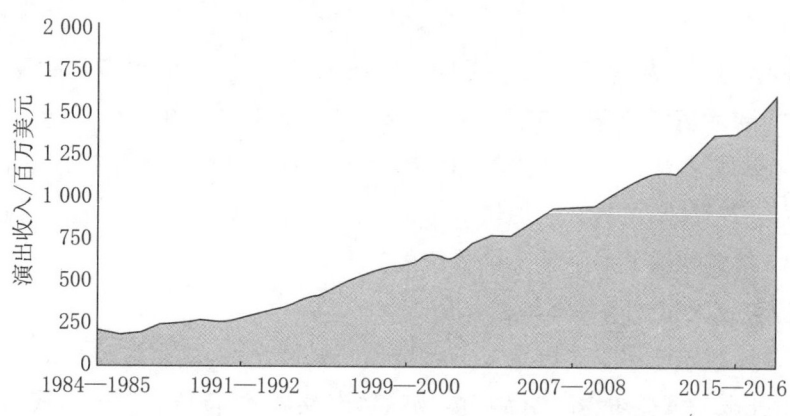

图12.6 1984—2016年百老汇演出收益变动

资料来源:百老汇联盟

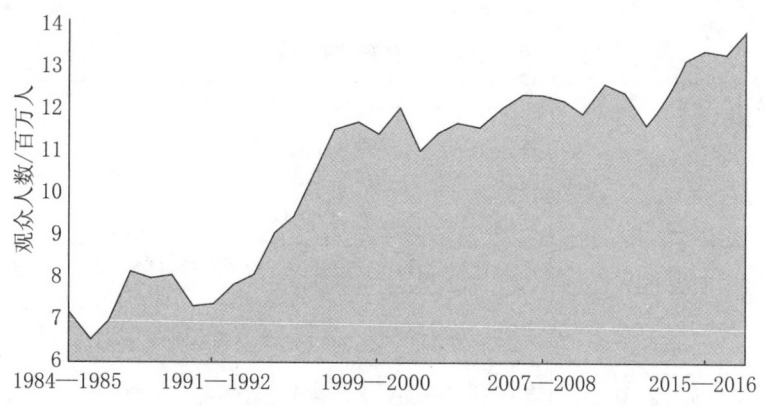

图12.7 1984—2016年百老汇演出观众人数变动

资料来源:百老汇联盟

百老汇演出除带来门票等直接消费外,还为纽约市当地的其他消费带来巨大的溢出效应。百老汇联盟曾于2014发布研究报告称,百老汇对纽约市经济拉动的直接消费用货币化计算为119亿美元,这些消费包括了酒店、餐饮、交通、周边产品等。此外,2017—2018演出季,百老汇各剧目在美国200个城市进行了巡回演出,制作方和演出方制作、运营、宣传、营销上演剧目花费8.07亿美元,并取得了14亿美元的收入。

2. 纽约市受惠于美国最多的消费类百强品牌

作为美国乃至全球的消费标杆城市,纽约市是众多知名品牌争相进入的市场。在全球最具价值品牌榜100强榜单中,消费品类(零售商、烟酒、饮料、快餐、奢侈品、服装、汽车、个人护理)中共有18个美国品牌上榜(英国只有1个,日本2个,中国3个)。这些美国本土的知名消费品牌在纽约市都能买到,而全球众多知名品牌的产品也都能在纽约市的货架上找到身影。这些知名品牌的集聚,推动了纽约市购物消费市场的繁荣。

为数众多的知名品牌既丰富了市场上的商品种类,也为消费者带来了更多高品质的商品,活跃了消费市场。知名品牌因其质量、设计与品牌文化而为消费者所喜爱,消费者在购买和使用知名品牌产品时容易形成对品牌产品的依赖,进而产生更多的消费行为。并且,知名品牌所提供的个性化产品以及差异化服务,通过影响消费者的消费行为,最终形成了对消费市场能级的提升。

3. 发挥科技元素在消费领域的作用

除硅谷外,纽约市也是美国重要的科技创新城市之一,众多科技类的初创企业选择在纽约市扎根。依托纽约市庞大的购物消费市场,零售科技类的公司成为纽约市科技创新体系中重要的组成部分。根据纽约市初创企业网站 NYC Startups 的统计,在纽约市共有67家零售科技类初创企业,涵盖了消费流程中几乎每一个环节(表12.13)。

表12.13 纽约市部分零售科技类企业情况

类别	企业名称	简介
商品导购	Brouha	基于RFID的零售自动化移动信息传输,使商店能够在顾客进门时自动连接并通过手机向客户发送个性化消息
	Malltip	帮助购物中心运营者和零售商有效地与购物中心内外的客户互动
商品比较	Grability	无缝连接线下和移动购物,使消费者能够以快速、直观的方式购买产品
	ebindle	为顾客提供产品信息以及专家和消费者对商品的评论。
商品展示	Imagine Fashion	全球首个全球数字初创购物平台。消费者可以实时看到世界各地的奢侈品及其他零售商的精美橱窗展示并购买
购买支付	QiQos	无须二维码、无须近场支付、无须信用卡的支付方式
	Seamless Receipt	用数字收据替代纸质收据
售后服务	My Genie	允许移动电话用户实时与企业进行沟通
	CrossWorld Warranty	将客户和制造商、保修注册和数据库管理相连接
业绩分析	RetSKU	通过实时收集和分析大量的竞争情报,解释零售品牌销售业绩的"原因"
需求分析	Trendalytics	通过分析哪些产品趋势与消费者产生共鸣,为品牌和零售商提供大数据支撑
二手交易	Wiseling	提供一个发现复古和二手时尚的在线市场

资料来源:nycstartups.net,上海科学技术情报研究所(ISTIS)分析整理

科技为零售市场的繁荣带来诸多的加成：提升挑选或试用商品时的体验，提供便利的支付方式，快速为顾客匹配到所需的商品，提升零售企业的经营效率。总而言之，科技为零售实现了全环节的赋能，促进了零售市场的发展。

（三）案例研究：纽约市多举措扶持小商业发展

小商业的繁荣程度常常是衡量一个城市商业活力的重要指标之一。种类繁多，各具特色的小型店铺既丰富了消费者的购物选择，往往又是城市的一道亮丽景观。而当地居民的日常消费购物也常常需要依靠小型且扎根本街区的商铺来满足。此外，小商业的兴衰之所以不容忽视，还因为在社区层面上，它们比同质化的大型商业综合体更易产生个性化、有特色的社会互动和观点交流，也更能提升一个街区的多样性、特色与活力。因此，小商业对于旅游、城市风貌、社区生活与发展而言具有重要意义。

由于街区开发、租金上涨等原因，纽约市的小商业曾一度面临较大幅度的衰退。1980年前后，大量小商业外迁至郊区，小商业数量较20世纪60年代出现下降。为改变这一状况，20世纪70年代起，纽约市开始逐步出台政策，扶持小型商业的发展。

1. 成立小商业服务局（SBS）

1989年，为统筹管理纽约市的商业促进区，推动就业以及小商业发展，纽约市成立了小商业服务局。小商业服务局成立之后，在为小商铺及小企业服务方面做了许多工作。除为小商业提供资金支持与补助外，还举办各类法律、经营等讲座，还为准备开业或刚开业的小企业主提供咨询服务。总的来说，小商业服务局的成立，标志着纽约市政府将小商业视为城市经济、就业、文化和市容景观的重要组成部分。

2. 成立商业促进区（BID）

纽约市的"商业促进区"政策始于20世纪六七十年代，初衷是为了应对有限的公共资源和不断恶化的商业发展现状。1984年，曼哈顿第14街联合广场区域形成第一个正式意义上的纽约市商业促进区。商业促进区指的是一个特定的地理范围，各利益相关者为发展该区域的商业，共同进行环境改善、资本优化、公共安全、营销推广等。每一个商业促进区都设有非盈利性质的管理机构，它的董事会由当地的业主、商家、居民和政府代表组成，是属于商业型社区自治组织。作为区域型商会，小商家们在这个平台上整合资源，互相协作，推动本商业区的发展。小商业服务局负责监管并为商业促进区的运行提供支持。除此以外，在各商业促进区之上，还有一家纽约市商业促进区协会作为各区之间的协调。在此协会平台上，各商业促进区代表每月召开会议，交流经验并开展跨区域的协作。目前，纽约市共有76个商业促进区，93 000余家小商铺及小企业加入其中。小商业服务局每年为商业促进区提供价值约1.6亿美元的服务。

3. 设立街区360项目(Neighborhood 360)

小商业服务局与当地社区组织合作完成的综合性调研,包括商家调查、消费者调查,以及影响购物体验的街区调查等。调查结果将展现街区的商业景观、消费者特征、物质环境,以勾画每个社区独有的商业走廊和当地企业的独特性、确定当地社区复兴的需求和机会,并提供商业组织、公共规划、区域营销和品牌推广、景观增强、商业支持服务以及其他生活质量改善建议,最终形成一份商业区需求评估(Commercial District Need Assessments,CDNA)。小商业服务局为取得CDNA的街区每年提供不超过300万美元的资助。2017年,SBS为取得CDNA的6个街区提供了总计900万美元的资助。

4. 多个针对街区小商业发展的竞争性拨款项目

纽约市街区项目(Avenue NYC),为低收入街区提供最高不超过10万美元的资助,以发展当地的商业或改善商业环境。2016年,该项目共计提供130万美元资金。街区挑战(Neighborhood Challenge)项目,通过竞赛为具有创新性的社区商业发展项目提供资助,上限为10万美元。爱上街区(Love Your Local)项目,小商业主通过一系列商业竞赛,可赢得最高不超过9万美元的资助以及专家的帮助,该项目总金额为180万美元。

5. 当地商会为小商业提供的服务

由布鲁克林商会,小商业服务局以及其他5个当地商业组织联合推出的商会在行动(Chamber on the go)项目。项目主要为6个区的沿街商铺提供服务,包括:经营优劣势的分析,为店主提供商业资源,提供即时的经营支持以及法律支援等服务。

参考文献

[1] 刘涛,王微.国际消费中心形成和发展的经验启示[J].财经智库,2017(7):100—109.

[2] 卢嘉瑞.论消费与环境的和谐[J].湘潭大学学报,2007(1):60—65.

[3] 叶胥.消费城市研究:内涵、机制及测评[D].成都:西南财经大学,2016.

[4] 東京都総務局統計部.http://www.toukei.metro.tokyo.jp/.

[5] 平成29年度政策調査:都内創業50年目以上の企業に関する実態調査(製造業、宿泊・飲食業)報告書[R].Tokyo:東京都産業労働局,2018.

[6]「老舗企業」の実態調査(2019年)[R].Tokyo:株式会社帝国データバンク,2019.

[7] 2017 Small business progress report[R]. New York:Small Business Services, 2017.

[8] Brandz Top 100：Most Valueable Brands 2018[R]. London：WPP，2018.

[9] Destination Retail：Retailers expanding in leading cities around the world [R]. Chicago：JLL，2017.

[10] Ed Glaeser，Jed Kolko，Albert Saiz. Consumer City [J]. Economic Geography，2001 (1)：27—54.

[11] From good night to great night[R]. London：Greater London Authority，2017.

[12] Global Retail City Profiles[R]. Chicago：JLL，2018.

[13] How Global I s The Business Of Retail[R]. Los Angeles：CBRE，2018.

[14] London at night：An evidence base for a 24-hour city[R]. London：London First，E&Y，2018.

[15] Mastercard. https：//newsroom.mastercard.com/.

[15] NYC Startups. https：//nycstartups.net/.

[16] Office for national statistics. https：//www.ons.gov.uk/.

[17] Retail Council of New York State. https：//retailcouncilnys.com/.

[18] Statista. https：//www.statista.com/.

[19] The Broadway League. https：//www.broadwayleague.com/.

[20] World Atlas. https：//www.worldatlas.com/.

本章撰写：黄吉